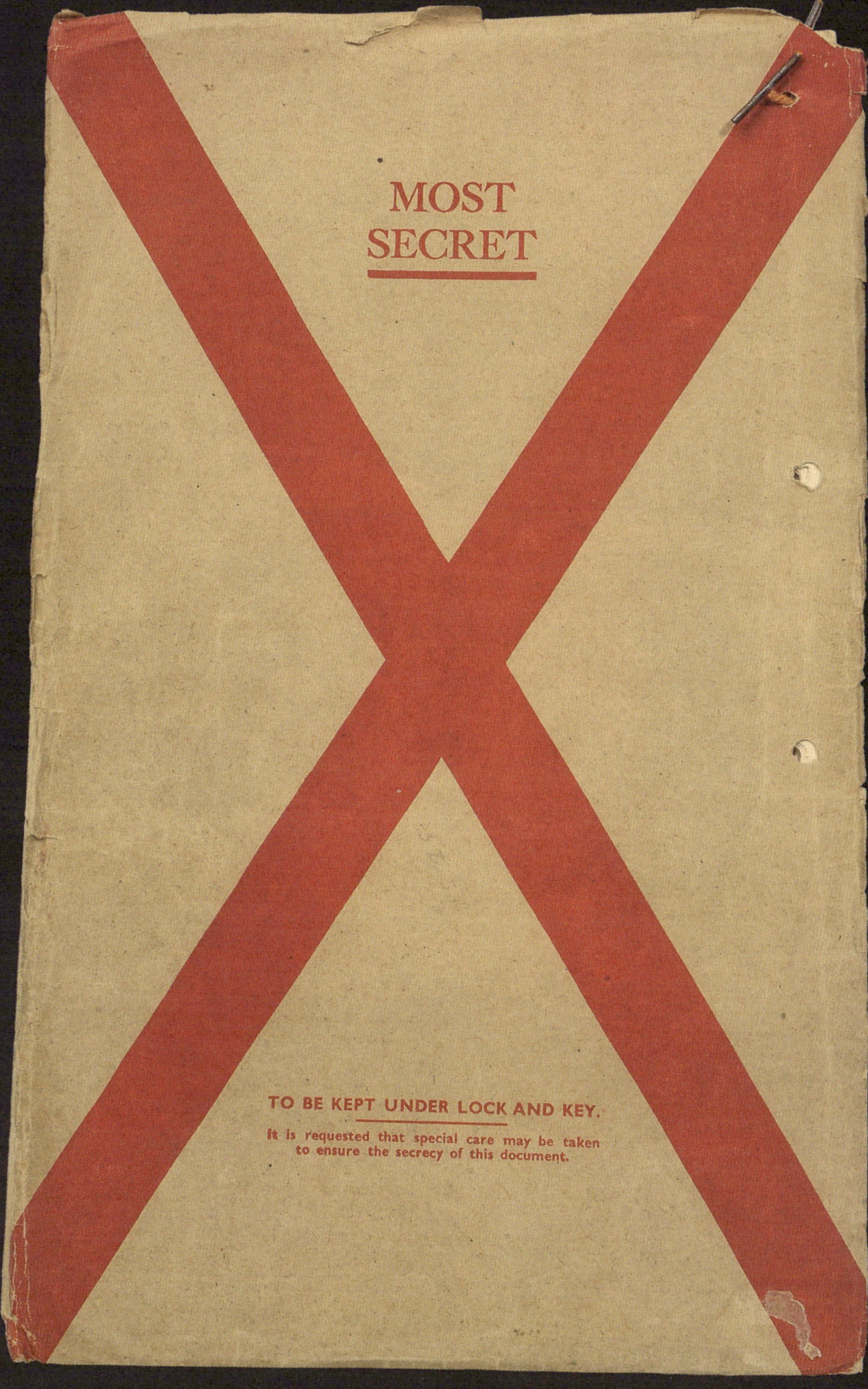

一个红色的“X”印在一份标明“绝密”的盟军文件背面。这份文件详细列出了“D日”对德占法国的反攻计划。

这本挖空的书中藏着荷兰抵抗战士用的一把左轮手枪。

THE SECRET HISTORY OF WORLD WAR II

SPIES, CODE BREAKERS AND COVERT OPERATIONS

情报战图文史

从纳粹崛起到日本投降，用图片和文字记录二战秘密斗争全历程

1939—1945年冲突中的无声对决

[美] 尼尔·卡根（Neil Kagan）[美] 史蒂芬·希斯洛普（Stephen G. Hyslop）◎著

朱鸿飞◎译　木子◎校译

金城出版社
GOLD WALL PRESS
·北京·

图书在版编目（CIP）数据

情报战图文史：1939—1945年冲突中的无声对决 /（美）尼尔·卡根（Neil Kagan），（美）史蒂芬·希斯洛普（Stephen G. Hyslop）著；朱鸿飞译. —北京：金城出版社有限公司，2023.12

书名原文：THE SECRET HISTORY OF WORLD WAR II：Spies, Code Breakers and Covert Operations

ISBN 978-7-5155-2514-3

I. ①情… II. ①尼… ②史… ③朱… III. ①第二次世界大战－间谍－情报活动－史料 IV. ①D526

中国版本图书馆CIP数据核字（2023）第179043号

情报战图文史

QINGBAOZHAN TUWENSHI

作　　者 [美] 尼尔·卡根　[美] 史蒂芬·希斯洛普
译　　者 朱鸿飞
策划编辑 朱策英
责任编辑 李凯丽
责任校对 李晓凌
责任印制 李仕杰
开　　本 710毫米 × 1000毫米　1/16
印　　张 31.5
字　　数 390千字
版　　次 2023年12月第1版
印　　次 2023年12月第1次印刷
印　　刷 小森印刷（北京）有限公司
书　　号 ISBN 978-7-5155- 2514-3
定　　价 168.00元

出版发行 **金城出版社有限公司** 北京市朝阳区利泽东二路3号　邮编：100102
发 行 部 (010) 84254364
编 辑 部 (010) 64214534
总 编 室 (010) 64228516
网　　址 http://www.jccb.com.cn
电子邮箱 jinchengchuban@163.com
法律顾问 北京植德律师事务所　（电话）18911105819

目 录

Contents

USA

OSS

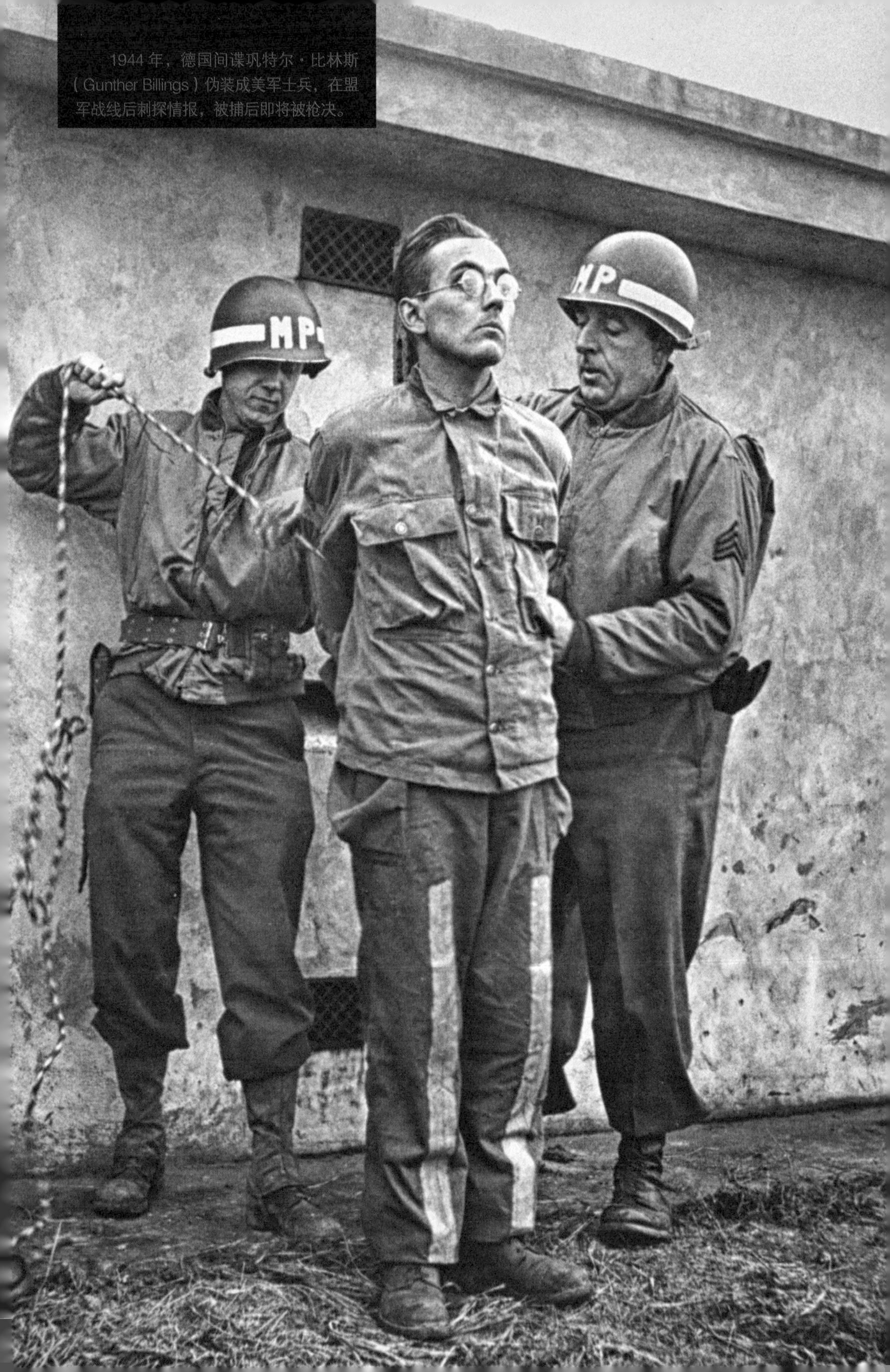

1944 年，德国间谍巩特尔·比林斯（Gunther Billings）伪装成美军士兵，在盟军战线后刺探情报，被捕后即将被枪决。

序　揭开战争的秘密

第二次世界大战（World War II，简称二战）是一场真正的秘密战争。各方努力通过窃取情报来发现敌军动向，隐藏在秘密中的军事行动一次又一次改变了战争进程。1940 年 5 月，德军经比利时阿登森林进军，打得法军和英军措手不及。1941 年 6 月，斯大林忽略了苏联即将遭到入侵的秘密报告，德军的进攻让他大吃一惊。尽管美军指挥官从破译的日本电报中得知，战争可能很快在太平洋某地爆发，日本偷袭珍珠港还是震惊了美国。“D 日”（D-Day）登陆战在诺曼底打响，希特勒为盟军欺骗战术所惑，被打了个猝不及防。希特勒在突出部战役（Battle of the Bulge）发起反击时，相信战争已经结束的盟军部队被打得蒙头转向。

整个二战期间，军事技术是最高机密。这些技术包括盟军雷达、德国火箭技术、美国诺顿轰炸瞄准器（Norden bombsight）和终结战争的致命武器——原子弹。军事通信多为最高机密。德国恩尼格玛密码机（Enigma）的破译决定了大西洋海战（Battle of the Atlantic）的结果，缩短了欧洲战争

带有夹层的假底

上图婴儿车曾在美国波士顿二战博物馆展出。右侧这幅特写展示出藏着破坏器材和一部电台的隐蔽夹层。

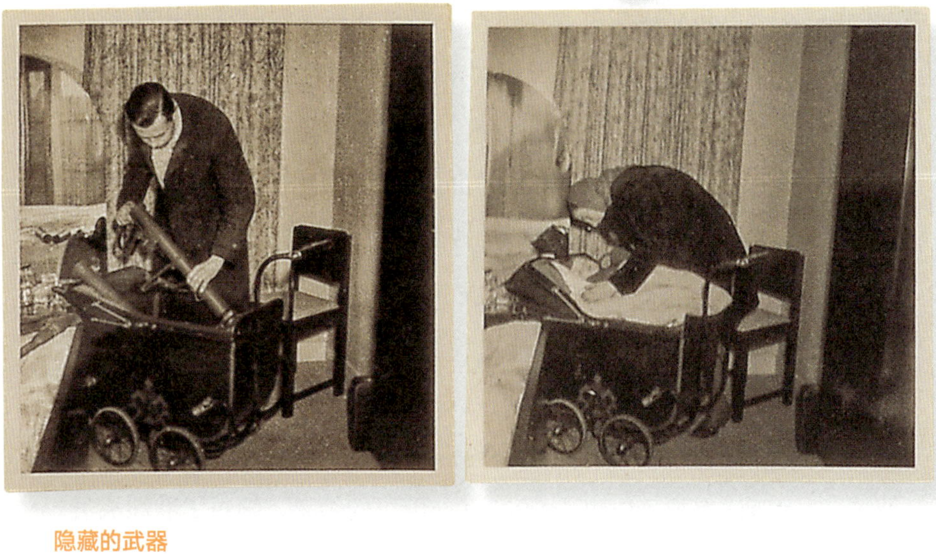

隐藏的武器

荷兰抵抗组织成员将火箭发射器藏在一辆婴儿车里（左）。接着一名妇女将婴儿放到车里（右），再将秘密武器推到目的地。

进程。破译的日本密码帮助美国海军在中途岛取胜，扭转了太平洋战场的局势。甚至在战场后方，保密也无处不在。各式各样的海报警告民众，“嘴不稳，船要沉”“隔墙有耳”和“口无遮拦的代价是生命”。

波士顿二战博物馆拥有全世界最多和范围最广的二战文物收藏，包括展出的7500件文物和逾50万份馆藏文物和文件。作为创办人和执行理事，长期以来，揭开二战秘密历史一直是我工作的重要部分。博物馆展示的各种物品构成了二战期间的生活大拼图，强调了这场战争的错综复杂影响每一个人。其馆藏包括每个二战参与国从后方到前线的各种文物，其中许多出现在本书里。书中展示了逾240件馆藏秘密武器、文件和装置，包括上页用于隐藏电台和破坏器材的婴儿车。这些文物证明了对保密的急迫需要和人们心中的焦虑，他们不得不当心嘴里说出的每个字，不断提防间谍、秘密警察和突然袭击。也许他们最大的恐惧是不知道自己不知道什么。珍珠港遇袭的震惊让美国人时刻担心另一场突然袭击。夏威夷纸币上加印了“夏威夷”字样，如果日军入侵，纸币就会失效。加利福尼亚做好了应对空袭的准备。美国陷入对敌人秘密未知的恐惧中。

波士顿二战博物馆馆藏是过去57年收集的。几十年来，一直有人问我为什么要收集这些材料。成长过程中，我见证了从战争的痛苦到美国对胜利的庆祝带给国家的荣耀。大家希望忘记现实，忘记这场战争。20世纪50年代，没有人系统地收集二战文物。美国那时还没有二战博物馆，欧洲那些二战博物馆的兴趣则主要在举办与各自国家有关的展览。美国只有少数供研究用的图书馆在积极寻找记录这场战争的战时档案材料。这是近代最重大的事件，而其很大一部分历史正在消失。

一段时间前，“为什么”的问题变成了“如何”，我的收藏以想象不到的方式发展，因为从来没人着手收集与二战这样一个如此临近、如此

嘘！

这张战时德国一家工厂发给员工的身份证件背面，一个模样可怕的人警告工人保持沉默，旁边印有要求工人“随身”携带证件的指示。

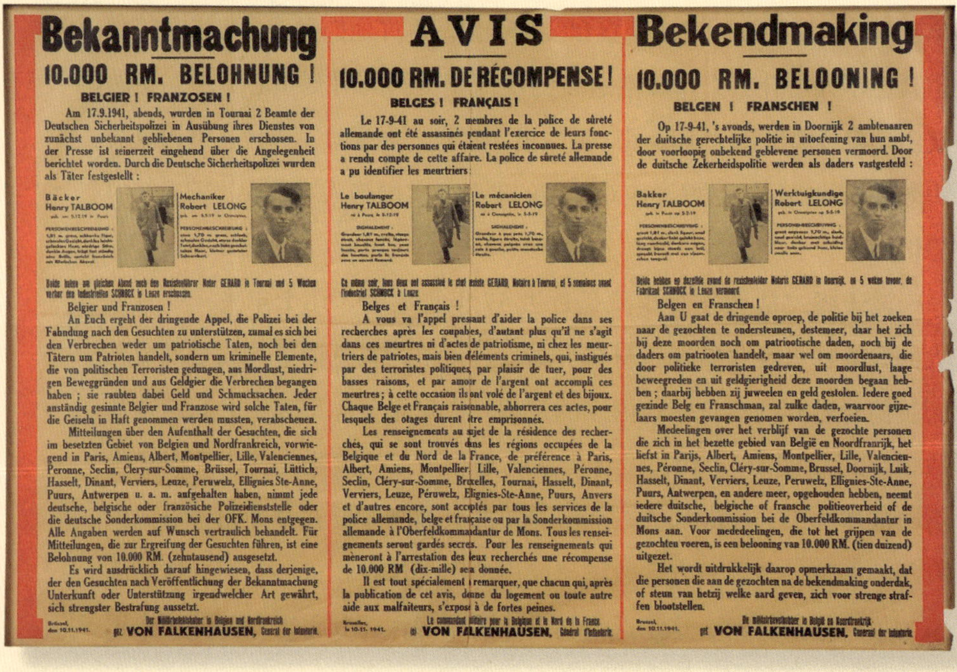

Bekanntmachung

10.000 RM. BELOHNUNG !

BELGIER ! FRANZOSEN !

Am 17.9.1941, abends, wurden in Tournai 2 Beamte der Deutschen Sicherheitspolizei in Ausübung ihres Dienstes von zunächst unbekannt gebliebenen Personen erschossen. In der Presse ist seinerzeit eingehend über die Angelegenheit berichtet worden. Durch die Deutsche Sicherheitspolizei wurden als Täter festgestellt :

Bäcker Henry TALBOOM

Mechaniker Robert LELONG

Beide haben am gleichen Abend noch den Resistenführer Notar GERARD in Tournai und 5 Wochen vorher den Industriellen SCHMOCK in Leuze erschossen.

Belgier und Franzosen !

An Euch ergeht der dringende Appel, die Polizei bei der Fahndung nach den Gesuchten zu unterstützen, zumal es sich bei den Verbrechen weder um patriotische Taten, noch bei den Tätern um Patrioten handelt, sondern um kriminelle Elemente, die von politischen Terroristen gedungen, aus Mordlust, niedrigen Beweggründen und aus Geldgier die Verbrechen begangen haben ; sie raubten dabei Geld und Schmucksachen. Jeder anständig gesinnte Belgier und Franzose wird solche Taten, für die Geiseln in Haft genommen werden mussten, verabscheuen.

Mitteilungen über den Aufenthalt der Gesuchten, die sich im besetzten Gebiet von Belgien und Nordfrankreich, vorwiegend in Paris, Amiens, Albert, Montpellier, Lille, Valenciennes, Peronne, Seclin, Clery-sur-Somme, Brüssel, Tournai, Lüttich, Hasselt, Dinant, Verviers, Leuze, Peruwelz, Ellignies Ste-Anne, Puurs, Antwerpen u. a. m. aufgehalten haben, nimmt jede deutsche, belgische oder französiche Polizeidienststelle oder die deutsche Sonderkommission bei der OFK. Mons entgegen. Alle Angaben werden auf Wunsch vertraulich behandelt. Für Mitteilungen, die zur Ergreifung der Gesuchten führen, ist eine Belohnung von 10.000 RM. (zehntausend) ausgesetzt.

Es wird ausdrücklich darauf hingewiesen, dass derjenige, der den Gesuchten nach Veröffentlichung der Bekanntmachung Unterkunft oder Unterstützung irgendwelcher Art gewährt, sich strengster Bestrafung aussetzt.

Brüssel, den 10.11.1941.

Der Militärbefehlshaber in Belgien und Nordfrankreich
gez. VON FALKENHAUSEN, General der Infanterie.

AVIS

10.000 RM. DE RÉCOMPENSE !

BELGES ! FRANÇAIS !

Le 17-9-41 au soir, 2 membres de la police de sûreté allemande ont été assassinés pendant l'exercice de leurs fonctions par des personnes qui étaient restées inconnues. La presse a rendu compte de cette affaire. La police de sûreté allemande a pu identifier les meurtriers :

Le boulanger Henry TALBOOM

Le mécanicien Robert LELONG

Ce même soir, tous deux ont assassiné le chef rexiste GERARD, Notaire à Tournai, et 5 semaines avant l'industriel SCHMOCK à Leuze

Belges et Français !

A vous va l'appel pressant d'aider la police dans ses recherches après les coupables, d'autant plus qu'il ne s'agit dans ces meurtres ni d'actes de patriotisme, ni chez les meurtriers de patriotes, mais bien d'éléments criminels, qui, instigués par des terroristes politiques, par plaisir de tuer, pour des basses raisons, et par amour de l'argent ont accompli ces meurtres ; à cette occasion ils ont volé de l'argent et des bijoux. Chaque Belge et Français raisonnable, abhorrera ces actes, pour lesquels des otages durent être emprisonnés.

Les renseignements au sujet de la résidence des recherchés, qui se sont trouvés dans les régions occupées de la Belgique et du Nord de la France, de préférence à Paris, Albert, Amiens, Montpellier, Lille, Valenciennes, Péronne, Seclin, Cléry-sur-Somme, Bruxelles, Tournai, Hasselt, Dinant, Verviers, Leuze, Péruwelz, Elignies-Ste-Anne, Puurs, Anvers et d'autres encore, sont acceptés par tous les services de la police allemande, belge et française ou par la Sonderkommission allemande à l'Oberfeldkommandantur de Mons. Tous les renseignements seront gardés secrets. Pour les renseignements qui mèneront à l'arrestation des deux recherchés une récompense de 10.000 RM (dix-mille) sera donnée.

Il est tout spécialement à remarquer, que chacun qui, après la publication de cet avis, donne du logement ou toute autre aide aux malfaiteurs, s'expose à de fortes peines.

Bruxelles, le 10-11-1941.

Le commandant militaire pour la Belgique et le Nord de la France
(s) VON FALKENHAUSEN, Général d'Infanterie.

Bekendmaking

10.000 RM. BELOONING !

BELGEN ! FRANSCHEN !

Op 17-9-41, 's avonds, werden in Doornijk 2 ambtenaaren der duitsche gerechtelijke politie in uitoefening van hun ambt, door voorloopig onbekend geblevene personen vermoord. Door de duitsche Zekerheidspolitie werden als daders vastgesteld :

Bakker Henry TALBOOM

Werktuigkundige Robert LELONG

Beide hebben op dezelfde avond de rexistenleider Notaris GERARD in Doornijk, en 5 weken tevoor, de Fabrikant SCHMOCK in Leuze vermoord

Belgen en Franschen !

Aan U gaat de dringende oproep, de politie bij het zoeken naar de gezochten te ondersteunen, destemeer, daar het zich bij deze moorden noch om patriootische daden, noch bij de daders om patriooten handelt, maar wel om moordenaars, die door politieke terroristen gedreven, uit moordlust, laage beweegreden en uit geldgierigheid deze moorden begaan hebben ; daarbij hebben zij juweelen en geld gestolen. Iedere goed gezinde Belg en Franschman, zal zulke daden, waarvoor gijzelaars moesten gevangen genomen worden, verfoeien.

Medeelingen over het verblijf van de gezochte personen die zich in het bezette gebied van België en Noordfranrijk, het liefst in Parijs, Albert, Amiens, Montpellier, Lille, Valenciennes, Péronne, Seclin, Cléry-sur-Somme, Brussel, Doornijk, Luik, Hasselt, Dinant, Verviers, Leuze, Peruwelz, Ellignies-Ste-Anne, Puurs, Antwerpen, en andere meer, opgehouden hebben, neemt iedere duitsche, belgische of fransche politieoverheid of de duitsche Sonderkommission bei de Oberfeldkommandantur in Mons aan. Voor mededeelingen, die tot het grijpen van de gezochten voeren, is een belooning van 10.000 RM. (tien duizend) uitgezet.

Het wordt uitdrukkelijk daarop opmerkzaam gemaakt, dat die personen die aan de gezochten na de bekendmaking onderdak, of steun van hetzij welke aard geven, zich voor strenge straffen blootstellen.

Brussel, den 10.11.1941.

De militairbevelhebber in België en Noordfrankrijk
get. VON FALKENHAUSEN, Generaal der Infanterie.

逃亡者

1941 年，德国当局在其占领的比利时发布的通缉海报，用德语（左）、法语（中）、荷兰语（右）三种文字印刷，向提供信息使两名比利时抵抗战士落网的人奖励 1 万马克。企图刺杀的两人是亨利・塔尔博姆（Henri Talboom，左）和罗伯特・勒隆（Robert Lelong，右）。勒隆在被捕前自杀，但塔尔博姆逃到瑞士。

复杂、如此重大的事件有关的每一件文物。我开始收藏的时候，专业经销商或拍卖商还没出现，距互联网的发明则还有数十年。遗产拍卖中经常有士兵带回的纪念品，偶尔继承人会出售含有重要材料的遗产。道格拉斯·麦克阿瑟（Douglas MacArthur）将军重视宣传，手下的公关负责人的职位很重要。他保存了麦克阿瑟的全部二战文件。它们被随意丢在箱子里，在科德角（Cape Cod）整箱整箱地出售。

我与聚会的老兵见面，为博物馆获得了许多重要文物。那些老兵从未想出售宝贵的纪念品，也没想过捐出它们。我只得拿些出人意料的、能极大改变他们生活的东西交换，比如一辆新车。多年来，我提供的东西从保时捷跑车到斯巴鲁客货两用车都有。馆藏里一件最重要的军服是帮一名老兵还清抵押贷款后得到的。英国和法国农田里的跳蚤市场是早期不错的欧洲文物来源，但它对眼力的要求很高。所有物品都需要现金支付，在那个联邦快递等服务还没有普及的年代，我成了移动和运输大型物品的专家。

破译者与间谍

英国人破译了被认为牢不可破的德国恩尼格玛密码，这是整个二战期间盟军最严密守护的秘密，他们得以解读德国的军事通信。这些历史的公开轰动了世界。20 世纪 70 年代，秘密的解密导致对各个战役以及英国将领伯纳德·蒙哥马利（Bernard Montgomery）等指挥官的重新评价。1942 年，蒙哥马利在阿拉曼的大胜很有可能部分归功于“超级机密”（Ultra），这是破译的恩尼格玛电报和根据它们编制的秘密情报报告的代号。

德国人很快认识到，他们手里那些怪模怪样的机器，是引起轰动的恩尼格玛密码机。一些存世的密码机被拿出来拍卖，波士顿二战博物馆得到 7 种不同型号。这里展示的一台说明了它们如此稀少的原因，大部分恩尼格玛密码机都被撤退的德军摧毁。这台被手雷炸过，但保存下来，是一件戏剧性讲述自身故事的文物。德国人采用了非常极端的措施来防范恩尼格玛被缴获。德国 U 型潜艇面临敌方登船危险时，会故意沉船来防止密码机被盟军缴获。虽然德军有这些预防措施，盟军依然抢救出其中一台。战争后期，英国对每台上缴的恩尼格玛密码机都给予了丰厚奖金。出于保密原因，英国人和美国人几乎摧毁了他们缴获的全部密码机。

说起秘密战争，大家最容易想到的是间谍和蓄意破坏。隐藏的相机和武器等物品让人想起 007 詹姆斯 · 邦德惊心动魄的冒险，但也提醒我们，间谍活动会带来致命后果。源自二战的秘密武器和其他间谍器材非常罕见。一开始也没有多少秘密特工。战后，当有了更好的相机时，几

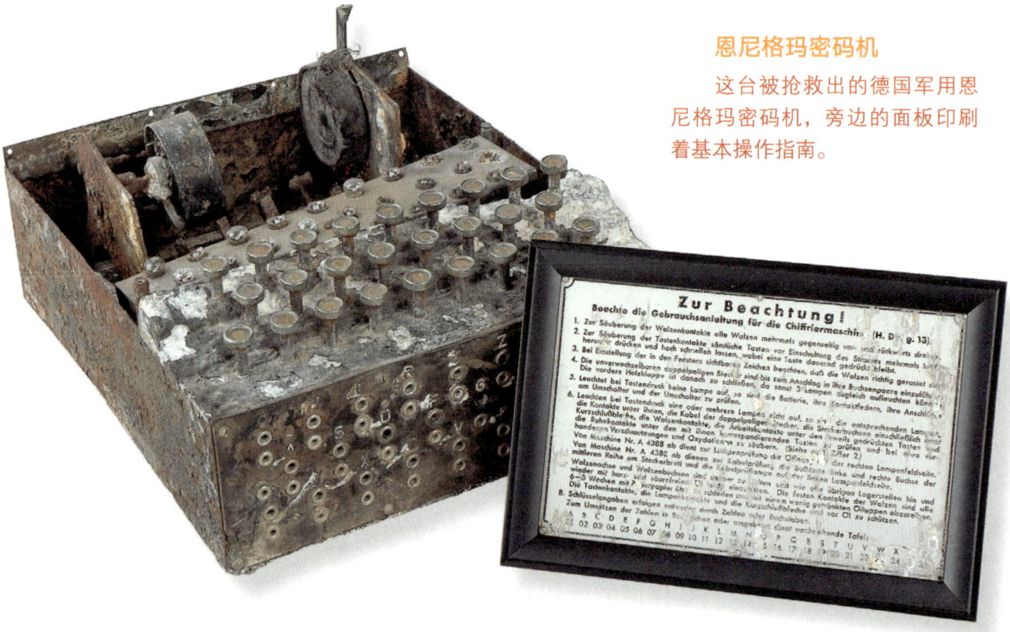

恩尼格玛密码机

这台被抢救出的德国军用恩尼格玛密码机，旁边的面板印刷着基本操作指南。

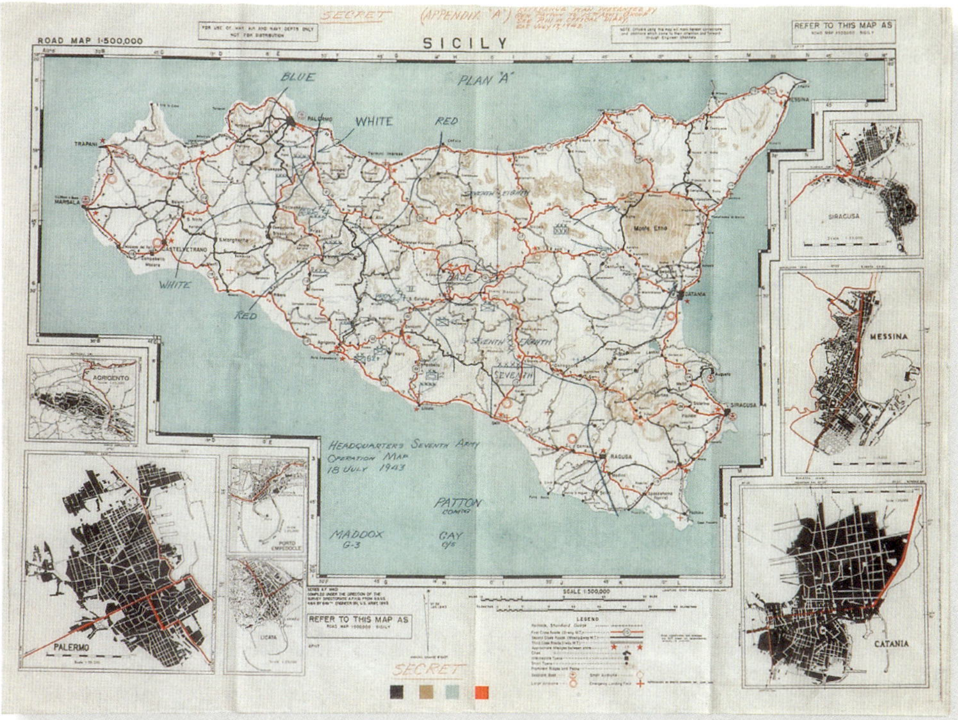

规划一场大战

巴顿将军在准备 1943 年 7 月登陆西西里岛前，充分利用了这张秘密地图。在西西里岛南岸登陆后，部队向西北推进到巴勒莫（Palermo），接着快速赶到墨西拿（Messina），赶在英军之前到达那里，巴顿称之为“赛马”。

乎没有人还会保留微型相机，他们也不再需要旧武器或危险的爆破器材。波士顿二战博物馆有近乎完整的间谍和破坏器材收藏，出现在本书的许多收藏，来自一名突击队员，他在战争后期参加了行动，之后加入英国情报部门。他不仅保存了接触到的所有器材，还找到了那些没有的设备。

秘密计划和欺骗

盟军进军欧洲德占区的计划是二战最讳莫如深的秘密之一。如果德军预先得知，将会加强海岸防守，将盟军逼回大海。从海上进攻充满了潜在的灾难，如果这次进军计划泄露，失败将成为必然。1943 年，盟军征服北非之后，显然接下来将向北推进，越过地中海。可能的目标有几个，但西西里岛的可能性最大。盟军必须将德国人蒙在鼓里，否则他们会派几个师增援西西里岛的意大利师，击垮进攻部队。“肉馅行动”（Operation Mincemeat）意在让德国人相信盟军可能会进攻希腊或撒丁岛。同时，与登陆西西岛里有关的地图和文件严格地只限那些“必须知道”的军官了解。进攻西西里岛的美军指挥官乔治·巴顿的司令部墙上挂了一幅西西里岛地图。红色字样“秘密”一词与巴顿的标注一起写在空白处。

对于即将到来的对法国的进攻，保密更严格。最初的“D 日”计划很久之前就在英国起草，并且作为“绝密”文件只传达给有限的少数人。“保镖行动”（Operation Bodyguard）的灵感来自丘吉尔的名言，“真相太过宝贵，需要谎言来当保镖”。这场行动目的在于诱导德军相信诺曼底登陆只是佯攻，真正的进攻是由乔治·巴顿指挥的大规模进攻部队，将于“D 日”之后在加莱附近横渡英吉利海峡，大举登陆。

1944 年 6 月 6 日凌晨，盟军实施了另一场欺骗行动。“D 日”当天，美国和英国伞兵在诺曼底开始登陆前不久，盟军飞机空投下伞兵假人。它们由麻布和草制作，装有模仿枪声的爆竹，在黑暗中制造出以假乱真的效果，误导德军指挥官将部队调离真正的登陆区。我以前只能猜测那些假伞兵实际上是什么样子，直到我来到法国的一个跳蚤市场，一个英国人在油布上铺开几个带着降落伞的假人。他称，他在英国南部一座机场的仓库里发现一只装着一打假人的箱子，这是“D 日”伪装空降的仅有存货。我买下了全部，自己留了两个，其余十个给了其他博物馆。

二战实例

奥托·斯科尔兹内（Otto Skorzeny）是最受阿道夫·希特勒器重的突击队员、破坏者和间谍。希特勒赠送给他搪瓷与黄金制成的烟盒和纯金党卫军骷髅头戒指，因为其救出意大利独裁者贝尼托·墨索里尼（Benito Mussolini）。盟军登陆西西里岛后，墨索里尼被推翻并秘密关押在意大利的一座山顶滑雪场。斯科尔兹内带领突击队员，乘滑翔机降落在那里，然后乘一架勉强能起飞的小飞机将墨索里尼带到安全区域。

1944 年 12 月，为了打退从西线攻向德国的盟军部队，希特勒发起突出部战役。战役期间，希特勒派斯科尔兹内率德军突击队员伪装成美

高度机密

1943 年 7 月制订的“D 日”计划的初步版本，旁边的封面上有“绝密”字样，警告任何受托执行计划的人要将它“锁起来”。

军士兵，深入敌后，在美军中造成混乱和恐惧。尽管这次秘密行动对战役影响甚微，战役结果是德军被打回最初战线，但却让斯科尔兹内声名远播。未能预料到德军攻击的情报官员得出错误结论，认为斯科尔兹内还留在美军战线后，执行刺杀艾森豪威尔将军和其他高级指挥官的任务。他们匆匆制作出通缉海报，广为散发。他们可能印发了成千上万份，但我只找到一份。斯科尔兹内活到战争结束，在战争罪行审判中逃脱定罪。他是希特勒器重的突击队员，他死后，我从他遗产中得到了那份备受赏识的象征物。

除珍珠港遇袭外，1942 年初，一艘日本潜艇在加利福尼亚沿海浮出水面，炮击了一座油库。从此，美国西海岸便深深恐惧日本间谍和破坏分子。与此相比，对斯科尔兹内的恐惧只能算小儿科。恐惧促使美国人拘捕关押了日裔美国人，包括与丈夫汤姆合影的洛杉矶的罗斯·笠井（Ruth Kasai，音）。虽然汤姆加入了美国陆军，罗斯还是被送到亚利桑那州一所拘留营。他的身份识别牌上写着她在拘留营的地址，他在法国作战时受伤的电报通知也被送往拘留营。在东海岸，对德国潜艇和德国间谍的恐惧真真切切。这些潜艇在海岸外击沉货船，将潜在破坏者送到纽约州和佛罗里达州。联邦调查局抓捕了逾 30 名德国间谍。有人甚至认为，德军会像日军空袭瓦胡岛那样从航母上发动对美国的轰炸，但战略轰炸的严峻考验没能落到美国头上，反而摧毁了德国和日本。

几十年来，我未遇到任何与广岛原子弹轰炸有关的文物。我的法国代理给我带来了第一件——显示原子弹威力的茶杯。爆炸的炽热损坏了茶杯的釉面。战争结束时，一位在广岛的法国科学家拣到它，它还配有一张法文证书，声明其不再具有放射性。于我而言，证书和茶杯一样重要，我可不想成为最后一个二战受害者。

——肯尼思·伦德尔，波士顿二战博物馆创办人、执行董事

奖赏和谴责

右图希特勒的信笺上是元首为奥托·斯科尔兹内救出墨索里尼而赠给他的礼物——党卫军骷髅头戒指和纳粹集中营出品的烟盒。1944 年年末，斯科尔兹内领导了一场深入盟军战线后的隐蔽行动，遭到通缉（左）。

广岛遗迹

1945 年 8 月 6 日，原子弹夷平日本城市广岛的大片区域。这只变形的瓷杯在原子弹爆炸后的废墟中拾得。

忠于国家

家庭相册上的日裔美国人汤姆和罗斯·笠井，下方是其美国陆军身份识别牌和勋章。左边是他在法国战场负伤后获得的紫心勋章（Purple Heart），及说明他负伤的电报。电报被送给亚利桑那一所拘留营里的罗斯。在他服役时，她和其他日裔美国人被关押在那里。

交火

1941 年 7 月，一队德国装甲部队攻击隐蔽的苏联神枪手。虽然斯大林收到了来自间谍的警告，希特勒入侵苏联却还是让他措手不及。

第一章 点燃欧洲·心理战

20 世纪 30 年代末，战争阴云密布。在东京工作的记者里，路子最广的莫过于德国记者理查德 · 佐尔格（Richard Sorge）。他的密友和信息提供人包括日本首相顾问尾崎秀实、德国武官尤金 · 奥特（Eugen Ott）上校。1938 年 4 月，奥特成为德国驻日本大使，他向佐尔格提供德国情报，佐尔格则帮他将日本战争计划告诉纳粹头子。1938 年 3 月，希特勒吞并了奥地利，并且很快还要对付捷克斯洛伐克和波兰，来扩张他的大德意志帝国。他一心想控制欧洲，这样的侵略规划意味着，他最终将不得不与一个或数个大国交战。这些曾在一战中与德国为敌的国家包括法国、英国、俄国（后来的苏联）和美国。日本侵略中国，对法国、英国、苏联和美国的亚太领地构成了威胁。希特勒及其外长约阿希姆 · 冯 · 里宾特洛甫（Joachim von Ribbentrop）认为，如果德国卷入另一场全球战争，帝国主义日本将会是潜在盟友。

因此，升任驻东京大使的奥特，成为德意志帝国最重要的外交使节。他的晋升也有佐尔格的部分功劳。佐尔格关于日本意图和战争准备的报告得到奥特及其柏林上司的极高评价，以至于 1938 年 10 月佐尔格

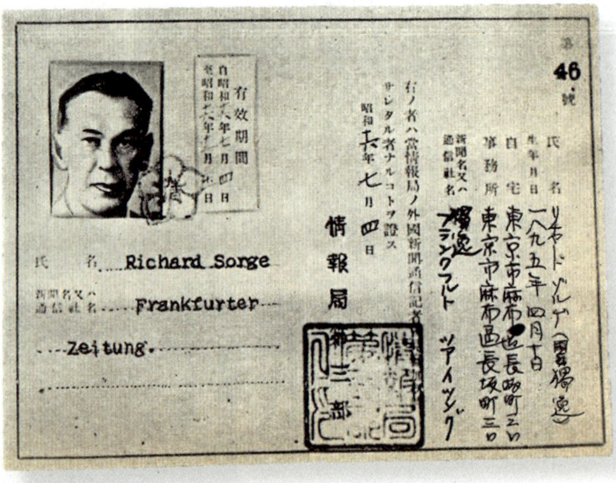

苏联特工

理查德 · 佐尔格的日本记者证，他的公开身份是德国《法兰克福日报》（*Frankfurter Zeitung*）记者，暗地里充当苏联间谍。他发给莫斯科的加密报告警告德国努力将日本拖入轴心国联盟，以及希特勒意图撕毁与斯大林的《苏德互不侵犯条约》并将入侵苏联。

姓名：理查德·佐尔格

职业：苏联间谍

执行任务地点：日本和德国

大事记

1939年8月　希特勒和斯大林《苏德互不侵犯条约》的秘密议定书为他们瓜分东欧和波兰打下了基础。

1939年9月1日　德国入侵波兰，引发第二次世界大战。

1940年4月　德国党卫军特务则将波兰犹太人关进犹太聚居区。

1940年5月　德军在西欧发起“闪电战”，入侵法国。

1940年9月　“双面间谍”行动中，英国反情报官员开始策反德国军事情报局派到英国的间谍。

1940年9月27日　日本加入与德国和意大利的《德意日三国同盟条约》，巩固了轴心国联盟。

1941年5月　苏联驻东京间谍理查德·佐尔格发出警示，希特勒将在“6月下半月”入侵苏联。斯大林置之不理。

1941年6月22日　德军入侵苏联。

1941年6月29日　联邦调查局特工开始搜捕拥有33名德国特工的驻美间谍网。

1941年12月5日　日本准备入侵美国和同盟国在太平洋地区的基地，苏军反攻莫斯科附近的德军。

43岁生日期间，里宾特洛甫致信感谢他的“杰出贡献”。但佐尔格的最大贡献不是为柏林，而是莫斯科。约在10年前，后称“格勒乌”（GRU）的苏联军事情报机构招募了他。在为德国报纸报道日本的时候，佐尔格秘密控制着一个苏联间谍网，通过电台和信使向莫斯科报告。奥特毫不怀疑佐尔格这个德国功勋老兵。1917年，他在东线与俄国作战时负过重伤，身上还留有伤疤。佐尔格为人鲁莽，好热闹，是注册的纳粹党员，但经常批评纳粹党魁。他时常纵饮，风流成性，还与正与奥特分居的妻子有染。这位未来的大使为了维持与佐尔格这份有利可图的关系，对此睁一只眼闭一只眼。一个熟人后来得出结论，佐尔格的口无遮拦和纵酒寻欢是“精心做出的伪装。他给人一种放荡的花花公子印象，而这正是一个机敏而危险的间谍的反面”。

实际上，在所有对抗希特勒帝国的卧底特工中，佐尔格是最危险的人之一。他天生就是间谍的料，与他背叛的德国和服务的苏联都有家庭联系。他出生于俄国阿塞拜疆，母亲是俄国人，父亲是德国人，是一名在阿塞拜疆巴库（Baku）油田工作的工业工程师。在佐尔格两岁时，全家搬到柏林，他成长为一个忠诚的德国人。1914年，他满怀热情地

介绍人

20世纪30年代初，美国记者艾格尼斯·史沫特莱（Agnes Smedley）与佐尔格结交，将他介绍给尾崎秀实。

同谋者

日本记者兼官员尾崎秀实成了佐尔格苏联间谍网的重要一员。

不知情助手

尤金·奥特未意识到他在德国驻东京大使馆透露给佐尔格的秘密被传到莫斯科。

参加了一战。一战结束，他憎恶德皇威廉二世（Kaiser Wilhelm II）分崩离析的帝国政权。1918年，在革命的动荡中，威廉二世退位。佐尔格与起义的共产党人并肩作战。尽管这次失败的起义是在一战已经输掉后才发起的，希特勒后来还是将德国的战败归罪于他们。被招募为苏联间谍后，佐尔格切断了与德国共产党的联系。1934年，希特勒上台一年后，他加入了纳粹党。因为纳粹党员增长太快，新党员的背景审查有时相当草率。他与莫斯科的联系没被发现。

佐尔格在东京担任战略上对苏联极为重要的职位。斯大林需要对付两个潜在敌人——西方的纳粹德国和东方的帝国主义日本。佐尔格处境非常有利，他可以通过与德国大使奥特和日本顾问尾崎秀实的密切关系来发现这两国的计划。尾崎秀实暗中同情共产党，希望将日本的侵略方向从苏联转向英国、法国和美国太平洋领地。佐尔格还招募了一个能干的间谍尾台由伸（Odai Yoshinobu，音），他在中国东北的日本占领军服役。1939年年中，诺门罕战役爆发，尾台由伸向佐尔格提供了关涉日本兵力和动向的详细报告，帮助苏联指挥官取得胜利。

西方人一心想着欧洲的战争威胁，很少关注那场短暂的亚洲战争，但它的影响非常深远。虽然希特勒和里宾特洛甫在不久后将日本拖进与德国和意大利的防守同盟，但对于加入轴心国同伴对苏联发动进攻，日本非常小心谨慎，因为摧毁苏联是希特勒的最终目标。甚至早在 1939 年夏，诺门罕战役转到对苏联有利之前，希特勒得出结论，在对付斯大林及其红军前，他还有别的事情要做。1938 年后期，英法领导人在慕尼黑做出让步，抛弃了捷克斯洛伐克，但是现在他们发誓，如果希特勒入侵波兰，他们将奋起反击。除非确定苏联按兵不动，否则希特勒冒不

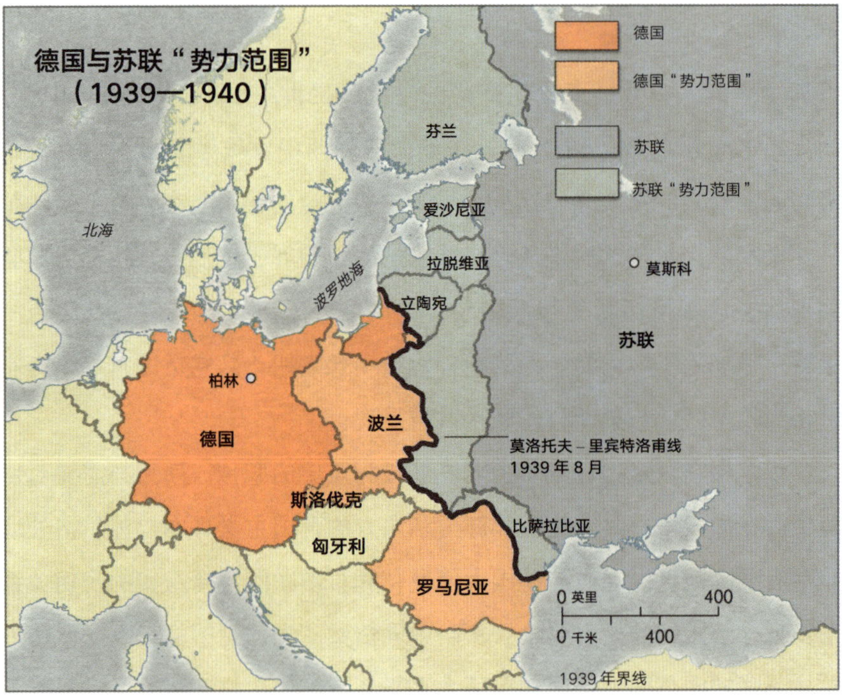

《苏德互不侵犯条约》

条约于 9 月经过修改，将波兰东部、波罗的海诸国、芬兰和白俄罗斯划入苏联势力范围，希特勒则占领了波兰余部，将罗马尼亚和斯洛伐克及不在条约范围内的匈牙利变为顺从的盟友。

起与这些西方大国开战的风险。出于那个目的，里宾特洛甫到莫斯科秘密会见斯大林及其外长维亚切斯拉夫·莫洛托夫（Vyacheslav Molotov），于 1939 年 8 月 23 日签署了《苏德互不侵犯条约》。斯大林与万恶的纳粹的交易震惊了许多人，但佐尔格这样老练的特工经常伪装成他们意识形态敌人的朋友，意识到协议的本质——一项让两个敌对政权在对付对方前专注于其他地方的策略。佐尔格母亲的苏联和父亲的德国似乎平息了显而易见的分歧，但那没有理由让他停止刺探第三帝国。当希特勒厌倦并准备撕毁协议时，他将能很快向莫斯科发出警告。在间谍、破坏分子和秘密警察发起的隐蔽战争中，佐尔格这样的人对朋友和敌人都保持警惕，他们知道，没有誓言神圣到不可侵犯。他们是业界翘楚。

不神圣同盟

《苏德互不侵犯条约》对波兰是个坏消息，但很少有波兰人和同情波兰困境的人认识到，这项条约到底有多不幸。表面上，它能保证希特勒在进攻波兰时不会遭到苏联的反对。这场入侵始于 1939 年 9 月 1 日，条约签署后仅九天。在德国和苏联的“势力范围”之间划出的界线将波兰东部和立陶宛、拉脱维亚和爱沙尼亚这些波罗的海国家置于斯大林控制之下。希特勒不仅将使用常规军，还将用安全部队来执行秘密议定书。安全部队将搜捕所谓的国家敌人——一个被纳粹适用于整个种族或民族集团的概念，并处死或监禁他们，发起一场针对平民的战争。在波兰及其邻近国家，希特勒的党卫军这支可怕的保安部队杀害的人多过常规作战的死亡人数。

党卫军起初作为希特勒的警卫队（Schutzstaffel），但后发展成远超希特勒精英保镖的组织。海因里希·希姆莱（Heinrich Himmler）和希特勒一样相信雅利安人的种族优越性，敌视犹太人和其他非雅利安民

纳粹头子

奥地利维也纳，党卫军头子海因里希·希姆莱（左）走在野心勃勃的莱因哈德·海德里希前面。希姆莱选择海德里希指挥党卫军情报和保安机构——帝国保安部。1936年，希特勒吞并了奥地利。

族。在他指挥下，党卫军招募的人员宣誓“誓死效忠”，并且以毫不犹豫执行可怕的命令而自豪。一些人作为士兵在武装党卫军（Waffen-SS）部队的前线单位作战。另一些人在德国和德占区充当秘密警察，审讯和拷打犯人，或者管理集中营和死亡营，后两者在二战结束前夺去数百万条生命。

党卫军监管所有的德国警察，在扩张权力和加紧对德国的控制方面，希姆莱得到莱因哈德·海德里希（Reinhard Heydrich）的大力协助。海德里希建立了一个名为帝国保安部（Sicherheitsdienst，SD）的党卫军情报和保安机构。不同于崇拜希特勒的希姆莱，海德里希冷血而精明，自视不逊于甚至强过纳粹党内那些地位比他高的人，只在符合自己利益的时候才向他们低头。1933年，他第一个孩子出生时，他请希姆莱和冲锋队（Sturmabteilung，SA）参谋长恩斯特·罗姆（Ernst Röhm）这两个有权有势的纳粹做男孩的教父。穿褐衫的冲锋队员在街头与共产党和其他政敌斗争。仅仅一年后，

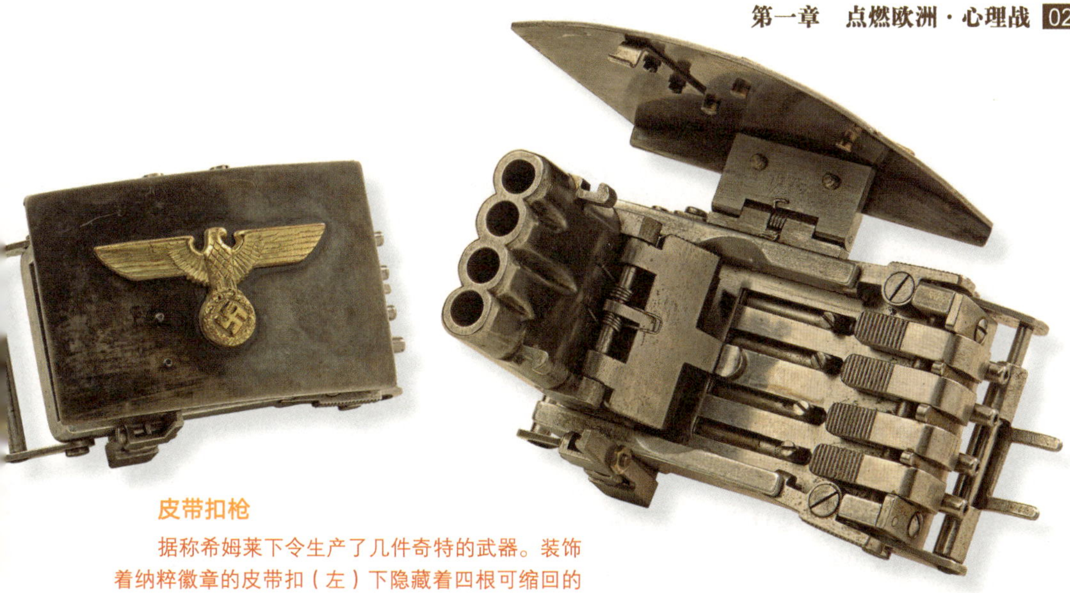

皮带扣枪

据称希姆莱下令生产了几件奇特的武器。装饰着纳粹徽章的皮带扣（左）下隐藏着四根可缩回的枪管（右），很可能用于纳粹头子炫耀而非实战。

海德里希帮助罗织了一项针对罗姆的罪名，指责他阴谋反对希特勒。希特勒以此为借口发动一场“血洗”，党卫军在清洗中除掉罗姆和其他冲锋队官员。冲锋队永远没能从那场打击中恢复。黑衣党卫军取代了难以驾驭的褐衫冲锋队，成为希特勒信赖的打手，以远超冲锋队的自由和效率，在国内外犯下许多血腥罪行。希姆莱以其部队的邪恶名声为荣。“我知道，德国有成百上千万人憎恶我们党卫军这身黑色制服。”他写道，“我们心知肚明，也不指望受到很多人爱戴。”

1939 年，随着对波兰入侵的临近，海德里希开始执行代号为“坦嫩贝格”（Tannenberg）的秘密行动（“希姆莱行动”）。源自一战期间，德国在坦嫩贝格取得东线的一场大胜。“希姆莱行动”于 8 月 31 日夜晚上演，制造出波兰突击队员突然进攻德国边境，从而引发这场战争的假象。那段边境上的关系非常紧张，这为声称是波兰的入侵引发战争提供了某种依据。为了让这些虚假进攻更有说服力，党卫军杀死几名集中营犯人和一个同情波兰的德国人，给他们换上波兰制服，扔在边境附近三个地方，

长刀之夜

狂暴的褐衫冲锋队员在街头与政敌斗殴，帮助希特勒获得政权。1934年，希特勒牢牢控制德国后，冲锋队成了绊脚石。他们有近300万之众，好斗的领导者恩斯特·罗姆认为他们是纳粹革命军，将取代常规部队。1919年强加给德国的《凡尔赛条约》（Treaty of Versailles），限制德国只能有10万常规军队，当时希特勒还没有废除该条约。陆军军官们害怕且痛恨罗姆，而希特勒需要他们的支持来强化和扩张自己的帝国，这项工作需要训练有素的士兵，而非桀骜不驯的街头霸王。希特勒欠罗姆很多，一直迟疑，下不了决心对付他。直到罗姆的党卫军对头海因里希·希姆莱和莱因哈德·海德里希罗织了前者正在阴谋政变的证据。赫尔曼·戈林掌管名为盖世太保的秘密警察，也合谋反对罗姆。盖世太保后为党卫军合并。希特勒也许曾怀疑针对冲锋队首脑的证据不足采信，但却给了他清除棘手的冲锋队领导层的理由。

1934年6月30日，希特勒召集罗姆及其高层副官到巴伐利亚一家酒店开会，发动了清洗。他们在酒店被党卫军部队逮捕，大部分在几小时内被枪杀。罗姆寄希望得到他称作“我的元首”的那个人的宽恕，但第二天希特勒就下令纳粹第一座集中营达豪集中营（Dachau）的负责人西奥多·埃克（Theodor Eicke）将其暗杀。与此同时，党卫军刽子手瞄上了与冲锋队无关，但过去反对或将来可能反对希特勒的公众人物。被害者中有从将军变成政客的库尔特·冯·施莱歇（Kurt von Schleicher，在希特勒之前任总理）及其妻子。超过80人被确认为清洗冲锋队的受害者，但实际死亡人数可能要高得多。

一干陆军领导事前得到了这场清洗的通知，对结果感到满意。这强化了陆军与希特勒的联系，军官团随后宣誓效忠他。他利用对罗姆捏造的指控，称“长刀之夜”（Night of the Long Knives，从一首纳粹歌曲里借来的说法）是一次保卫帝国的正义举动。“如果有任何人责怪我，问我为什么没有诉诸常规法庭，”他声称，“那么我只能说，此刻，我要对德意志人民的命运负责，因此我成了德意志人民的最高法官！……每个人都必须知道，将来任何时候，如果有人攻击这个国家，那他的命运就是必然灭亡！”

实际上，纳粹党或纳粹新国家假想的敌人中，很少有人曾经历过“常规法庭”。许多人遭到冲锋队员袭击，被留在大街小巷自生自灭。这种公然恫吓还会在纳粹德国零星持续下去，但一种更隐秘、更阴险的恐怖形式将超越它，即党卫军实施的恐怖。许多受害者在黑暗中被拉走，永远消失在公众视野中。“长刀之夜”是对党卫军的一次严格测试，证明了其会不顾一切地推动希特勒的邪恶计划，而且会比狂暴的褐衫冲锋队员更为谨慎。多年后，希姆莱回忆起那一夜，将它看成党卫军士兵赢得冷酷无情和绝对忠诚名声的时刻。“每个人都在发抖，”他回忆起那些杀戮，“然而，我们都清楚，如果接到命令，如果有必要，大家还会那样做。”希姆莱还说，杀害纳粹同僚让他们硬起心肠，在随后年月中执行一项规模更大、更冷酷的任务：意图“灭绝犹太民族”。

“老战士”

恩斯特·罗姆站在他领导的冲锋队前。他是纳粹党创建者之一，被称为“老战士”（Old Fighter），希特勒后将之清除。

> “我知道，德国有成百上千万人憎恶我们党卫军这身黑色制服。我们心知肚明，也不指望受到很多人爱戴。”
> ——海因里希·希姆莱

包括格莱维茨（Gleiwitz）的一座电台。党卫军特工冲进那座电台，试图用波兰语播放一条愤怒的消息。计划出了差错，但受害者尸体——党卫军刽子手称作“罐头食品”——被作为证据来支持希特勒的主张。他声称是波兰的侵略行动引发了9月1日的入侵。德国以外，几乎没有人被愚弄，但希特勒和宣传部长约瑟夫·戈培尔（Joseph Goebbels）控制了国内的新闻报道，也许说服了一部分德国人相信是波兰军队引发了战争。

8月31日上演的进攻只是“希姆莱行动”的序曲。这场谋杀行动是党卫军按希特勒的要求消除波兰精英阶层。他声称：“只有上层社会被摧毁的国家才可以被赶进奴隶行列。”希特勒的目标是摧毁作为一个国家的波兰，灭绝、奴役或驱逐非雅利安居民，包括斯拉夫人和犹太人，为德国移民提供生存空间。对波兰人口大规模攻击的第一步是消灭可能鼓动反抗的有权势或有号召力的波兰人。消除这些平民是党卫军的工作，它组织了名为“别动队”（einsatzgruppen）的专门部队，每支由几百名武装人员组成。他们搜捕受害者，并通常在隐蔽的地方屠杀。别动队里有一些受党卫军指挥的德国警察，有权在需要时调拨德国士兵来帮忙。陆军指挥官后来拒绝让常规部队卷入这样的暴行，但随后数年里，党卫军在实施更大规模的大屠杀时，一些军官却选择与他们合作。海德里希的计划要求处死6.1万名波兰杰出人物，包括牧师、教授、贵族和

BERLINER MORGENPOST

10 PFENNIG

Polen ließ den Führer 2 Tage warten

Deutschlands großzügiges Friedensangebot

Frecher Ueberfall auf den Sender Gleiwitz

Angriffe polnischer Freischärler auf reichsdeutsche Ortschaften

借口

1939年8月31日，党卫军制造了对格莱维茨一座德国电台（最上）的袭击。一家柏林报纸（上）为9月1日德国入侵波兰找借口，将之归罪于波兰非正规部队。

在波兰的暴行

指挥准军事部队德裔自卫队（*Volksdeutscher Selbstschutz*）的党卫军军官在波兰城市比得哥什（Bydgoszcz）拍照（最上）。这支由在波兰德裔组成的自卫力量参加了“希姆莱行动”。德国入侵波兰后，党卫军发起消灭波兰精英的谋杀行动。他们的目标中有站在其他受害者尸体旁的牧师（左），以及即将被处死的教师（上）。

> “我们希望保留这个小小的民族，但必须消灭贵族、牧师和犹太人。”
> ——帝国保安部首脑莱因哈德·海德里希

官员。“占领区的波兰上层阶级中，”他在 1939 年 9 月下旬吹嘘说，“顶多只有 3% 还活着。”

然而，这场行动并非如他声称的那样彻底或有系统。别动队的一些人以前杀过人，但在实施集体屠杀方面还是新手。对于屠杀什么人或如何完成目标，他们并不是一直很细致，明目张胆地一次射杀达 900 人的大屠杀中，受害者并非都是上层阶级成员。海德里希自己对这场行动的界定也不精确，把许多不属于波兰精英的犹太人也当成了目标。“我们希望保留这个小小的民族，”他说，“但必须消灭贵族、牧师和犹太人。”然而，希特勒还没有定下“最终解决方案”（Final Solution，杀害占领区所有犹太人的秘密计划），大部分生活在波兰的犹太人暂时得以幸免，被赶入犹太人隔离区。

揭露

“希姆莱行动”夺去近 5 万条生命，波兰受害者遗骸道出行动的残暴。

“卡廷惨案”之迷

1940 年 4 月，作为战俘关押在苏联的超过 4000 名波兰军官在斯摩棱斯克附近的卡廷森林被枪杀，葬在万人坑内。这是苏联内务人民委员部安全部队秘密执行的行动，由其首脑拉夫连季 · 贝利亚起草，并经斯大林签署的命令。波兰当时被分成德国和苏联占领区，斯大林希望消灭波兰领导人，防止他们可能挑起对武装占领的抵抗。因为杀戮在卡廷发现，史称为“卡廷惨案”。苏联内务人民委员部处死了超过 15000 名波兰军官和 6000 名平民。1943 年 4 月，希特勒入侵苏联近两年后，德国人发掘出卡廷的波兰受害者尸体，发现了指向苏联人的证据。宣传部长约瑟夫 · 戈培尔夸大了死亡数字，声称 10000 名波兰平民在那里被处决，苏联反称大屠杀是德国人所为。

在伦敦的波兰流亡政府认为，苏联人否认“卡廷惨案”责任的举动很可疑。英国官员私下认同他们的说法。驻波兰政府的英国密使欧文 · 奥马利（Owen O’Malley）撰写了一份秘密报告，在报告中谴责了苏联人，但总结道，与苏联“亲密关系的迫切需要”让英美盟友别无选择，只能“掩盖这场屠杀”。温斯顿 · 丘吉尔将报告副本寄给罗斯福总统，附上一段评论，将报告描述成一个“写得很好的可

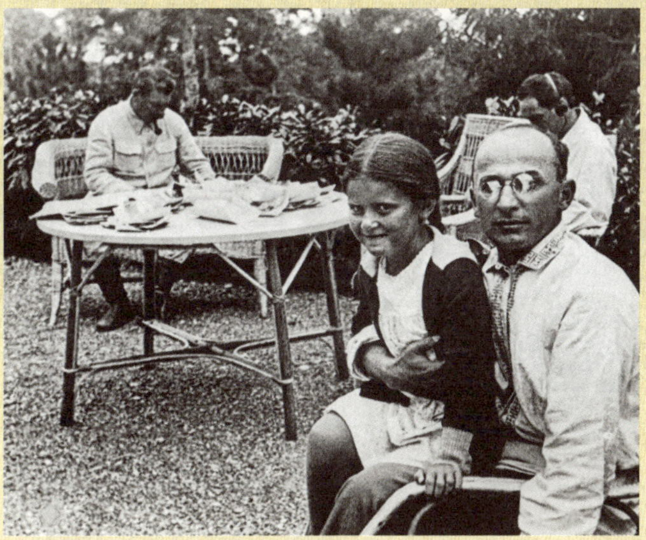

核心集团

斯大林在读文件，女儿斯维特兰纳坐在拉夫连季 · 贝利亚膝上。贝利亚是制造“卡廷惨案”的安全首脑。

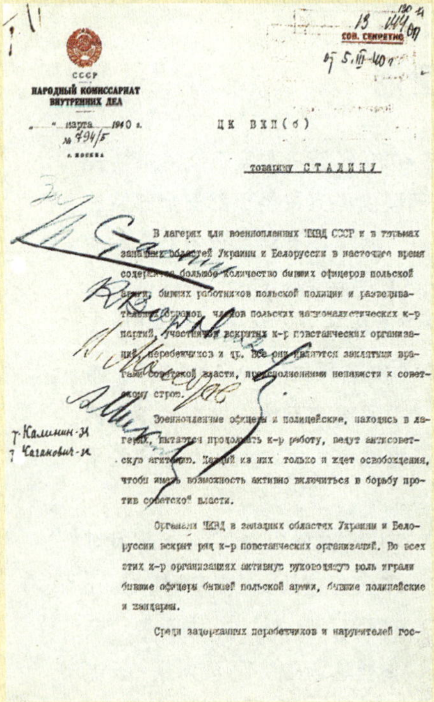

СОВ. СЕКРЕТНО

СССР
НАРОДНЫЙ КОМИССАРИАТ
ВНУТРЕННИХ ДЕЛ

" " марта 1940 г.
№ 794/Б
г. Москва

ЦК ВКП(б)

товарищу СТАЛИНУ

В лагерях для военнопленных НКВД СССР и в тюрьмах западных областей Украины и Белоруссии в настоящее время содержится большое количество бывших офицеров польской армии, бывших работников польской полиции и разведывательных органов, членов польских националистических к-р партий, участников вскрытых к-р повстанческих организаций, перебежчиков и др. Все они являются заклятыми врагами советской власти, преисполненными ненависти к советскому строю.

Военнопленные офицеры и полицейские, находясь в лагерях, пытаются продолжать к-р работу, ведут антисоветскую агитацию. Каждый из них только и ждет освобождения, чтобы иметь возможность активно включиться в борьбу против советской власти.

Органами НКВД в западных областях Украины и Белоруссии вскрыт ряд к-р повстанческих организаций. Во всех этих к-р организациях активную руководящую роль играли бывшие офицеры бывшей польской армии, бывшие полицейские и жандармы.

Среди задержанных перебежчиков и нарушителей гос-

т. Калинин-за
т. Каганович-за

怕故事，但也许写得过于好”。这显然是指奥马利承认同盟国在粉饰一场暴行。为保密起见，丘吉尔请罗斯福“阅后归还报告，因为我们不以任何正式方式扩散它”。

和丘吉尔一样，罗斯福也不想谴责苏联人，从未提到这份报告。苏联人声称纳粹应为“卡廷惨案”负责的说法当时似乎站得住脚。直到 1990 年，随着苏联解体，米哈伊尔·戈尔巴乔夫总统才透露，“卡廷惨案”是莫斯科最高层批准的。

死刑判决

发布于 1940 年 3 月 5 日，由斯大林和其他苏联领导人签署的一纸命令，导致超过 20000 名波兰战俘被杀害。每个战俘的档案都由三名法官组成的审判组草草审阅，几乎所有在押战俘都被判处死刑。

证据

一具穿着衣服的波兰战俘骨架（左）在卡廷一个乱葬坑（中）被德国人发现。德国人用广播和海报（右）公布了苏联人的暴行。

消失在苏联

1940 年 4 月，被苏联内务人民委员部处死的部分波兰战俘照片。他们中许多人是预备役人员，被苏军俘虏前不久才放下工作和家庭去保卫自己的国家。

恐怖战术

纳粹德国发动了公开和秘密两条战线的战争，前者有令人闻风丧胆的“斯图卡”（Stuka）俯冲轰炸机等武器的打击；后者有掌管军事情报的军事情报局（阿勃维尔），及其对头党卫军的帝国保安部和盖世太保等机构实施的秘密行动。

9 月 17 日，苏联军队进攻波兰东部。截至那时，波兰防守已经在德军猛攻重压下摇摇欲坠。苏军没遇到多少抵抗，拘禁了逾 10 万波兰战俘，大部分士兵最终获释。11 月，苏联吞并波兰东部，之后苏联当局命令将许多与波兰政府关系密切的平民，包括警察、公务员和退伍老兵，与其家人一起流放到古拉格。1940 年 2 月的一个夜晚，内务人民委员部特工将近 14 万人赶出家门，塞进货运列车。一个女孩因为父亲在 1920 年为保卫波兰抵抗过苏联，全家遭流放。她还记得他们坐的牲畜车厢门被大力关上和闩住的可怕声音。“我们知道被锁在里面了。”她回忆说，“我们成了奴隶。”约 5000 名流放者死于途中，更多人后来死在西伯利亚古拉格。

1940 年 3 月，贝利亚提出要消灭关押在内务人民委员部战俘营的所有波兰军官。这些战俘“正等待获释，好积极加入反对苏维埃政权的战斗”，他写道。贝利亚的计划很快得到斯大林批准。战俘营里的许多波兰军官是在和平时期任官员、律师或医生的预备役人员。他们和内务人民委员部关押的其他 6000 名波兰人被判处死刑，被送到几个地点处决。

战时情报机构

莱因哈德·海德里希领导的帝国保安部与威廉·卡纳里斯（Wilhelm Canaris）海军上将领导的德国军事情报局（阿勃维尔，Abwehr）经常爆发激烈斗争。极端保守的卡纳里斯在二战前与海德里希关系不错，也支持希特勒，但他对纳粹的侵略和暴行越来越担心，害怕这将使德国军队和整个民族面临耻辱和毁灭。他秘密加入一个志同道合的军官和官员的小圈子，密谋反对希特勒，但收效甚微，直到密谋者在战争后期差点暗杀成功。同时，海德里希和希姆莱与卡纳里斯公开冲突，寻找一切机

伊恩·弗莱明的情报

30 岁时，伊恩·弗莱明（Ian Fleming）开始了作为英国特工和未来间谍小说作家的职业生涯，此前他是伦敦的一名股票经纪人，偶尔写写报道。1939 年年初，弗莱明以伦敦《泰晤士报》记者身份随一个贸易代表团来到莫斯科，同时在一份提交给英国外交部（British Foreign Office）的秘密报告中评估了苏联的实力。他意识到没有苏联的“秘密”可提供，他的结论基于已出版的资料辅以他作为一名记者的观察。但这类在外国合法活动的记者、外交官等人提供的“公开资料”，有时与间谍冒着生命危险得来的报告同样有用。弗莱明提供了一份对苏联战时潜能的不偏不倚的评估报告，提到苏联的致命清洗让红军失去了“成千上万胜任的军官”，但苏联政权正提拔“能干的年轻人”来填补留下的真空，以此恢复士气。他没预见即将签署的《苏德互不侵犯条约》，但敏锐地意识到，苏联站在英国一边反对纳粹德国的长期利益更大。“苏联将会是一个特别狡诈的盟友。”他警告说，“一旦有利可图，它会毫不犹豫在背后捅我们一刀……苏联与同盟国的合作将有极大的战略价值，但只应作为权宜之计，并且极其谨慎地接受这样的合作。”

出使莫斯科后不久，弗莱明成为海军情报首脑约翰·戈德弗雷（John Godfrey）海军上将的私人助理。1941 年，弗莱明海军少校负责“金眼行动”（Operation Goldeneye）。如果德国将西班牙拖入轴心国，或入侵西班牙并占领直布罗陀海峡，威胁到皇家海军进入地中海的通道，他将启动“金眼行动”。弗莱明持信使护照进入西

代号：17F	
服务国：英国	
针对国：苏联、西班牙	

班牙，与那里的间谍保持无线电联系。如果直布罗陀沦陷，就破坏雷达设施和其他目标。虽然西班牙保持了中立，计划取消，但他为自己的第一次秘密行动感到骄傲，后来还将他开始写作詹姆斯·邦德小说时所住的牙买加庄园命名为“金眼”。

Courier's Passport.

THIS PASSPORT IS ONLY GOOD FOR THE JOURNEY SPECIFIED AND MUST BE GIVEN UP WITH THE DESPATCHES.

Valid for a journey to Gibraltar and return to Madrid 16 February 1941.

No 777

Renewed and valid for a journey to London via Lisbon 26 February 1941.

By His Britannic Majesty's Minister at Madrid.

Le Soussigné Ministre de S.M. Britannique à Madrid

These are to request and require, in the Name of His Majesty, all those whom it may concern to allow

prie et requiert au nom de Sa Majesté tous ceux à qui il appartiendra de laisser passer librement

Mr. Ian Lancaster Fleming

charged with Despatches to pass freely without let or hindrance and to afford him every assistance and protection of which he may stand in need.

chargé de Dépêches et de lui accorder en toute occasion l'aide et la protection dont il pourra avoir besoin.

Given at Madrid the sixteenth day of February 1941.

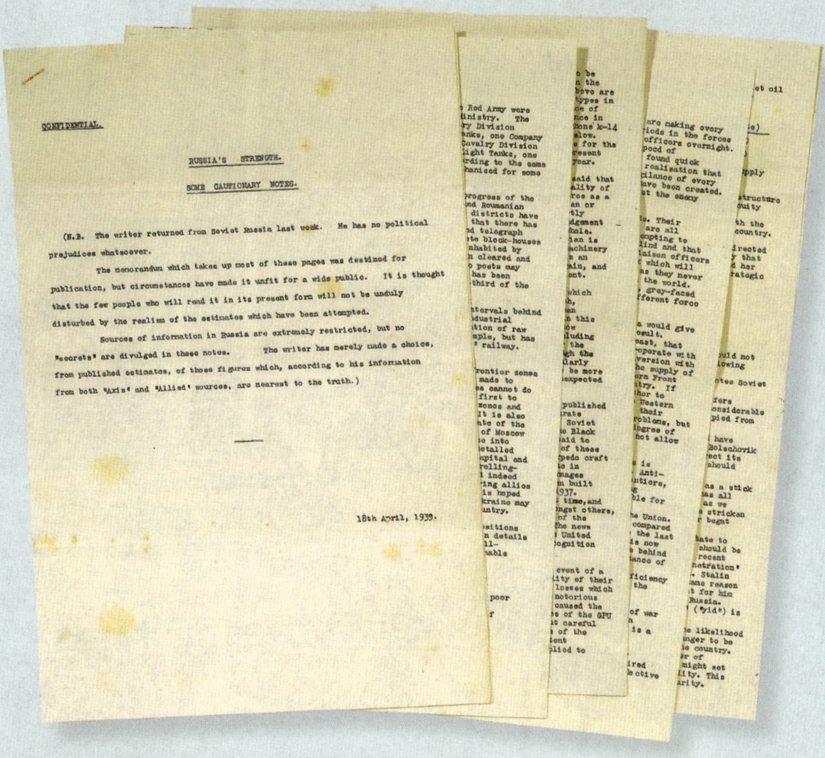

CONFIDENTIAL.

RUSSIA'S STRENGTH.

SOME CAUTIONARY NOTES.

(N.B. The writer returned from Soviet Russia last week. He has no political prejudices whatsoever.

The memorandum which takes up most of these pages was destined for publication, but circumstances have made it unfit for a wide public. It is thought that the few people who will read it in its present form will not be unduly disturbed by the realism of the estimates which have been attempted.

Sources of information in Russia are extremely restricted, but no "secrets" are divulged in these notes. The writer has merely made a choice, from published estimates, of those figures which, according to his information from both "Axis" and "Allied" sources, are nearest to the truth.)

18th April, 1939.

暗杀目标

1923年，希特勒在慕尼黑啤酒馆首次图谋夺权。1939年11月8日，他在那里对纳粹党徒发布演讲，离开啤酒馆后不久，一颗原本以他为目标的炸弹爆炸，炸死九个人。

会破坏军事情报局，详细地记录了它的情报失误。海德里希的帝国保安部的行动主要限于德国及其占领国，偶尔进入中立国。卡纳里斯面临着更为艰难的任务。军事情报局的战场延伸到敌对国家，包括英国和美国，它们从未被德军占领，对于渗透的德国间谍而言非常危险。英国在德国入侵波兰后不久即与法国一起对德国宣战，美国则在军事上帮助英国，直到 1941 年 12 月出兵与轴心国交战。

战争开始后不久，军事情报局间谍冒着极大危险潜入英国时，帝国保安部瞄上了两名在中立国荷兰活动的英国军情六处（MI6）特工。军情六处负责国外情报行动，创立于 20 世纪初，又被称作秘密情报局（Secret Intelligence Service，SIS）。英国军事情报局（Directorate of Military Intelligence）成立后，军情六处被重新确定为该局几个军事情报部门之一。军事情报局还有负责国内反谍行动的军情五处（MI5）。英国皇家海军和其他军种也有情报机构，但军情六处是英国最优秀的间谍机构。作家伊恩·弗莱明认可并且提升了它的知名度。二战期间，弗莱明是一名成功的英国海军情报官。他后来将虚构的著名间谍詹姆斯·邦德刻画成女王密使特工 007，这是秘密情报局或军情六处的无上头衔。然而，与德国军事情报局相似，当英国和德国在 1939 年 9 月成为敌人，加强了对间谍的防备后，军情六处也面临着艰巨的任务。

理查德·亨利·史蒂文斯（Richard Henry Stevens）少校及其同事西格斯蒙德·潘恩·贝斯特（Sigismund Payne Best）上尉很快证明，战时在敌国或邻近地区从事间谍活动有多危险。史蒂文斯的掩护身份是英国护照检查官，在荷兰首都海牙为军情六处工作，贝斯特则伪装成海牙的一名英国商人。1939 年 10 月，一个在荷兰的德国难民联系他们，提出为他们牵线，与德国国防军（Wehrmacht）内反对希特勒的高官接触。贝斯特和史蒂文斯随后秘密会见了一名德国军官，后者自称沙梅尔（Schämmel）上尉，邀请他们与古斯塔夫·冯·维特斯海姆（Gustav von

“黑白路障在我们身后关上。我们身陷纳粹德国。”
——被捕的英国特工西格斯蒙德·佩恩·贝斯特

Wietersheim）将军商谈。据说当年早些时候，他与希特勒就入侵捷克斯洛伐克的计划有过争论。会面地点选在荷兰与德国边境的荷兰城镇芬洛（Venlo）。沙梅尔承诺，如果英国和法国回报以德国一份“公正体面”的和约，维特斯海姆及同党准备采取有力措施来反对希特勒。要在战时与一名敌方指挥官进行这样的会谈，贝斯特和史蒂文斯需要得到最高层授权。军情六处局长斯图尔特·孟席斯（Stewart Menzies）寻求首相尼维尔·张伯伦（Neville Chamberlain）的批准。张伯伦之前对希特勒的绥靖毫无效果，现在希望德国高层转而反对他们的元首，在炸弹落到伦敦前实现和平。即便遭到坚定反对绥靖政策的时任海军大臣（First Lord of the Admiralty）温斯顿·丘吉尔的反对，张伯伦及其战时内阁（War Cabinet）还是批准了与维特斯海姆的会谈。

维特斯海姆两次失约芬洛的会谈。1939年11月9日，贝斯特和史蒂文斯在荷兰情报官迪尔克·克洛普（Dirk Klop）中尉的陪同下回到那里，后者为这次会面带了武器。一行人到达目的地后，贝斯特注意到德国边境的卫兵升起了边境大门。沙梅尔站在芬洛镇的一家咖啡馆走廊上挥手，似乎是示意将军在里面等他们。他们走下汽车时，一辆大车从德国边境驶来，冲向他们。“车里似乎塞满了凶神恶煞的人。”贝斯特回忆，“两个人蹲在引擎盖上，用冲锋枪向我们头顶射击；其他人站在车里和踏板上，全都挥着手枪在叫喊。”克洛普与他们交火，重伤身亡，留下两个被困的英国特工。“我们没救了，贝斯特。”史蒂文斯说。袭击者将他们推上车，飞快地掉头驶过边境。“黑白路障在我们身后关上，”贝斯特说，“我们身陷纳粹德国。”

他和史蒂文斯落到阿尔弗雷德·瑙约克斯（Alfred Naujocks）领导的帝国保安部特工手里。瑙约克斯实施了8月31日对格莱维茨电

Deutsche Allgemeine Zeitung

Berlin, 22. November 1939 (Mittwoch-Morgen)

78. Jahrgang Nr. 557 10 Pfennig

Berliner Ausgabe

Der Münchner Attentäter verhaftet

Georg Elser der Mörder, Intelligence Service der Auftraggeber, Otto Strasser der Organisator

Chef des Intelligence Service für Westeuropa von deutscher Polizei verhaftet

Der Reichsführer SS über die Aufklärung des Verbrechens

Der Attentäter Georg Elser

Der Chef des britischen Intelligence Service für Westeuropa und seine Komplicen von Beamten der Staatspolizei verhaftet

Links: Kapitän Stevens und rechts Mr. Best

Die britischen Agenten gingen in die Falle

Wie die Untersuchung durchgeführt wurde

转移罪责

党卫军军官瓦尔特·舒伦堡（上）领导了在荷兰诱捕西格斯蒙德·佩恩·贝斯特（登在德国报纸头版最右）和理查德·亨利·史蒂文斯（贝斯特左边）的秘密行动。这两名英国特工被指策划了慕尼黑啤酒馆的爆炸。实际上，安放炸弹的格奥尔格·埃尔泽（史蒂文斯和贝斯特左边）独自策划了啤酒馆（下）的爆炸。

"现在，点燃欧洲！"
——温斯顿·丘吉尔给特别行动处的指示

台的秘密袭击，现在为瓦尔特·舒伦堡（Walter Schellenberg）工作。扮成沙梅尔上尉的舒伦堡是欺骗高手，帝国保安部反情报负责人。维特斯海姆并没有阴谋反对希特勒，也没有参与帝国保安部这次行动。舒伦堡以承诺的与维特斯海姆的会面为饵诱捕这两名间谍，希望他们吐露其机构与真正的德国异见分子联络的细节。11月8日，同情共产党的约翰·格奥尔格·埃尔泽（Johann Georg Elser）在慕尼黑企图炸死希特勒，没有成功。他是单独行动，但希特勒将责任推给英国。几小时后，舒伦堡收到希姆莱要他绑架贝斯特和史蒂文斯的命令。被捕的贝斯特和史蒂文斯的照片与埃尔泽一起出现在德国报纸上。两人经历了残酷的审讯，被关押在德国，但都活到二战后。

芬洛事件（Venlo Incident）让军情六处颜面尽失，重挫了其渗透德国和利用德国高层对抗希特勒的行动。这场悲剧也损害了军情六处在丘吉尔心中的形象。1940年5月，德军入侵法国和低地国家（Low Countries）时，丘吉尔继张伯伦担任首相。两个月后，确信间谍活动和情报收集不足以削弱德国，丘吉尔组建了特别行动处（Special Operations Executive，SOE）来破坏敌产，支持抵抗运动，在沦陷国颠覆德国统治。这是个危险的行当，特别行动处许多特工落入敌手。但到1941年，特别行动处已经在开展给德国人制造麻烦的行动，特别是"设得兰巴士行动"（Shetland Bus Operation）。这是一些勇敢的渔船船长在北海实施的海上行动。他们避开敌方巡逻艇，将特工、武器和炸药运到德军占领的挪威，推动那里的抵抗活动。

丘吉尔通过特别行动处隐蔽行动来"点燃欧洲"的计划引起英国军事指挥官的担忧，吓坏了孟席斯及其手下军官。军事指挥官觉得自己的部门更适合开展特别行动，孟席斯等人则担心特别行动处的"业余人

不完全征服

1940 年 6 月下旬，德军征服法国后，希特勒站在埃菲尔铁塔前。法国的失败促使特别行动处特工下决心渗透进法国，推动法国抵抗者的破坏和颠覆行动。

员”会在国外引发混乱，招致德国安全部队镇压，置军情六处特工及其线人于险地。孟席斯那历史悠久的秘密情报局与新贵特别行动处勾心斗角之际，第三个机构军情五处悄悄开展了能够想到的最彻底、最成功的反情报行动之一，几乎抓捕了二战期间踏上英国土地的全部德国军事情报局间谍，并利用其中许多人反过来对付其德国间谍头子。

双面间谍

1940 年 9 月，德国军事情报局发起“莱纳行动”（Operation Lena）。这是德国预计入侵英国，事先将间谍和破坏者渗透到英国的一次仓促行动。与希特勒的期望相反，法国于 6 月被德国国防军征服后，英国依然不屈不挠。卡纳里斯海军上将奉命重启在英国的秘密行动。战争开始时，英国要求所有敌国侨民都要登记，成百上千名嫌疑分子被关押或受到监视，德国的秘密行动因此受阻。德军指挥官希望在现场部署间谍，确认德国空军（Luftwaffe）发起的空战的效果，并报告英国的防守情况。军事情报局新招募的许多人来自被占领国。如果遇到英国人盘问，他们可以自称来自德国控制区的难民，但这个借口不大可能经得起仔细审查。他们在匆忙中接受了发送密码无线电报和使用武器的训练，许多人英语还不熟练，就被推入战争中对敌方特工最具敌意的环境之一——国民对来自国外的威胁非常警惕，并且对外来者充满戒心的岛国。

9 月 3 日破晓前，多佛海峡（Strait of Dover），一艘德国拖网渔船在英国海岸线外几英里（1 英里约合 1.6 千米）处放下两只橡皮艇，每只橡皮艇上载着两名间谍。德国出生，荷兰长大的卡尔 · 迈尔（Karl Meier）与另一名德国间谍约塞 · 鲁道夫 · 沃尔伯格（José Rudolf Waldberg）划到岸边。不大会说英语的沃尔伯格藏了起来，英语更熟练的迈尔走到利德村，在上午 10 点前走进一家酒吧，点了一杯酒，却没意识到英国不允许酒吧服务员在那么早的时候提供酒精饮料。他招致怀疑，很快就遭到警察盘问。警察没理会他声称自己是荷兰难民的说法。谎言露馅，他承认自己是间谍，并供出了沃尔伯格，后者被抓捕时随身携带着一部无线电台。那天早晨上岸的另外两名间谍也很快和电台一起被抓获。这是两名荷兰人，为了避免坐牢接受了这项危险的任务。

四人都被送到020营地（Camp 020）。军情五处位于伦敦的这个审讯中心由罗宾·斯蒂芬森（Robin Stephens）中校指挥。他鄙视酷刑，偏爱用心理压力来让间谍开口。犯人像受审一样站在他和参与审讯的同事面前。他们提醒犯人，对间谍的惩罚是死刑。那些坦白供认的也许可以得到一把椅子和一支烟，这是"策反"间谍，利用他欺骗其德国主管的微妙过程的第一步。然而，9月初上岸的四人没有了选择，因为沃尔伯格已经向德国发电报，称警察找上了他们。如果他们还在活动，军事情报局官员也许会怀疑他们成为双面间谍。丘吉尔首相希望公众知道，德国间谍正遭到

被捕的间谍

1941年5月，跳伞降落英国后不久即被捕的德国间谍卡雷尔·里希特（Karel Richter），指认他藏降落伞的地方（上）。英国人从一道灌木篱墙里找到降落伞（中），拿走作为证据（下）。里希特拒绝成为反抗德国的双面间谍，被判处死刑。

特别行动处：骗术大师

SECTION H. MAKE-UP

The Make-Up Department affords facilities for disguise and personal camouflage of the Student. It is a process that cannot be hurried and sometimes involves weeks of specialized treatment including plastic surgery and dental operations.

Make-up can be considered in three distinct classes:

(i) Temporary—as a measure of emergency camouflage.

(ii) Semi-permanent—to cover the period of a short operation in the Field.

(iii) Permanent—to obtain a complete change of personality which will last him indefinitely.

TEMPORARY MAKE-UP.

This can be applied quite effectively by the Student himself and has proved most useful in the Field to persons who require a quick change for a short period. Illustrations 1 and 2 show what can be done with a little shading, a theatrical moustache and a pair of glasses.

No. 1. No. 2.

SEMI-PERMANENT MAKE-UP.

This requires more time and can be accomplished only by someone who has received instructions in make-up. Illustrations 3 and 4 show one type of semi-permanent make-up where the most obvious feature of the man is his bald head. This has been obviated by the use of a toupee. Illustrations 5, 6 and 7 show the method of measuring a man for a wig or toupee. Illustrations 8, 9 and 10 show how to take correct measurements for spectacles.

The illustrations 11, 12, 13, 14, 15 and 16 show the use of gum pads and nose plugs, and the following instructions describe how impressions can be made. These instructions are given for the benefit of Students who cannot avail themselves of local wig makers, opticians and dentists and who would have to rely on the Make-Up Department supplying them with their needs. If the instructions are carried out with care all the Students' requirements can be met with first class results despite the distance between themselves and the Make-Up Department.

Impression Trays (illustration 17).

A fair range of impression trays should be available, ten upper and ten lower are suggested. With this range any size jaw may be dealt with. The size of trays can only be determined by experience and good judgment. Rehearse on a friend. Judge the size and shape, insert the tray and see how it fits. Make sure the tray is

摇身一变

这是特别行动处训练手册的一页，讲述了各种各样的间谍伪装术，包括简单有效的化妆术、假肢器械以及整容术。

特别行动处在英国建立了绝密的工场和实验室，被英国士兵称为“研究员”的科学家和技术人员在那里生产秘密特工用的武器、伪装和其他器材，其中许多人特别关注间谍技术核心的秘密性和隐蔽性。赫特福德郡韦林附近的一座特别行动处基地的研究员，设计了威尔洛德（Welrod）手枪和其他消音武器，附近阿斯顿公寓（Aston House）的武器制造者除了为突击队员生产传统武器外，还为破坏和暗杀开发出各种致命的秘密装置。特别行动处的伪装部门（Camouflage Section）驻扎在一家名为“茅草谷棚”（Thatched Barn）的旧旅店。他们为特工构思出隐藏枪、炸药和电台等器材的方法。在另一处特别行动处设施里，伪造专家复制了帮助间谍和破坏人员渗透敌占区的德国文件。特别行动处作为训练手册发放的《专用器材与装备分类手册》（*Descriptive Catalogue of Special Devices and Supplies*）描述了成百上千种武器和技术，都是为盟军反击第三帝国的秘密战争而设计的。

无声手枪

威尔洛德手枪只为一个任务而生：暗杀。这种短射程的单发手枪包含一个消音器和安在短握把内的弹匣。

戏弄希特勒

特别行动处从英国监狱招募的伪造人员小试身手，伪造出阿道夫·希特勒的德国护照。护照上标着代表犹太人的红色字母“J”，盖着表明他移居巴勒斯坦的印章。

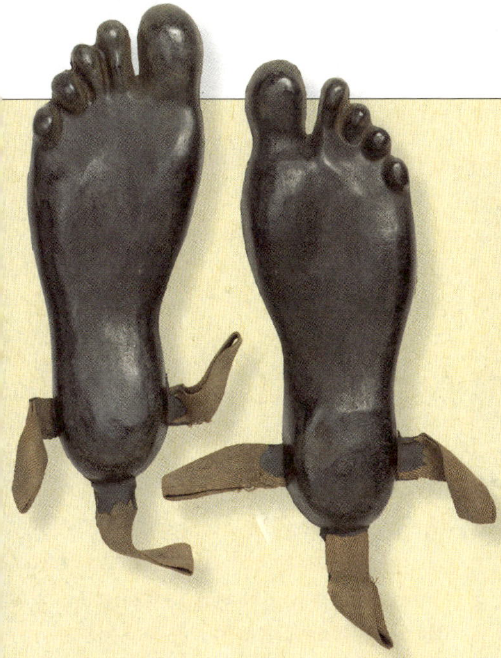

伪造足迹

这些橡胶鞋底（左）是为在东南亚活动的特别行动处特工制作的。将它们穿在普通鞋子下面，留下的脚印会让日本巡逻队相信走过去的是光脚的当地人。

掩护

身处法国沦陷区的特别行动处特工，将这些火柴盒标签（左）贴在如微型相机和雷管等隐蔽设备上。

秘密指南针

这只磁化的铅笔夹，架在笔尖上就成了指南针。埃及开罗的特别行动处逃生和躲避训练中心，将它作为工具包一部分配发。

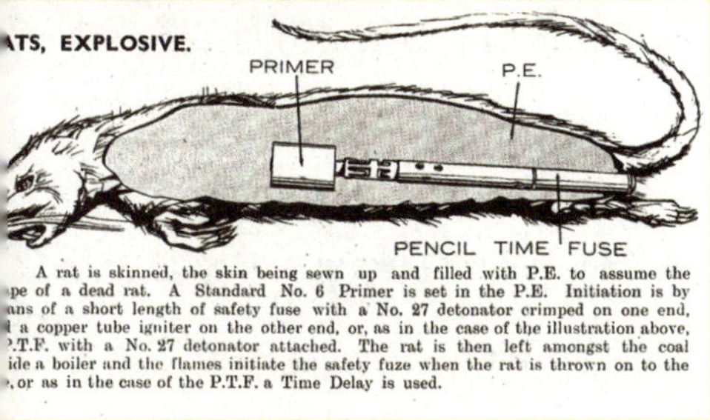

A rat is skinned, the skin being sewn up and filled with P.E. to assume the pe of a dead rat. A Standard No. 6 Primer is set in the P.E. Initiation is by ans of a short length of safety fuse with a No. 27 detonator crimped on one end, a copper tube igniter on the other end, or, as in the case of the illustration above, P.T.F. with a No. 27 detonator attached. The rat is then left amongst the coal ide a boiler and the flames initiate the safety fuze when the rat is thrown on to the , or as in the case of the P.T.F. a Time Delay is used.

装有炸药的动物尸体

特别行动处《专用器材与装备分类手册》展示了一只饵雷老鼠的用途（左）。它被扔到煤堆附近时，司炉工可能会顺手将老鼠铲进炉子，引发爆炸。

隐藏的炸弹

打开加油壶的盖子后，一颗燃烧弹显露。这是特别行动处藏在普通物品内的几种爆破器材之一。

暴露

英国当局拍摄的藏在滑石粉罐里的定时器和起爆器的 X 光透视照片。威尔士的亚瑟·欧文斯（Arthur Owens，对页）伪装成德国间谍，拿到了这个罐子。欧文斯本应在英国刺探情报，搞破坏，但军情五处的反情报军官控制了他，操纵他反抗德国人。

逮捕和惩罚。在这种压力下，军情五处将他们交付审判。沃尔伯格、迈尔和其中一个荷兰人被定罪处决，另一个在证明他是被迫当间谍之后，被关进监狱。

随着德国间谍继续乘船或跳伞登陆英国，很快军情五处的双面间谍（Double Cross）系统变得很有前景。瑞典出生的间谍格斯塔·卡罗利（Gösta Caroli）与从丹麦招募的伍尔夫·施密特（Wulf Schmidt）一起接受军事情报局训练，两人成为好友。9 月 6 日凌晨，卡罗利胸前绑着沉重的电台设备，从一架改装的德国轰炸机上跳下，落地时被砸晕。那天上午，他还没清醒过来，就被当地协防志愿者抓住，很快在 020 营地遭到盘问。卡罗利一开始不肯合作，但最终透露他并非单独行动，一名间谍同伴将要与他会合。审讯人员利用两名间谍的关系，提出如果卡罗利合作，描述他的朋友，就可以赦免他们。军情五处接着将这份描述提供

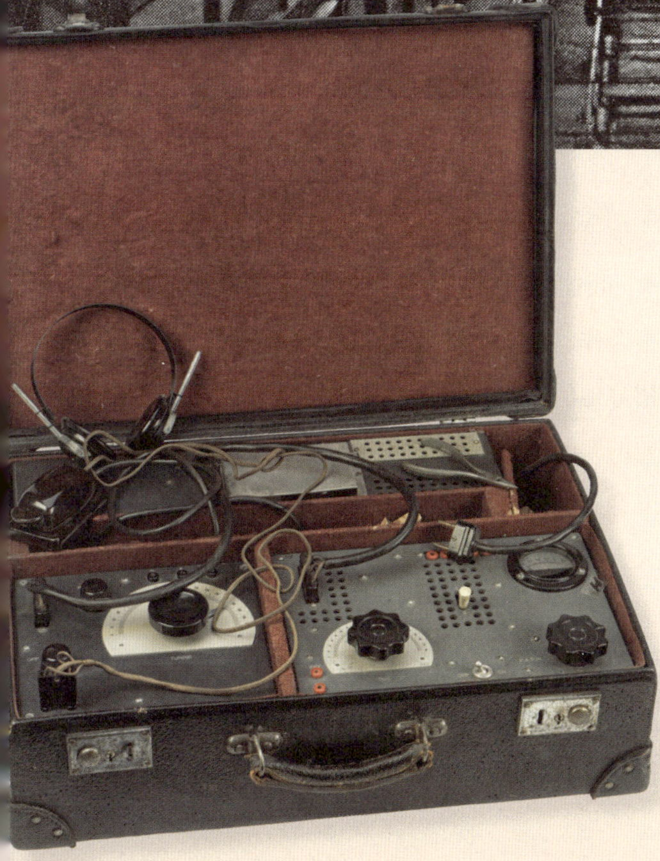

机智的特工

亚瑟·欧文斯的照片（上）。二战开始前，德国军事情报局招募他成为间谍，配发一套类似左边的电台。这种由德国设计的谍报电台由电池、接收机和发射机组成，一起秘密装在一只公文包里。1939 年，欧文斯被英国逮捕，囚禁在旺兹沃思监狱（Wandsworth Prison，最上），成为军情五处的双面间谍，代号“斯诺”（Snow）。军情五处让他向军事情报局情报官员尼古拉斯·里特尔传送假情报。后来，他与里特尔在国外见面，军情五处认为他不可信，又把他送回监狱。

给警察和协防志愿者。9 月 20 日，施密特跳伞空降至伦敦北部，落地时扭伤了脚踝，几小时内被抓住。他坚称自己是从丹麦乘船来的难民，直到被告知卡罗利为了救他，已将他告发。他最终向审讯人员交代了一切，与代号为“夏天”的卡罗利一起成为双面间谍，代号“泰特”，将军情五处草拟的报告发给军事情报局。

二战期间，夏天和泰特并非被操纵对抗其德国主子的第一批间谍。军情五处的双面间谍行动始于 1939 年。当时该机构控制了一个来自威尔士的狡猾间谍亚瑟 · 欧文斯，他是一名电气工程师兼推销员。20 世纪 30 年代中期，他在前往德国的商务旅行中为军情六处收集情报，后为汉堡的军事情报局军官尼古拉斯 · 里特尔（Nikolaus Ritter）少校工作。欧文斯自称是坚定反对英国统治的威尔士民族主义者，但他并没有接受里特尔的现金和其他好处。他访问汉堡时，里特尔非常慷慨地招待他，为他支付夜总会账单，给这个婚姻不如意的间谍提供女伴。回到伦敦，他的军情六处主管军官起了疑心，派人跟踪欧文斯。害怕暴露的欧文斯承认与军事情报局做交易，但他声称这样做只是为了帮英国刺探德国秘密。为了证明其忠诚，他透露里特尔给他送来了一部电台，藏在托运到伦敦维多利亚车站（Victoria Station）的一只行李箱里。他到车站拿回了电台，虽然表面上很合作，但依然没有洗脱嫌疑。战争开始前不久，他妻子就指控他企图招募他们的儿子当德国间谍，因此他被短暂监禁。要不是军情五处接手他的案子，将其作为对付德国军事情报局的开局棋子，他也许要在监狱里待到战争结束。

英国对德国宣战后不久，欧文斯开始用他收到的电台给汉堡发送密电。表面上，他显然在忠实地为军事情报局工作，但军情五处起草了所有的报告。其中有即使泄露也不会损害英国战备的准确细节，也有旨在分散敌人注意，欺骗敌人的假消息。欧文斯代号“斯诺”，在英国时完全在军情五处的控制下，但他继续时不时跑到国外与里特尔见面，后者一直相信欧文斯是自己人。在这些会面期间，唯利是图、反复无常的斯诺向里特尔提供的真实情报也许比英国让其透露的更多。他们从未完全信任他，但他对女王的贡献，包括将里特尔的几名间谍出卖给军情五处和透露有助于密码分析员破译军事情报局通信的密码，对他们太过珍贵，他们没法舍弃他。直到 1941 年，他失去理智，被送回监狱。

那时，军情五处已经网罗的双面间谍超过了 12 人，每个都有自己的管理者（上线）。他们由托马斯·阿盖尔·“塔尔”·罗伯逊（Thomas Argyll “Tar” Robertson）少校监管。在担任诡计多端的斯诺的管理者之后，他发现相比之下，其他人很容易管理。伍尔夫·施密特是个好斗的丹麦人，与 020 营地一名违反了禁止人身恐吓规则的军官打过架，但罗伯逊很快和泰特交上朋友，在家里款待他，把他转到军情五处最可靠的特工人员手里。

与泰特不同，军事情报局派出的一些间谍和破坏者一到英国就主动投降，其中有两个挪威人。1941 年，他们在登陆几小时后就吸引了警察的注意，很干脆地承认了自己是德国间谍。两人一个矮小壮实，一个高高瘦瘦，代号分别为“马特”（Mutt）和“杰夫”（Jeff）。二人在许多方面都是一对奇特的组合。马特的母亲是英国人，他一心想背叛德国，非常合作。杰夫作为审查员在挪威为纳粹工作过，情绪不定，疑神疑鬼。当他从管理者那里偷偷溜走，和一个未经审查也未向军情五处提供资料的女人过夜后，军情五处对

间谍首脑

成就斐然的军情五处双面间谍系统的关键人物是约翰·马斯特曼（John Masterman，下）和托马斯·塔尔·罗伯逊少校（上）。马斯特曼是双十字委员会主席，该委员会决定哪些信息可以透露给德国人。罗伯逊统管双面间谍及其线人。“我们潜意识里一直有个想法，”马斯特曼写道，“在遥远的未来，某个重大时刻，我们的特工将被用于对敌人进行一次大规模的终极欺骗。”

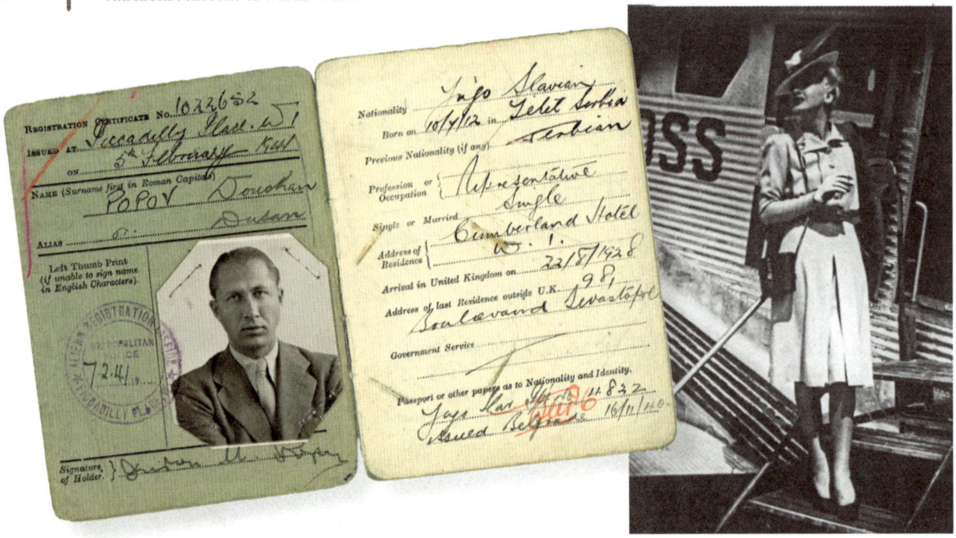

王牌间谍

南斯拉夫的达斯科·波波夫（Dusko Popov）的外国人登记卡（左），在英国的外国人都需要携带此卡。他是军情五处最成功的双面间谍之一。他写给玛丽亚·埃莱拉（Maria Elera，右）信中的欺骗性报告，被转给了德国军事情报局主管。埃莱拉是个年轻的巴西女子，住在葡萄牙里斯本，是波波夫的众多女友之一。

他是否可靠的怀疑又加深了。对不愿独身的双面间谍，他们的伴侣必须经过审查或向军情五处提供资料。不久后，他被军情五处解雇并关押起来。马特和杰夫只在遥远的德国主管眼里还是一对搭档。军情五处在盖伊·福克斯日（Guy Fawkes Day）——点燃篝火和烟花的日子，制造了一次食品仓库爆炸，将这次事件算到两个挪威特工头上时，他们的德国主管打消了疑虑。

1941 年，军事情报局间谍活动的主要目标从收集有助于入侵英国的情报，转向评估德国 U 型潜艇持续袭击的影响。因为德国空军未获得掩护入侵舰队所需的制空权，希特勒放弃了入侵英国的计划。U 型潜艇袭击的目的是切断食物、军火及美国最终参战情况下的部队横跨大西洋的运输，扼住英国的喉咙，迫使它屈服。军情五处策反军事情报局的双面间谍呈交的问题显示了战略转变，这些问题不可能忽视，或完全用虚假报告来糊弄而不引起怀疑。

双十字委员会（Twenty Committee）的名字来自罗马数字XX，意为“双面间谍”。它决定谁可以继续作为双面间谍，允许他们透露哪些准确信息给德国人，来保持他们的可信度。双十字委员会有军情五处和军情六处，以及战争办公室（War Office）、军方和国土守卫部队的代表。军情六处的合作必不可少，因为海外实施的反情报行动都处于他们的监管之下。军情五处的约翰·马斯特曼主持每周的会议。他是牛津大学的历史老师，兼职写作犯罪小说。作为曾经的板球冠军，他把管理双面间谍比作“管理一支板球俱乐部队员。老球员丧失了竞技状态，逐渐被新来者取代”。一些有前途的新手，包括新近招募的双面间谍和安排指导他们的管理者，“在他们真正适合打一场比赛前”还需要很多练习。他还说：“主要难点在于，我们永远不知道这场决赛在什么时候打。在决赛日期前，我们最优秀的击球手和最精心训练的队员也许过了巅峰状态，甚至已经死了。”

军情五处最初欺骗军事情报局的努力是为马斯特曼所称的“决赛”进行的训练。当英国不再防守，不仅准备在北非，还要在欧洲沦陷区发动进攻时，决赛就来了。在北非，他们从1940年后期开始与轴心国部队作战；在欧洲，对于防止德国部队集结打退盟军的进攻，欺骗至关重要。作为军情五处反间谍负责人，盖伊·利德尔（Guy Liddell）指出，双面间谍及其管理者在战争早期对德国人耍的小花招，最终目的是“在适当的时机大规模误导敌人”。

当关键时刻到来时，两个双面间谍在军情五处的欺骗行动中的作用尤其显著。不同于登陆英国后被捕叛变的间谍，南斯拉夫的达斯科·波波夫和西班牙的胡安·普霍尔·加西亚（Juan Pujol García，以其父亲的姓普霍尔而闻名）以投向英国为目标成为德国军事情报局特工。普霍尔起初向英国驻马德里大使馆的一名军情六处军官提出为其服务，但被拒

双面间谍玛蒂尔德·卡雷

与丈夫离异并且经历了一次流产，32 岁的玛蒂尔德·卡雷（Mathilde Carré）差点跳桥自杀，后来决定“投入这场战争”。她尝试过护理负伤的法国士兵，但 1940 年后期，她遇到逃亡巴黎的波兰军官罗曼·加尔比 – 切尔尼亚夫斯基（Roman Garby-Czerniawski），发现了一个更隐秘、更合意的服务祖国的方式。后者计划组建一个间谍网，监视在法国的德国占领军，通过流亡伦敦的波兰军官报告给英国人。因她走路时悄无声息，他给其代号为“母猫”（La Chatte）。几个月之内，他们拥有数十名特工刺探敌情，并且先通过信差，后又通过电台将调查结果传到伦敦。当英国在法国只有很少间谍时，他们的“同盟”（Interallié）间谍网让英国人随时了解德国在法国的兵力。

1941 年年末，卡雷和加尔比 – 切尔尼亚夫斯基遭自己特工出卖，被狡猾的军事情报局反情报军官胡戈·布莱歇尔（Hugo Bleicher）中士抓获。布莱歇尔不仅让卡雷开口说出间谍网中的其他人，还引诱将她策反成向伦敦发送欺骗性

代号：母猫

服务国：英国、德国

针对国：德国、英国

“母猫”的同伴

玛蒂尔德·卡雷（对页），摄于1940年。她一开始参加了罗曼·加尔比－切尔尼亚夫斯基（左）的间谍行动，爱猫的加尔比－切尔尼亚夫斯基给她取了“母猫”的代号。他们的间谍网刺探驻法德军的情报，直到被胡戈·布莱歇尔（中）中士破获。她遇到特别行动处的皮埃尔·德沃莫古（右），和他一起去英国，后被关押在英国，结束了充当布莱歇尔情人和双面间谍的日子。

信息的双面间谍。“我恨自己的软弱，”她写道，“因为这份屈辱，我更加痛恨德国人了。”根据她的描述，法国出生的特别行动处特工皮埃尔·德沃莫古（Pierre de Vomécourt）让她做自己与伦敦的电台联络人，她说服布莱歇尔派她和德沃莫古去英国，逃离了布莱歇尔。布莱歇尔希望她在英国刺探特别行动处的情况，但她向英国当局坦白，想重新加入同盟国。对卡雷不利的是，布莱歇尔也以加尔比－切尔尼亚夫斯基为军事情报局在英国做间谍为条件，刚刚释放了他。加尔比－切尔尼亚夫斯基让英国情报官相信，他根本无意帮助德国人，还揭发卡雷背叛特工、听命于布莱歇尔的行径。他成了军情五处的双面特工，她则在一座英国监狱待到战争结束，后来作为叛徒被监禁在法国。出狱后遭到唾弃的卡雷，在一本名为《我是那只猫》（*I Was the Cat*）的书中讲述了她的经历。

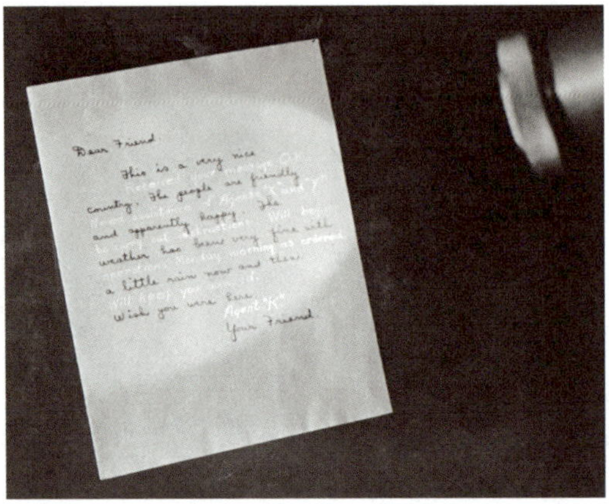

隐藏文字

二战期间，一些间谍还在用历史悠久的显隐墨水技术通信。接收者可以用包括用紫外线照射等各种方法阅读显隐墨水文字。此处图片显示，一支同时发出紫外线和可见光的手电筒照出隐藏在用普通墨水写的文字间的信息。特别行动处不鼓励特工使用不安全的显隐墨水，鼓励他们在条件许可时用加密电报通信。

之门外。因此他认为，如果他先进入军事情报局，盟军会对他更感兴趣。1941 年年初，在他保证可以通过葡萄牙进入英国后，军事情报局招募他为间谍，代号“阿拉贝尔”（Arabel）。但是，他依然待在葡萄牙，编造了声称来自英国的假情报报告。他提交了用显隐墨水写好的报告后，在西班牙的管理者通过电台转给在德国的上司。英国人截获并破译了这些电报，他们担心一个名叫阿拉贝尔的狡猾间谍也许真在英国，其还声称在英国招募了三名间谍下属。

普霍尔再次尝试加入盟军的事业，这一次是通过美国驻里斯本使馆，使馆通知了那里的英国官员。军情五处意识到他正以阿拉贝尔的名字制造假报告欺骗军事情报局，认识到他作为一个双面间谍的巨大潜力。一次，他向德国人报告，他在利物浦的一名（虚构的）特工下属看到一支强大的护航船队从利物浦港出发，驶向正被围困的英国地中海基地马耳他。德军派出 U 型潜艇和鱼雷轰炸机搜寻那支虚构的船队。这正是军情五处追求的目标，随着战争进行而大规模分散敌方资源。普霍尔很快进入了双面间谍花名册，代号“嘉宝”（Garbo），彰显了其角色扮演技巧。在有一半西班牙血统但在英国长大的上线托马斯

（汤米）·哈里斯（Tomás “Tommy” Harris）指导下，普霍尔规避了军情五处在其给军事情报局的早期报告中找出的漏洞，包括他提到格拉斯哥（Glasgow）的码头工人喝多少升红酒，而实际上，他们整品脱整品脱地喝啤酒。他还给虚构的特工下属增加了一些新名字，同时去掉一些。除非准确报告军舰从利物浦出发这类必须保密的信息，否则他在利物浦的间谍不会长期得到德国人信任。因此嘉宝告知军事情报局那人病了，后来又发送了那个虚构特工的讣告，该讣告是军情五处在一家利物浦报纸上刊登的。

不同于在幕后工作的普霍尔，达斯科·波波夫伪装成一个满世界游走的花花公子，亲身开展间谍活动。那个角色天生适合他。生于杜布罗夫尼克（Dubrovnik）的一个富有家庭，他在法国、英国和德国受过教育，同时谙熟赌场、跑车和美女。他满不在乎的举止帮助他掩盖对纳粹政权发自内心深处的蔑视，甚至早在德国于1941年4月入侵南斯拉夫，残忍空袭首都贝尔格莱德之前。一年前，他的朋友，以前在德国弗赖堡大学（University of Freiburg）的同学约翰·耶布森（Johann Jebsen）找上他。为了避免在常规军队服役，耶布森毕业后就加入了军事情报局。他最终转而反对纳粹，并且在招募波波夫担任军事情报局在英国的间谍之前，可能就知道波波夫真正忠于的国家。联络过英国驻贝尔格莱德护照查验办公室的军情六处军官之后，波波夫才接受了那个任务。被催促要敷衍德国人，他在军情六处知情及协助下来到伦敦。随后几年里，即使他作为军情五处的双面间谍出国活动，军情六处依然继续监视他。

“没有情报依托的战略毫无用处。同样，除非情报被巧妙地用于战略目的，否则它将一事无成。”

——1941年，威廉·多诺万给罗斯福关于战略情报的报告

为了得到定期与他会面的军事情报局军官的更加信任，军情五处派给他两个真实非虚构的特工下属，其中有弗里德尔·加特纳（Friedl Gartner）。她

北极行动

在军情五处策反德国特工时，德国军事情报局驻荷兰那个精明的反谍军官赫尔曼·吉斯克斯（Hermann Giskes）少校也在策反英国人。在寻找渗透到荷兰的间谍和破坏分子过程中，他抓获了休伯特·劳维尔斯（Hubert Lauwers，右下）。1940年，德军占领劳尔维斯的祖国荷兰时，他逃到英国，加入特别行动处，后又回到荷兰，为从事抵抗运动的荷兰同胞担任地下信号员。1942年3月，他在荷兰被捕。吉斯克斯一心要策反劳维尔斯，没有采用他所谓的“残酷方法，这是被德国人抓获的特工的噩梦”。劳维尔斯意识到德国人诱骗他背叛英国。虽然他同意将吉斯克斯编造的电报发给英国，但在他的保密验证问题上对少校撒了谎，用错误的保密验证将自己受到胁迫的情况警告了伦敦。保密验证是一个插到每封电报里的小错误，用以证实发送者的身份及表明一切正常。特别行动处忽略了他的警示信号，将他们要派出更多特工的计划通知了劳维尔斯。他们纷纷落入吉斯克斯之手。这场代号“北极行动”（Operation North Pole）的阴谋扩大化，包括利用其他抓获的信号员发送编造的电报，缴获英国人空投到荷兰的武器和炸药，以及一些小规模破坏行动。后者是吉斯克斯为制造出特别行动处的荷兰网络依然完好的印象而策划的。最终，他一共抓到52名特别行动处特工和逾300名荷兰抵抗者，许多特工被处死。

缴获

德军缴获英国人给荷兰抵抗者的武器，一个穿深色衣服的告密者站在一旁。吉斯克斯（右上）缴获了许多这样的战利品，直到他于1944年愚人节告知特别行动处，说他和他的部队非常乐意当“你们在这个国家的独家代理人”，结束了“北极行动”。

是伦敦的奥地利社交名流，与波波夫有暧昧关系，有一些位高权重的朋友。她主动用显隐墨水给他写便条。这些便条由军情五处事先编好，其中包含关于英国领导人及其计划的误导性消息。他再将消息传给德国人，像两只小轮子撑着一只大轮子。因此，波波夫代号为“三轮车”（Tricycle）。

波波夫后来将约翰·耶布森招揽进军情五处网络。军事情报局有许多军官秘密反对自己的政权，包括卡纳里斯海军上将及其参谋长和反希特勒同谋汉斯·奥斯特（Hans Oster）少将这样的重要人物，耶布森是其中一员。英国情报分析师后来将这些唱反调的间谍首脑描述为“善良的德国人，邪恶的纳粹”，他们中有军事情报局汉堡分部主管赫伯特·维希曼（Herbert Wichmann）。许多为“莱纳行动”招募的间谍准备不足，就从他手里派出去，落到军情五处手里。难道是因为维希曼和其他负责德国军事情报的人认为，希特勒对英国的战争是一场灾难，希望在推翻元首后与同盟国达成协议，所以暗中破坏了“莱纳行动”？情报官员尼古拉斯·里特尔并未看出这样的阴谋，他在军事情报局负责亚瑟·欧文斯和汉堡分部的其他特工；策反他们反对德国的军情五处军官也没看出来。所有那些将特工渗透到敌方区域的人都很有可能遭到背叛，包括英国人。英国人也遭遇了重大挫折，不止一次，英国特工在德占区被捕，被诱导发回德国人编造的欺骗性电报。英国军官的疏忽要承担部分责任，但他们没有合谋制造那些灾难。如果说军事情报局军官对军情五处双面间谍系统的成功做出贡献，很可能是因为粗心大意，或者固执地拒绝承认自己有可能正被敌人愚弄。

当出现严重的战时情报失误时，如美国未能预料到日本突袭珍珠港，人们经常怀疑有阴谋，但鲜少真正涉及阴谋。1941 年夏，波波夫来到美国，带着表明一场袭击不久将发生的证据，却遭到情报官员怀疑。他们正密切关注在美国领土活动的敌方特工，但还尚未完全警惕美国领土打击范围内敌军构成的威胁。

在美间谍

1941 年 12 月，遭到日本偷袭后，美国正式参战。但那时，美国海军已经在护卫前往英国港口的商船不受德国 U 型潜艇攻击，支持英国对抗德国。通过丘吉尔首相和美国总统富兰克林 · 罗斯福间的私人外交，英美缔结最高级别军事同盟。1941 年 8 月，两位领导人在纽芬兰沿海的美国巡洋舰“奥古斯塔”号（*Augusta*）上首次会谈，但在此之前，两名活力十足的间谍首脑为这次跨大西洋战略合作奠定了基础。这两人是军情六处的英国驻美安全负责人威廉 · 斯蒂芬森（William Stephenson）和未来的战略情报局（Office of Strategic Services，OSS）创建者威廉 · 多诺万（William Donovan）。

多诺万在纽约州布法罗市一个民风强悍的爱尔兰天主教区长大，进入哥伦比亚大学法学院，成为罗斯福的同班同学。一战中，他因作战勇敢获得荣誉勋章（Medal of Honor），被称为“野蛮比尔”（Wild Bill）。他曾在华盛顿任司法部副部长，后来罗斯福要求他收集情报，指挥秘密行动。与他这段令人难忘的经历相比，加拿大出生的斯蒂芬森甚至有过之而无不及。他是拳击冠军，1917 年加入英国皇家空军（Royal Air Force，RAF），获得过飞行优异十字勋章（Distinguished Flying Cross），曾从德国战俘营逃脱，作为实业家发明了一种通过无线电波传输照片的方法，大赚了一笔。20 世纪 30 年代，他在前往德国的商务旅行期间，侦察希特勒的重新武装计划。1940 年 6 月，斯蒂芬森到纽约负责英国安全协调局（British Security Coordination，BSC），职责包括挫败德国间谍及其在美国收买的线人。伊恩 · 弗莱明非常崇拜斯蒂芬森，也许夸大了他的事迹。据他说，斯蒂芬森曾在纽约追踪到一个英国水手，其将有助于德军攻击同盟国船队的情报出售给德国人，斯蒂芬森追踪到他，将之用空手道斩杀。“针对那个海员的证据无可辩驳，”弗莱明说道，

两个比尔

左边这张照片摄于 1940 年 12 月，威廉·多诺万访问伦敦期间。空袭观察员正在警戒。得到朋友及盟友威廉·斯蒂芬森（右）的推荐，他见到了温斯顿·丘吉尔和其他英国高层人物。加拿大出生的斯蒂芬森是英国驻美安全负责人。伊恩·弗莱明形容斯蒂芬森“强硬、富有、专心、爱国、寡言”。

“尽早除掉他也许挽救了成百上千名水手的生命和宝贵的物资。”不管此事真相如何，弗莱明将斯蒂芬森看成詹姆斯·邦德的真实原型，拥有杀人的权力。

斯蒂芬森还有一项秘密任务，在战略上比反间谍活动对英国更为重要。丘吉尔派他到美国对抗在“美国优先运动”（America First movement）中孤立主义者的政治影响，帮助将美国拖入这场战争。斯蒂芬森与多诺万在那场行动中密切合作，帮助多诺万从罗斯福的国家安全顾问之一晋升为总统的情报首脑。1940 年 7 月，罗斯福派多诺万去英国评估英国人能否扛住德国的进攻。罗斯福倾向于向丘吉尔提供军事援助，但许多美国人害怕卷入欧洲大战的泥潭，认为英国将被击溃，除非他们向德国妥协。美国驻英大使约瑟夫·肯尼迪（Joseph

Kennedy）——未来美国总统约翰 · 肯尼迪（John F. Kennedy）的父亲，赞同绥靖希特勒，反对多诺万的访问。但斯蒂芬森让伦敦相信，多诺万是罗斯福“最信任的”战争顾问。这份夸大其辞给多诺万带来无比尊贵的待遇，包括与乔治六世国王和丘吉尔的短暂会面。正破译德国电报的英国密码分析员取得了突破，情报长官们向他提供了绝密报告。英国的抗争和防守给多诺万留下了深刻印象，他向总统保证，美国的援助将帮助欧洲改变局势。专栏作家沃尔特 · 利普曼（Walter Lippmann）写道，他“几乎凭一己之力打败了正使华盛顿瘫痪的彻底的失败主义”。

然而，多诺万并不是单打独斗。丘吉尔领导了争取美国军事支持的运动，亲自写信向罗斯福呼吁，还间接通过斯蒂芬森和多诺万影响他。斯蒂芬森 · 森和多诺万作为挚友和搭档，被熟人称为大比尔（Big Bill，指更高大壮实的多诺万）和小比尔（Little Bill）。1940 年 12 月，罗斯福以英国大西洋基地的长期租约为交换，给了英国皇家海军 50 艘美国旧驱逐舰后，两个比尔一起来到英国。他们中途在百慕大落脚，斯蒂芬森向惊叹不已的多诺万展示了英国特工如何打开、检查和重新密封一般认为不可能打开的外交邮袋。水上飞机运输这些往来于德国、意大利和其他欧洲国家及其驻西半球的使领馆间的邮袋，在百慕大停靠加油。接着两个间谍首脑继续来到伦敦。丘吉尔与多诺万进行了长谈，讨论了通过特别行动处在地中海一带开展对抗德国人的秘密行动计划。多诺万将以特别行动处为样板建立战略情报局。两人谈话之后，丘吉尔给英国军事指挥官和情报官员去信，多诺万对“美国总统影响极大”，应该“得到我们的绝对信任”。

1941 年年中，罗斯福要求多诺万起草一个计划，以集中战略情报部门，后者在白宫的影响得以确立。根据伊恩 · 弗莱明及其英国顶头上司约翰 · 戈德弗雷海军上将提供的信息，多诺万提议设立一个部门，有权得到从美国陆军、海军和负责反间谍的联邦调查局获得的情报，并将这

刺探诺顿轰炸瞄准器情报

对于美国战略轰炸计划的策划人，诺顿轰炸瞄准器是个技术奇迹。它使得高空轰炸机能以前所未有的精准度打击敌方目标。保密极端重要。据说，起飞前，投弹手在卫兵守护下将绝密的瞄准器带到飞机上，还要起誓万一遇到迫降，要用生命守护机器。这种瞄准器由工程师卡尔·诺顿（Carl Norden）设计，内含的机械计算机结合飞机速度和高度等因素来决定何时投弹击中目标。在内华达州沙漠这个理想条件下进行的测试中，从20000英尺（约6100米）高度投下的炸弹半数落在距目标75英尺（约23米）之内，近到足以损坏或摧毁敌方工厂这样的大型战略目标。

虽然采取了保密措施，诺顿瞄准器的图纸还是辗转落到德国特工手里。德国出生的赫尔曼·朗（Hermann Lang）是诺顿公司雇用的机械师，美国迪凯纳间谍网的成员之一，1938年，他将各部件图纸转给了来纽约处理此事的军事情报局军官尼古拉斯·里特尔。里特尔后来将朗带到柏林重新绘制缺失部件的图纸，卡尔·蔡司（Carl Zeiss）公司再用这些图纸改进德国空军的“垂直望远镜7C轰炸瞄准器”（Lotfernrohr 7C）。但是实战中，北欧上空常常有云，高空气流捉摸不定，这些大大降低了诺顿和德国空军轰炸瞄准器的准确性。

准确连接

为防止飞机偏航，炸弹偏离目标，诺顿轰炸瞄准器装备一个与自动驾驶仪相连的陀螺稳定器。

罗斯福的秘密战争

富兰克林·罗斯福守口如瓶，很少吐露自己的真实感受，经常掩饰自己的意图。美国加入这场对抗轴心国的全球战争后不久，他说：“如果误导和说谎对赢得这场战争有所助益，我完全愿意这么做。”甚至在美国参战前，他的策略就是如此。“我不能公开宣称战争即将到来，”他告诉儿子詹姆斯，“因为那样的话，美国人民会恐慌，离我而去。”

罗斯福坚信美国的命运与盟友英国密不可分，与温斯顿·丘吉尔建立了亲密互信的关系。尽管美国总统公开否认寻求战争，丘吉尔还是鼓动他推动美国加入与纳粹德国的战争。1940 年 5 月，英国风雨飘摇之际，丘吉尔由海军大臣升任首相。在几个月之前，罗斯福就开始与他秘密通信，并称“你随时可以通过你或我的外交邮袋发送信件”。到两位领导人于 1941 年 8 月在海上会面时，他们已经团结起来，决心打败希特勒。罗斯福认为美国参战不仅必要，而且不可避免。他在全美开始战争动员，命令海军保卫大西洋航线不受德国 U 型潜艇攻击，还公布德国对美国的威胁。1941 年 5 月，希特勒副手鲁道夫·赫斯（Rudolf Hess）飞到英国，罗斯福写了一封信给“前水兵”——他给丘吉尔的昵称，敦促他让这个故事尽可能长地“活跃”在

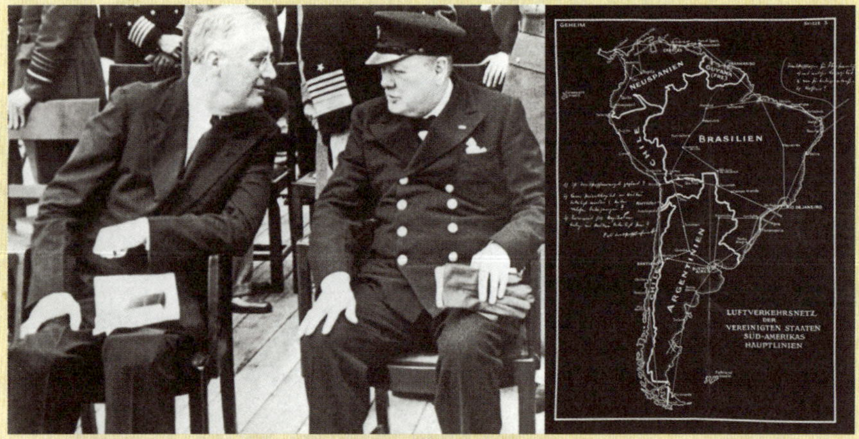

笔友

这是罗斯福和丘吉尔 1941 年会面的情景（左）。两人的信件交流了关于鲁道夫·赫斯，信件通过美国驻伦敦使馆转交。英国间谍首脑斯蒂芬森向罗斯福提供了这幅描绘纳粹对南美的阴谋和航空线路的地图（右）。

媒体上，夸大赫斯可能提到的“与美国有关”的任何事和纳粹在美国的阴谋。10月，罗斯福在海军节（Navy Day）发表的讲话中强调了纳粹的威胁。“我拿到一幅希特勒政府在德国绘制的秘密地图。”他声称，“……这是一张南美洲和部分中美洲的地图，希特勒准备对其重组……柏林的地理专家无情地抹去了所有现存边界，将南美洲分割成五个附庸国。”后来有人对那幅地图提出质疑，它由威廉·斯蒂芬森提供，很可能是伪造的。就算罗斯福怀疑地图是伪造的，他也很乐意“误导和说谎”来阻止其真正担心的事情发生。他担心的是英国战败，美国处于被动，希特勒的恐怖传遍大西洋。

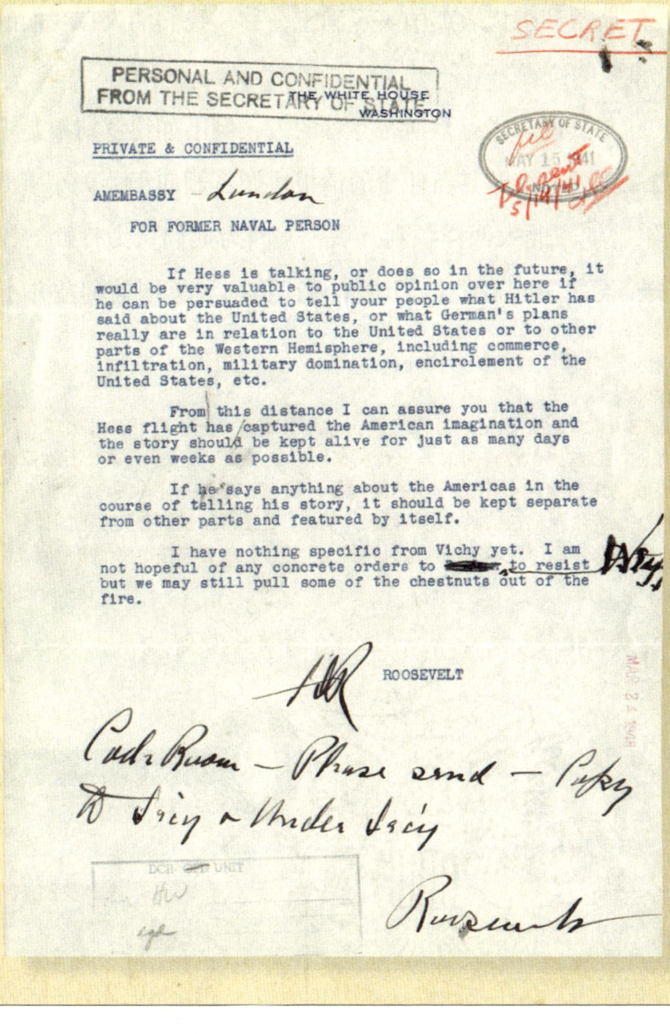
SECRET

PERSONAL AND CONFIDENTIAL
FROM THE SECRETARY OF STATE

THE WHITE HOUSE
WASHINGTON

SECRETARY OF STATE
MAY 15 1941

PRIVATE & CONFIDENTIAL

AMEMBASSY – London

FOR FORMER NAVAL PERSON

If Hess is talking, or does so in the future, it would be very valuable to public opinion over here if he can be persuaded to tell your people what Hitler has said about the United States, or what German's plans really are in relation to the United States or to other parts of the Western Hemisphere, including commerce, infiltration, military domination, encirclement of the United States, etc.

From this distance I can assure you that the Hess flight has captured the American imagination and the story should be kept alive for just as many days or even weeks as possible.

If he says anything about the Americas in the course of telling his story, it should be kept separate from other parts and featured by itself.

I have nothing specific from Vichy yet. I am not hopeful of any concrete orders to [redacted], to resist but we may still pull some of the chestnuts out of the fire.

ROOSEVELT

DCR UNIT

些调查结果与自己的情报相结合，向总统报告敌方的计划和能力，构思打击敌方士气、颠覆和打败敌人的战略。“没有情报依托的战略毫无用处。”多诺万的报告这样开头，“同样，除非将情报巧妙地用于战略目的，否则它将一事无成。”这个宏伟蓝图后来部分体现在成立于1942年的战略情报局中，但联邦调查局局长埃德加·胡佛和陆军参谋长乔治·马歇尔这些实权人物强烈反对多诺万插手他们的事务。罗斯福被迫妥协，任命他为情报协调官（Coordinator of Information，COI），其他机构应与之分享情报，反过来，他也不会干涉他们的行动。他的责任并不具体，但斯蒂芬森代表英国表示满意，称“我们的人在我们的努力下处于如此重要的位置”。

其实，与其说多诺万是斯蒂芬森的人，倒不如说罗斯福是丘吉尔的人更恰当。美国总统及其新任命的情报协调官倾向于英美军事同盟——到1941年后期在北大西洋顺利开展——因为他们认为打败纳粹德国对美国的安全至关重要。但他们也知道，美国和英国的利益并不总是一

微缩信息

右图这把大门钥匙的圆把手可以打开，里面隐藏着一张微粒照片。当放在类似下方这样的载玻片上，通过显微镜查看时，一整页文字就显现出来（左）。军情五处双面特工达斯科·波波夫收到来自德国军事情报局的微粒照片信息，通知手下代号为“气球”（Balloon）的特工，说他也会收到粘在信封内的微粒照片信息。此图片就是波波夫用德国代号“伊万”写的信件。与波波夫一样，“气球”实际也为英国人工作，但波波夫按军事情报局间谍间通信的方式称呼他。

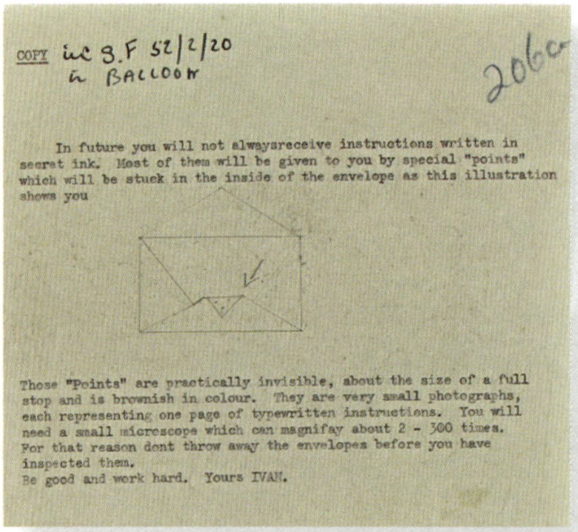

COPY

In future you will not alwaysreceive instructions written in secret ink. Most of them will be given to you by special "points" which will be stuck in the inside of the envelope as this illustration shows you

Those "Points" are practically invisible, about the size of a full stop and is brownish in colour. They are very small photographs, each representing one page of typewritten instructions. You will need a small microscope which can magnifay about 2 - 300 times. For that reason dont throw away the envelopes before you have inspected them.
Be good and work hard. Yours IVAN.

致的，跨大西洋合作的伙伴还未准备好与美国分享通过密码破译和间谍活动获得的一切。丘吉尔在美国正式参战前这样问助手，“我们准备将所有的秘密都告知美国吗？”助手答道：“慢慢来会好得多，因为我们能给予的比他们多。”但是，比起联邦调查局和其他美国机构，斯蒂芬森和军情六处更自由地与多诺万分享秘密。军情五处还派达斯科·波波夫带着一份文件去美国，如果美国拥有多诺万设想的综合情报部门，能衡量所有证据并提供关于敌军意图的明确及时的警告，这份文件可能有助于美军指挥官警惕可怕的威胁。

1941 年 8 月，波波夫抵达美国。军事情报局派他去组织间谍网，为德国收集军事情报。这次行程正中军情五处和双十字委员会下怀，他们希望利用波波夫的任务进一步欺骗敌人。波波夫随身带着军事情报局线人提供并且藏在微粒照片里的一长串问题清单。微粒照片由德国技术人员制作，他们给相机装上功能相当于倒转显微镜的镜头，用它拍摄的照片可以将一整页文字缩进一个不大于一个印刷体句号的点之内。微粒照片易于隐藏，用普通显微镜就可以阅读，与显隐墨水相比是间谍技术的一大进步。英国情报官对德国微粒照片技术非常感兴趣，但他们发现波波夫的

“这一切看上去太准确，太完整，让人没法相信。”

——联邦调查局局长埃德加·胡佛收到波波夫的调查表时说

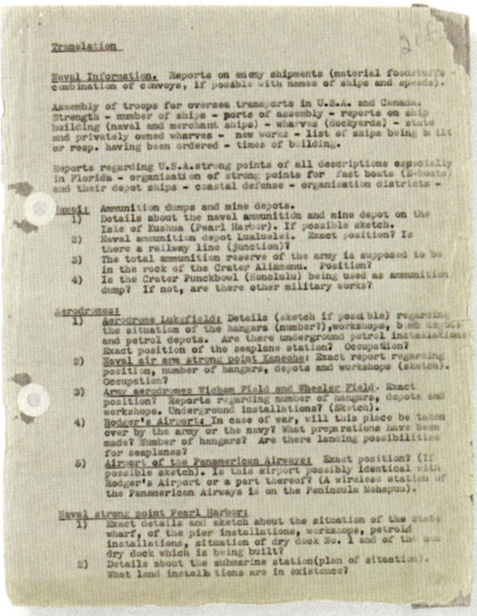
Translation

Naval Information. Reports on enemy shipments (material foodstuffs - combination of convoys, if possible with names of ships and speeds).

Assembly of troops for oversea transports in U.S.A. and Canada. Strength - number of ships - ports of assembly - reports on ship building (naval and merchant ships) - wharves (dockyards) - state and privately owned wharves - new works - list of ships being built or resp. having been ordered - times of building.

Reports regarding U.S.A. strong points of all descriptions especially in Florida - organisation of strong points for fast boats (E-boats) and their depot ships - coastal defense - organisation districts -

Hawaii: Ammunition dumps and mine depots.
1) Details about the naval ammunition and mine depot on the Isle of Kushua (Pearl Harbor). If possible sketch.
2) Naval ammunition depot Lualualei. Exact position? Is there a railway line (junction)?
3) The total ammunition reserve of the army is supposed to be in the rock of the Crater Aliamanu. Position?
4) Is the Crater Punckbowl (Honolulu) being used as ammunition dump? If not, are there other military works?

Aerodromes:
1) Aerodrome Lukefield: Details (sketch if possible) regarding the situation of the hangars (number?), workshops, bomb depots and petrol depots. Are there underground petrol installations? Exact position of the seaplane station? Occupation?
2) Naval air arm strong point Kaneohe: Exact report regarding position, number of hangars, depots and workshops (sketch). Occupation?
3) Army aerodromes Wicham Field and Wheeler Field. Exact position? Reports regarding number of hangars, depots and workshops. Underground installations? (Sketch).
4) Rodger's Airport: In case of war, will this place be taken over by the army or the navy? What preparations have been made? Number of hangars? Are there landing possibilities for seaplanes?
5) Airport of the Panamerican Airways: Exact position? (If possible sketch). Is this airport possibly identical with Rodger's Airport or a part thereof? (A wireless station of the Panamerican Airways is on the Peninsula Mokapuu).

Naval strong point Pearl Harbor:
1) Exact details and sketch about the situation of the state wharf, of the pier installations, workshops, petrol installations, situation of dry dock No. 1 and of the new dry dock which is being built?
2) Details about the submarine station (plan of situation). What land installations are in existence?

战争预警

1941 年 8 月，波波夫飞往美国。在此之前，他收到军事情报局一份要求关于珍珠港守备信息的调查表。1941 年 12 月 7 日，珍珠港遭到德国盟友日本的袭击。英国人翻译了隐藏在微粒照片里的调查表，得到这份包含数页的绝密副本。与珍珠港空军基地和美国军舰的“鱼雷防护网”有关的问题并没有引起美国官员的关注。

苏斯博士的战时漫画

西奥多·盖泽尔（Theodor Geisel），即苏斯博士（Dr. Seuss），以童书作家及插画家而声名斐然。成名前他是一名政治漫画家，并通过此职业磨炼了技艺。1941 年年初，他的许多漫画开始出现在《PM》杂志上。当时美国人普遍反对参战，但其中有一些人公开或秘密支持纳粹。主张干预的盖泽尔鄙视希特勒及其同党，毫不留情地批评一些出名的孤立主义者，如飞行员查尔斯·林德伯格（Charles Lindbergh）。后者访问了纳粹德国，称赞它“专制指导”下的“有组织的活力”。

盖泽尔同情遭纳粹迫害的犹太人和受歧视的非裔美国人，但这份同情没有延及日裔美国人。1942 年初，他称日裔是“第五纵队”（fifth columnists，指私下同情敌人的人），正等着“家乡的信号”来发动破坏行动。怀有同样偏见的政府官员则将日裔美国人作为敌国侨民关押起来。不过，盖泽尔的许多其他漫画人物都画得辛辣幽默，包括孤立主义的鸵鸟和鼓起勇气“痛击希特勒鼻子”而无比骄傲的美国鹰。这些戏谑形象预示了后来苏斯博士的插画，使那些发动了他支持的战争并打败了他痛恨的法西斯的人的孩子，从他的插图中得到了欢乐。

战时作品

苏斯博士的漫画既有对轴心国野蛮行径的辛辣描绘，也有对装模作样的法西斯主义者的讽刺，比如一个纳粹驾微型潜艇与勾结纳粹的法国海军上将让·达尔朗（Jean Darlan）会面。

CIENCE MARCHES ON
"Fellow experimenters, we are gathered here today to mate the Eagle and the Jellyfish!"
LINDBERGH
Dr. Seuss

"He's a noisy little so-and-so, but, sweetheart, he's all ours!"
G.O.P.
ISOLATION OSTRICH
GOPSTRICH
Dr. Seuss

. . . and the Wolf chewed up the children and spit out their bones . . . But those were Foreign Children and it really didn't matter."
AMERICA FIRST
ADOLF the WOLF
Dr. Seuss

RETALIATION
"To my secret meeting with Admiral Darlan in the duck pond in Central Park!"
By Dr. Seuss

Mein Early Kampf
by Adolf Hitler
June 5, 1889
I reject milk from Holstein cows as Non-Aryan
ADOLF (KINS)
Dr. Seuss

Waiting for the Signal From Home . . .
Honorable 5th Column
TNT
WASHINGTON
OREGON
CALIFORNIA
Dr. Seuss

I WAS WEAK AND RUN-DOWN
I had circles under my eyes. My tail drooped. I had a foul case of Appeasement . . . .
. . . THEN I LEARNED ABOUT
"GUTS"
that amazing remedy For all Mankind's Woes
NOW
I AM TAKING IT DAILY and today
I FEEL STRONG ENOUGH TO
PUNCH MISTER HITLER RIGHT IN THE SNOOT!
BEFORE
AFTER
Dr. Seuss

JEW
"Only God can make a tree To furnish sport for you and me!"
LAVAL
Dr. Seuss

The Old Run-Around
U.S. WAR INDUSTRIES
NEGRO JOB-HUNTERS ENTER HERE
Dr. Seuss

调查表内容能说明更多问题。大约有三分之一的问题与美国太平洋舰队基地所在的珍珠港有关。那个目标超出了德国弱小的水面舰队以及强大U型潜艇舰队的作战范围。唯一拥有能够袭击珍珠港的海军的轴心国是日本。

波波夫身处反间谍负责人胡佛及其联邦调查局监视下。即使是与德国为敌的双面间谍，未经他们同意，波波夫也不能在美国开展间谍行动。他希望通过向胡佛透露微粒照片及其内容来获得胡佛的好感和合作，但他们的会面很不顺利。根据波波夫后来出版的一份关于其战时历险的生动描述，胡佛一脸怒色地接见了他，可怕得像一把“寻找砧板的大锤”。波波夫刚刚与电影演员西蒙妮·西蒙（Simone Simon）去过迈阿密，胡佛对此完全知情，谴责他出于非法目的与一个女人越过州界，违反了联邦法令《曼恩法案》(Mann Act)。波波夫解释道，伪装成花花公子是他从事间谍活动的掩护，但没能说动胡佛。他对这个双面间谍的怀疑也扩大到波波夫提供的德国调查表。对波波夫的叙述，胡佛评论道，“这一切看上去太准确，太完整，让人没法相信”。胡佛对德国人采用的微粒照片技术更感兴趣，将那条信息转给了罗斯福总统，但未提到调查表的内容。后来，胡佛在《读者文摘》上发表了一篇误导性文章，声称手下特工抓住一个他们认定是“百万富翁的花花公子”的德国间谍，搜查出那些微粒照片。

在波波夫的描述里，对胡佛的蔑视一点也不少。他声称忽略了调查表，胡佛送给轴心国“一场意义无法估量的胜利”。多年后，回顾这一事件，双十字委员会主席约翰·马斯特曼得出类似结论，声称“调查表非常清楚地指出，在美国参战情况下，珍珠港将首当其冲受到攻击。截至1941年8月，袭击计划已臻成熟”。然而，对分析师而言，通常敌军意图的线索在袭击之后比之前更明显。胡佛将调查表转给了美国陆军和海军情报官，他们没有推断出对珍珠港的袭击正在迫近。随着战争临近，指挥官经常寻找他们最终并未攻击的敌方资源和目标的信息。波波夫的调查表只是拼图上的尝试性拼片（suggestive piece）。在美国情报收集高度划分的时期，没有哪个单一机构能够独自拼起这个拼图。理论上，协调及评估与国家安全有关的情报是多诺万的工作，但在珍珠港遇袭前几个月，联邦调查局和各军与他分享的重要情报太少，因此事后很难责怪他。

波波夫嘲笑胡佛对他的窥探，但这位联邦调查局局长有理由怀疑一个不隶属他的双面间谍，并且据他所知，虽然波波夫声称忠于英国，但也有可能服务德国。胡佛只信任自己控制并且牢牢掌握在手里的间谍，威廉·泽博尔德（William Sebold）就是其中之一。他年轻时离开德国，到美国工作，获得美国国籍，1939 年去过汉堡后落入胡佛的罗网。在汉堡，军事情报局军官尼古拉斯·里特尔以监禁相威胁，强迫他刺探美国情报。泽博尔德同意了，但将里特尔的计划告知美国领事官员。他一回到美国，迎接他的便是联邦调查局特工。胡佛捏着泽博尔德的把柄，

敌方特工

这是在美国的德国间谍约瑟夫·克莱恩（Josef Klein）与其德国牧羊犬及其组装的短波电台的合影。1941 年，联邦调查局在双面间谍威廉·泽博尔德帮助下，抓捕 33 名德国军事情报局特工，他是其中之一。克莱恩的照片在迪凯纳间谍网群像里（上起第三排，左边第二个）。这个间谍网的名字来自其最出名的成员弗里茨·迪凯纳（Frederick Duquesne）。

嫌犯照片

联邦调查局抓到的德国间谍包括弗里茨·迪凯纳（顶排最右）和泄露诺顿轰炸瞄准器秘密的赫尔曼·朗（第三排右起第三个）。

如果后者不合作，会面临因叛国而受审处决的风险。但胡佛还是派了一个人和他一起生活，形影不离地跟着他，确保他乖乖听命。同时，联邦调查局在泽博尔德与其他军事情报局特工见面的曼哈顿办公室安装了摄录器材，这些人都被录音、拍照。其中有弗雷德里克（弗里茨）· 迪凯纳，他从 20 世纪初开始就为德国当间谍，多年来用了无数个化名和伪装。1941 年 6 月下旬，胡佛取得了作为间谍捕手最大的意外收获，逮捕了 33 名与泽博尔德有联系的德国间谍，包括迪凯纳和赫尔曼 · 朗。朗是德国移民，几年前，他将美国制造的诺顿轰炸瞄准器的图纸交给了里特尔，该装置当时被认为能最精准地将炸弹投向目标。直到 1940 年，英国才得到诺顿轰炸瞄准器，用来对付德国人。这项交易是斯蒂芬森通过多诺万安排的。

在泽博尔德手上栽了大跟头后，德国在美间谍活动一蹶不振，但美国依然在另一大国苏联的间谍严密监视下。军事情报局在美国招募的大部分间谍出生于德国或是德裔。与他们不同，为苏联刺探情报的美国人通常与苏联没有家庭联系，很难被察觉。有些人认为，通过泄露美国秘密，他们是在促进他们国家与苏联的合作。1941 年 6 月，当希特勒撕毁与斯大林的《苏德互不侵犯条约》，入侵苏联时，这个借口变得更有说服力。对苏联的入侵，导致党卫军犯下比 1939 年对波兰平民的罪行更严重的暴行。不久，美国和苏联就结盟对抗轴心国，为苏联服务的美国人可以认为他们是在帮助自己的朋友。然而，一些人成为坚定的苏联特工，对于背叛美国并不感到羞耻，因为他们已经转而忠于莫斯科。

玛莎 · 多德（Martha Dodd）就是其中之一。20 世纪 30 年代中期，她二十多岁时，父亲威廉 · 多德（William Dodd）任美国驻德国大使。结交柏林几个纳粹要人后，她对他们的事业失去兴趣，疯狂爱上了鲍里斯 · 维诺格拉多夫（Boris Vinogradov），其是隶属苏联大使馆的内务人

入侵的秘密准备

1940年12月18日，阿道夫·希特勒发布入侵苏联的“巴巴罗萨行动”（Operation Barbarossa）命令，启动了有史以来规模最大的军事行动。这项行动要求190个德国师（约330万士兵）和另外约100万盟友部队（主要来自意大利和罗马尼亚），进攻从波罗的海延伸到黑海的一条近1000英里（约1600千米）的战线。为了准备如此庞大的攻势，德国情报机构的任务是秘密搜集与约瑟夫·斯大林领导的那个深藏不露的苏维埃国家有关的情报。

德国军事情报局和帝国保安部开展间谍活动时，各军种情报人员也从报纸、期刊、广播和政府报告与演讲等公开来源尽可能多地收集信息。斯大林对保密的执着让他们很难评估那些公开来源的准确程度。所有苏联新闻和出版机构都受到严格控制，连地图都受到限制。苏联的港口、城市、道路和铁路等基础设施的相关报告通常都不可靠。为了填补德国新绘制的苏联情报地图的空白，德国空军一支秘密侦察中队用专门改装的“道尼尔”Do–17轰炸机（Dornier Do 17）在苏联领空执行远程高空侦察任务，拍摄了机场、铁路终点站和运输系统的照片。

随着入侵临近，德国情报机构刊印了关于苏联边境和边境后方地区的地图、手册和报告。这些涉密文件配发到实施行动的集团军和师指挥部。确信苏联红军与共产主义政权将轻易栽倒在他们夸耀的战争机器前，1941年6月，德国人发动了战争，指望在几个月之内获胜。随着冬季到来，斯大林开始利用巨大的苏联人力储备和出乎敌人意料的意志力，德军的进攻在莫斯科郊外停了下来，他们的信心也轰然倒塌。

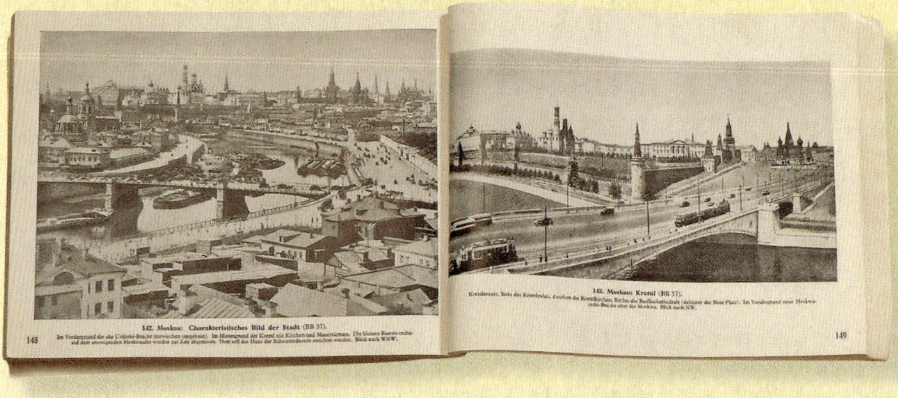

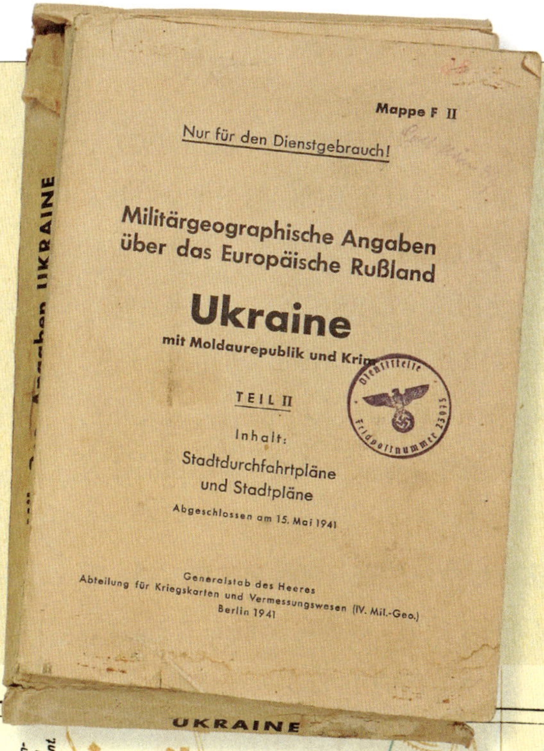

情报产品

德国陆军总参谋部分发给参加“巴巴罗萨行动”指挥官的文件中，包括上页的莫斯科照片和详尽的克列缅丘格（Kremenchuk）地图（下）。克列缅丘格是乌克兰的一座工业城市，1941 年 9 月落入德国人手里。出于安全原因，战争地图与测量部（Department for War Maps and Surveys）提供的乌克兰和克里米亚军事地图册（左）上标着“禁止在战场携带”。

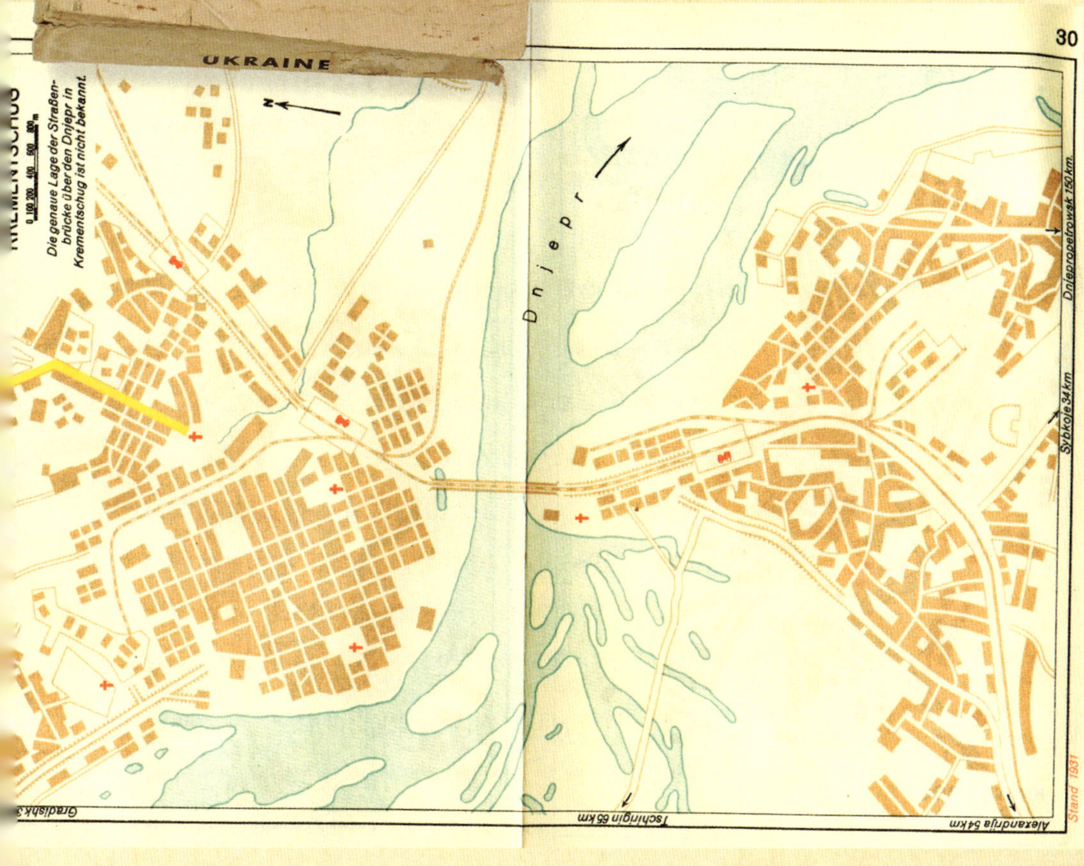

民委员部特工，接到了招募她的命令。她希望与他结婚，但在1937年他被召回莫斯科处决。她对此毫不知情，并且在他的影响下投身内务人民委员部，自此一直保持了对该机构的忠诚。“毋庸置疑，我的任何时间任何地方的服务，都交由党自行使用。”当美国国务院因谴责希特勒而解除她父亲的大使职务时，她在给内务人民委员部上级的信中写道：“目前，我能接触到父亲与美国国务院和总统的私人机密信件。”又补充到，如果莫斯科倾向于某个特定的美国外交官成为威廉·多德在柏林的继任者，她承诺，“我会说服父亲推荐他”。

与父亲回到美国后，玛莎·多德嫁给纽约百万富翁阿尔弗雷德·斯特恩（Alfred Stern），最终将他与哥哥小威廉·多德（William Dodd, Jr.）发展成苏联特工。小多德用内务人民委员部的1000美元秘密捐款竞选众议员，但没有成功。他在司法部的一名眼线后来向他提供了一份关于埃德加·胡佛的报告，小多德的苏联上线又将报告转给莫斯科：“胡佛保留着几乎所有主要政治人物的案卷：众议员、参议员和商人。他收集每个人的黑材料，将之用于敲诈。”莫斯科被告知，反对给联邦调查局全额拨款的议员，有性生活不检点被胡佛曝光的风险。联邦调查局局长保留美国实权人物的档案，有时还用那些令人难堪的信息向他们施压，这一事实后来尽人皆知。但在罗斯福当政时期，小威廉·多德向内务人民委员部透露的情况只是华盛顿的风言风语。

胡佛也许并不知道那次泄密，但他密切监视着可能成为众议员的小多德。1943年，联邦调查局调查了他，苏联内务人民委员部在那时放弃了他。20世纪50年代，玛莎·多德和丈夫身份暴露，在那之前她一直是苏联间谍。与大部分间谍相同，他们有用，但对那些雇他们的人而言并非不可或缺。情报官员招募大量间谍，希望从中找到一两个可以渗入敌方防线深处、揭开

“东京预计希特勒将打击苏联。”
——1941年5月31日《纽约先驱论坛报》标题

最重大秘密的王牌。像理查德 · 佐尔格这样罕见的、精通伪装技艺并将之发挥到极致的间谍，在战时的价值超过一个师的士兵。

东京风云

1941 年 5 月 31 日，《纽约先驱论坛报》(*New York Herald Tribune*) 刊登了一篇题为《东京预计希特勒将打击苏联》(Tokyo Expects Hitler to Move Against Russia) 的文章。作者是该报驻东京记者约瑟夫 · 纽曼 (Joseph Newman)，但给他提供这篇独家新闻的匿名来源是佐尔格。他从日本线人和德国大使尤金 · 奥特处得知，德国国防军很快将入侵苏联。佐尔格不能用记者的正式身份透露情报，因为为了防止泄露军事秘密，他工作的德国报纸受到严格控制。他尝试秘密以格勒乌间谍身份提醒莫斯科警惕德国威胁，然而斯大林没当回事。1941 年春，斯大林收到很多类似预警，都没理会。疑心很重的斯大林认为，英国、美国和日本这些敌对大国正阴谋让他转而反对希特勒，驱使他卷入一场与德国的战争，对此苏联红军尚未准备好，部分因为在 20 世纪 30 年代许多经验丰富的红军军官被清洗。他的疑心甚至导致他忽略了来自德国核心的权威报告，该报告通过驻东京大使奥特及其密友佐尔格获得。5 月 30 日，佐尔格向莫斯科发信："柏林通知奥特，德国进攻将于 6 月后半月发起。奥特 95% 确定战争将打响。"

> "我们不认识什么理查德 · 佐尔格。"
>
> ——被要求用被捕的日本特工交换在押的佐尔格时，苏联的回应

1941 年 6 月 22 日，当德军的入侵按预定时间发生时，斯大林大为震惊，同时改观了对佐尔格的看法，之前他还痛斥其散播外国的谎言和宣传。现在，佐尔格身处一个独特的位置，能回答不仅对斯大林，而且对他在柏林的敌人和新结交的伦敦和华盛顿盟友都极为重要的问题：日

入侵者的标志

这些在苏联土地上发现的皮带扣属于德国对苏联那场入侵的遗物。它们有的上面刻着“卐”，有的刻着德国鹰和党卫军希特勒青年团的闪电标志。

本将转向哪里？1940年，《德意日三国同盟条约》（Tripartite Pact）使日本与德国和意大利结成联盟，虽然条约没有要求日本加入德国发起的进攻，但奥特正催促东京的官员出兵进攻西伯利亚的苏联部队，在苏联垮台后分得一杯羹。佐尔格利用自己消息灵通的记者身份，警告其在日本军队和外务省的联络人，称德国正刻意低估苏联的军事实力来诱使日本加入战争。与此同时，左右逢源的尾崎秀实已经完全加入佐尔格间谍网，他得知，主导日本政府的军方首脑正趋于达成一项共识，即除非苏军即将败给德军，否则日本应避免挑战前者。“如果红军在莫斯科附近阻住德国人，”佐尔格在6月下旬秘密报告，“日本将按兵不动。”

佐尔格向斯大林提供了他需要的保证，证明自己在让德军止步于莫斯科方面发挥了重要作用。有了这份保证，斯大林将在西伯利亚防范日本进攻的大量苏军、成百上千的坦克战机调离，来保卫首都。佐尔格透露，日本不会入侵苏联，而是很快会在东南亚和太平洋发动大规模攻势，可能包括袭击英国和美国的基地。得到这份情报后，苏军开始重新部署。他在10月初就告知莫斯科，日本“与美国的战争”，“将在不久的将来打响，本月或下月”。

那场冲突于12月7日在珍珠港爆发时，苏军得到来自西伯利亚的增援，将德军打退至莫斯科郊外。佐尔格却不能尽情庆祝他对苏联军事复兴做出的巨大贡献。10月18日，他被日本特高课（Tokko）的特工逮捕。特高课是负责追踪间谍和颠覆分子的秘密警察。尾崎秀实以及佐

失守与收复

垂头丧气的苏联战俘躺在塞瓦斯托波尔（Sevastopol）的废墟里。1942 年，德军占领了这座具有战略地位的黑海港口。虽然佐尔格的情报帮助斯大林增援了莫斯科，于 1941 年 12 月将侵略者从首都打退，但是次年，苏军在其他地方遭到惨重失败。直到 1942 年后期，他们才在斯大林格勒包围了敌人，最终收复了塞瓦斯托波尔和其他失地。

尔格间谍网的其他人，也在大致相同时间被捕。佐尔格被迫坦白了间谍行为后，奥特大使到监狱看望他。破获该间谍网、审讯过佐尔格的军官吉河光贞（Mitsusada Yoshikawa）注意到，佐尔格似乎不愿在欺骗奥特之后面对他。佐尔格称，他们的“政治观点不同”，但“私交甚笃”。像一个出色的演员，佐尔格不只是伪装成奥特的知己，还全身心投入角色，成为大使真正的朋友。奥特容忍了他的反纳粹情感，自己也对希特勒的行事心怀疑问。“我和你一样不喜欢这场战争。”在德国军队陷入苏联的泥潭时，他告诉佐尔格，“但我能怎么样？”

与奥特最后一次会面后，佐尔格似乎心烦意乱。吉河光贞担心他会自杀，让人看着他。日本人希望用佐尔格交换一个被苏联关押的日本特工，推迟了很久才执行他的死刑。“我们三次向苏联驻东京大使馆提议，用佐尔格交换一个日本犯人，”富永恭次（Kyoji Tominaga）少将在佐尔格于 1944 年 11 月被处决后说，“三次都得到同样的回答：‘我们不认识什么理查德 · 佐尔格。’”

无处不在的保密需要

随着二战在欧洲打响并且如野火般遍及全球，保守秘密和维护安全成为许多国家迫切关心的问题。从华盛顿的战争情报局（Office of War Information）到柏林的宣传部，各个机构委托有才华的艺术家绘制了诸多海报，警告民众不要在可能有敌方间谍或线人的场合信口开河。海报警告，一句无心的话可以将本来爱国的公民变成不自知的卖国者，口无遮拦可能使战船沉没、士兵殒命。

一些艺术家设计出醒目的形象，努力在不吓到观众的情况下阻止他们随口乱说，但最引人注目的海报则阴森可怖，显示了战时对国家安全担忧的一面。民众不得不钳口结舌，因为不仅有间谍，还有自己政府负责守护秘密的特工在监视他们。在纳粹德国这样的极权国家，这种监视尤为严格。街区管理者将口无遮拦和散布不爱国言论的人报告给盖世太保。在意大利和日本，平民经常受到邻居、警察和安全部队的类似监视。即使在言论自由依法受到珍视和保护的国家，战争海报也对那些说话过于随意的人口诛笔伐。这类形象含蓄地发出警告，那些违反战时沉默规则和泄露秘密的人可能遭到同胞的揭露和责问，甚至会被警觉的当局追究。

嘘！

对页左下图美国山姆大叔的警告与右下图苏联人和本页德国人相一致。一名高射炮手要求沉默（“嘘！”）。不保守秘密的知情人将遭受非常严厉的惩罚。

窃听者

德国海报警告，公开场合说出的每个字都可能被敌人或间谍听到（右上、左下）。法国发布的类似信息提醒，你向一个看上去没有恶意的旁观者吐露心声，但他可能是敌方间谍（右下）。美国制作的一幅海报描绘了戴着头盔的纳粹正窥探美国人（左上），另一幅英国制作的海报展示了一名德国军官伪装成平民，诱骗别人向他吐露秘密（对页）。

TALK LESS
YOU NEVER KNOW

生动预警

危险的泄密

艺术家构思出各种方法让人们明白泄露战争重要情报的危险性，包括对于口无遮拦的陈旧警告的老调重弹（左上）；一个搬弄是非的人被山姆大叔伸长胳膊捂住嘴的漫画形象（右上）；一条狗哀悼一名被轻率言论害死的水手的描绘（最右）。下页其他海报将草率泄露信息的人描绘成谋杀帮凶或为敌所用的叛国者（对页左上）；将德国刻着“卐”的铁十字勋章颁发给那些因“漫不经心的谈话”帮助希特勒的人（对页右上）。

WANTED!
FOR MURDER
Her careless talk costs lives

AWARD
FOR CARELESS TALK
DON'T DISCUSS TROOP MOVEMENTS · SHIP SAILINGS · WAR EQUIPMENT

TELLING
a friend may
mean telling
THE ENEMY

BITS OF CARELESS TALK
ARE PIECED TOGETHER BY THE ENEMY
England
Convoy sails for
tonight

可怕后果

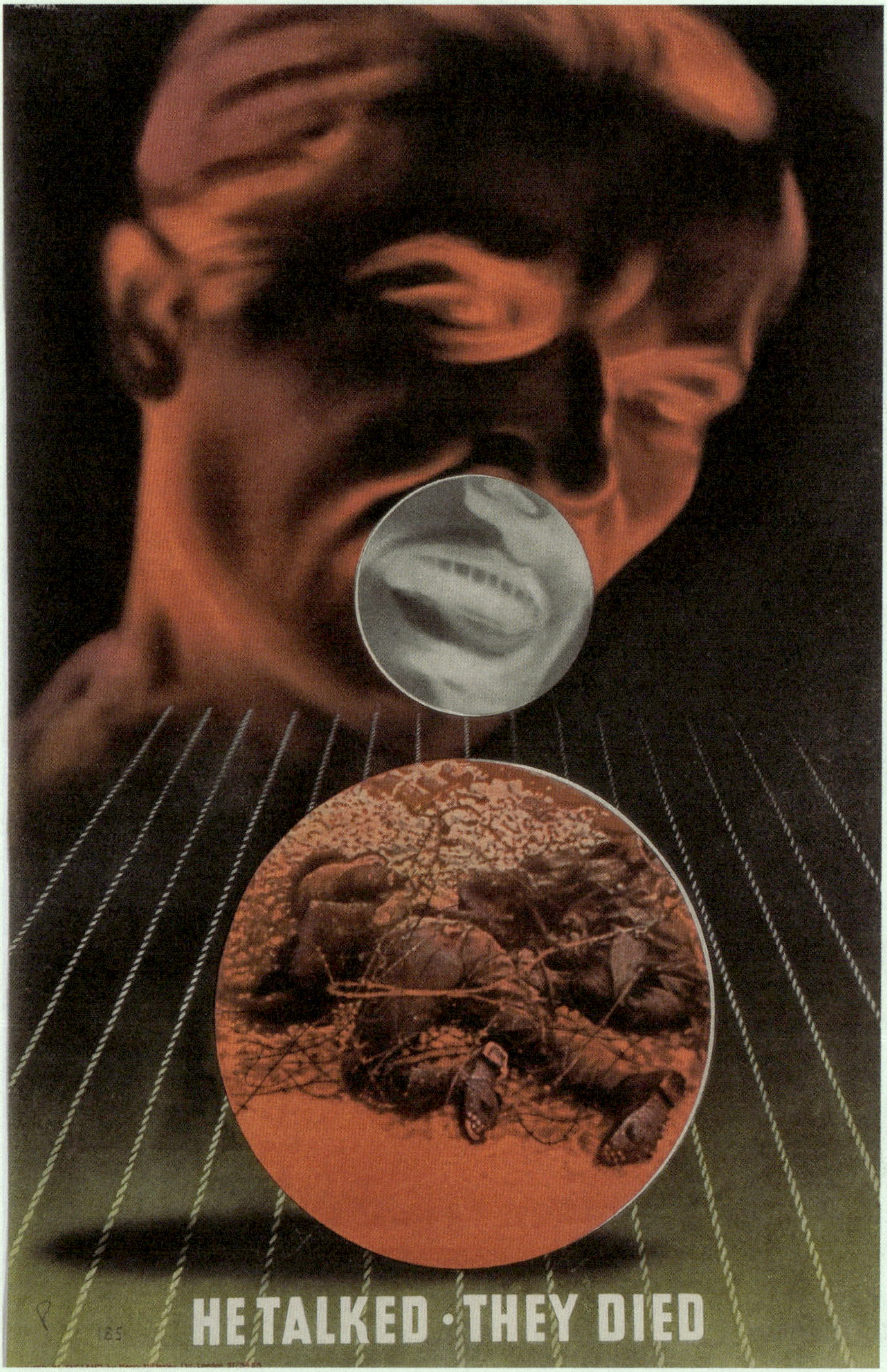

遭受谴责

两幅海报生动描绘了一名倒下的士兵（对页）和一名溺水水手（上），他们是随意闲谈的受害者。这些令人震惊的画面利用了平民的内疚感，他们自己待在安全的家中，而那些身穿制服的人却在冒着生命危险战斗，这强化了战时沉默和保密准则，阻止从事战争工作的人随意向他人倾诉。

国耻日

1941 年 12 月 7 日，星期日，珍珠港遇袭。虽然破译的日本电报预警了战争行动，但美军部队还是被打得措不及防。

第二章 破译日本的秘密·突袭太平洋

20 世纪，随着技术不断进步，收集军事情报的军官们获得新的工具，但他们的目标还是一如既往，用一句古老的格言总结：“了解敌人。”1941 年，太平洋上空战争阴云密布，日军指挥官中最了解美国的莫过于 57 岁的山本五十六海军大将（Adm. Isoroku Yamamoto）。他两度赴美，第一次作为学习英语的参谋军官，后一次作为日本驻华盛顿大使馆的海军武官，职责是监视美国海军和美国工业的发展。一些武官冒着被抓获和驱逐的危险从事间谍活动，但山本五十六的调查是公开的，得到了美国政府的允许，因为他们不希望本国的驻外武官受到限制。一个敏锐的观察者通过合法渠道了解到的驻在国信息（包括会见其他军官、参加航展和军事检阅、走访工厂及阅读报纸和技术期刊），可以超过一些从事隐蔽工作的间谍。

Honolulu Star-Bulletin 1st EXTRA

(Associated Press by Transpacific Telephone)

SAN FRANCISCO, Dec. 7.—President Roosevelt announced this morning that Japanese planes had attacked Manila and Pearl Harbor.

WAR!

OAHU BOMBED BY JAPANESE PLANES

SIX KNOWN DEAD, 21 INJURED, AT EMERGENCY HOSPITAL

Attack Made On Island's Defense Areas

CIVILIANS ORDERED OFF STREETS

ANTIAIRCRAFT GUNS IN ACTION

Hundreds See City Bombed

Names of Dead and Injured

Schools Closed

Editorial

策划者

前驻华盛顿海军武官山本五十六海军大将（对页）指挥日本联合舰队，因为偷袭珍珠港登上报纸头条。

两次世界大战之间，山本五十六在美国总共度过了近四年时间。最终离开的时候，他对美国的军事和工业能力满怀敬畏。不同于一些日本人认为美国人优柔寡断，他知道情况并非如此。“认为美国人奢靡软弱是个误解，”1941 年 9 月，他在家乡长冈的同学聚会上告诉以前的同学，“我可以告诉你们，他们朝气蓬勃，爱好冒险和斗争。他们

姓名：山本五十六

职业：日本海军总司令

任务：打败美国太平洋舰队

大事记

1941年11月　美国官员从破译的外交通信中得知，如果月底前，与美国的谈判还没有达成协议，日本将采取行动。

1941年12月　日军突袭珍珠港、菲律宾和其他在亚太地区的美国与同盟国目标。

1941年5月　海军密码破译人员警告切斯特·尼米兹海军上将，山本五十六海军大将即将发起一次以中途岛环礁为目标的攻势。

1941年6月　美国海军取得中途岛海战的胜利，击沉四艘日本航母，自己仅损失一艘。

1942年6月　所罗门群岛瓜岛上的盟军海岸观察哨报告，岛上日军正修建一条飞机跑道，将被用于攻击向澳大利亚运送补给的船只。

1942年8月　美军登陆瓜岛，夺取了飞机跑道。

1943年4月　尼米兹得到密码破译人员通知，山本计划视察布干维尔岛的日本部队。他下令执行击落山本座机的秘密任务。

的思想很科学，很先进……记住美国的工业比我们先进得多，并且与我们不同，他们的石油完全自给。日本打不赢美国，因此我们不应该与美国交战。”

山本五十六没有说，并且出于国家安全原因不能透露的是，日本准备与美国一战，而他自己作为联合舰队司令，正策划一次对珍珠港太平洋舰队的突袭。不过他警告不要挑战美国，这是心里话。在日本于1940年后期与德国和意大利缔结《德意日三国同盟条约》之后，他还向日本首相近卫文麿（Fumimaro Konoe）发出类似预警。山本五十六说，如果日本最终与美国及其盟友开战，他的舰队将“在开始的半年到一年里所向披靡，但我对第二年或第三年完全没有信心”。

同样，裕仁天皇（Emperor Hirohito）也担心一场久拖不决的战争，避免与美国交战的谈判一直持续到1941年年末。但卷入野蛮的侵华战争的日军于7月占领了法属印度支那，罗斯福总统以对日本禁运石油作为回应，之后达成协议的希望日趋渺茫。美国要求日本从中国和印度支那撤出侵略部队，日本领导人不愿屈服于美国的要求，制订计划占领英国和荷兰在南亚和太平洋的脆弱殖民地及菲律宾，来获取石油和其他战略资源。菲律宾是美国的受保护国，处于日本意图占领的区域之内。如果日本与美国的冲突不可避免，太平洋舰队将对参加预定攻势的日军或

在中国的屠杀

1937 年，一个浑身是血的婴儿坐在遭日军轰炸的一座上海铁路站。照片震惊了美国人。随着日本持续对中国的血腥侵略，美国人对日本的反感日益加深。

本土诸岛的日本平民构成威胁，山本五十六希望在那之前将之击败。

山本五十六集结了一支令人生畏的机动部队，包括战列舰、巡洋舰、驱逐舰、油轮和六艘大型航母。油轮将给穿过北太平洋进军的军舰加油，航母将向珍珠港投放逾 400 架战机，同时他必须严格保密。如此集结被探测到的风险相当大，因为美国在太平洋周边遍布情报资产，而且在评估日本方面，驻东京的美国武官与评估美国的山本五十六同样勤奋。自 20 世纪 20 年代初以来，有前途的美国军官被派到日本学日语。这些学习语言的军官中，有一些成为密码分析员，专门破译日本军事通信，这些通信通过电台发送，被美国在夏威夷、菲律宾等地的监听台截获。还有些人出任美国驻东京大使馆的随员，随着日美关系日益紧张而受到监视。某天，一辆窗户上遮着帘子的汽车开到美国驻东京使馆的马路对面，停在那里。一名新闻摄影师走近那辆可疑的“间谍车”，被车里钻出的日本特工驱赶。因为车里太热，他们脱得只剩内衣。

尽管遭到监视，但在日本，美国使馆随员经常与别国有类似任务的人员互通函件，以此获得许多有用的情报。二战前，一群海军武官组成了一个俱乐部，其成员有的来自德国或意大利这些即将与日本结盟的国家，还有的来自美国、英国和苏联这样的对立国家。他们在东京定期午餐聚会，分享他们知道或怀疑的日本海军发展情况，如远超 3.5 万吨限额的超级战列舰的建造。这个限制是国际条约规定的，后被日本废除。

攻击路线

这幅地图是美国战后根据日本原版地图绘制的，用日本时间标示山本在战争来临前派出的海军特遣舰队的动向。第 1 航空舰队，于 11 月 26 日（美国时间 11 月 25 日，在华盛顿避免冲突的谈判结束之前）起航，于 12 月 7 日（日本时间 12 月 8 日）轰炸了珍珠港。

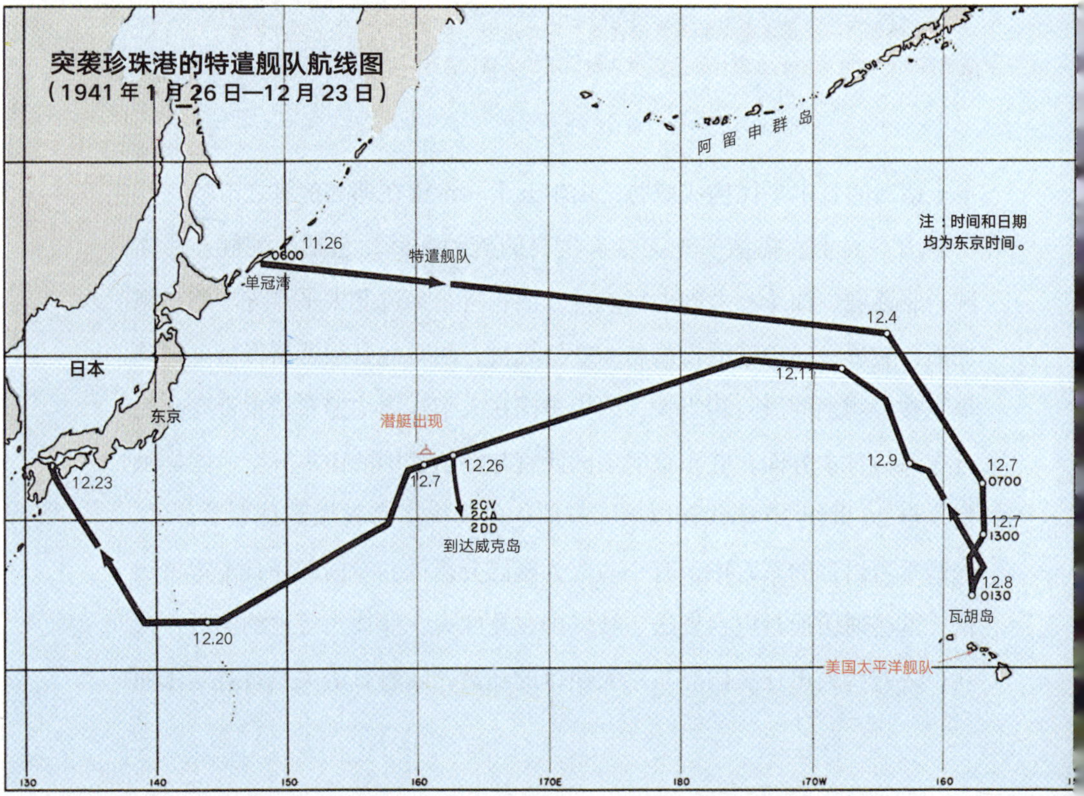

20 世纪 30 年代后期，一名美国驻东京海军武官告知华盛顿，说日本正建造两艘这样的超级战列舰，并且正“计划开建第三艘甚至第四艘”。

美国大使馆官员还收到他国外交官的内部消息。1941 年初，驻东京的秘鲁大使传递了他从一名日本雇员那里得到的信息，称对珍珠港的袭击正在计划中。美国大使约瑟夫 · 格鲁（Joseph Grew）和海军武官亨利 · 史密斯 – 赫顿（Henri Smith-Hutton）海军中校之前收到过类似的报告，不大相信这份报告。他们把它转给华盛顿时，也没得到多大信任。然而，随着岁月流逝，史密斯 – 赫顿开始相信日本正在准备一场大攻势。他和其他美国情报官预测，日军将南进攻击马来半岛上的英属新加坡、荷兰殖民地（今印度尼西亚），可能还会攻击菲律宾。但史密斯 – 赫顿并未看到任何迹象，表明遥远的珍珠港会在目标之内，这从侧面证明了山本五十六在掩盖重大行动方面的成功。

美国海军制作了一份山本五十六档案。档案表明，他酷爱赌博，也许会冒其他指挥官不愿意冒的风险。他信心十足地玩弄手腕，打败了那些因担心袭击失败而反对的日本军官。但如果他成功，愤怒的美国人会全力以赴地重建舰队，报复那场袭击，这种风险也会存在。山本五十六的上司，日本海军军令部长永野修身（Osami Nagano）海军大将也在美国待过几年，不信打败太平洋舰队会让美国无力反击。“即使我们帝国赢得一场决定性的海军胜

“日本打不赢美国，我们不应该与美国交战。”
——1941 年 9 月，山本五十六海军大将

“最后期限绝对不可更改。期限一过，一切都将自动发生。”
——东京给驻华盛顿大使野村吉三郎的指示

日本使者

野村吉三郎大使（Kichisaburo Nomura，上）将日本的最终和平提议递交国务卿科德尔·赫尔（Cordell Hull）和罗斯福总统。二人从截收日本通信的译电中得知，东京领导人为协议设置了最后期限：11 月 30 日。

利，”他在1941年9月警告说，“我们也不会因此就能结束这场战争。我们可以预料，美国将利用它坚不可摧的地位、强大的工业能力和丰富的资源，尝试拖长战争。”他总结说，日本没有办法让美国人“放弃战斗决心”。

虽然预测很悲观，永野修身依然批准了山本五十六的大胆计划，认为与其等到美国军队强大起来，不如早点与之开战。山本五十六无法劝阻日本领导人对抗美国，只得寻求消除太平洋舰队的威胁，从而削弱美

轴心国同盟

1940年9月27日，东京官员批准了与德国和意大利的《德意日三国同盟条约》，轴心国伙伴祝酒庆贺达成协议（下），仪式上，日本未来首相及战争头子东条英机（Hideki Tojo）将军站在中间，最右侧站着德国驻日本大使尤金·奥特。奥特向苏联间谍理查德·佐尔格透露的信息让莫斯科随时了解轴心国的战争计划。

国人的士气，这样他们兴许会做出妥协。但是，他加大了赌注，将日本的重大攻势从驻扎美军但得到独立承诺的菲律宾，扩大到美国永久领地夏威夷。如果他不能迫使敌人后退，那打到美国门口可能会使其更加坚决地换回这一仗的损失，打垮日本。

虽然山本五十六这样敏锐的日本观察员及其美国同行在战前获得了大量关于对方的情报，但他们很少了解对手在受到挑战时会做何反应。美国官员用经济压力来迫使裕仁及其魁首放弃帝国野心时，他们低估了日本的自尊和决心。除少数人外，美军指挥员也不信日本有能力实施这样一场规模宏大的冒险攻势，从东南亚延伸到6000多英里（约9700千米）外的夏威夷。那次情报失误令人尴尬，因为美国密码分析员已经突破日本外交通信，获得暗示要袭击珍珠港的证据。但挫折是暂时的，因为他们也开始破解日本海军密本，这让美军指挥官得以随着战争的推进了解山本五十六的计划，最终击败了这个大胆鲁莽的海军大将。

战争倒计时

1941年年初，野村吉三郎抵达华盛顿，出任日本驻美大使。他希望避免与美国的战争，谈判达成一项协议。这位退役的海军大将，曾先于山本五十六任驻华盛顿海军武官。1941年9月，他的照片出现在《时代》杂志封面标题《日本的野村：夹在国内强硬的陆军和华盛顿强硬的总统之间》（Japan’s Nomura: Between a tough Army at home and a tough President in Washington）上方，名噪一时。那个标题的描述恰如其分，因为在1941年11月，东京的陆军首脑决心开战，坚持部署作战部队，即使野村已经向半信半疑的罗斯福总统和强硬的国务卿科德尔·赫尔提交了和平提议。他们没给野村多大鼓励，在他催促他们尽快答复时又犹豫不决。这并不是因为罗斯福想要战争。按他对丘吉尔的说法，在太平洋与日本开战将是“在错误的时间，错误的海域，打一场错误的战争”。但是当他收到令人揪心的译电时，他对谈判的疑虑加深了。那些往来于东京与野村等外交官之间的电报表明，即使在其驻华盛顿大使伸出橄榄枝的时候，日本依然在为进攻做准备。

在野村提交那些提议前，罗斯福和国务卿赫尔知道日本提出的条件：如果美国撤销石油禁运，日本就停止进一步军事进攻，撤回部分军队。而且他们很快从破译密电中得到，日本为谈判达成协议设定了最后期限：11 月 30 日。“最后期限绝对不可更改。”野村在东京的上司告知他，“期限一过，一切都将自动发生。”罗斯福担心日本会在期限过后立即发动进攻，并且一条可能来自英国的情报让他更为忧虑：日军已经在活动中。他认为，在这样的压力下，向日本让步无异于姑息纵容并且会助长进一步侵略。11 月 26 日，赫尔拒绝了野村提出的条件，但如果日本同意在一个谈判确定的日期前从中国和印度支那撤军，达成协议的可能性依然存在。新近成为日本首相的东条英机致力于帝国扩张，无视美国的回复，寻求开战许可。12 月 1 日，裕仁天皇在东京的一次会议上给他授权许可。直到那时，山本五十六派出的由南云忠一海军中将（Vice Adm. Chuichi Nagumo）指挥的海军特遣舰队和其他向战场进发的日本部队本可以被召回，但现在已经没什么能阻止他们。罗斯福知道日本那个不祥的最后期限，因为美国密码分析员组装出日本密码机的模拟机。这种密码机被用于世界各地的日本外交通信。在对密码机及其组成部分没有任何事先了解的情况下，美国陆军通信情报处（Signal Intelligence Service，SIS）的威廉·弗里德曼（William Friedman）领导团队，在海军密码破译部门通信保密科（OP-20-G）的密码分析员帮助下完成突破。弗里德曼本来的专业是遗传学，一战期间开始从事密码学，帮助将

华盛顿的魔术师

威廉·弗里德曼站在团队中央。他领导的美国陆军密码破译员破解了代号“紫密”的日本密码机，组装了模拟机来破译信息。

密码破译从艺术转变为一门以数学原理为基础的科学。虽然战争开始时，用于军事用途的密码机太过复杂，一些人认为密码分析员不可能破译，但以一个字母或符号代替另一个字母或符号的方式，从属于数学分析或其他破译技术，这提供了这类机器如何设计和连接的线索。密码机可以被设置，解密使用同样装置的发送者发来的信息。那一点使得模拟机（与原型不同但复制了原型的功能）的组装对情报官员、政府官员和军事指挥官具有极大价值。

第一种日本外交通信加密装置于20世纪30年代开始采用，被称为“红色”（Red）密码机（后简称“红密”），是当时使用的几种密码机之一。机器包含一个或几个转子（rotor），它们像发条齿轮一样旋转，以改变信息中连续字母或符号的加密方式。美国密码分析员熟悉这类转子，而且“红密”总是用元音替代元音、辅音替代辅音，这一点给他们提供了进一步帮助。然而，在他们解开这道难题后不久，日本外务省（Foreign Ministry）采用了新的密码机，美国人称之为“紫色”（Purple）密码机（后简称“紫密”）。1939年年初的一段时间里，为了照顾那些还没收到新设备的人，日本外交信息同时使用“红密”和“紫密”发送。这种重叠帮助弗里德曼的团队在“紫密”上取得进展，但直到他们确定“紫密”使用分级转换开关将一个符号替换为另一个，它的运行原理才不再神秘。分级转换开关类似于绕过总机接线员跳接电话的交换机。突破“紫密”和组装模拟机对弗里德曼而言，是伤透脑筋的挑战，他因此神经衰弱。但他和手下那些天才在1940年获得成功，他们的巨大成功换来的绝密译电被称为“魔术”（Magic）。

到1941年，蛛网密布的美国监听站已经在截收“紫密”加密并且用无线电发送的日本外交电报，再传到华盛顿破译和翻译。因为工作负担太重，海军通信保密科与陆军通信情报处分担了工作，逐日轮流提供

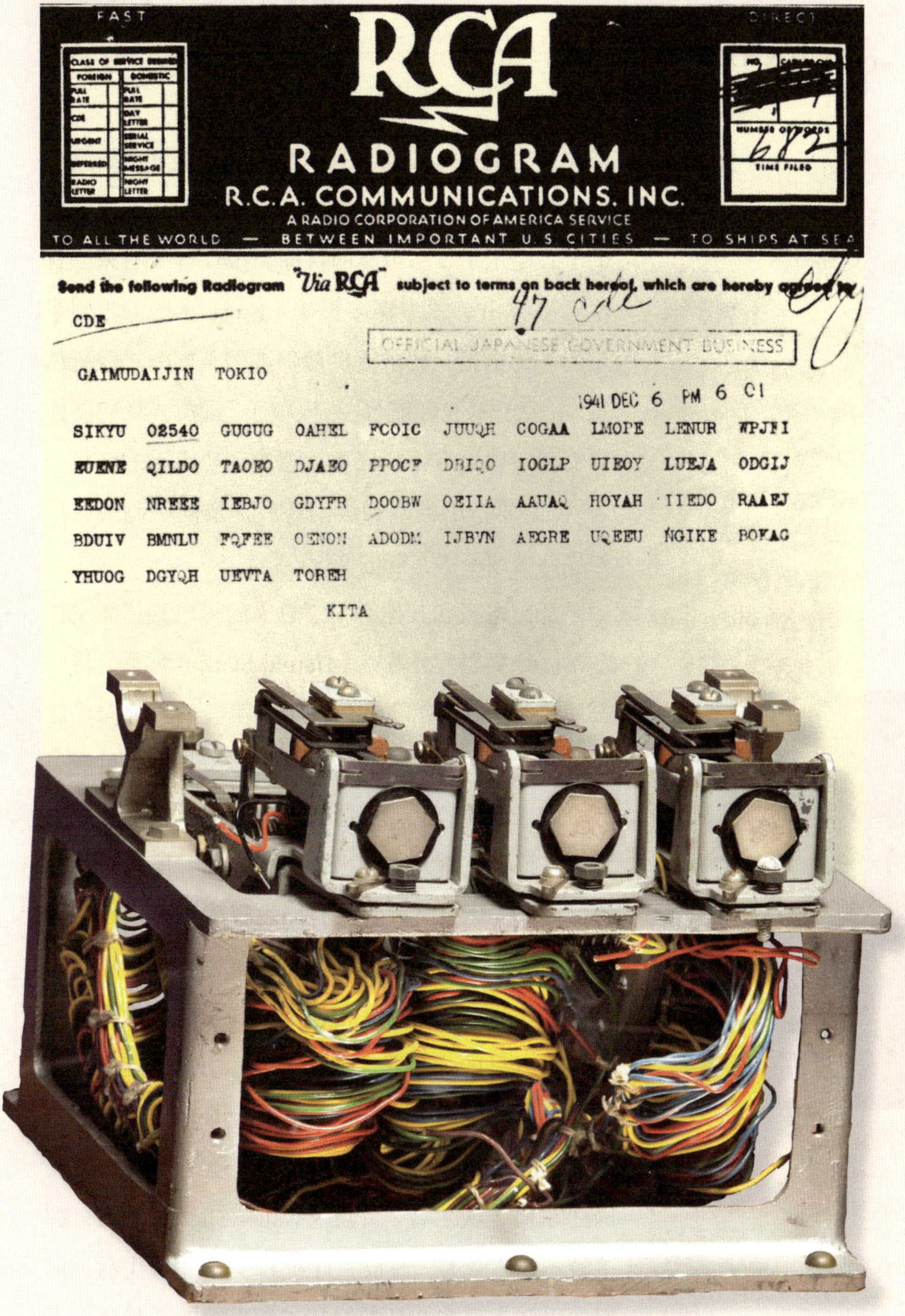

FAST

DIRECT

RCA

RADIOGRAM

R.C.A. COMMUNICATIONS. INC.

A RADIO CORPORATION OF AMERICA SERVICE

TO ALL THE WORLD — BETWEEN IMPORTANT U.S. CITIES — TO SHIPS AT SEA

CLASS OF SERVICE DESIRED	
FOREIGN	DOMESTIC
FULL RATE	FULL RATE
CDE	DAY LETTER
URGENT	SERIAL SERVICE
DEFERRED	NIGHT MESSAGE
RADIO LETTER	NIGHT LETTER

NO. | NUMBER OF WORDS 682 | TIME FILED

Send the following Radiogram "Via RCA" subject to terms on back hereof, which are hereby agreed to

CDE

47 cde

OFFICIAL JAPANESE GOVERNMENT BUSINESS

GAIMUDAIJIN TOKIO

1941 DEC 6 PM 6 01

SIKYU 02540 GUGUG OAHEL FCOIC JUUQH COGAA LMOPE LENUR WPJFI
EUENE QILDO TAOEO DJAEO PPOCF DBIQO IOGLP UIEOY LUEJA ODGIJ
EEDON NREEE IEBJO GDYFR DOOBW OEIIA AAUAQ HOYAH IIEDO RAAEJ
BDUIV BMNLU FQFEE OENON ADODM IJBVN AEGRE UQEEU NGIKE BOKAG
YHUOG DGYQH UEVTA TOREH

KITA

向东京发信

最上面这封发自日本驻檀香山总领事喜多长雄的电报用“紫密”（线路显示在上方）加密，于 1941 年 12 月 6 日作为商业电报发给东京，告知太平洋舰队大部分依然停泊在珍珠港。这封电报被拦截、破译，但直到珍珠港遭袭后才在华盛顿被翻译出来。

“正常情况下，一周里哪一天大部分船都在珍珠港？”
——东京给日本驻檀香山领事的问题表中的一项

“星期日。”
——吉川猛夫上尉

外交掩护

1941 年 4 月，日本海军军官吉川猛夫用化名来到檀香山，以副领事身份为掩护，秘密报告珍珠港的太平洋舰队动向。12 月 7 日，袭击之后，他和日本领事馆的其他人一起被联邦调查局特工逮捕，后在一次外交扣押人员交换中获释。

英文解密通信。东京没有向驻外的外交官透露具体军事计划，但随着战争临近，一些发给使馆或领事的电报暗示了日军可能的目标。1941 年 9 月末，日本驻檀香山总领事喜多长雄（Nagao Kita）收到东京的一封电报，要求提供珍珠港的美国海军舰艇信息。“关于军舰和航母，”电报上写道，“我们要你提交关于锚泊在……码头、浮筒和船坞上的舰只报告。（简要指出类型和级别……提及同一码头并排停靠两艘或更多军舰的情况。）”

那封电报和其他有军事意义的译电到达海军作战部长哈罗德 · 斯塔克（Harold Stark）海军上将和陆军参谋长乔治 · 马歇尔将军手里，两人都向珍珠港和太平洋其他地区的指挥官发布了日本人可能袭击的常规预警。但他们谨慎地没有提及细节，因为可能向日本监听人员和破译人员透露“魔术”情报的存在。实际上，日本没有能力解读用 SIGABA 转子密码机加密的美国军事电报，该密码机由陆军通信情报处和海军通信保密科共同开发。但美国军官不确定自己的通信是否牢不可破。出于保密考虑，不管是珍珠港的太平洋舰队司令赫斯本德 · 基梅尔（Husband E. Kimmel）海军上将，还是夏威夷的美国陆军司令沃尔特 · 肖特（Walter Short）中将，都接触不到“魔术”情报。直到 12 月袭击发生后，他们才得知东京在 9 月发给日本领事馆的那封令人不安的电报。肖特后来将它描述为“对珍珠港的轰炸计划”。如果肖特和基梅尔知道日本特工花了多少精力来满足东京对珍珠港的情报要求，他们可能会更为警惕。日本海军少尉吉川猛夫（Takeo Yoshikawa）是其中的主要人物。1941 年 4 月，他化名森村正（Tadashi Morimura）来到日本驻檀香山领事馆。虽然日本海军情报机构第 3 部（Third Bureau）委派他来调查，他没有违反任何法律，不会冒被捕的危险，但如果美国当局怀疑他，用假名和假护照进入夏威夷本身就构成了他们拘留和审讯他的充足理由。他知道联邦调查局在窃听驻檀香山领事馆，许多刺探活动都是在一所俯视珍珠港的日本茶楼上进行的。吉川从接待美国海军军官的艺妓那里探听消息，但没有招募在夏威夷的日裔美国人，因为发现他们“基本上忠于美国”。对住在西海岸的日裔的类似评估也体现在罗斯福总统 1941 年 11 月收到的一份秘密报告中。“沿海地区不存在日本人‘问题’，”报告总结道，“日本人不会发动武装起义。”但是，那份秘密报告并没有阻止罗斯福在宣战后授权将 10 多万日裔作为敌国侨民关押起来。

11 月初，日本班轮“大洋丸”号（*Taiyo Maru*）抵达檀香山，吉川加紧了间谍活动。为了侦察山本五十六派出的特遣舰队 1 个月后将行经的隐蔽航路，这条船穿过北太平洋的漫长航线来到夏威夷。乘船来的海军航空专家铃木英（Suguru Suzuki）海军少校希望亲自侦察珍珠港防务，但总领事喜多长雄竭力劝他将那个敏感的任务留给吉川。吉川收到写在揉皱的米纸上的一份有 97 个问题的清单，他需要在“大洋丸”号返回日本前回答这些问题。一些问题对这个间谍来说非常简单。“正常情况下，一周里哪一天大部分船都在珍珠港？”他很快回答“星期日”。还有些问题很难回答。他确定不了有没有反潜网守卫港口入口，但他的海军上司们正确判断存在这样的障碍，因而在这次袭击中增加了一项秘密武器——5 艘双人潜艇，小到足以在网升起时，跟随美国军舰潜入，进入浅水港口，发射两只鱼雷。最后，铃木英带着珍珠港地图和吉川从一架旅游飞机上拍摄的航空照片，乘“大洋丸”号回国。

屈恩一家——德国在檀香山的间谍

日本准备突袭珍珠港之际，暗中窥探太平洋舰队的不光是吉川猛夫。向日本人提供太平洋舰队情报的还有伯纳德·尤利乌斯·奥托·屈恩（Bernard Julius Otto Kuehn）。他得到妻子弗里德尔（Friedel）与已成年的女儿祖西·鲁特（Susie Ruth）的帮助。1895 年，人称“奥托”的奥托·屈恩在德国出生，1930 年加入纳粹党。他女儿后来与宣传部长约瑟夫·戈培尔有私情。戈培尔有无数婚外情，后来提出让屈恩一家通过为纳粹德国的潜在盟友日本刺探情报来为德国服务。1935 年，在日本接受培训后，一家人定居檀香山。随后几年里，弗里德尔·屈恩几度到日本，获得大量美元现金，以资助情报收集活动。这些活动包括与祖西·鲁特交好的美国军人参加的奢华聚会。她还与频繁光顾她的美容院的军官妻子们闲谈，从中获得舰队动向信息。去珍珠港侦察时，奥托·屈恩会带上小儿子汉斯（Hans），他穿着水手服让侦察看上去像一次毫无恶意的欣赏军舰的郊游。

姓名：奥托·屈恩
服务国：日本、德国
针对国：美国

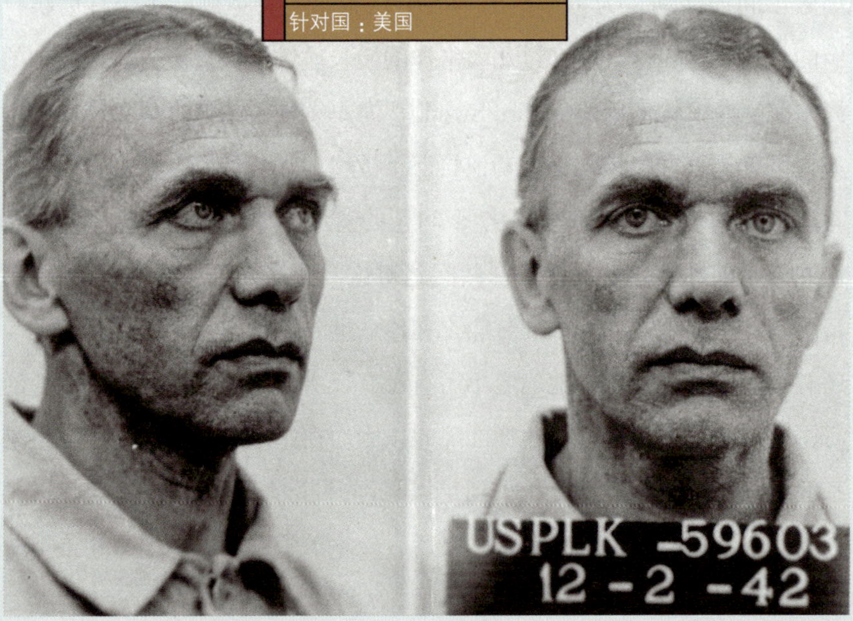

1941 年，日本与德国正式结盟，奥托开始将家庭间谍活动的成果与日本驻檀香山领事馆共享。这种做法非常危险，因为屈恩一家已经引起联邦调查局特工和军方情报官员人注意。12 月初，奥托最后一次与领事馆联系时，他们开始收网。那次他提交了一份在珍珠港停泊的舰艇清单，提议用视觉信号（他在海边拥有的两所房子的窗户灯光）将舰队动向通知瓦胡岛外的日本潜艇。他在 7 日珍珠港遇袭后不久被捕，招供后关在一间与妻子相邻的牢房里。她责怪他招供，还把她供出来。他们的谈话被偷录下来。

奥托 · 屈恩被定罪并判处枪决。这一判决后来被减为 50 年苦役。他妻子和女儿得到较轻的判决。屈恩间谍网的三名成员最终获得赦免，被驱逐到战后的德国。

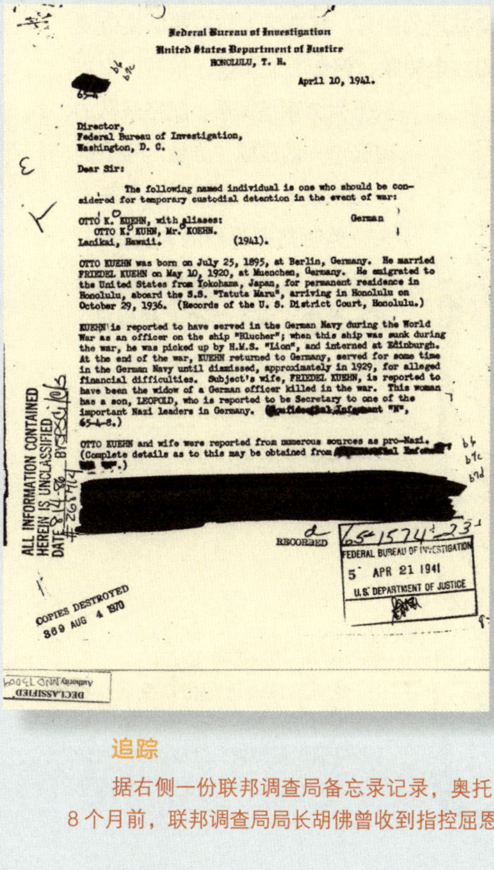

Federal Bureau of Investigation
United States Department of Justice
HONOLULU, T. H.

[redacted]
65-4

April 10, 1941.

Director,
Federal Bureau of Investigation,
Washington, D. C.

Dear Sir:

The following named individual is one who should be considered for temporary custodial detention in the event of war:

OTTO K. KUEHN, with aliases: German
OTTO K. KUHN, Mr. KOEHN.
Lanikai, Hawaii. (1941).

OTTO KUEHN was born on July 25, 1895, at Berlin, Germany. He married FRIEDEL KUEHN on May 10, 1920, at Muenchen, Germany. He emigrated to the United States from Yokohama, Japan, for permanent residence in Honolulu, aboard the S.S. "Tatuta Maru", arriving in Honolulu on October 29, 1936. (Records of the U. S. District Court, Honolulu.)

KUEHN is reported to have served in the German Navy during the World War as an officer on the ship "Blucher"; when this ship was sunk during the war, he was picked up by H.M.S. "Lion", and interned at Edinburgh. At the end of the war, KUEHN returned to Germany, served for some time in the German Navy until dismissed, approximately in 1929, for alleged financial difficulties. Subject's wife, FRIEDEL KUEHN, is reported to have been the widow of a German officer killed in the war. This woman has a son, LEOPOLD, who is reported to be Secretary to one of the important Nazi leaders in Germany. [redacted] "N", 65-4-8.)

OTTO KUEHN and wife were reported from numerous sources as pro-Nazi. (Complete details as to this may be obtained from [redacted].)

[redacted]

RECORDED
65-1574-23
FEDERAL BUREAU OF INVESTIGATION
5 APR 21 1941
U.S. DEPARTMENT OF JUSTICE

ALL INFORMATION CONTAINED
HEREIN IS UNCLASSIFIED
DATE 8-14-86 BY

COPIES DESTROYED
369 AUG 4 1970

DECLASSIFIED
Authority NND 13004

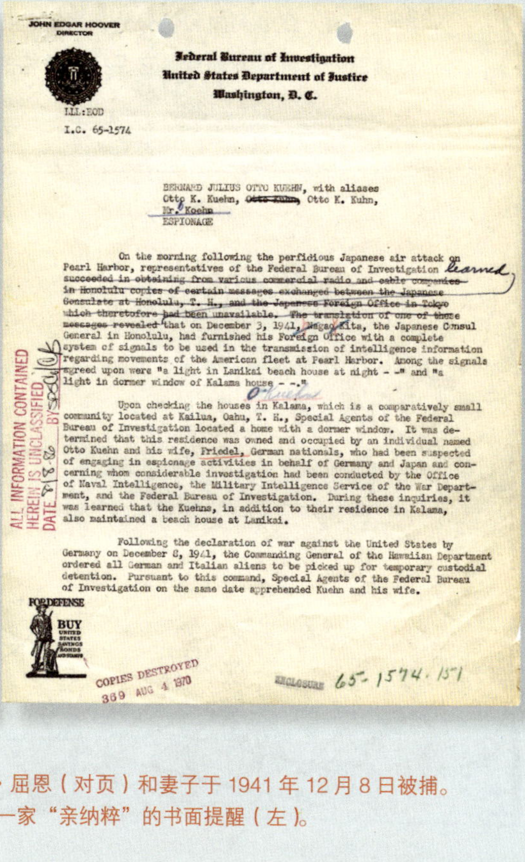

JOHN EDGAR HOOVER
DIRECTOR

Federal Bureau of Investigation
United States Department of Justice
Washington, D. C.

LLL:EOD
I.C. 65-1574

BERNARD JULIUS OTTO KUEHN, with aliases
Otto K. Kuehn, ~~Otto Kuhn~~, Otto K. Kuhn,
Mr. Koehn
ESPIONAGE

On the morning following the perfidious Japanese air attack on Pearl Harbor, representatives of the Federal Bureau of Investigation learned ~~succeeded in obtaining from various commercial radio and cable companies in Honolulu copies of certain messages exchanged between the Japanese Consulate at Honolulu, T. H., and the Japanese Foreign Office in Tokyo which theretofore had been unavailable. The translation of one of these messages revealed~~ that on December 3, 1941, Nagao Kita, the Japanese Consul General in Honolulu, had furnished his Foreign Office with a complete system of signals to be used in the transmission of intelligence information regarding movements of the American fleet at Pearl Harbor. Among the signals agreed upon were "a light in Lanikai beach house at night - -" and "a light in dormer window of Kalama house - -."

Upon checking the houses in Kalama, which is a comparatively small community located at Kailua, Oahu, T. H., Special Agents of the Federal Bureau of Investigation located a home with a dormer window. It was determined that this residence was owned and occupied by an individual named Otto Kuehn and his wife, Friedel, German nationals, who had been suspected of engaging in espionage activities in behalf of Germany and Japan and concerning whom considerable investigation had been conducted by the Office of Naval Intelligence, the Military Intelligence Service of the War Department, and the Federal Bureau of Investigation. During these inquiries, it was learned that the Kuehns, in addition to their residence in Kalama, also maintained a beach house at Lanikai.

Following the declaration of war against the United States by Germany on December 8, 1941, the Commanding General of the Hawaiian Department ordered all German and Italian aliens to be picked up for temporary custodial detention. Pursuant to this command, Special Agents of the Federal Bureau of Investigation on the same date apprehended Kuehn and his wife.

FOR DEFENSE
BUY
UNITED STATES SAVINGS BONDS AND STAMPS

ALL INFORMATION CONTAINED
HEREIN IS UNCLASSIFIED
DATE 8-18-86 BY

COPIES DESTROYED
369 AUG 4 1970

ENCLOSURE 65-1574-151

追踪

据右侧一份联邦调查局备忘录记录，奥托 · 屈恩（对页）和妻子于 1941 年 12 月 8 日被捕。8 个月前，联邦调查局局长胡佛曾收到指控屈恩一家“亲纳粹”的书面提醒（左）。

绘制袭击地图

1941年12月1日，东京，裕仁天皇最终授权帝国总参谋部对美开战。山本五十六海军大将用暗号“登新高山”（Climb Mount Niitaka），向第1航空舰队发出继续执行偷袭珍珠港计划的信号。这支已经出海的舰队是太平洋上最强大的海军部队。4月，山本下令组建第1航空舰队，参谋人员开始充实作战细节，包括派遣进港发射鱼雷的微型潜艇。自那以后，细致的准备就已经着手进行。这份大胆计划要想获得成功，飞行员和机组人员需要显示美国太平洋舰队军舰位置的海图。这类涉密信息不会显示在日本驻华盛顿海军武官获得的商业海图上，但海军武官通过关注美国海军的公告和新闻发布，在报纸上搜寻船只抵离港通知，帮助追踪太平洋舰队。

关于珍珠港形势更准确的情报来自檀香山的日本间谍，特别是吉川猛夫，以及位于东京附近和各日占岛屿上的海军监听站。这些监听站接收来自珍珠港的无线电波，用无线电测向和信号分析来定位抵离基地的船只。随着第1航空舰队接近夏威夷岛外的进攻发动点，它保持着严格的无线电静默，但细心监测输入信号。山本五十六分派指挥第1航空舰队的南云忠一的旗舰“赤城”号上的一支无线电情报团队，接收来自东京监听站探测到的加密报告，并接收美国海军通信和檀香山的商业广播。到南云忠一舰队的6艘航母迎风起飞战机时，飞行员们已经得到全部战情通报，拿到日本海军最新情报成果——即将进入视野的目标的海图。

潜艇上的海图

这幅珍珠港地图得自缴获的日本微型潜艇“Ha-19”号，图上标注着美国军舰位置。“Ha-19”号未能按计划进入港口，被发现搁浅于瓦胡岛。

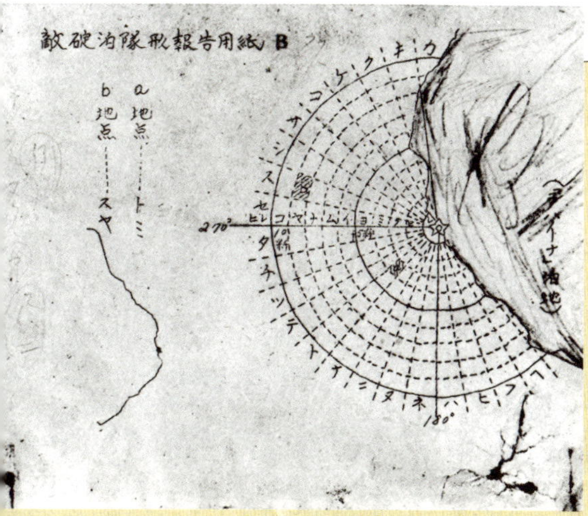

备用泊位

这幅海图（左）缴获自珍珠港遇袭期间被击落的日本战机，图上显示了毛伊岛外的拉海纳锚地，用以海岸为基点的扇区和距离构成的辐射网格标示泊位。日本人绘制了该位置的海图，以防太平洋舰队的一些军舰在 12 月 7 日在那里锚泊。

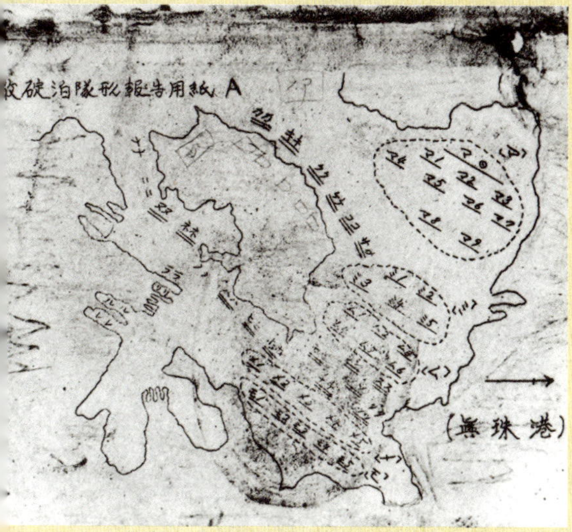

集中火力

左侧这幅匆匆准备的珍珠港日本海图，显示了美国军舰在福特岛外战列舰碇泊区（Battleship Row）的位置。按下方这幅战后地图的细节，根据日本军方资料，12 月 7 日（东京时间 12 月 8 日）上午，两波战机从夏威夷以北的第 1 航空舰队的航母上起飞，攻向瓦胡岛，轰炸了珍珠港的太平洋舰队和美军在岛上的机场。

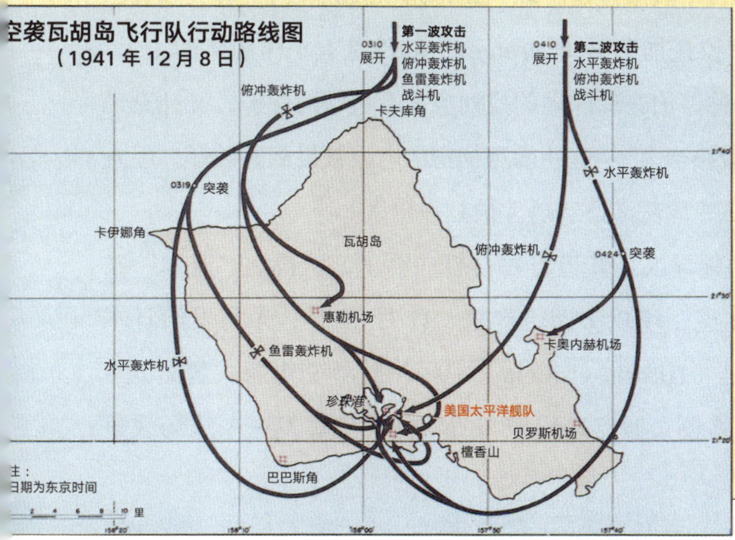

袭击模型

这副大尺寸珍珠港模型是袭击之后日本为一部宣传片制作的。后来缴获这副模型的美国情报官一开始以为它被用于设计珍珠港浅水水域的空投鱼雷攻击，但那个问题通过在日本鹿儿岛港海军基地的试验得以解决。

12 月 1 日，裕仁天皇批准了日军的进攻，此后往来于东京和檀香山领事馆的密电表明一次对珍珠港的袭击有可能发生。吉川报告了“企业”号（*Enterprise*）和“列克星敦”号（*Lexington*）航母离开珍珠港的情报，这对山本五十六来说是个坏消息，因为它们和另一艘大修后泊在圣迭戈港的“萨拉托加”号（*Saratoga*）航母是太平洋舰队的主力。吉川还报告东京，称停泊在珍珠港的战列舰没有鱼雷网保护，又补充说“得突袭之利的机会相当大”。这些暴露秘密的电报被拦截并破译，但直到 12 月 7 日星期日，珍珠港遭袭后才被翻译出来。

虽然华盛顿的领导人不知道日军会打向哪里，但得到“魔术”破译电报的示警，知道一场攻势即将到来。11 月 30 日，东京发给日本驻柏林大使大岛浩（Hiroshi Oshima）中将一封外交电报，警告道：“战争也许会在盎格鲁－撒克逊国家与日本间突然爆发……这场战争

From: Tokyo
To : Washington
7 December 1941
(Purple-Eng)

#902 Part 14 of 14

(Note: In the forwarding instructions to the radio station handling this part, appeared the plain English phrase "VERY IMPORTANT")

7. Obviously it is the intention of the American Government to conspire with Great Britain and other countries to obstruct Japan's efforts toward the establishment of peace through the creation of a New Order in East Asia, and especially to preserve Anglo-American rights and interests by keeping Japan and China at war. This intention has been revealed clearly during the course of the present negotiaions. Thus, the earnest hope of the Japanese Government to adjust Japanese-American relations and to preserve and promote the peace of the Pacific through cooperation with the American Government has finally been lost.

The Japanese Government regrets to have to notify hereby the American Government that in view of the attitude of the American Government it cannot but consider that it is impossible to reach an agreement through further negotiations.

S.I.S. 25843
JD-1:7143 SECRET (M) Navy trans. 7De

DECLASSIFIED
Authority NND 957001

"倾听毁灭的声音。睁开眼吧，盲目的蠢货。"

——传单上的日文

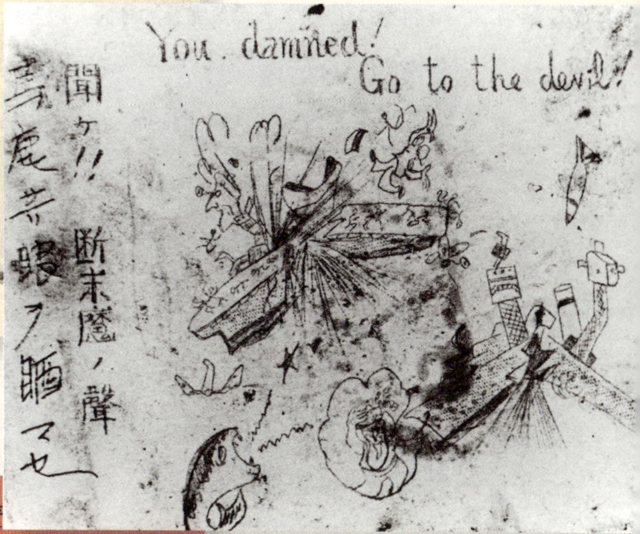

BA 12 TR 14 V AC COMMANDER AIRCRAFT, SCOUTING FORCE

Heading: L Z F5L Ø71830 C8Q TART 0

AIRRAID ON PEARL HARBOR X THIS IS NO DRILL

ACTION TT/1911/7 DEC/WU-PF

Originator	Date-Time Gr.	Date	System	Super	C.W.O.	Number
	Ø71830	7 DEC 41	TT	PF		338

Originator: CINCPAC
Action: ALL U S NAVY SHIPS PRESENT HAWAIIAN AREA
Info.
Classification Precedence: URGENT

AD	CS	OP	FS	FLT	GUN	MAT	ENG	SUP	SDO					COM	ACO

战争信号

一些信息预示了太平洋战争的爆发，从东京发往华盛顿的一份冗长而不祥的声明第 14 部分（最上）是其中之一。这份在珍珠港遇袭前仅仅几小时被破译并翻译出来的文件声称，日本将中断与美国的谈判，终止"调整日美关系"的努力。一名参与袭击的飞行员携带手绘传单（上），传单上展示了爆炸的军舰，用日文和英文传递了威胁："你完了！见鬼去吧！"那天上午，当美军侦察机飞行员发现来袭的日本战机时，他们的指挥官发布了下面这条预警："空袭珍珠港。这不是演习。"（左）

鲜为人知的珍珠港资料

直到事件发生后很久，日军对珍珠港这场惊人袭击的许多照片才为公众所知。媒体记者拍摄的战列舰碇泊区大混乱的照片没有公开，因为美国官员认为它们严重打击士气。其他图像，如美国海军拍摄的一艘日军派来攻击的微型潜艇被困的照片，出于保密原因受到限制。日军细致地用胶片记录了他们的行动，不是出于宣传目的，而是为了事后的官方回顾和分析。这里显示的几幅图片是美军收复失地继而占领敌人本土后，在日本军方档案里发现的。关于那场引爆太平洋战争的袭击，这些鲜为人知的图像提供了一幅更完整的画面，这些是冲突期间的双方平民都看不到的。

战争影片

一名日本摄影师为记录这场袭击拍摄的影片中的一帧。突袭珍珠港的飞行员起飞前，一名军官在航母上向他们下达作战指示。

整装待发

日本军方摄影师在12月7日行动开始时拍摄的战机，有在一艘航母上加速的俯冲轰炸机（左），一架从“赤城”号上起飞的三菱“零式”战斗机（上）。

秘密武器

突袭开始后不久搁浅的日军微型潜艇“Ha-19”号是五艘微型潜艇之一。它们各载两人和一枚鱼雷，接到的任务是进入珍珠港，攻击港内的军舰。

熊熊战火

太平洋舰队受到攻击时，一个站在岸上的海军摄影师拍下这张可怕的照片。在劫难逃的“亚利桑那”号战列舰和附近的机场黑烟滚滚。

活靶子

突袭期间，一名日军空中观察员拍摄的照片上，炸弹击中战列舰碇泊区的目标。珍珠港的军舰并排停泊，可以保护登陆的军舰免受鱼雷的袭击，但也让它们暴露在从天而降的炸弹面前。

也许会来得比任何人想的都要快。”在那之后，东京发给驻华盛顿的野村吉三郎一封长电，要求于华盛顿时间12月7日下午1点（珍珠港袭击前不久）递交国务卿赫尔。那个星期日凌晨，电报最后部分传到日本驻华盛顿大使馆。人手不足的野村还没译出来递交赫尔，美国人已经解密成英文，分发给有关官员。那天下午2点20分，第一批炸弹落在檀香山近1小时后，野村在华盛顿递交了电文。野村递交照会时，赫尔已经知道了主要内容，声称从未见过“如此充满谎言和歪

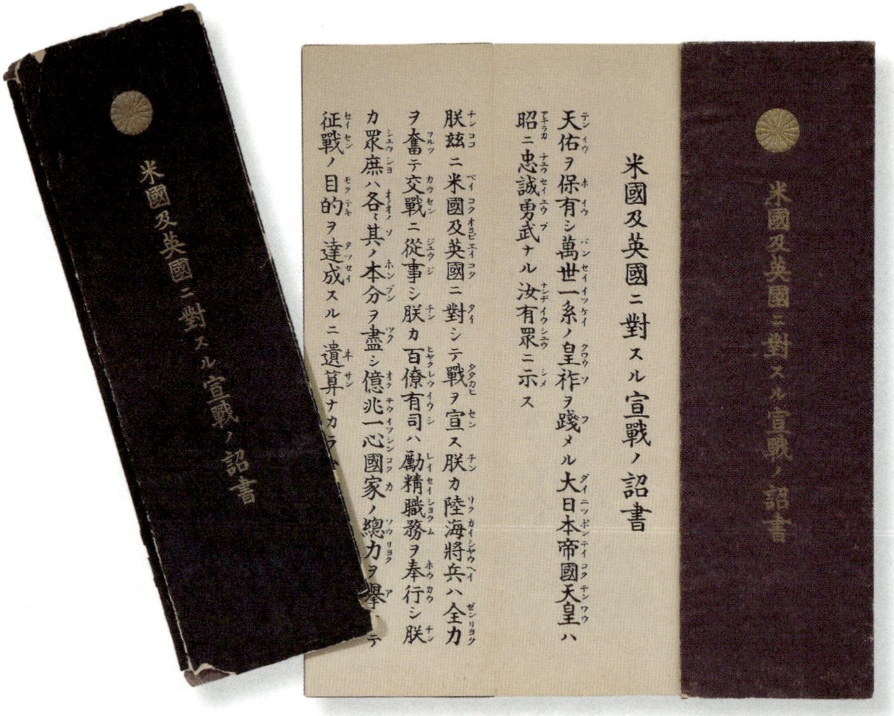

战争召令

突袭珍珠港后不久，日本发布了对美国和英国的正式宣战书，其中将美英描绘成意图否认日本应有地位的“侵略者”：“为生存和自卫，我们的帝国别无选择，只有诉诸武力，摧毁前进路上的一切障碍。”

曲事实的文件”。他的愤慨发自内心，但他也参与了欺骗，向野村隐瞒事先知道日本意图的情况。到那时，赫尔和华盛顿的其他人对日军攻势的了解比野村更多。在野村递交东京与美国断绝关系的照会时，他还不知道战争已经在太平洋打响。

破译密码

如果说，珍珠港还有谁有预测那场袭击的技能和专业知识，这个人就是太平洋舰队情报官埃德温·莱顿（Edwin Layton）海军少校。他和约瑟夫·罗彻福特（Joseph Rochefort）海军少校曾一起作为有培养前途的语言军官在日本学习。罗彻福特指挥的代号“海波站”（Station Hypo）的珍珠港秘密作战情报部门负责分析和破译日本海军通信。完成日本的学业后，罗彻福特利用日语知识，在华盛顿的海军通信保密科当海军密码破译员，在艾格尼斯·迈耶·德里斯科尔（Agnes Meyer Driscoll）指导下学习破译技术。艾格尼斯以前是数学教师，一战期间加入海军情报处（Office of Naval Intelligence），开始证明“任何男人编制的密码都可以由一个女人破译”。她将专业知识传授给罗彻福特等密码分析员，他们将在下一场世界大战中扮演重要角色。同一时期，莱顿成为驻东京的外交随员，在那里遇到山本五十六等日军指挥官，深入了解了日本的海军和秘密行动，其中包括宪兵队特工渗透美国使馆拿到美国密本。

1941 年年初，莱顿和罗彻福特一起回到珍珠港，二人组成强大的搭档，但也面临艰巨的挑战。不同于依赖密码机的日本外交官，日本海军军官用密码本掩盖他们的信息。每个单词或名字都由密码本上的一个五位数字组代表，其上还要加来自一个暗码表（cipher table）的五位数字组，让那些没有密码本和暗码表的人更难突破。而且，日本海军还在

1941 年年末发起进攻前变更了他们的密码和暗码，罗彻福特的团队不得不从头再来。美国海军也设法通过通信量分析追踪各种日本舰艇的动向，用设在数个监听台的无线电测向仪确定一条船的大致位置，再通过空中侦察来识别，通过其独特的呼号（call signal）来追踪。但 11 月下旬，山本五十六派出的特遣舰队保持了无线电静默，躲开了侦察。莱顿唯一能告诉珍珠港的基梅尔海军上将的是，日本 6 艘大型航母位置未知。

“你是不是说，它们可能在戴蒙德角（Diamond Head），而你不知道？”基梅尔问。

“是，长官。”莱顿回答说，“但我希望它们此前曾被看到过。”

华盛顿的高层能看到基梅尔和莱顿看不到的译电。他们估计，与一些更接近日本的美军基地相比，如菲律宾、威克岛和中途岛，珍珠港成为目标的可能性要小得多。“企业”号和“列克星敦”号两艘航母逃过了珍珠港的大屠杀，不是因为预料到袭击，而是因为它们被派去向威克岛和中途岛运送战斗机。对莱顿而言，他知道珍珠港有被袭击的风险，但他没有理由质疑上级的情报评估。12 月 7 日上午，当他在瓦胡岛上距港口有段距离的家里接到电话，得知太平洋舰队遭到袭击时，他和其他人一样震惊。他后来写道，这是“我一生中得到的最令人震惊的消息”。

> “正常人也可以在这里工作，但疯子更好。”
> ——檀香山海波站托马斯·戴尔海军上校办公桌上的标牌

珍珠港遭遇惊人的袭击后数小时之内，紧接着日军空袭了关岛（12 月 10 日落入日本）、威克岛（12 月 23 日被占）和菲律宾的美军基地。在菲律宾，道格拉斯·麦克阿瑟将军领导的美国和菲律宾部队撤到巴丹半岛（Bataan Peninsula），被日本入侵部队包围。这轮大规模攻势持续到 1942 年，迫使英国放弃中国香港、新加坡和缅甸大部分地区，让给日本军队。日军还入侵荷属东印度群岛和新几内亚岛，威胁着澳大利亚。同盟国扛过日军猛攻的希望寄托于保住澳大利亚、中途岛和珍珠港幸存的美国基地，保存反击实力。

珍珠港遭袭几周后，切斯特·尼米兹（Chester Nimitz）海军上将到那里接替走霉运的基梅尔任太平洋舰队司令。莱顿回忆，这时肿胀的尸体“依然从沉没的军舰残骸下浮上来”。在劫难逃的“亚利桑那”号战列舰上的人员损失，占到12月7日在珍珠港失去的约2400条生命的近一半。尼米兹评论说，这是一幅“可怕的景象”，但他知道，如果太平洋舰队的航母和油料库被摧毁，损失会更加严重。他有信心，只要有舰载航空部队和来自莱顿、罗彻福特和海波站关于敌方计划的及时情报，他就可以抵抗下一步的袭击，开始向敌人发起攻击。

为掩人耳目，海波站设在海军第14军区（14th Naval District）司令部一所没有窗户的地下室，当地居民称之为“地牢”（dungeon）。罗彻福特在那里连续数天工作，只间歇性在一张宿营床上睡一会，白天难得出现。他“几乎衣不解带”，他的助手W. 贾斯珀·霍姆斯（W. Jasper Holmes）海军少校写道：“随时准备爬起床，飞快地穿上拖鞋和一件红色旧吸烟服。”托马斯·戴尔海军上校是罗彻福特的高级密码分析员，经常一气连续工作超过24小时。他凌乱的桌子上，一个标牌总结了海波站的精神：“在这里你不必疯狂工作，但是这是有益的。”只有少数高级军官知道那里在搞什么名堂，他们经常质疑密码破译员那些神秘的计算，直到后者的努力得到回报。按霍姆斯的说法，许多人认为海波站关着“一群疯子，在地下室做着异想天开的梦”。

同样，引发幽闭恐惧的条件也普遍存在于与海波站分开的瓦胡岛上的监听站。熟悉日本人所用莫尔斯电码（Morse code）的无线电人员在那里记录他们接收到的信号。日本的假名符号比26个字母的罗马字母表更多。这类监听站的监听员有时记下日本飞行员的语音信息，或记下

宪兵队：日本的盖世太保

宪兵队作为一支军事警察精英部队，组建于19世纪末，逐渐发展成令人恐惧的帝国安全部队，职责远远超越了监督军纪。他们的职责中有强制征兵。在日本采用这种做法时受到一些抵制，尤其在农村地区，因为征召年轻劳动力给农民家庭带来了困难。宪兵队也从事军事间谍和反间谍活动，这意味着他们有时也与特高课追踪相同的间谍。特高课即所谓的思想警察，在日本镇压破坏活动，曾逮捕过苏联间谍理查德·佐尔格及其间谍网成员。其他情况下，宪兵队地位高于特高课和普通警察，到二战开始时，日本已经高度军事化，许多破坏法律秩序的活动都归宪兵管理。超过10000名宪兵队官兵在战时日本的边境内活动，严密监视着平民和士兵。

1941年12月，日军四面出击，占领了大片地区，加上早先占领的朝鲜、中国、印度支那等，宪兵队对日占区的人民维持着比国内更严密的控制。由东条英机负责的侵略攻势大大扩张了日本帝国。1941年，他成为日本首相。在占领区，宪兵队军官的权力非常广泛，包括逮捕、定罪和处决平民。许多平民作为敌对的外国人被日本人关押。宪兵队还有权处决拒绝服从指挥官命令或试图逃跑的战俘。

宪兵队手册授权使用折磨手段，包括"踢、打和任何与身体痛苦有关的手段"。根据该手册，折磨只应"在其他手段都无效时"使用，但宪兵队动辄拷打嫌疑人并且一直持续到他们招供。

在苏门答腊岛上的一座日本人设的女子拘留营，一个荷兰平民被控组织了一次未遂逃跑，与另外几名妇女关在一间没有马桶的肮脏牢房里。（在其他地方，嫌疑人经常被塞到笼子里。）第二天早上，她被带到监狱后的房间里。"两个宪兵队的人在那里。"她后来作证，"我看到桌上摆着各种武器：棍棒、皮带和鞭子。地面中央，一个点燃的火盆里烧着铁块。我意识到这是刑讯室……一个宪兵指着那些工具，拿拷打来威胁我认罪。"她拒绝认罪，双手被绑到背后，用一个滑轮向上拉，直到她双臂"差点脱臼"。她依然没有屈服，被拉到行刑队前，却没被处决，又回到牢里。

其他许多落入日占区宪兵队手里的人未得到缓刑待遇，一些人被宪兵砍了头。宪兵队是武士道最强烈的支持者，日本士兵不仅要为天皇战斗至死，还要杀死那些颠覆或违抗帝国统治的人。日本常规军军官同样信奉武士道，残酷对待投降而非战斗至死的盟军部队。宪兵队是日本的最终执法者。他们强迫占领区妇女充当日本士兵的慰安妇，用平民和战俘做危险的医学实验的试验品。宪兵队的作用与盖世太保在德占区的作为相似，但权力更大，因为他们除了管理军事统治下的民众，还管理军队。他们可以逮捕军阶比他们高的军官，并且用他们的影响力确保日军严厉对待战俘和平民。

宪兵

如照片所示，宪兵穿着普通日本陆军制服，只有通过袖章和其他标志才能区别。

日本JN-25密码

日本帝国海军使用的密码本用五位数字表示下面示例的这些单词。此处显示的密码本数字再加暗码表变换，这样一个单词在电报中第二次出现时，将由另一个五位数字表示。

进攻 attack (ing, ed)	73428
战列舰 battleship (s)	29781
巡洋舰 cruiser (s)	58797
驱逐舰 destroyer (s)	36549
敌人 enemy	38754

密码破译员

语言学和密码分析专家约瑟夫·罗彻福特海军少校（左上）领导了海波站破译 JN-25 密码的秘密行动。按前面的解释，JN-25 密码与暗码表合起来用于隐藏日本的海军信息。罗彻福特得到他的密码破译团队高级成员托马斯·戴尔海军上校（上）和其他成员的协助，后者将截收的日本信号按数字序列输入打孔卡片，再在 IBM 制表机上运行（下）。

筛选线索

将数字化的日本信息制成表，帮助海波站密码破译员探测和解读代码底码。

阵亡

1941 年 12 月 7 日，“亚利桑那”号战列舰在珍珠港沉没，舰上全部 21 名乐队成员（下）丧生。该乐队前成员小威廉·哈尔藤（William Harten, Jr.）逃过一劫，因为他在袭击前不久调到“西弗吉尼亚”号（*West Virginia*）战列舰。该舰也在袭击期间沉没，但大部分舰员逃脱。一名潜水员后来打捞到哈尔藤的短号（右），它成为饱受打击却绝不屈服的太平洋舰队一个永远的象征。

其他军人发出的明文信号（未加密的莫尔斯电码），因为没有时间或手段来掩盖通信。但更多的时候，瓦胡岛和太平洋战争爆发后继续运行的其他同盟国监听站的无线电人员信号员，记下了用日本海军密码本和暗码表生成的数字组。这些令人费解的截收电文接着被转给罗彻福特及其团队，他们在通信分析和监听员提供的信息帮助下，不知疲倦地破译。监听员对不同日本信号员的“签名”（按发报键的独特方式）太熟悉了，经常不需要知道电报内容就知道发自哪条军舰。

随着截收电报涌入和工作负担增加，罗彻福特要求将“加利福尼亚”号（*California*）战列舰上的乐队成员分配到海波站。这艘军舰在12月7日被炸坏，失去了战斗力。“罗彻福特和戴尔认为，他们的音乐才能在解决密码和暗码合与分方面也许有用。”莱顿回忆道。其中一些人继续担任密码分析员，但主要任务是操作IBM制表机，将截收电报的加密代码组输入打孔卡片。“他们的劳动量相当大，”莱顿评论说，“因为每封日本电报需要75到100张不等的IBM卡片。”打孔卡片和制表机在加速费劲的查找工作方面非常关键，比如，寻找日本密码员犯下的错误从而泄露秘密，他们有时连续几天用暗码表相同数字组加密相同的基本信息，暴露出诸如军舰目的地这类重要细节的底码。

太平洋战区

尼米兹派出战争海报上的优秀指挥官：“蛮牛”威廉·哈尔西（William Halsey）海军中将。1942年4月，哈尔西协助轰炸东京的杜立特空袭，后于5月参加了激烈的珊瑚海海战。

这些IBM制表机是电子计算机的前身，但缺少让这些计算机可以储存信息和编程的基本部件——内部记忆装置。海波站主要依靠罗彻福特自己的记忆，无须查看笔记或浏览档案。通过回忆几个月前苦思冥想过的一条同样来源的信息，他可以填补一封部分破译的截收电报的空白。除了强大的记忆力外，罗彻福特还有莱顿所称的“第六感，组合部分破译的敌方电报中似乎不相干的信息，将一团乱麻变成一幅关于敌方计划和意图的准确图画”。莱顿则通过结合来自海波站的部分破译与来自太平洋各地的战斗和侦察报告，以及他自己对山本五十六倾向的理解，与罗彻福特合作拼起那幅图画，向尼米兹提供了日益可靠的关于对手下一步行动的预报。

> “罗彻福特和戴尔认为，他们的音乐才能在解决密码和暗码合与分方面也许有用。”
>
> ——太平洋舰队情报官埃德温·莱顿海军少校解释将沉没的“加利福尼亚”号战列舰上的乐队成员分配到海波站的原因

尽管在 1942 年 1 月，罗彻福特及其团队对于任一具体截收的电报，只能解读不到 15%，但他们在接下来几个月里将破译能力提高了一倍。因为日本人将同样的海军密码本和暗码表一直用到 5 月下旬。他们的军舰现在散布各地，采用新的密码本和暗码表需要时间。因为这次耽搁，以及通过无线电测向、通信分析和空中及潜艇侦察对日本军舰的追踪，在珍珠港遭袭后两个月内，罗彻福特和莱顿得以开始向尼米兹提供可行动情报（actionable intelligence）——准确到足以让他冒险用受削弱的舰队与一支强大得多的舰队作战。

1 月下旬，得知短期内没有对珍珠港的进一步海军攻击，而且山本五十六的大部分舰队在西南太平洋和印度洋活动，尼米兹投入“企业”号和“约克敦”号（*Yorktown*）航母，袭击日军占领的太平洋中部的马绍尔群岛。海波站向“企业”号舰长“蛮牛”威廉·哈尔西海军中将提供了一个由三名信号员和一名语言军官组成的机动情报单位。“企业”号接近夸贾林岛时，他们截收翻译了一名日军侦察机飞行员说他“无事可报”的信息。哈尔西放了心，驶近该岛，派出战机猛攻夸贾林岛上的敌军司令部，打死那里的海军司令官，向岛上投下传单。传单上是哈尔西用日语写下的嘲讽：“感谢你们没发现我们。”他继续空中打击，最终受到攻击，但“企业”号脱困而出，没受到重大损失。一帮热情过头的美国报纸编辑受此鼓舞，声称珍珠港遭袭之仇已报。

实际上，尼米兹最初的几次袭击只是在敌人的皮肤上戳了几个小眼，但他们担心日军指挥官会进一步警惕。当年 4 月，太平洋舰队的

坟场

美国战俘将死去同伴的尸体抬往奥唐奈军营（Camp O'Donnell）埋葬。这所前盟军基地变成了一座日本战俘营。

被困

这张照片上，抽着玉米芯烟斗的道格拉斯·麦克阿瑟将军被日军包围。1942年3月，根据秘密命令（右），他与手下几名军官从菲律宾撤到澳大利亚。4月，留在巴丹半岛的美军和盟友菲律宾部队向日军投降，通过恶名远扬的巴丹死亡行军被赶到相距很远的一座战俘营。

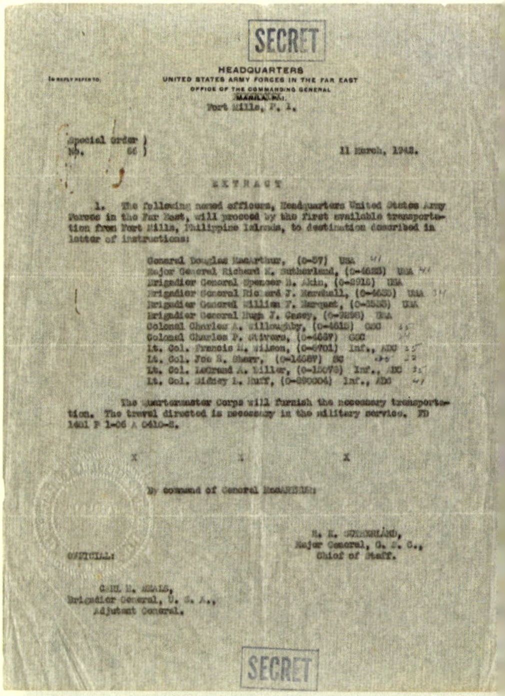

SECRET

In reply refer to:

HEADQUARTERS
UNITED STATES ARMY FORCES IN THE FAR EAST
OFFICE OF THE COMMANDING GENERAL
MANILA, P.I.
Fort Mills, P. I.

Special Order)
No. 66)

11 March, 1942.

EXTRACT

1. The following named officers, Headquarters United States Army Forces in the Far East, will proceed by the first available transportation from Fort Mills, Philippine Islands, to destination described in letter of instructions:

General Douglas MacArthur, (O-57) USA
Major General Richard K. Sutherland, (O-4623) USA
Brigadier General Spencer B. Akin, (O-2916) USA
Brigadier General Richard J. Marshall, (O-4635) USA
Brigadier General William F. Marquat, (O-3535) USA
Brigadier General Hugh J. Casey, (O-3298) USA
Colonel Charles A. Willoughby, (O-4618) GSC
Colonel Charles P. Stivers, (O-4667) GSC
Lt. Col. Francis H. Wilson, (O-6701) Inf., ADC
Lt. Col. Joe R. Sherr, (O-14087) SC
Lt. Col. LeGrand A. Diller, (O-15078) Inf., ADC
Lt. Col. Sidney L. Huff, (O-290004) Inf., ADC

The Quartermaster Corps will furnish the necessary transportation. The travel directed is necessary in the military service. FD 1401 P 1-06 A 0410-2.

X X X

By command of General MacARTHUR:

R. K. SUTHERLAND,
Major General, G. S. C.,
Chief of Staff.

OFFICIAL:

CARL H. SEALS,
Brigadier General, U. S. A.,
Adjutant General.

SECRET

新航母“大黄蜂”号（*Hornet*）与“企业”号前进到距东京670英里（约1080千米）处，投放了詹姆斯·杜立特（James Doolittle）中校指挥的一支有16架B–25的轰炸机中队。中队成功轰炸了日本都城，让日本人更加惊恐。轰炸造成的破坏不大，但在菲律宾沦陷后的这段艰难时期，杜立特空袭（Doolittle Raid）提升了美国的士气。菲律宾失守后，被俘的美国和菲律宾士兵经历了骇人听闻的“巴丹死亡行军”（Bataan Death March），被赶入一座条件恶劣的战俘营。司令麦克阿瑟将军奉命放弃了设在巴丹半岛外的科雷希多岛（Corregidor）的司令部，乘一艘鱼雷快艇驶向澳大利亚。这次逃跑安排没有惊动日军，因为他们破译不了往来于科雷希多岛的无线电通信。麦克阿瑟成功登陆后，这件事才被广为宣扬。同样保密的是从科雷希多岛的一次更大撤离，涉及卡斯特站（Station Cast）所有人员。与海波站一样，他们中有监听员、通信分析员、密码分析员和译员。如果这些人被俘，被撬开嘴，山本五十六就会知道己方舰队的通信正被人解读，尼米兹将失去在这场情报战中的优势。4月8日，卡斯特站最后约50名官兵登上一艘驶往澳大利亚的潜艇，到那里继续监测和截收敌军通信。

杜立特空袭之后，山本五十六获准发起一场大规模的新攻势，意图通过大大扩张日本在太平洋上的防卫圈来消除这类威胁。他的计划要求佯攻阿留申群岛的美军基地，继而快速攻击中途岛。他预计尼米兹将驰援中途岛，他率自己余下的部队守株待兔，获得另一个击溃太平洋舰队（包括它至关重要的航母）的机会。如果他实现了目标，夏威夷将不堪一击。失去太平洋舰队及其在珍珠港的基地，美国海军也许会被迫撤回西海岸，专注于反击大西洋的德国威胁。那是罗斯福总统的头等大事。

山本五十六的新计划甚至比他开局突袭珍珠港还大胆，而且也更难协调和伪装。4月末，美国密码破译人员首次获得关于他意图的线索。

尽管山本五十六没意识到美国人的最新进展，但他知道可以通过通信分析来探测舰队动向，因为他自己的监听员正在使用类似技术。按莱顿的说法，距东京不远的大和田日本无线电情报中心“根据增加的无线电活动推测我们的特遣舰队何时从珍珠港出击，在这方面卓有成效”。这些无线电活动包括飞行员的语音信息，能比战争开始时想象的更远的地方接收到。避免无线电探测的唯一方法是保持严格的无线电静默，山本五十六派出攻击珍珠港的打击舰队就是如此。但是，在集结分布四处的舰队进行大规模攻击时，无线电静默根本行不通。只有在山本五十六的军舰离开位于塞班岛外的集结地，航行到攻击位置时，无线电静默才得以保持。他没有低估对手，但他确信，即使他兵力分散，即使他的通信可能让敌人警觉到他有所图谋，他依然可以在中途岛占据上风。这正是日本人所谓“胜利病”（victory diease）的症状，即继日军在战争头几个月的惊人进展之后，影响到各级官兵的过度自信。

“我得到了最为紧要的消息，我的桌子都在发烫。”

——发现中途岛是山本五十六下一个目标后，密码分析员约瑟夫·罗彻福特对情报官埃德温·莱顿说

在弄清山本五十六下一步攻势的目标和时间之前，尼米兹还得应付新几内亚岛莫尔兹比港和珊瑚海一带的盟军基地面临的紧迫威胁。如果这些地方被占领，日军可以将它们用于攻击驶向澳大利亚的美国补给船，也可以用作轰炸和入侵澳大利亚的平台。1942 年 4 月下旬，山本五十六派出一支包括“翔鹤”号（*Shokaku*）、“瑞鹤”号（*Zuikaku*）两艘大型航母和“祥凤”号（*Shoho*）轻型航母在内的打击舰队，让它们掩护将在新几内亚岛和图拉吉岛登陆的日本部队。图拉吉岛是位于所罗门群岛瓜达尔卡纳尔岛（Guadalcanal，简称瓜岛）外的一座小岛。根据罗彻福特提供的破译信息，莱顿认为，山本五十六的打击舰队在尝试“掩护莫尔兹比港的登陆和占领所罗门群岛”时会散得很开。那份情报评估促使尼米

杜立特空袭

詹姆斯·杜立特中校站在“大黄蜂”号航母舰长马克·米切尔海军上校旁边（上）。1942年4月18日，在哈尔西“企业”号航母护航下，16架B-25轰炸机组成的杜立特中队从“大黄蜂”号起飞，发起对东京的突然空袭。这些庞大的飞机设法起飞（最上左），但它们因太重无法在“大黄蜂”号上降落。轰炸东京后，这些飞行员继续飞向中国，大部分获救，但一些被日军俘获（最上右）。

美国西海岸的恐惧与怀疑

1942 年 2 月 23 日，一艘日本潜艇在加利福尼亚州圣巴巴拉沿海浮上水面，短暂轰炸了储油罐后溜走。造成的损失很小，但这起事件却吓坏了加利福尼亚州的民众。2 月 24 日夜，得到不明飞机接近洛杉矶的报告后，该市拉响了空袭警报，高射炮也乱射一通。日本航母并非处在攻击西海岸的范围之内，上了洛杉矶报纸头条的所谓敌军空袭，也许只是一只飘走的防空气球或四处游荡的气象气球，被误认作空中入侵者。然而珍珠港遭袭激起的对袭击的恐惧，像潮水一般席卷了西海岸，也危及那里的日裔美国人。他们经常被怀疑是间谍或潜在破坏分子。实际上，在美国活动的大部分日本间谍不是归化的日裔，而是接受东京指示的日本公民，包括一名来美国学习英语并承担间谍活动的海军军官。

EXTRA!

9 A.M. FINAL　Los Angeles Times　9 A.M. FINAL

WEDNESDAY MORNING, FEBRUARY 25, 1942.

L.A. AREA RAIDED!

Jap Planes Peril Santa Monica, Seal Beach, El Segundo, Redondo Long Beach, Hermosa, Signal Hill

Roaring out of a brilliant moonlit western sky, foreign aircraft flying both in large formation and singly, flew over Southern California early today and drew heavy barrages of anti-aircraft fire—the first ever to sound over United States continental soil against an enemy invader.

No bombs were reported dropped.

At 5 a.m. the Sheriff's office announced that an airplane had been shot down near 185th St. and Vermont Ave. Details were not available. Earlier, the Fourth Air Force in San Francisco said that at least one plane had been downed in the raid.

Sirens shrieked throughout the Southland at 2:23 a.m., and an immediate blackout was enforced.

Almost instantly the great fingers of light from the giant Army searchlights shot into the sky, clustering first in an area appearing above the rich El Segundo oil fields.

Simultaneously the anti-aircraft defenses of the city roared into action and soon the entire southwestern skies of the city were ablaze with orange bursts.

The planes, flying in number variously estimated at from 8 to 20, flew at an altitude of

Enemy Girds for Knockout Burma Blow

Today's Latest War Bulletins

Reds Smash Hitler Army of 45,000

In Colorado—56 Below Zero

虚惊一场

这张报纸声称有人看到“外国飞机”飞越洛杉矶，但补充到“据报道没有炸弹投下”。

日裔在美国长期面临歧视和仇恨。1924 年，美国进一步禁止了来自日本和其他亚洲国家的移民。1941 年，战争在太平洋爆发后，加利福尼亚州司法部长及未来的美国最高法院首席大法官厄尔·沃伦（Earl Warren）要求拘押住在西海岸的日裔。1942 年 2 月，罗斯福总统批准了这一极端措施。即使在对一场日本进攻的恐惧消散后，沃伦依然主张将被拘者关在拘留营。“如果释放这些日本人，”他在 1943 年说，“没人能够区分破坏分子和其他日本人……我们不想在加利福尼亚州再来一次珍珠港事件。”沃伦晚年承认，日裔美国人在没有不忠证据的情况下被错误关押。他写道，他“为迁居令和自己支持它的证词深感后悔，因为它与我们美国的自由概念和公民权利格格不入”。

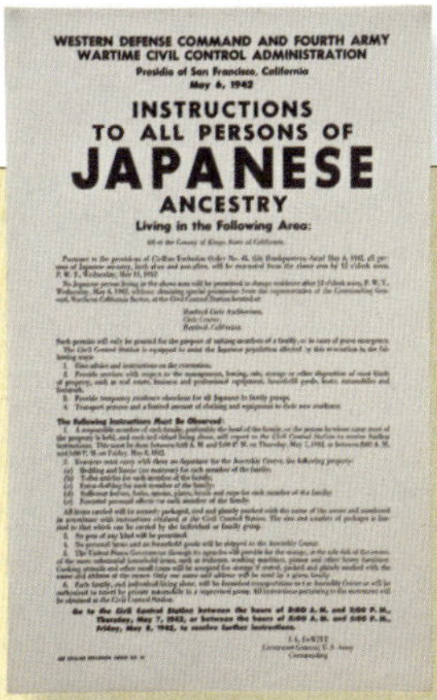

WESTERN DEFENSE COMMAND AND FOURTH ARMY
WARTIME CIVIL CONTROL ADMINISTRATION
Presidio of San Francisco, California
May 6, 1942

INSTRUCTIONS
TO ALL PERSONS OF
JAPANESE
ANCESTRY
Living in the Following Area:

The Following Instructions Must Be Observed:

驱逐

左图这张旧金山签发的撤离通知，要求日裔带上除宠物外的私人财产向当局报到，准备迁入拘留营。这份命令适用于外国人和“非外国人”——日裔美国公民。右图为一个日裔杂货商在店前宣示他的忠诚，但被赶出自己家和店，被一个宣誓效忠的国家关押起来。

民防

西海岸对珍珠港遇袭的反应五花八门，有的人在夜里用探照灯搜寻敌机（上），有的人用大堆沙袋保护旧金山一座电话公司大楼免受轰炸（左）。

战场

美国在岛上拥有极为重要的机场，1942 年 6 月，中途岛环礁经历了激烈争夺。罗彻福特及其团队确定，山本五十六舰队发出的密电里，“AF”标示的目标是中途岛。尼米兹海军上将得以在那里守株待兔，对抗日军进攻。

兹冒一次可以控制的风险，将包括“约克敦”号和“列克星敦”号航母在内的一支特遣舰队派到珊瑚海。

5 月初，一场持续几天的激烈争夺在中途岛展开。这是第一场航母间海战，双方相隔遥远，但通过各自派出的战机给对方致命打击。两艘美国航母都受损，其中“列克星敦”号最终在大部分舰员获救后沉没。但作战情报单位接收到敌军通信，引导战斗机和轰炸机重创敌军，击沉了“祥凤”号，迫使“翔鹤”号和“瑞鹤”号失去战斗能力。日军夺得图拉吉岛，又占领了瓜岛，入侵新几内亚岛，但没能打退莫尔兹比港的澳大利亚部队。在山本五十六下一次挑战太平洋舰队时，参加过珊瑚海海战（Battle of the Coral Sea）的日本大型航母却没有一艘能够参战。

预警中途岛

与太平洋战场的早期争夺一样，珊瑚海海战送给海波站的罗彻福特团队一份厚礼，让他们得以审查与日军计划、动向和参战舰艇有关的日军加密电报。所有的信息现在有记录可查。解读一封四个词里只破译出一个词的电报可能非常困难，但是当你事后回顾，知道了发送人的身份、路线和目标后，填补空白就成为可能。破译表示目的地或目标的密码至关重要，因为珊瑚海海战之后，山本五十六的舰队更庞大，有八艘可作战的航母对阵太平洋舰队的三艘，除非尼米兹知道敌人将打向哪里，占到料敌机先的优势，否则无法抵抗山本五十六的舰队即将发起的进攻。罗彻福特发现了一个固定类型：破译出的日语词“*koryaku butai*”（意为“占领部队”或“入侵部队”）后跟着两个字母，第一个表示太平洋上的某个区域，第二个代表该区域内的某个地点。比如，“MM”代表菲律宾区域和首都马尼拉。所有以“A”开头的两字母密码都在美国控制区内。

珊瑚海海战后不久，罗彻福特偶然有了个重大发现。“我得到了最为紧要的消息，我的桌子都在发烫。”他告诉莱顿。罗彻福特给他看了一封电报的部分破译，包含“占领部队 AF”这段话，意味着山本五十六接下来的进攻将是入侵 AF，并且罗彻福特根据其他截获电报，其中一封提到前往 AF 的地面部队，推断出目标是中途岛。那里有座空军基地，日军可以用它攻击太平洋舰队。莱顿和尼米兹确信他是对的，但华盛顿的海军通信保密科的海军情报官还有怀疑，认为目标也许是距珍珠港不远的约翰斯顿岛。海波站用贾斯珀·霍姆斯提出的一个经典计策解决了争议。霍姆斯知道中途岛基地依靠一个海水淡化厂提供淡水。

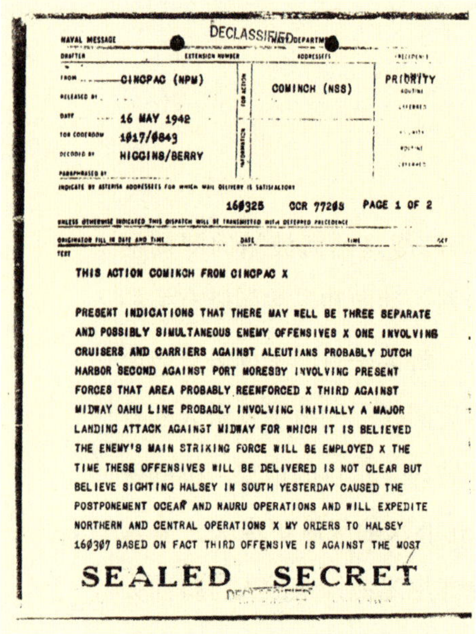
DECLASSIFIED
NAVAL MESSAGE NAVY DEPARTMENT

DRAFTER | EXTENSION NUMBER | ADDRESSEES | PRECEDENCE

FROM CINCPAC (NPM) — FOR ACTION: COMINCH (NSS) — PRIORITY

RELEASED BY

DATE 16 MAY 1942

TOR CODEROOM 1017/0843

DECODED BY HIGGINS/BERRY

PARAPHRASED BY

INDICATE BY ASTERISK ADDRESSEES FOR WHICH MAIL DELIVERY IS SATISFACTORY

160325 CCR 77203 PAGE 1 OF 2

UNLESS OTHERWISE INDICATED THIS DISPATCH WILL BE TRANSMITTED WITH DEFERRED PRECEDENCE

ORIGINATOR FILL IN DATE AND TIME DATE TIME GCT

TEXT

THIS ACTION COMINCH FROM CINCPAC X

PRESENT INDICATIONS THAT THERE MAY WELL BE THREE SEPARATE AND POSSIBLY SIMULTANEOUS ENEMY OFFENSIVES X ONE INVOLVING CRUISERS AND CARRIERS AGAINST ALEUTIANS PROBABLY DUTCH HARBOR SECOND AGAINST PORT MORESBY INVOLVING PRESENT FORCES THAT AREA PROBABLY REENFORCED X THIRD AGAINST MIDWAY OAHU LINE PROBABLY INVOLVING INITIALLY A MAJOR LANDING ATTACK AGAINST MIDWAY FOR WHICH IT IS BELIEVED THE ENEMY'S MAIN STRIKING FORCE WILL BE EMPLOYED X THE TIME THESE OFFENSIVES WILL BE DELIVERED IS NOT CLEAR BUT BELIEVE SIGHTING HALSEY IN SOUTH YESTERDAY CAUSED THE POSTPONEMENT OCEAN AND NAURU OPERATIONS AND WILL EXPEDITE NORTHERN AND CENTRAL OPERATIONS X MY ORDERS TO HALSEY 160307 BASED ON FACT THIRD OFFENSIVE IS AGAINST THE MOST

SEALED SECRET

及时预警

这封密电由任太平洋舰队总司令（Commander in Chief Pacific）的尼米兹于1942年5月6日发给华盛顿，反映了他从罗彻福特和莱顿那里得到的情报。他们准确预计了山本五十六将于6月初发动的攻势，包括对阿留申群岛的一次进攻和对中途岛的一场主攻。他们还不知道攻击何时打响，但尼米兹命令哈尔西率包括“企业”号在内的一支特遣舰队从西南太平洋返回珍珠港，让航母做好准备，反击山本对中途岛的猛攻。

罗彻福特让中途岛用明文发出一条紧急信息，说海水淡化厂出了故障。美军监听站很快收到日军加密电报，要求为前往AF的占领部队供应淡水，这确定了AF只能是中途岛。

到5月下旬，当日本人最终制定了新的海军密码本和暗码表来保障他们的通信时，罗彻福特和莱顿已经揭开了山本五十六的计划，细节相当详尽。进攻中途岛的日期是最后一个需要解决的谜题，因为日本人用一个网格进一步加密了电报里的日期。这个网格有12行31列，分别表示月和日。多亏海波站密码分析员约瑟夫·芬尼根（Joseph Finnegan）海军上尉破解了那个系统，重建了网格，罗彻福特才能填补破译的关键空白，包括一封表明占领部队将于“6月6日19点”到达AF的电报。莱顿推断，对中途岛的进攻将在此之前一两天打响，因为日本运兵船要等到山本五十六的舰载机消除了岛上美国空军基地的威胁之后，才会冒险接近该岛。而且根据破译的电报和通信分析，他还告诉尼米兹，这次攻击将由一支包括四艘航母——“赤城”号、“加贺”号（*Kaga*）、“飞龙”号（*Hiryu*）、“苍龙”号（*Soryu*）——的攻击舰队领头。通过赶工修理受损的“约克敦”号，将它与“企业”号和“大黄蜂”号一起派到中途岛，尼米兹将有机会与日本舰队一战，而山本五十六舰队的其他力量或落在后面，或攻击阿

制胜中途岛

从“大黄蜂”号航母起飞的SBD“无畏式”（SBD Dauntless）俯冲轰炸机扑向正在燃烧的日本“三隈”号（*Mikuma*）巡洋舰（右）。下方照片摄于它沉没前不久，这次攻击发生于1942年6月6日，时值日军在4艘航母遭受惨重损失后撤离中途岛。

留申群岛。在尼米兹要求具体细节的坚持下，莱顿告诉他，4 艘日本航母将于 6 月 4 日“从西北方向 325 度方位”驶向中途岛，“可能于当地时间早上 7 点左右出现在距中途岛约 175 英里（约 282 千米）处”。

在与莱顿的预计几乎一致的时间地点，一架侦察机发现了攻击舰队，罗彻福特团队和其他情报站的海军分析员通过持续努力做出的这份准确预报得到证实。按尼米兹的说法，他“只差了 5 分钟、5 度、5 英里（约 8 千米）”。如果尼米兹落后一步，匆匆赶来防守中途岛，这场战斗对他将是灾难性的，但他料敌机先扭转了战局，勇敢的美军指挥官和飞行员充分利用了对敌人的了解，对方则在那天上午最关键的几小时里对自己面临的威胁一无所知。曾指挥珍珠港袭击的南云忠一海军中将也指挥了对中途岛的进攻，当他从己方一架侦察机那里了解到敌军航母正在逼近时，他进退维谷。为了让黎明时轰炸中途岛的战机降落，他清出了航母甲板，之后为了攻击美国舰艇，又让攻击中途岛的第二波轰炸机重新挂装鱼雷。对手先他一步，在他发起这些攻击前，他的航母便遭到美国鱼雷轰炸机攻击。许多鱼雷轰炸机被击落后，紧随而至的俯冲轰炸机将炸弹投向甲板。甲板上挤满了加好油，挂好弹准备起飞，一点就着的日本飞机。南云忠一的旗舰“赤城”号与“苍龙”号和“加贺”号一起燃起熊熊大火。3 艘航母全部沉没，仅剩的“飞龙”号对“约克敦”号发起攻击。“约克敦”号遭到重创，舰长和舰员被迫弃船，之后“飞龙”号在遭到空中轰炸后沉没。

“哦，你只差了 5 分钟、5 度、5 英里（约 8 千米）。”
——切斯特·尼米兹对埃德温·莱顿海军少校说道，后者预计到日本航母在中途岛外出现的时间地点

惨败的消息传到坐镇机动司令部的山本五十六耳中。他的司令部设在超级战列舰“大和”号上。这是一艘 7.2 万吨的巨无霸，一些人认为它不可战胜，但山本五十六等海军航空兵的支持者认为，它

规避行动

1942 年 6 月 4 日，中途岛海战第一天。日本航母“飞龙”号转向躲避中途岛基地 B-17 轰炸机投下的炸弹。当天晚些时候的第二次攻击期间，“飞龙”号被击中起火，于 6 月 5 日沉没，重蹈了 4 日日本“赤城”号、“加贺”号和“苍龙”号航母被毁的覆辙。

无法与航母释放战机的破坏力和攻击距离相匹敌。中途岛的战斗激烈进行时，日军成功占领了阿留申群岛的几座岛屿，但山本五十六知道，与攻击舰队全部 4 艘航母的损失相比，那个战果微不足道。4 艘航母的损失迫使他撤退，并且确认了日本现在面临着他担心的长期战争。他后来得知，6 月 2 日，驶向中途岛的“赤城”号打破了无线电静默，为需要加油的军舰召唤油轮。那似乎解释了 6 月 4 日这天，太平洋舰队的航母在正确时间现身正确地点的神奇能力。山本五十六不知道的是，敌人已经将通信情报和密码分析打造成一件秘密武器，能够在他的计划显露前几周就看穿它们。这是一场比珍珠港 6 个月前遭受的失败更为惊人、更为重大的胜利。与手下军官庆祝时，尼米兹对他们说，没有密码破译提供的早期预警，“中途岛海战将会是另一个结果”。

所罗门群岛的海岸观察哨

中途岛的胜利改变了太平洋战场进程。在太平洋舰队掩护下，美军得以挑战珊瑚海一带战略岛屿上的日本军队。在麦克阿瑟将军准备派美国士兵去莫尔兹比港帮助澳大利亚军队收复新几内亚岛之际，尼米兹海军上将派出航母、战列舰、巡洋舰和驱逐舰支持美国海军陆战队。1942年8月，他们进攻日军占领的瓜岛和图拉吉岛，在随后数月里遇到猛烈抵抗。这标志着争夺所罗门群岛控制权的一场漫长苦战的开始，在这场战役中，美军得到海岸观察哨（coastwatcher）的同盟国间谍的大力协助，其中有岛上的英国官员，有来自澳大利亚和新西兰的种植园主和传教士。他们将日军动向用电台秘密报告给皇家澳大利亚海军（Royal Australian Navy）的埃里克·费尔特（Eric Feldt）海军少校。战争打响时，预计到战争的费尔特已经将所罗门群岛的海岸观察哨所数量扩大到超过60座。许多特工为避免被日本人抓到甚至可能被处决，便躲起来雇当地岛民做探子追踪敌人。

美军登陆瓜岛前，日本人从告密者那里得知岛上有海岸观察哨。他们不得不与日军周旋。椰子农场经理F. 阿什顿·（斯诺伊）·罗兹（F. Ashton “Snowy” Rhoades）带着电台装备在瓜岛西岸附近的海拉沃河（Hylavo River）边扎营，直到一名探子告诉他，说日本人知道他在哪里，计划将之抓获并砍掉双手双脚。“从那时起，我决定睡觉时在枕头下放支手枪。”罗兹回忆说。他搬到丛林深处的另一个隐藏地。6月，

> “从那时起，我决定睡觉时在枕头下放支手枪。”
>
> ——瓜岛上的盟军海岸观察哨F. 阿什顿·（斯诺伊）·罗兹得知日军正在追捕他后说

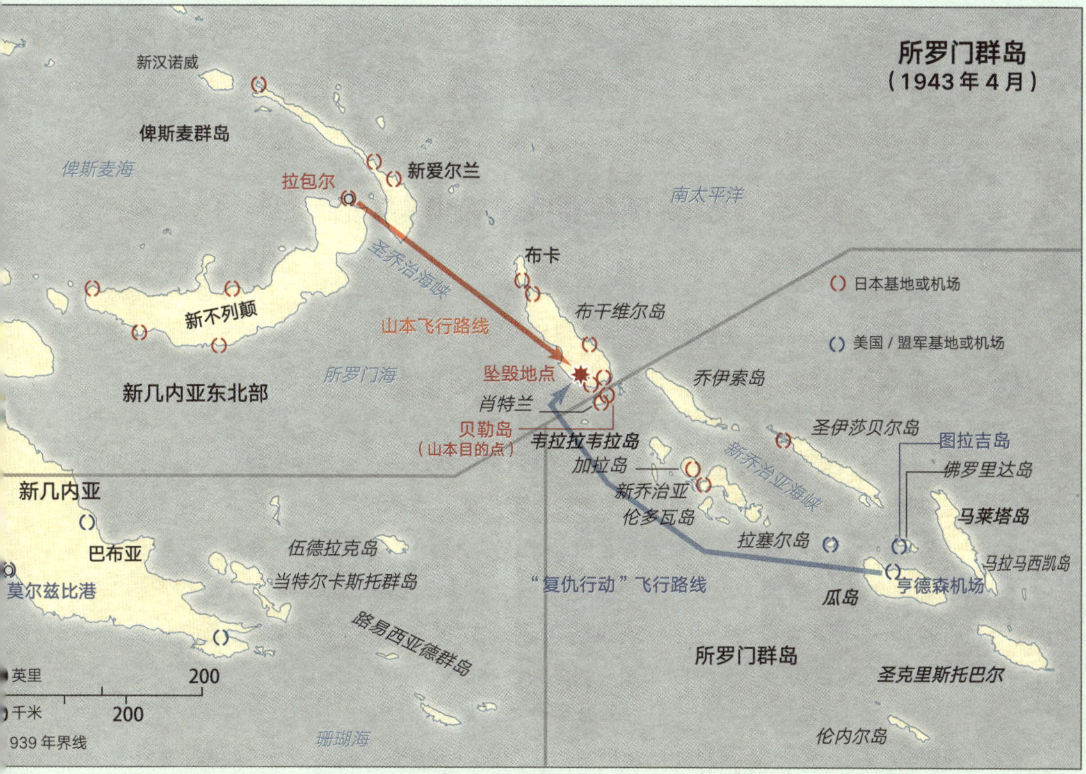

岛屿争夺战

1942 年 8 月，美军登陆瓜岛，发起从日本占领军手中收复所罗门群岛的战役。新几内亚岛和新不列颠岛的日本占领军也受到攻击。1943 年 4 月，山本五十六从拉包尔飞往布干维尔岛的飞行遭到从瓜岛起飞的美军战斗机拦截。

盟军特工

英国在瓜岛的地区长官，日军入侵后作为海岸观察哨留在当地的马丁·克莱门斯（Martin Clemens）站在充当探子的岛民中间（右）。他用电台将岛民收集的情报发给盟军监听站。美军于 1942 年 8 月在瓜岛登陆后，克莱门斯与他们会合，向美军军官介绍日军阵地和动向（左）。

险象环生的丛林间谍生涯

在南太平洋为盟军观察敌军动向的海岸观察哨中，很少有人需要为他们的危险任务接受训练。在开始刺探和卷入被日军抓获处决的风险之前，大部分人已经习惯了危险和困难，这就是利 · 维亚尔（Leigh Vial）的背景。他在二战前是新几内亚岛上的一名澳大利亚籍巡警，在浓密的丛林中追捕冷酷无情的罪犯。日军入侵该岛后，他加入皇家澳大利亚空军，搭了一座观察哨所，用双筒望远镜观察天上的日本战机、海上的船只和地面部队，用电台发出报告。为了躲避追捕，维亚尔不断转移观察哨所，他后来说几乎每周都会经历一次“大惊吓”。但他继续向盟军提供极有价值的情报，美国人因此授予他杰出服役十字勋章（Distinguished Service Cross）。1942 年后期，他获得了几个月假期，写了一本如何在丛林中生存的手册，接着作为空军上尉回到现役，1943 年因飞机坠毁而丧生。

其他海岸观察哨是和平时期的政府官员或种植场经理，他们从事危险的战时工作是因为像船长依恋自己的船和机组一样，他们热爱自己的岛和岛民同胞。敌人攻来时，他们和船长一样无意弃船，而是拼死力战。大部分人通过谨慎行事和利用对地形的认知避开追捕，但他们经历了多次千钧一发的时刻。斯诺伊 · 罗兹在瓜岛担任海

搜索天空

一名海岸观察哨用双筒望远镜搜寻天上的日本战机（左）。许多参与轰炸袭击的日军中队在飞机到达目标前就被发现，被报告给同盟国守军。

岸观察哨时，曾用到他带的手枪。他经常自问，为什么在战争爆发后，要冒死留在自己管理的农场监视日本人。答案很简单：“我在这里，就得对它负责。如果我离开了，没人会照料这里或这里的人。于是我选择留下。”

哨兵

警觉而勇敢的利·维亚尔是完美的海岸观察哨。

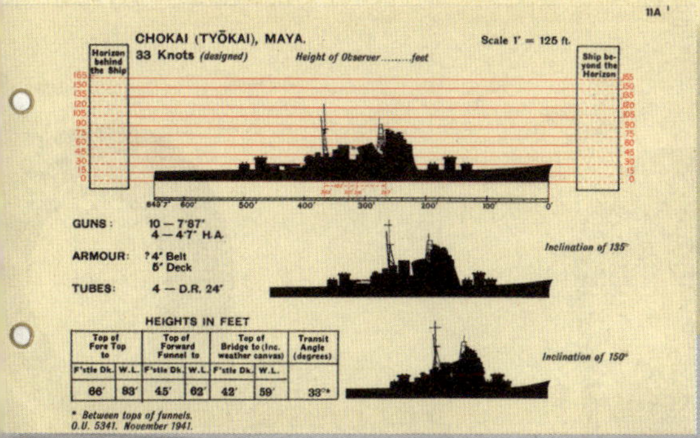

刺探军舰

左侧的图表帮助海岸观察哨识别日本军舰，一旦它们接近，便通过电台警告远方的盟军指挥官。一些观察哨所被加固可抵抗进攻的堡垒，如下图由新不列颠岛上的海岸观察哨维护的一座哨所。

发出预警

左图两位海岸观察哨正与盟军电台信号员通信，右图是瓜岛亨德森机场的一座电台。他们用类似于下图的发报机发送加密电报。

领航员

用于岛间交通的小船上，一名戴着水兵帽的澳大利亚海岸观察哨与战友并肩而坐（左）。通常情况下，这些特工自己摇橹或划桨，扬帆而行，悄无声息地在海上行动。看不到陆地时，他们用图中的指南针来导航。

日军开始在伦加角（Lunga Point）建设飞机跑道，英国在瓜岛的地区长官马丁·克莱门斯及其侦察兵躲在金岭（Gold Ridge）顶端，居高临下观察他们。他报告了那个令人担忧的情况，加速了美军进军。日本技术人员用无线电测向仪追踪他们，克莱门斯不得不频繁转移。8 月 7 日，美国海军陆战队登陆后不久，他走进美军营地，率领队伍为他们服务。雅各布·武扎（Jacob Vouza）与克莱门斯合作前是一名打击罪犯的警察。这个强壮的岛民冒着巨大危险继续为美军指挥官刺探情报。日军抓到他后用刺刀刺伤他，让其自生自灭。他经受住这场严峻考验，活了下来。

美国海军陆战队将日本在伦加角的跑道变成自己的空军基地——亨德森机场。为了赶走美军，敌人从陆地、海上和空中发起猛烈攻势。对这些攻击的关键预警来自西北方各岛的海岸观察哨，包括大致位于瓜岛和拉包尔中间的布干维尔岛。拉包尔是新不列颠岛的日军据点，日军许多空袭和海军攻击都是从新不列颠岛出发。在布干维尔岛北端，该岛地区长官助理 W. J. 杰克·里德（W. J. “Jack” Read）观察飞往瓜岛的日本战机，在它们到达目标前近两小时就用电台发出报告。8 月 31 日，他发出一条简短的电报：“18 架双发轰炸机，23 架战斗机正飞向你处。”这类信息让亨德森机场的战斗机飞行员得以在日军攻击前起飞，爬升高度，像鹰扑向猎物一样俯冲攻击。里德的及时预警在瓜岛广为传扬，在海军陆战队员中形成直面困境的幽默。面对日军屡次三番的进攻和艰苦的丛林生活，他们回以这样的俏皮话：“40 架轰炸机正向你飞来。”

> “海岸观察哨拯救了瓜岛，瓜岛又拯救了太平洋。”
>
> ——美国海军南太平洋战区总司令威廉·哈尔西海军上将

与此同时，保罗·梅森（Paul Mason）通过保持密切观察和研究《简氏舰船年鉴》（*Jane's Fighting Ships*），从布干维尔岛南端发出越来越准确的日本海军动向报告。与斯诺伊·罗兹一样，梅

优雅的间谍

在一座偏远的海岸观察哨所，唐纳德·肯尼迪（左）与来访的美国情报官舒适用餐。肯尼迪在日军占领的新乔治亚岛上维护着这座武装守卫的哨所。

森也是来自澳大利亚的经验丰富的农场经理，他对这座岛的熟悉程度不亚于任何土生土长的当地人。海岸观察哨和侦察机的视觉监视必不可少，因为在日本军舰保持无线电静默时，通信分析没有用武之地，而海波站等地的密码分析员还不能快速破译用日本最新的海军密码本和暗码表发送的电报。11 月初，梅森报告，33 艘日本驱逐舰和 24 艘其他舰艇在布干维尔岛外集结，准备发起对瓜岛的联合攻击。得到预警后，现任南太平洋战区（South Pacific Area）司令的哈尔西海军上将派出全部兵力去应对威胁。在这场爆发于 11 月中旬的瓜岛海战（Naval Battle of

俘获

唐纳德·肯尼迪在新乔治亚岛上的部队抓获一名被击落的日军飞行员，他被蒙上双眼，穿过一片沼泽（最上），再用独木舟（左上）送到肯尼迪的哨所，绑住双手关在那里（右上）。

站岗

肯尼迪招募的岛民不仅做探子和瞭望员，还充当士兵和卫兵，包括装备着英国步枪的人员（右）。

最后的“荣光”

这场反对日本帝国主义的战争背后，一个无须遮掩的秘密是，同盟国正为自己的殖民利益和领地而战。虽然美国称菲律宾为受保护国，但它本质上是一个殖民地。1898 年，美国军队从西班牙人手里夺取该地，后续又发起一场残酷的战争，镇压寻求祖国自由的菲律宾游击队。美国人震惊于这场战争，质问为什么他们这个建立在反抗帝国基础上的国家，现在干起了帝国主义的勾当。国会最终屈服于美国反帝主义者和菲律宾民族主义者的压力，于 20 世纪 30 年代承诺在十年内给予菲律宾独立，同时在那里维持军事基地。但温斯顿 · 丘吉尔之流没有将这样的承诺给予印度、缅甸等其他英国殖民地。他声称英国的统治帮助教化了被认为还无力自我统治的民族。

帝国主义的主要受益者之一，是定居在远东地区并从当地廉价劳动力中获益的西方人，包括法属印度支那、荷属东印度群岛等。在国内可能没那么大富大贵的种

优厚待遇

拍摄于 20 世纪 20 年代的照片，当时亚洲许多地区处于帝国主义大国的控制中。荷属东印度群岛的一间酒店，十几名侍者服侍几个白人客人。二战期间，日军占领了这家酒店。二战后，独立国家印度尼西亚诞生于这片土地上。

植园主和官员过着殖民贵族的生活，有众多仆人照料饮食起居，有“苦力”承担他们的负担。一些殖民者赢得当地人尊敬，在抗击日本侵略者的战争期间得到了后者帮助。但日本人在所谓“大东亚共荣圈”与军事占领下的当地人共处时面临的主要障碍，不是当地人对西方人的忠诚，而是对日本帝国主义者的仇恨。日本侵略者在朝鲜和中国的残酷，随着他们来到占领和剥削的土地。所有那些寻求实现或继续其“殖民荣耀”的人都白忙一场。战争双方都将在战后时代失去他们的殖民地，不是输给其他帝国主义大国，而是输给当地人民。他们再不愿等殖民者认为他们做好了独立的准备。

美国占领者

1898 年，美国南北战争和阿帕切战争（Apache Wars）老兵亨利·劳顿（Henry Lawton）少将被派去菲律宾。上图这张照片摄于菲律宾。1899 年 12 月，他在与抵抗美国占领的菲律宾人作战时被打死。

重负

一个当地挑夫驮着法国官员涉过印度支那的一条河。二战结束时，法国从日本手中收回印度支那，但在越南、柬埔寨和老挝独立后放弃（左）。

Guadalcanal）中，他损失惨重，但击沉了10艘日本运兵船和几艘军舰，挫败了日本为夺回该岛发起的最后一次大规模攻势。“海岸观察哨拯救了瓜岛，”他后来说，“瓜岛又拯救了太平洋。”

所罗门群岛的海岸观察哨还营救了被击落的美军飞行员和沉船的水兵。1943年，美军巡洋舰“海伦娜”号（*Helena*）在韦拉拉韦拉岛（Vella Lavella）外被鱼雷击沉，A. W. E. 西尔韦斯特（A. W. E. Silvester）牧师将该舰数十名海员藏在岛上的卫理公会（Methodist）传教团，直到美国海军将他们安全撤走。西尔韦斯特没有电台，但他观察日军动向，用独木舟将报告送给他的新西兰同胞唐纳德·肯尼迪（Donald Kennedy）。肯尼迪是海岸观察哨，拥有英属所罗门群岛保护领地国防部队（British Solomon Islands Protectorate Defence Force）上尉军衔。他在新乔治亚岛南端的塞吉观察哨所招募和武装了70多个岛民，攻击入侵他认定“禁区”的日本士兵。

肯尼迪之前是教师，信奉严格的纪律，用恣意鞭打来惩罚违抗命令或有其他过错的侦察员。然而，一个领受过他怒火的岛民称他是“时势造就的英雄”。对所罗门群岛和环太平洋其他交战区域的原住民来说，日本侵略者是陌生人，甚至可能比白人殖民者还要苛刻严厉。他们经常不得不在肯尼迪这种熟悉的殖民地管理人和日本人之间做出选择。虽然肯尼迪的管理非常严格，但他依然得到了岛民的支持，因为他远比日本人更了解他们及其土地。“我有能力战斗，可以领导他们。”他后来评论他的侦察员。战斗的成功让他们相信“自己站在正确的一边”。除了及时用电台向盟军指挥官报告敌人的出击外，肯尼迪和手下打死了近120名日本士兵，还俘虏了20人，营救了20多名美国军人。

1943年3月，哈尔西派手下情报官带一支队伍去侦察新乔治亚岛。这是盟军夺取所罗门群岛和新几内亚岛，将日军赶出拉包尔的连续行动中的下一个目标。唐纳德·肯尼迪在塞吉款待了这些美国人，穿着制服的男仆服侍他们在一张盖着亚麻桌布的桌上用餐，肯尼迪还从随从中找了一个年轻漂亮的女岛民陪伴。他是热带领地的主人，但做主的日子不长了。几个月后，他在新乔治亚岛上对日本人的私人战争，将让位给美军部队的大规模进攻，他的观察哨所将被推平，为美国战机提供跑道。随着太平洋上的战争日趋激烈，它扫除的不仅是日本的帝国野心，还有肯尼迪这类军官的殖民统治。他们的祖先曾经从不列颠群岛到达世界各地，打造出一个日不落帝国。现在，这个帝国已经日薄西山。

击落山本五十六

1943 年 4 月 4 日是山本五十六 59 岁生日，也是他计划发起“伊号作战”（Operation I-Go）的日子。这次行动期间，来自 5 艘日本航母的战机将与战斗机和轰炸机一起从拉包尔起飞，轰炸新几内亚岛和所罗门群岛南部岛屿的美军基地。暴风雨天气迫使攻势推迟，强化了困扰山本五十六的紧张和不祥的预感，让他没有心情庆祝生日。推迟到 4 月 7 日开始的行动也不是他乐于采取的。他和其他海军指挥官曾主张集中进攻所罗门群岛，但一些陆军长官坚持将攻击延伸到新几内亚，那里的日本陆军正承受麦克阿瑟的大军和乔治·肯尼（George Kenney）少将的陆军航空兵第 5 航空队（Fifth Army Air Force）日益增长的压力。山本五十六的海军飞行员已经在中途岛和随后的其他战役中遭到重大损失，行动的扩大增加了他们的风险。为形势所迫，日本海军飞行员接受训练的时间已经从战前的 18 个月降至更短的期限。一些将参加“伊号作战”的飞行员依靠的更多是热情而不是专业技能。如果山本五十六了解对手拥有的全部情

> “我完全相信，击落山本将是对日军的一次致命重击。”
> ——埃德温·莱顿海军少校

发现踪迹

美国潜艇“刺鲅”号（*Wahoo*）透过潜望镜拍摄日本货轮“日通丸”号沉没的照片。日本的商船包括对战备至关重要的油轮。在美国海军密码分析人员破译出指挥这些商船的密码后，1943 年 3 月，“刺鲅”号用鱼雷击沉了“日通丸”号。海波站的贾斯珀·霍姆斯海军少校写道：“很多夜晚，在中太平洋巡航的几乎每一条美国潜艇都以来自密码分析员的信息为基础作战。”

报资源，他对战争前景的看法将更为悲观。除了海岸观察哨提供的预警、侦察机、潜艇和新的雷达设施外，西南太平洋的美军指挥官现在还收到来自海军密码破译员和陆军密码分析员的及时破译。海军破译员恢复了快速破译，陆军分析员则得到印度新德里的一座盟军通信情报站的帮助，后者在截收和分析驻缅甸日军的加密电报方面实现了突破。

随着“伊号作战”的展开，美军飞行员料敌机先，击落了多于

山本五十六的设想：水下航母

1942 年年初，山本海军大将异想天开，提出用一支超级潜艇舰队将战火烧到美国大陆。这种潜艇可以充当航母，突破美国的海岸防线。他下令建造 18 艘伊 –400 级特攻潜艇，每艘可投放 3 架水上轰炸机。潜艇下潜时，飞机停在一座水密机库里。水下航母舰队将神不知鬼不觉地接近美国沿海城市，浮上水面。数十架轰炸机将从潜艇上起飞，实施一次突然袭击，再返航降落在潜艇旁。潜艇上有回收飞机的吊车。这种特攻型号的第一艘潜艇“伊 –400”号长 400 英尺（约 122 米），几乎是当时服役的一些旧式美国潜艇的两倍长。它可以下潜到 330 英尺（约 100 米）的深度，航程达到惊人的 37500 海里（约 69450 千米），可以进行环球航行。

1943 年 4 月，山本被美军打死，没能活着实现计划。对一个随着战争进行日益采取守势的帝国，他的计划野心过了头。到 1945 年 1 月，只有两艘这种大型潜艇——“伊 –400”号和“伊 –401”号——完工，其余潜艇的建造被取消。孤注一掷的日本海军策划者考虑用这两艘伊 –400 级潜艇轰炸巴拿马运河，或向美国西海岸投放生物武器。1945 年 8 月，它们被派往加罗林群岛（Caroline Islands）乌利西环礁（Ulithi Atoll），对停泊在那里的一支美国舰队进行自杀式攻击。在两艘伊 –400 级潜艇到达目标前，战争结束，它们毫发无损地被美国海军缴获。美军研究了这种巨大的水下航母，最终将之凿沉。

缴获的大家伙

战争结束后不久，日本水下航母“伊 –400”号在美国海军控制下到达日本佐世保（下右）。这艘庞大军舰的指挥塔旁有一座 115 英尺（约 35 米）长、12 英尺（约 3.7 米）宽的机库，可以塞进 3 架折叠机翼的爱知 M6A1 晴岚水上轰炸机。下左是该型飞机照片。这种飞机由压缩气体弹射器发射，每架可携带 1 枚鱼雷或 1800 磅（约 1633 千克）炸弹，航程为 740 英里（约 1190 千米）。

己方损失的来袭敌机，这是山本五十六还不明确的事实，因为他的飞行员夸大了自己的能力。然而他知道，即使是一系列成功的空袭也不能将敌军从新几内亚岛和瓜岛赶走，或结束对拉包尔的威胁。他坐镇拉包尔指挥进攻，距拉包尔不远的布干维尔岛因此成为一座重要岛屿。4 月 13 日，他决定飞到布尔维尔岛一带的空军基地，鼓舞在那里的部队继续战斗。助手们担心他的安全，但其觉得有义务亲自给军官打打气，看望医院里的伤病员，向将需付出重大代价来抵挡美军的指战员致意。美军正沿所罗门岛链北上，向新乔治亚岛和布干维尔岛继续推进。

一名参谋军官为山本五十六的快速巡视拟订了行程，明确他将于 4 月 18 日早上 6 点离开拉包尔，视察三座基地后，于当天下午返回。4 月 13 日晚，这些细节用最新海军密码本和暗码表加密后，通过电台发给那些基地的日军指挥官。美军监听员“正密切关注拉包尔的无线电通信”，埃德温 · 莱顿写道。他作为尼米兹的首席情报官待在珍珠港，在山本的行程发出后 36 小时内从海波站收到部分破译的电文。海波站不再由约瑟夫 · 罗彻福特领导，他的功劳被华盛顿一些有竞争关系的军官否定，他被重新调配。但他指导和激励过的密码分析员还在那里，他们向莱顿提供了其需要的全部信息。他据此确定，山本即将从 RR（拉包尔的字母代号）起飞的行程，将使他进入以瓜岛为基地的美军战斗机的作战半径。

“祝好运，狩猎愉快。”

——下令袭击山本五十六时，尼米兹海军上将对哈尔西海军上将说

“嗬。让我们打死那个杂种。”

——哈尔西对尼米兹命令的评价

“我完全相信，击落山本将是对日军的一次致命重击。”莱顿回忆道，“没人有同样的才干来代替他。”尼米兹表示同意，并且从海军部长弗兰克 · 诺克斯（Frank Knox）那里获得对袭击山本的批准。

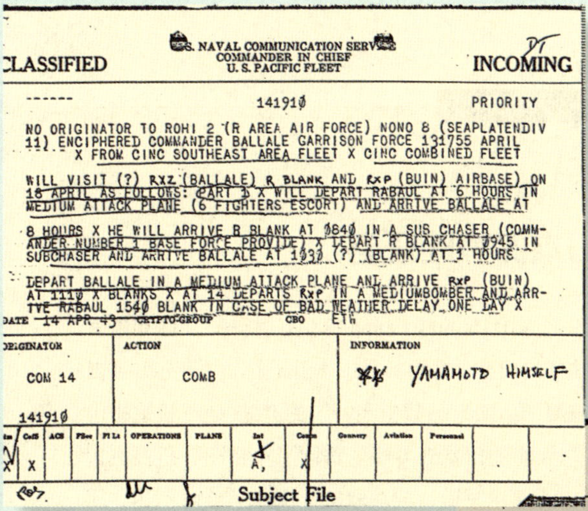

CLASSIFIED

U.S. NAVAL COMMUNICATION SERVICE
COMMANDER IN CHIEF
U. S. PACIFIC FLEET

INCOMING

------ 141910 PRIORITY

NO ORIGINATOR TO ROHI 2 (R AREA AIR FORCE) NONO 8 (SEAPLATENDIV 11) ENCIPHERED COMMANDER BALLALE GARRISON FORCE 131755 APRIL X FROM CINC SOUTHEAST AREA FLEET X CINC COMBINED FLEET

WILL VISIT (?) RXZ (BALLALE) R BLANK AND RXP (BUIN) AIRBASE) ON 18 APRIL AS FOLLOWS: PART 1 X WILL DEPART RABAUL AT 6 HOURS IN MEDIUM ATTACK PLANE (6 FIGHTERS ESCORT) AND ARRIVE BALLALE AT

8 HOURS X HE WILL ARRIVE R BLANK AT 0840 IN A SUB CHASER (COMMANDER NUMBER 1 BASE FORCE PROVIDE) X DEPART R BLANK AT 0945 IN SUBCHASER AND ARRIVE BALLALE AT 1030 (?) (BLANK) AT 1 HOURS

DEPART BALLALE IN A MEDIUM ATTACK PLANE AND ARRIVE RXP (BUIN) AT 1110 X BLANKS X AT 14 DEPARTS RXP IN A MEDIUMBOMBER AND ARRIVE RABAUL 1540 BLANK IN CASE OF BAD WEATHER DELAY ONE DAY X

DATE 14 APR 43 CRYPTO-GROUP CBO ETH

ORIGINATOR	ACTION	INFORMATION
COM 14	COMB	YAMAMOTO HIMSELF

141910

Subject File

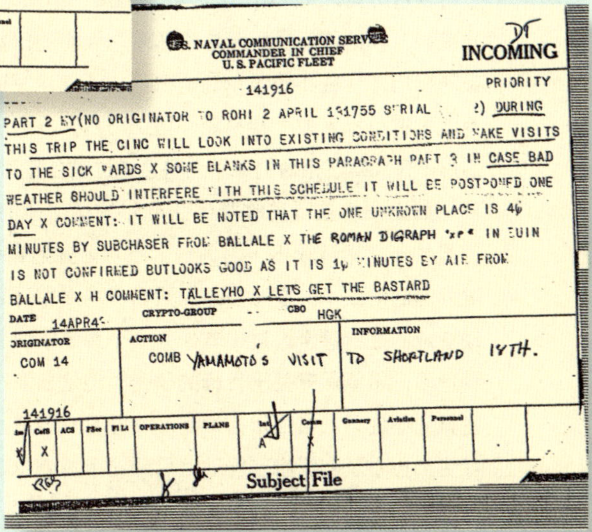

U.S. NAVAL COMMUNICATION SERVICE
COMMANDER IN CHIEF
U. S. PACIFIC FLEET

INCOMING

141916 PRIORITY

PART 2 BY(NO ORIGINATOR TO ROHI 2 APRIL 131755 SERIAL 2) DURING THIS TRIP THE CINC WILL LOOK INTO EXISTING CONDITIONS AND MAKE VISITS TO THE SICK WARDS X SOME BLANKS IN THIS PARAGRAPH PART 3 IN CASE BAD WEATHER SHOULD INTERFERE WITH THIS SCHEDULE IT WILL BE POSTPONED ONE DAY X COMMENT: IT WILL BE NOTED THAT THE ONE UNKNOWN PLACE IS 40 MINUTES BY SUBCHASER FROM BALLALE X THE ROMAN DIGRAPH "XP" IN BUIN IS NOT CONFIRMED BUTLOOKS GOOD AS IT IS 10 MINUTES BY AIR FROM BALLALE X H COMMENT: TALLEYHO X LETS GET THE BASTARD

DATE 14APR43 CRYPTO-GROUP CBO HGK

ORIGINATOR	ACTION	INFORMATION
COM 14	COMB YAMAMOTO'S VISIT	TO SHORTLAND 18TH.

141916

Subject File

首要目标

1943年年初，山本五十六在新不列颠岛拉包尔向日本部队讲话（下）。密码破译员向尼米兹提供了4月18日山本飞行计划的译电后，山本被锁定。尼米兹将译电发给哈尔西，哈尔西将它转到瓜岛，还附上评论："嗬。让我们打死那个杂种。"得知山本将于早上6点从拉包尔起飞，并且得知了他到达的时间地点，美军战斗机飞行员从瓜岛起飞截击。

击杀山本的危险任务

1943年4月17日，托马斯·兰菲尔（Thomas Lanphier）上尉得知，他和瓜岛其他陆军航空战斗机飞行员次日将执飞的秘密任务目标是山本五十六。兰菲尔知道自己将创造历史，并开始写日记。他被要求率四架“截击飞行”的P–38战斗机追击山本座机，其他飞行员则缠住护送海军大将的日本战斗机。美国海军密码分析员之前破译出山本飞往布干维尔岛的日程。兰菲尔写道，成功取决于山本“准时到达，因为我们在目标区域上空只能停留15分钟”。山本因为准时到达而送了命，兰菲尔事后忍不住痛骂了殒命的海军大将，通过电台宣称那个“杂种”将再也威胁不到美国。

如果日本监听员收听到兰菲尔的话，他们可能会警觉，这次袭击不是美军飞行员的一次幸运攻击（因为他们不可能知道自己击落的是谁的飞机），而是根据译电发起的对山本的蓄意击杀。泄露日本海军计划正在被破译这件事，对美国战争行动造成的危害甚至大过山本作为一个军事家活着可能造成的危害。尼米兹很在意那种危险，希望保守关于目标的秘密，但是当飞行员们事先被告知目标是山本时，秘密就守不住了。当尼米兹读到——并且立即禁止发表——一个记者写的故事时，他就更加担心了。记者在行动之后采访了兰菲尔等人并写文章说，美军在山本被打死前就追到他的行踪。当尼米兹抱怨对安全的“公然漠视”时，哈尔西海军上将痛斥飞行员，责怪他们谈论这次行动。“他用能想到的话来指责我们，说我们是祖国的叛徒，说我们太愚蠢，没资格穿美国军服。”雷克斯·巴博（Rex Barber）中尉回忆道。他与兰菲尔共享了击杀山本的功劳。但在不确知日本人破译不了己方密电的情况下，哈尔西和其他指挥官在密电里几乎不加掩饰地提到打死山本的事，他们自己也疏忽了。如果这样的疏忽让敌人知道了美国海军的密码破译能力，后来被盛赞的一次情报大成功也许会成为一场情报失误。

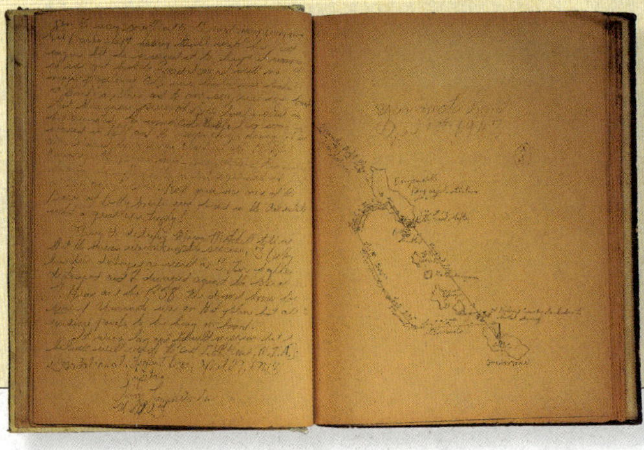

截击飞行

托马斯·兰菲尔在日记右边的一页粗略画出他和其他飞行员在1943年4月18日的飞行路线。他们从瓜岛出发，向西绕过所罗门群岛，避开探测，在布干维尔岛沿岸上空击落山本的座驾，最后直接返回亨德森机场。

诺克斯也许要求过罗斯福的同意，但没留下任何可能指向总统的谈话记录。袭击有可能让日军意识到其密码正在被破译，莱顿为尼米兹起草了指示，要求通知“所有相关人员，尤其是飞行员”，关于山本的行程情报来自拉包尔附近的澳大利亚海岸观察哨。尼米兹将命令发给哈尔西，附上他的祝语：“祝好运，狩猎愉快。”

所罗门群岛以南的新喀里多尼亚岛（New Caledonia）上的哈尔西司令部将攻击山本的指示发给瓜岛指挥官马克·米切尔（Marc Mitscher）海军少将。他将任务派给陆军航空飞行员约翰·米切尔（John Mitchell）少校。他的第 339 战斗机大队（339th Fighter Group）拥有的 P–38“闪电”战斗机是美军武器库里最快最强的战斗机。为了坚定约翰·米切尔和部下执行这次危险任务的决心，让其有时间做好准备，米切尔告诉其目标是山本。这一点戳穿了莱顿编造的掩盖故事，因为海岸观察哨不可能预料到那位海军大将的行程。4 月 18 日早上 7 点 10 分，17 架 P–38 战斗机从亨德森机场起飞，其中一架不久后因发动机故障返航。携带额外燃油的副油箱增加了中队的航程。米切尔少校带领众飞行员沿一条迂回路线飞向布干维尔岛。他们冒险低空飞越珊瑚海，这样日军从远处难以发现其飞机，雷达也探测不到。根据破译的电报，米切尔少校计划在上午 10 点之前不久沿布干维尔岛西岸拦截山本座机及其护航战斗机。届时大部分 P–38 战斗机将爬到高空对付日本战斗机，米切尔分配 4 名飞行员“截击飞行”，将直接追击山本及其参谋人员乘坐的轰炸机。后来发现，为了降低在一次事故或袭击中损失所有参谋人员的风险，山本让他们分乘了两架轰炸机。

9 点 45 分左右，米切尔在海岸线附近与 6 架三菱“零式”战斗机（Mitsubishi Zero）护航的轰炸机遭遇。随后的缠斗中，3 架“零式”战斗机和 1 架 P–38 战斗机被击落，击杀炮火则将山本的座机打

嘲弄

与这幅战争海报相反（左），山本五十六从未说过要入侵美国和占领华盛顿。然而，他依然是太平洋上一个令美军害怕的对手，击落他给雷克斯·巴博中尉和托马斯·兰菲尔上尉带来了荣誉。下图兰菲尔站在巴博右边。

落丛林，另一架轰炸机坠海。宇恒缠（Matome Ugaki）海军中将坠机后幸存，游到岸上，被日本搜索队救起。搜索队发现了死在座机残骸中的山本。回到基地后，米切尔少校确信，他的中队击落了两架轰炸机，完成了任务。当晚，哈尔西收到发自瓜岛的电报："砰，黄鼠狼没了……4 月 18 日似乎是我们的好运日。"司令部的军官们为山本的死亡欢呼，但恨日本人入骨的哈尔西抱怨说，他失去了活捉山本的机会："我希望用铁链牵着那个混蛋走上宾夕法尼亚大道，让其他人尽情地拳打脚踢！"

通过对日本当局秘密通信的拦截，山本的死得到证实，美国国内的反应与哈尔西司令部几乎一模一样。直到 5 月 21 日，日本当局才公开了他的死讯。自珍珠港遭袭后，他在美国被描写成魔鬼，是一个战争贩子。他曾说，日本打败美国的唯一方式是占领白宫，迫使美国总统投降。托马斯 · 兰菲尔上尉被认为是击落山本的飞行员之一。他在袭击后用无线电向瓜岛报告："那个杂种永远不会对白宫规定和平条件了。"实际上，山本战前对日本军国主义分子说这番话的意思是，征服美国和占领白宫是一种超出日本能力的幻想。日本顶多只能指望削弱美国海军实力，让他们无法抵抗日本在东南亚和太平洋地区的扩张。山本估计，他最多只有一年时间来实现那个目标。如果他的密码没被破译，计划没被看穿，他说不定就成功了。然而到他死，面临的都是一场绝望的斗争。那些如他一样深知美国实力的人担心，这场战争也许会以尼米兹海军上将或麦克阿瑟将军在东京向裕仁天皇规定条款而结束。

战略情报局登场

当威廉·多诺万要求富兰克林·罗斯福将自己作为情报协调官指挥的文职情报机构置于参谋长联席会议（Joint Chiefs of Staff）之下时，罗斯福很警惕。“他们会吞并你。”他警告多诺万。多诺万坚决地回答说：“那个让我来处理，总统先生。”多诺万知道，一些指挥官恨自己侵犯他们的地盘，希望取消或闲置这机构。但其他军官认识到，多诺万招募的手下很是敏锐，包括文职和有军事经验的志愿者，可以执行正规军士兵不太适合执行的任务，如帮助游击队员从

荣誉证章

战略情报局雇员宣誓在战争期间保守秘密，该机构于 1945 年晚期解散时，每个人都收到一枚徽章。（左）

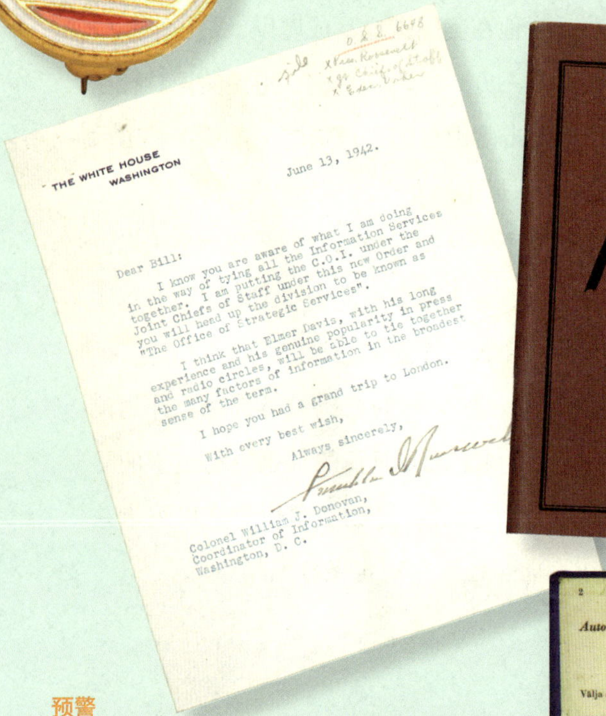
THE WHITE HOUSE
WASHINGTON

June 13, 1942.

Dear Bill:

I know you are aware of what I am doing in the way of tying all the Information Services together. I am putting the C.O.I. under the Joint Chiefs of Staff under this new Order and you will head up the division to be known as "The Office of Strategic Services".

I think that Elmer Davis, with his long experience and his genuine popularity in press and radio circles, will be able to tie together the many factors of information in the broadest sense of the term.

I hope you had a grand trip to London.

With every best wish,

Always sincerely,

Colonel William J. Donovan,
Coordinator of Information,
Washington, D. C.

预警

罗斯福授权成立战略情报局（上）后，招至多诺万（对页中坐者）麾下的一些人根据经验知道情报工作“不容易”。这一点写在该机构的训练手册（右上）中。右图为 1938 年签发于爱沙尼亚一本驾驶证上的弗吉尼亚·霍尔，她冒着巨大危险，先后代表特别行动处和后来的战略情报局协助法国抵抗战士。

事破坏、暗杀和对抗敌方占领部队的其他非传统战争行动。多诺万相信其组织可以在不被合并的情况下为军队服务。1942 年 6 月，他心满意足地收到罗斯福的一封信，信上称，他的机构将隶属参谋长联席会议，此后被称作战略情报局（OSS）。

与军方的密切联系让战略情报局在战争活动中发挥了积极作用。虽然情报局中许多人保持着文职身份，但其他参与秘密作战行动的人都被任命为军官。文职中有研究分析处（Research and Analysis）的学者，他们提供了关于轴心国领导人与实力的秘密评估报告。战争结束时，多诺万是少将；战争期间，他经常穿着军装与战略情报局手下商谈。所有在战略情报局作战组服务的人都穿军装，但这并没有让一些被捕者免于被枪毙的命运。像弗吉尼亚 · 霍尔（Virginia Hall）等没有军人证明文件，在敌后为战略情报局工作的秘密特工，如果落入敌手，将面临着拷打和处决，处境更加危险。

训练突击队员

战略情报局的作战培训程序很多来自英国人。早在美国参战前很久，英国就开始为敌后行动培训新手。一些指导新手的战略情报局军官自己就在 X 营地（Camp X）接受过培训。X 营地建在加拿大安大略湖边，创建人威廉 · 斯蒂芬森是英国驻美保密长官，威廉 · 多诺万的密友。多诺万将未来的战略情报局教官送到那里，向英国准军事官员学习秘密行动课程。

随着战略情报局的扩大，它在华盛顿特区周边各地设立了训练营，如马里兰州贝塞斯达（Bethesda）的国会乡村俱乐部（Congressional Country Club），那里修剪整齐的绿地上布满了秘密武士扔出的手雷炸开的坑洞。战略情报局的受训人员中，很少有人能轻易忘记教官威廉 · 费尔贝恩（William Fairbairn），这位英国近战和格斗专家说道，格斗“只有一条规则：杀人或被杀”。与费尔贝恩一样，埃里克 · 赛克斯（Eric Sykes）也在中国上海磨炼了技能，也训练过英国和美国新手。他和费尔贝恩教受训人员如何运用隐藏的武器，如何悄悄快速消灭敌人。这类秘密技艺还包括安放炸药和夜间跳伞等，擅长这些技艺的新手随时准备实现多诺万的秘密行动蓝图。“训练有素而勇敢无畏”，按他的说法，“接受过攻击行动培训”的特工将执行他的宏大计划。

射击练习

一名教官在训练营向战略情报局新手示范如何持稳手枪，瞄准射击。

特工技能

战略情报局学员练习攀爬，准备攀登高塔，破坏电力线路及其他敌占区高空目标。那些参加战斗的人领到易于携带和隐藏的武器，比如上面这把刀。它藏在一把抹刀的刀鞘里，刀鞘上的槽使得它可以系在任何皮带上。这种武器由埃里克·赛克斯和威廉·费尔贝恩设计。右图示范如何用刀的就是费尔贝恩。

战争文物　情报与间谍活动

常春藤联盟学者

哈佛大学的威廉·兰格（上）和耶鲁大学的舍尔曼·肯特（下）掌管战略情报局研究分析处。

战略情报局对战争做出的重大贡献不是出自训练营教出的男女特工，而是来自学院和大学出身的人。他们在这些院校里学到了具有战略意义的知识和技能。战略情报处研究分析处主任、历史学家威廉·兰格（William Langer）招募了成百上千名学者，收集了大量地图，向指挥官和官员提供了关于各个国家、各种文化及盟军遇到的朋友和敌人的图表和情报报告。招募的学术人员中有他的弟弟沃尔特·兰格（Walter Langer），这位心理学家的团队根据恩斯特·“普奇”·汉夫施滕格尔（Ernst “Putzi” Hanfstaengl）等人透露的信息，制作出一份对希特勒的心理分析研究报告。汉夫施滕格尔曾任希特勒的外国新闻秘书，后逃出德国。那份报告预测，希特勒永远不会投降，如果在盟军部队抓到他之前没被暗杀，他会等到“最后一刻”才自杀。

随着美军推进，许多在象牙塔里接受教育的战略情报局研究与分析人员，最终来到前线附近工作。巴黎于 1944 年 9 月解放后不久，有 31 人从那里向主管研究分析处欧洲与非洲分部的舍尔曼·肯特（Sherman Kent）报告。间谍行动由战略情报局

未来局长

这张识别牌上是艾伦·杜勒斯。他是战略情报局业务精通的几名官员之一，后来领导了中央情报局（CIA）。

分析希特勒

威廉·多诺万下令制作了这份心理档案（左），因为他希望“知道希特勒做出决定前的心理状态”。

一个名为秘密情报处（Secret Intelligence，SI）的独立部门负责。大部分在轴心国地区为战略情报局刺探情报的人是沦陷国的居民或回到那里的移民，他们通过加密无线电报或其他渠道与秘密情报处情报官员联系。战略情报局特工直到战争后期才渗透进德国，但战争初期，一些反对纳粹政权的德国人进入中立国瑞士，向战略情报局最出色的间谍首脑艾伦·杜勒斯（Allen Dulles）提供了重要情报。第三帝国之外，没有人比他更了解与推翻希特勒有关的秘密活动。这在很大程度上要归功于汉斯·吉泽菲乌斯（Hans Gisevius）。他是一名德国情报官，1944 年刺杀希特勒的图谋失败之前，他与杜勒斯秘密会面。杜勒斯帮他安全到达瑞士，让他逃脱了因参与阴谋而被捕和被处决的命运。

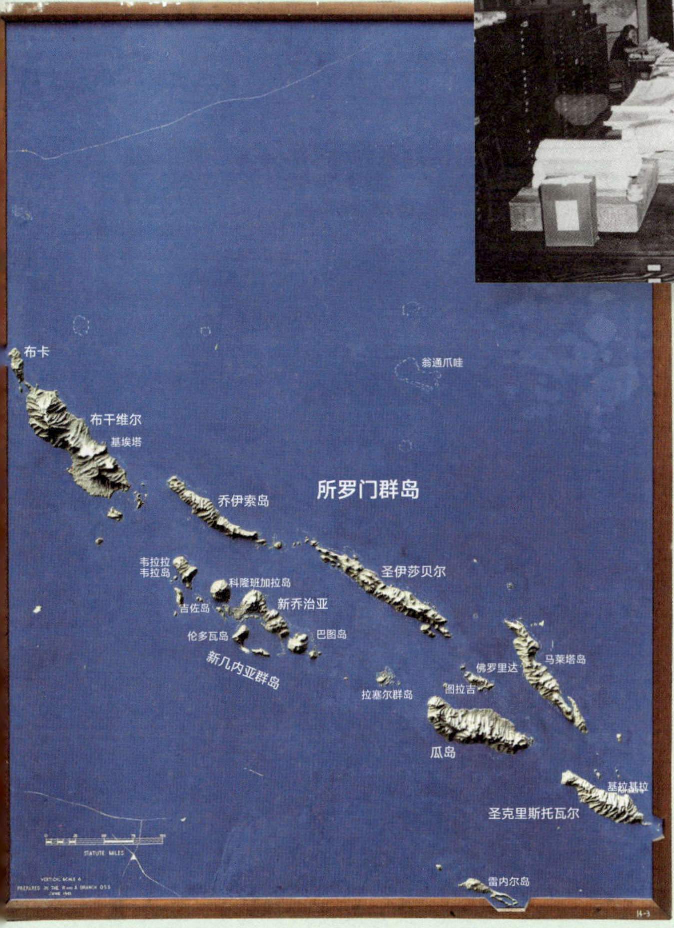

制定路线

这幅所罗门群岛地图（左）是战略情报局地图部门（上）为政府和军队收集或制作的成千上万幅地图之一。仅在 1944 年，该部门就收到来自军官或官员的上百万份索要地图的请求。

战争文物　武装渗透者的工具

化学家、发明家斯坦利 · 洛弗尔（Stanley Lovell）被要求接管战略情报局研发处（Research and Development, R&D），以及设计在敌方区域使用的秘密武器时，威廉 · 多诺万告诉他，自己需要一个像莫里亚提教授（Professor Moriarty）那样狡猾的人。莫里亚提是夏洛克 · 福尔摩斯的邪恶对手。“我很喜欢那个任务，”洛弗尔说，“只是美国道德准则不能容忍肮脏的诡计。”多诺万回答道，如果他天真到认为美国人会瞧不起任何可能帮助他们打败死敌的诡计，“你就不是我要的人”。洛弗尔接受了这项工作，为那些擅长棒球这项美国全国性娱乐的人设计出棒球形的 BEANO 手雷，还设计了隐蔽的便携武器、吐真药剂和毒药丸。洛弗尔传给手下的信息与多诺万的命令如出一辙：“将你们遵纪守法的概念都扔到窗外。搞大破坏的机会来了。”

关于新奇武器的提议不光来自洛弗尔，还来自罗斯福总统。总统将宾夕法尼亚一名牙医的信转给多诺万，信上建议给老鼠

研发首脑

加入战略情报局前，斯坦利・洛弗尔是化学家、发明家。他领导了勇于创新的战略情报局研发处。

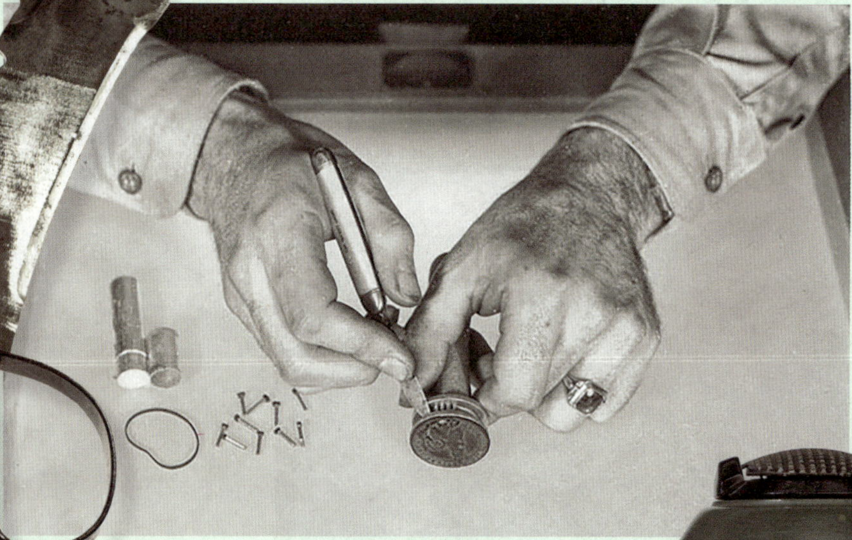

开山刀

供应给战略情报局特工的工具，包括这把樵夫伙伴（Woodman's Pal，左）。它非常适合需要在日占区的丛林里开辟道路的特工和突击队员。

高超技艺

战略情报局技师（中）用精巧的手工制出 BEANO 手雷（右）这类新奇的武器。这种手雷设计成像棒球一样投掷，在碰撞时爆炸。

装上纵火装置，投到日本。这些老鼠将在日本的木建筑里做窝，将建筑引燃。这些所谓的老鼠炸弹经过测试，效果好坏参半，这个项目最后于1944年被放弃。其他脑洞大开的主意从未离开实验室，包括洛弗尔建议将雌激素注入希特勒吃的蔬菜里，这样他就会掉光胡子，并且表现出其他让他丢脸的症状。然而，战略情报局研发处设计或委托制作的其他武器被证明非常适合隐蔽作战，如高标武器公司（High Standard Firearms）内置消音器的0.22英寸口径手枪。据洛弗尔说，他的顶头上司在白宫椭圆办公室演示了那把枪，在罗斯福背过身时开枪打向一只沙袋。罗斯福赞叹有加，对隶属反对党的多诺万说：“你是我批准带枪来这里的唯一一个凶恶的共和党人。”

星条旗

这是发给中缅印战区的战略情报局特工的身份证明布条，供进入敌对地区的人员携带，上面用各种语言表明他们的国籍，在受伤时寻求帮助。

无声威胁

高标武器公司为战略情报局制造的内置消音器的0.22英寸口径手枪，将威力与秘密相结合。

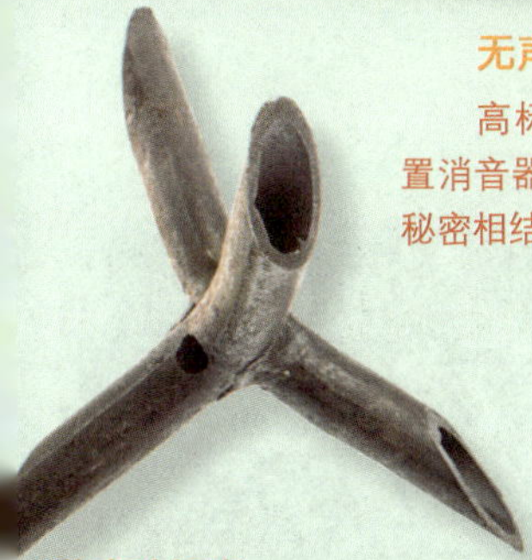

道路破坏者

研发处设计出这种蒺藜，扔到上时，它的四只钢钉总有一只向可以戳穿敌人的车胎。

隐蔽的指南针

洛弗尔的团队设计的一种制服扣可以打开，露出的微型指南可供逃跑人员或困在敌占区的使用。

深藏不露

战略情报局蛙人展示航海处（Maritime Unit）开发的水下呼吸装置。战略情报局的这个独立部门还设计了向港口渗透和破坏敌方船只的水运工具。

战争文物 打击敌方士气

美国战争情报局负责公开宣传，如向敌占区广播美国新闻和观点。与它不同，战略情报局专门从事伪装成似乎源自敌方内部的黑色宣传。为此目的分配到心理战部（Morale Operations, MO）的战略情报局特工试图用敌方语言向敌国士兵和平民发送颠覆信息，打击他们的士气。最初由英国人运行的西线战士广播电台（Soldatensender West）针对德军部队的广播发送的就是这类信息。该电台的主要表演者之一是德国出生的歌手兼演员玛琳 · 黛德丽（Marlene Dietrich）。她演唱的《莉莉玛莲》（Lili Marlene）诉说了一个与情人天各一方的士兵的故事，触动了渴望回家、厌倦战争的士兵的心弦。纳粹当局禁播这首歌，警告德国人不要收听，但阻止不了他们收听像自己人节目的战略情报局广播。

心理战部的阴谋中，很少行动比“玉米片行动”（Operation Cornflakes）更有创意。这次行动是二战后期，德国人逐渐失去对元首的信仰之际执行的。紧接着炸毁一辆德国邮政列车的空袭之后，盟军飞机在铁轨沿线投下装着《新德国报》（*Das Neue Deutschland*）的邮袋。这种反纳粹报纸看上去像来自德国，实际上是战略情报局制作的。这些报纸封在贴着伪造的德国邮票（对页）的信封里。大部分邮票在“*Deutsches Reich*”（德意志帝国）字样上方显示了正确的希特勒侧面像，但一些在“*Futsches Reich*”（毁灭的帝国）字样上方将他画成一个骷髅头。这些邮袋被投递到德国各地，将似乎来自希特勒的破碎帝国内部的煽动宣传传播开来。

明星力量

战争结束期间，在美军占领的德国，玛琳 · 黛德丽与仰慕她的美军士兵在一起。她在1939年成为美国公民，后来参与慰劳盟军部队和录制歌曲。战略情报局向德国部队播送了这些歌曲。以那些士兵为目标的一些熟悉的歌曲被改成暗示他们的事业已经失败的歌词。

口水战

1944年6月，盟军解放罗马后，战略情报局心理战部驻罗马办事处开设了这家印刷厂。它被用于为“玉米片行动”和其他黑色宣传印刷材料，包括在敌后战线分发的反战传单。愿意合作的德国战俘被释放回去分发它们。

明信片攻击

参与“玉米片行动”的伪造者仿照有希特勒头像的真正邮票，制作了成千上万张类似左图的 12 芬尼（德国货币单位，100 芬尼等于 1 马克）邮票。它们被贴在反纳粹宣传材料上，渗透进德国。与这些材料一起，一些贴着希特勒骷髅形象邮票（上）的包裹进一步打击了德国人低落的士气。

敌后行动

战略情报局部门中，最积极响应威廉·多诺万“进攻行动”号召的莫过于特别行动组（Special Operations, SO）。丘吉尔授权成立英国特别行动处去“点燃欧洲”，特别行动组就以该组织为榜样。与特别行动处的特工一样，特别行动组招募的人员也在敌后行动，经常帮助或组织游击队袭击轴心国占领军。在南斯拉夫，战略情报局特别行动组特工帮助抵抗战士与德军作战，营救游击队收留的坠机盟军飞行员。在缅甸，战略情报局第 101 特遣队（Detachment 101）的军官武装和训练克钦部落（Kachin）游击队员，后者因为自己每损失 1 人能打死 20 多名日本占领者而闻名。在挪威，威廉·科尔比（William Colby）率领的突击队员跳伞降落，踩着滑雪板进军。他们破坏铁路线，在盟军进军德国时让整师整师的德军困在挪威。盟军最高司令德怀特·艾森豪威尔在战争结束时声称，战略情报局此类行动的价值“无法估量，没人想要取消它”。虽有那样的支持，战略情报局还是于 1945 年后期被解散，但它帮助孕育了中央情报局，随后多年里，它都将由科尔比那样经过考验的战略情报局老兵领导。

与塞尔维亚的联系

1944 年，战略情报局军官和名为切特尼克（Chetnik）的塞尔维亚游击队前往领导者德拉扎·米哈伊洛维奇（Draza Mihailovic）的营地。切特尼克帮助战略情报局营救在南斯拉夫被击落的盟军飞行员。

丛林巡逻队

战略情报局第 101 特遣队招募并装备部落士兵与驻缅日军作战，左边这些警觉的士兵即属其中。1944 年，他们在缅甸巡逻。游击队员沿着溪流涉水前进，可以悄悄行进而不给敌人留下可追踪的痕迹。

伞兵

这张照片摄于 1945 年年初，威廉·科尔比少校站在穿着军装的战略情报局突击队员后面。他们正准备空降到德国占领的挪威，科尔比部大部分人的祖籍就在这里。

行刑队

为了让法国抵抗组织的乔治·布兰（Georges Blind）开口交代，德军上演了一次假处决。与许多反抗纳粹的人一样，他拒绝合作，最终丧命。

第三章 抵抗第三帝国·地下战士

努尔 · 艾娜雅特 · 汗（Noor Inayat Khan）看上去不大像干秘密工作的料子。她为人热忱，声音轻巧，是印度皇族后代哈兹拉特 · 艾娜雅特 · 汗（Hazrat Inayat Khan）的女儿。她父亲传授伊斯兰教苏菲派神秘主义（Sufism），宣扬非暴力。她在巴黎接受教育，成为一名多才多艺的乐手和儿童故事作家。1940 年，德国入侵，她逃出法国，与因出生而获得美国籍的寡母住在伦敦。在空军妇女辅助队（Women's Auxiliary Air Force，WAAF）接受了信号员培训后，她的技术能力和流利法语得到了薇拉 · 阿特金斯（Vera Atkins）的注意。阿特金斯负责特别行动处 F 分部（Section F，法国分部）的女特工。从 1942 年起，阿特金斯和 F 分部主管莫里斯 · 巴克马斯特（Maurice Buckmaster）开始分派女性担任法国网络的通信员。该网络从事破坏和其他形式的抵抗。虽然与男通信员相比，女性被拦截并遭到搜查的可能性更小，但她们依然冒着极大风险。现在，F 分部准备让妇女从事一项更危险的工作——信号员，因为德国人可以监测电台信号，追踪到来源。努尔 · 艾娜雅特 · 汗是法国第一个以信号员身份为特别行动处工作的女性。她将于 1943 年年中出发执行危险的任务，在此之前，阿特金斯必须确保自己胜任这项挑战。

阿特金斯从特别行动处教官那里收到关于这个 29 岁新兵的报告，该报告提出疑问：一个如此诚实正直的人能否从事秘密工作和欺骗敌人。“她承认自己不愿被迫做任何‘两面派’的事情。”一名教官评论说。“怕武器怕得要死，但努力尝试克服恐惧。”另一名教官写道。阿特金斯并不认为那对新人来说是很大的不足。她的工作只是学习密码和用发报键快速准确地发出电报，而竖琴演奏员的音乐才能有助于她胜任这项任务。对阿特金斯来说，关键问题是，努尔是否完全献身于一项可能不需要射杀任何人，但被捕却可能送命的任务。近四分之一在欧洲沦陷区工作的特别行动处女特工失去了生命，而在像努尔将要派驻的巴黎遍布盖世太保特工和其他德国安全部队，她们被捕、受到折磨和被处决的风险更大。当特别行动处特工领到万一被捕时可用于自杀的氰化钾药片时，他们对面临的风险已经一清二楚。

努尔自愿提出做地下工作，因为她希望做“战争行动中更积极的事，需要更多牺牲的事”。然而，随着培训结束，出发日期临近，她开始担心。两名与她关系密切的女特工写信给阿特金斯，强烈要求免除努尔这份对她显得过于沉重的职责。阿特金斯与她单独会面，告诉她退出还不晚，而且这样做不会在其记录里留下任何污点。但努尔一点也不

巧妙隐藏

1943 年，特别行动处特工努尔・艾娜雅特・汗潜入法国，在那里的抵抗网络担任地下信号员。她用右图这样的手提箱携带装备在隐藏地之间转移。这种箱子可以藏一套英国 Type A Mark III 型电台，该电台能收发 500 英里（约 800 千米）范围内的信号。

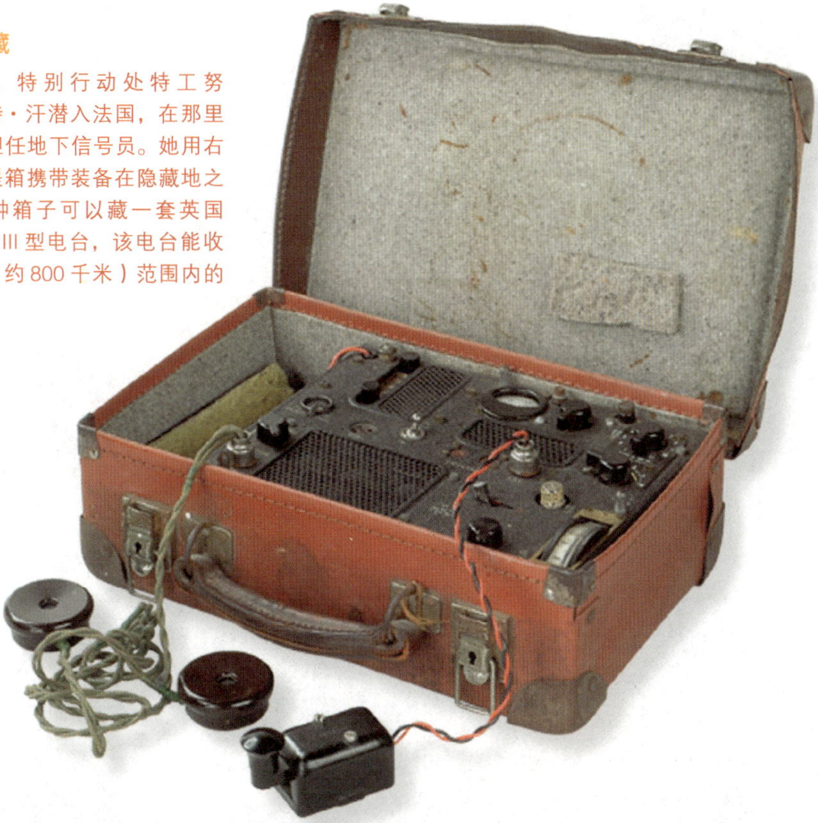

姓名：努尔·艾娜雅特·汗
职业：英国特工
派遣地：法国沦陷区

想退缩。她解释说，困扰她的不是送命的危险，而是她的死对家庭的影响。自从父亲去世后，她觉得有责任照顾弟弟、妹妹和妈妈。妈妈只知她不久后将去国外工作，据说是非洲。努尔要求，万一在法国的行动中失踪，不要把她的命运告诉妈妈，除非确认她已经死了。

阿特金斯批准了她的要求，并认为努尔已经为工作和工作可能需要的任何牺牲做好了准备。在这个例子里，特工及其主管的相似背景发挥了作用。两人都作为难民来到英国。34 岁的阿特金斯说一口流利的英语，完全一副英国人的样子。认识她的人中，很少有人知道她原名薇拉 · 罗森堡（Vera Rosenberg），出生于罗马尼亚这个二战期间与德国为伍的国家。她父母都是犹太人，父亲是德国著名商人，妈妈是英属南非人。她在布加勒斯特（Bucharest）过着优渥的生活，她的朋友和仰慕者包括英国外交官和间谍，还有德国大使。直到 20 世纪 30 年代，罗马尼亚铁卫团（Iron Guard）的反犹法西斯主义在该国得势。1937 年，她和亲戚们逃到伦敦，用妈妈婚前的姓艾特金斯将自己的名字改成薇拉 · 阿特金斯。因为罗马尼亚出身，她没法找到与战争有关的工作。直到 1941 年，莫里斯 · 巴克马斯特注意到她的语言才能，包括在巴黎索邦大学（Sorbonne University）学

大事记

1941 年 12 月　德军在莫斯科被打退，开始为在苏联战场的长期战争做准备。这场战争将榨干第三帝国，提高它对占领国劳力和其他资源的需求。

1942 年 1 月　党卫军保安头子莱因哈德 · 海德里希在德国的万塞会议（Wannsee Conference）上提出了“最终解决方案”——灭绝欧洲犹太人的纳粹秘密计划。

1942 年 4 月　特别行动处获批将女性作为英国特工渗透到法国沦陷区去帮助和武装抵抗团体。

1942 年 6 月　在伦敦的捷克流亡政府和特别行动处实施的秘密行动中，捷克突击队员在布拉格刺杀了莱因哈德 · 海德里希。

1942 年 8 月　德国反情报官员捣毁了柏林的一个间谍网。因为与莫斯科的联系，它被称作“红色乐队”。

1942 年 11 月　盟军进攻法属北非，促使希特勒占领了法国南部维希政府辖区，完全控制了法国。

1943 年 6 月　法国抵抗组织领导人让 · 穆兰被党卫军军官克劳斯 · 巴比抓获，折磨致死。

特工的手枪

这把韦伯利（Webley）M1907 型 6.35 毫米手枪易于藏在口袋或手提包里。特别行动处将它分发给努尔·艾娜雅特·汗。她对武器有戒心，但还是与特别行动处其他新手一样参加了打靶练习。

习时掌握的流利法语，雇她做其秘书。以此为起点，她逐步晋升为他信任的助手。一名与她关系亲密的英国飞行员死后，她全身心奉献给工作，只与寡母相依为命。与努尔的妈妈相同，薇拉妈妈也对女儿的秘密生活一无所知。

阿特金斯照顾她所有的“女孩”（其中有的过了 30 岁，有的超过 40 岁），在她们出发执行危险任务前，都郑重其事地亲自送行。但 1943 年 6 月 16 日，陪同努尔到坦米尔（Tangmere）时，她有理由特别担心后者。坦米尔是靠近英国南部沿海的机场，一架能在法国乡间的短跑道降落的“莱桑德”（Lysander）单发动机飞机将把努尔和另外三名特工送到目的地。她将要加入的是特别行动处在法国最大的网络系统。该网络近来蒙受了损失，领导者弗朗西斯·苏蒂尔（Francis Suttill）代号“繁荣”（Prosper），担心网络的安全，认为可能是疏忽或内部叛徒造成的。苏蒂尔出生于法国，母亲是法国人，父亲是英国人。他在英国接受教育。1942 年，作为特别行动处特工，

致命毒药

特别行动处设计了项链来装氰化钾胶囊（下）。这类药丸依例发给特工，但许多在敌占区被抓住的人来不及自杀或选择不自杀。

他回到出生地组织抵抗德国占领者。他的法语已经不再流利，很大程度上需要依赖安德烈·博雷尔（Andrée Borrel）。博雷尔是来自法国的反纳粹难民，作为第一批女特工之一进入F分部，在巴黎加入苏蒂尔的组织，担任他的通信员和助手。她伪装成他的姐姐，陪着他，在他们招募法国人时，多数情况下都是她在说话。到1943年年中，苏蒂尔网络发展得太过庞大，以至于他无法确保所有人都能胜任并且值得信任。努尔离开英国前不久，为苏蒂尔管理一处安全屋的两个法国姐妹被捕，F分部对“繁荣”网络的担忧更加深了。对于阿特金斯来说，将一个信任自己，向自己吐露心声的人暴露在这样的危险下不是易事。送别努尔时，阿特金斯送给她一件礼物：一只小鸟形状的银胸针。它象征勇敢地起飞并且可能一去不回的特工新人。

特殊货物

一名皇家空军飞行员登上“莱桑德”联络机。特别行动处用它将特工送到沦陷的法国，因为它可以在大型飞机无法降落的短而不平的偏远跑道降落。它的后座舱定员一人，但有时会挤进两三名特工。

VM

“阿特金斯女孩”在行动

二战期间，特别行动处 F 分部派出 39 名女性到法国，协助那些抵抗德国占领军的人。第一个志愿者是美国人弗吉尼亚·霍尔。特别行动处到 1942 年才获准招募女性特工，霍尔在此之前就提出去法国为它工作。那些追随她脚步的人，包括下页六名女性，被称作“阿特金斯的女孩”。因为 F 分部这个威严的薇拉·阿特金斯虽然管理着派到法国的全部约 400 名特别行动处特工，但感觉对她的“女孩”负有个人责任。她们中一些是母亲，有儿有女。阿特金斯深知她们面临的危险，总是亲自送行。实际上，这些特别行动处女特工活到战争结束的机会，远远小于在英军服役的男性。

薇拉·阿特金斯

阿特金斯是莫里斯·巴克马斯特在 F 分部的“左膀右臂”，女特工的榜样。

阿特金斯和上司莫里斯·巴克马斯特四处寻找会说流利法语的新人。许多合格的人在法国长大，或在那里学习，后在战争来临前来到英国。许多人后来加入了空军妇女辅助队或急救护士队（First Aid Nursing Yeomanry，FANY），有的成为救护车驾驶员，有的在秘密部门处理与特别行动处海外特工的加密无线电通信。艾琳·尼恩（Eileen Nearne）就是其中之一。她在法国读书，1940 年回到英国，在急救护士队的秘密部门工作，后加入 F 分部。当时她姐姐杰奎琳（Jacqueline）在法国为特别行动处当通信员，不希望她到那里涉险。艾琳坚持尽自己作为信号员的职责，然而她被抓获，受到折磨后被送到一所集中营。死里逃生的艾琳受到严重创伤，后来长期依赖杰奎琳照料。特别行动处在法国的大部分信号员在被捕或换岗前只能维持一两个月，但伊冯娜·科尔莫（Yvonne Cormeau）坚持那份危险的工作超过一年。1943 年，她把年幼的女儿托付给人看护，伞降到法国南部。她通过保持电报简短和经常用手提箱装上电台转移，避开了追踪和抓捕，直到她工作的地区解放。

一些妇女加入特别行动处时已经是娴熟的特工。克里斯蒂娜·格兰维尔（Christine Granville）在法国任特别行动处通信员前，曾担任祖国波兰的抵抗组织与英国情报官员间的联络人。南希·韦克（Nancy Wake）出生于新西兰，在澳大利亚长大，战争爆发时与法国丈夫住在马赛。她帮助坠机的盟军飞行员和反纳粹的流亡者逃到中立的西班牙，后来为逃避盖世太保，自己也逃跑了。特别行动处又派她回法国武装顽强的抗德游击队马基。她和他们一起拿起武器战斗，赢得其尊敬。一名游击队员说，她在战斗中“一人顶五个男的”。

通信员奥黛特·桑瑟姆（Odette Sansom）出生于法国，1943 年在法国与特别行动处军官彼得·丘吉尔（Peter Churchill）一起被捕。她告诉抓人者说丘吉尔是她丈夫，是温斯顿·丘吉尔一个有权有势的侄子。这个谎言骗过了担心盟军报复的德军指挥官，饶过了他们二人。这样的宽恕未落到维奥莱特·绍博（Violette Szabo）头上。1944 年，她与追捕者交火，争取时间让她协助的游击队领导人逃走，自己被捕。她于 1945 年 1 月被杀害，是特别行动处派到法国后没有生还的 13 名女特工之一。战后，薇拉·阿特金斯调查了她们及在行动中丧生的逾 100 名 F 分部男特工的结局，收集了大量因战争罪行受审的德国军官的证据。

克里斯蒂娜·格兰维尔

出生于华沙，母亲犹太人，纳粹杀害，她因此向他们寻仇。

艾琳·尼恩

进入特别行动处时刚满 22，尼恩被捕后勉强活了下来。

南希·韦克

连与德军作战顽强的游击员都认为韦克是“他们中的分子”。

奥黛特·桑瑟姆

她与特别行动处的彼得·丘吉尔的隐蔽工作是电影《奥黛特》的原型。

维奥莱特·绍博

桑瑟姆称这个为祖国法国牺牲的特工是“我们所有人中最英勇无畏的”。

伊冯娜·科尔莫

特别行动处有史以来敲击加密无线电信号最好的“钢琴师”之一。

抵抗运动的起源

> “他们不是游客，是征服者……如果德国士兵用德语跟你说话，装作无能为力地耸耸肩，静静地走你的路。”
>
> ——在德军占领的巴黎散发的抵抗传单

如果没有法国等许多国家的本地抵抗组织的帮助，渗透进欧洲沦陷区的特别行动处和其他盟军机构将难有大的作为。对于法国人和邻国比利时人而言，1940 年的德国入侵唤起了对一战伊始类似屠杀的痛苦记忆。但希特勒的入侵将北至挪威，南到法国中部的西欧大部置于德国占领之下，其规模和破坏性远远超过一战那场入侵。希特勒将法国南部留给驯服的维希政府管理，其领导人菲利普·贝当（Philippe Pétain）元帅声称，为了维护法国统一，他将走“协作之路”。实际上，通过将投敌合法化，通过将那些服从并与德国交易的人与那些蔑视、违抗占领者的人对立起来，他和其他维希当权者让战时的法国分崩离析。

法国抵抗运动始于微小的象征性举动。在巴黎，一个商人在商店橱窗展示一幅漂亮的标着“出售”的贝当肖像，偷偷讽刺维希政权。多少恐吓和监视都阻止不了抵抗者在夜间污损德国海报，或在墙上粘贴“戴高乐万岁”这样的爱国标语。他们致敬的夏尔·戴高乐（Charles de Gaulle）将军是流亡伦敦的自由法国（Free French）政府领导人。他的支持者和反对第三帝国的法国人以洛林十字（Cross of Lorraine）为标志，这个可追溯到十字军东征（Crusades）时期的标志，象征着对德国的抵抗。一战结束后，法国从德国手中收回了失去的洛林大区。一份在巴黎秘密散发的匿名传单警告法国爱国者不要亲近德国士兵。“他们不是游客，是征服者。”它宣称，“如果德国士兵用德语跟你说话，装作无能为力地耸耸肩，静静地走你的路。”

当局要求民众为纳粹德国工作，支持其战争活动。这样的压力日益增长，以破坏或攻击德国当局为形式的暴力抵抗也在增加。为换取

沦陷的大陆

到1941年后期，欧洲许多地区被纳粹吞并或占领，许多国家与第三帝国结盟或成为附庸，连瑞典和西班牙等中立国家都不敢与希特勒公开对抗。

法国战俘获释，近60万法国工人被征召，送到德国劳动，还有许多人被迫帮助修建大西洋壁垒（Atlantic Wall）——意在阻止盟军登陆的沿海防御工事。成千上万法国人逃避强迫劳动，联合起来发动了对德国和维希部队的游击战争。因为许多人躲在灌木丛（Maquis）里，他们被称作马基（“Maquisards”或“Maquis”，法国抗德游击队员），得到特别行动处的武器并吸收了受过破坏训练的特工。各种法国抵抗团体通过BBC电台广播接收来自伦敦的信息，如看上去无关紧要的通知，实际上是用暗语发出的空投特工或武器的时间地点的信号。德国人挨家搜查，没收收音机，但抵抗战士很善于将收音机、武器和其他

爱国者

抵抗战士聚集在一块指示牌周围，上面画着洛林十字和“我们是法国人，永远是法国人”的标语。上方法国国旗上的洛林十字象征着法国在德军占领期间的尊严和抵抗。

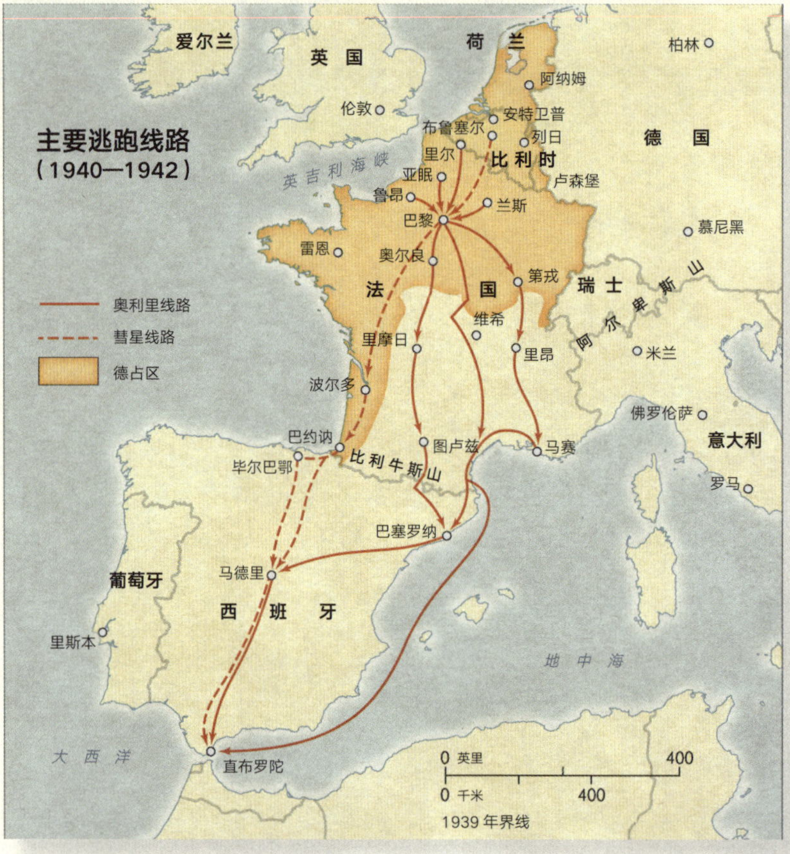

营救

这幅标出“彗星
路”（虚线）和“奥利
线路”（实线）不同路
的地图显示，两条路线
从比利时或法国北部—
被派去轰炸德国的许多
军飞行员被击落的地区
延伸到西班牙。英国领
官员在那里悄悄接管这
逃跑者，通过直布罗陀
他们送回国。

逃跑大师

德迪·德荣在父亲和其他家庭成员帮助下组织“彗星线路”，才 20 岁出头就开始帮助在比利时的坠机盟军飞行员逃出德占区。她亲手护送超过 100 名盟军飞行员翻过比利牛斯山，进入中立的西班牙。

化名

这张比利时人艾伯特－马里·格里斯的照片摄于 1941
的法国马赛。此时他已经有了一个新名字叫帕特里克·奥利
正负责一条通往西班牙的逃跑路线。1942 年，他扩大了行动
安排皇家海军拖船趁夜色在法国地中海沿岸接送逃跑者，将
们安全地送到直布罗陀。

抵抗装备伪装隐藏在普通家用物品当中。

“最终，德迪和弗洛伦蒂诺扛上了我们的全部背包……她只是个瘦削的姑娘，但有无穷的力量和勇气。”
——经“彗星线路”逃脱的坠机皇家空军飞行员

强加给法国人的索取和侮辱，德国占领者也强加在比利时人身上，包括强迫劳动和榨取燃料、食品以及其他维持纳粹德国及其部队的资源。为轰炸德国城市和战备工厂，盟军轰炸机频繁飞越比利时，因此比利时的一种重要抵抗形式是掩护被击落的盟军飞行员，帮助他们经法国逃到西班牙。虽然西班牙独裁者弗朗西斯科·佛朗哥（Francisco Franco）亲希特勒，但官方层面保持着中立地位，这使得英国外交官可以通过英国在直布罗陀的基地将飞行员送回国内。一个比利时家庭负责一条名为“彗星线路”（Comet Line）的复杂逃跑路线，其主要人物有安德烈·（德迪）·德荣（Andrée “Dédée” de Jongh）、她父亲弗雷德里克·德荣（Fréderic de Jongh）和其他亲戚。这条线路将成百上千名飞行员带到西班牙。德迪是发起人，通过在比利时安排藏身处所开始了这项事业。坠机的飞行员得到了平民服装和伪造的身份证件。为了降低因逮捕而累及逃跑路线上其他人的风险，“彗星线路”由无数个环节组成，环节上的向导互不相识。“包裹”（逃跑人）在交界处被丢下，稍后由中转线路上的下一名向导“拾走”。

在强壮的巴斯克人（Basque）弗洛伦蒂诺（Florentino）协助下，德迪经常自己带人翻越比利牛斯山脉（Pyrenees）。一个他们护送过的英国皇家空军飞行员回忆，弗洛伦蒂诺迈开“要人命的大步，我们开始远远落到后面。最终，德迪和弗洛伦蒂诺扛上了我们的全部背包。我们就是跟不上，她非常恼火。她只是个瘦削的姑娘，但有无穷的力量和勇气”。英国军情九处（MI9）的迈克尔·克雷斯韦尔（Michael Creswell）向“彗星线路”提供资金支持，并且常常接手负责德迪等人送到西班牙的“包裹”。战争开始后不久，英国成立了军情九处来帮助坠机的盟军

居家隐藏的巧妙方式

所有生活在德军铁蹄下的人，都面临着对个人自由的严格限制和对日常生活的持续监视。德占欧洲各地的抵抗团体遭到第三帝国庞大保安机构帝国保安部代理人的追踪，还经常被他们自己的警察追捕。为避免暴露和被处决，抵抗组织成员想出了巧妙的方法，将武器、相机等秘密活动工具藏在图书、罐头或火柴盒这类不起眼的家用物品里。当局也许想不到里面有任何重要的东西。

除了隐藏破坏性武器和器材，以及间谍活动，抵抗团体还想出各种办法来隐藏信息或获得信息的手段，包括反纳粹报纸或传单，及可以用于收发秘密信息或收听广播的无线电。许多人不想听纳粹宣传人员的宣传，迫切需要外面的新闻和观点。在广播电台被关闭或受到德国当局严格审查时，BBC外语广播和短波“美国之音”这类同盟国广播充当了他们的生命线。德国人没收收音机后，抵抗战士会娴熟地搜寻部件组装收音机，还想出明智办法来隐藏它们。

空心鞋底

这个精心制作的空心鞋根夹层是挪威抵抗组织一名女通信员用的，里面可以藏文件或微型胶卷。

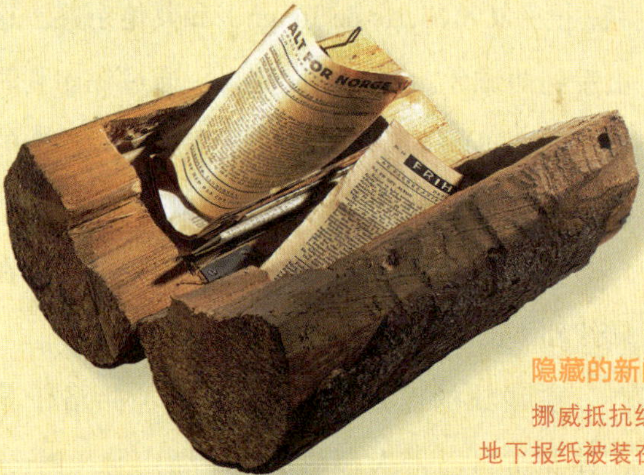

隐藏的新闻

挪威抵抗组织发行
地下报纸被装在这段挖
的木头里运输分发。木
可以藏在运输的柴火里。

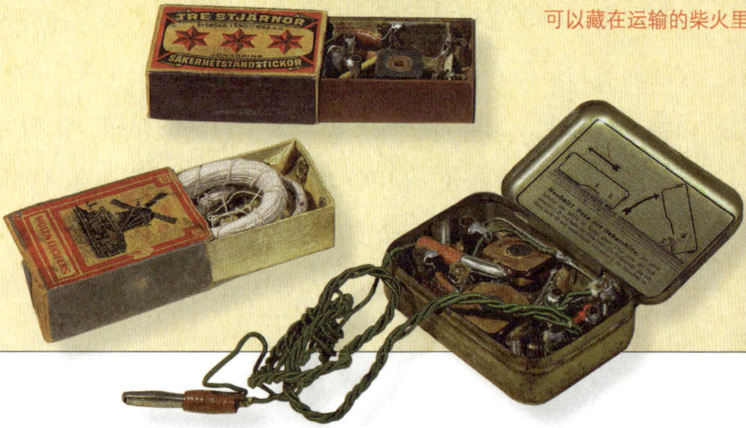

微型石英装置

火柴盒和德国图钉盒里藏的微型石英收音机，可以用来收听同盟国新闻广播。

罐头食品

挪威抵抗组织特工将微型胶卷藏在鱼子罐头中，剖开显出隐藏的夹层，通过中立的瑞典送到英国。打开罐头后，里面装的东西看上去毫无异样。

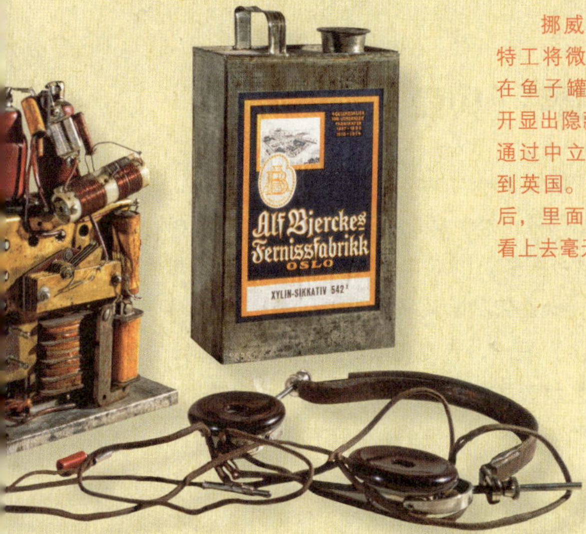

隐藏的电台

挪威抵抗战士将一部电台藏在市售清漆罐里。它的罐体可以提离底部，这样电台就可以接上电源，连上耳机（左）。

毒药钢笔

丹麦技术人员改造了这支钢笔，藏进一只毒药瓶，这是被捕的间谍或抵抗特工“最后的朋友”。有毒标记大概是二战后加上的。

隐藏的枪

荷兰抵抗战士用了一种历史悠久的隐藏装置——挖空的书，来隐藏袖珍左轮手枪，这样可以在公众场合携带而不会引起注意。

间谍的剃须刀

这把普通安全剃须刀的空心手柄里装着一份文件，上面详细列出了德国军用地图符号。

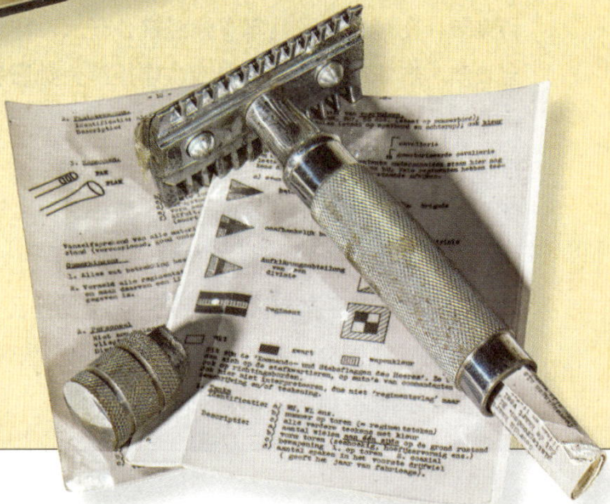

约瑟芬·贝克

> “巴黎人民给了我一切……我随时准备为他们献出生命，上尉。”
>
> ——约瑟芬·贝克

约瑟芬·贝克（Josephine Baker）在法国大受欢迎，成为明星。她也回报了那份喜爱，二战期间作为间谍和通信员为她的第二故乡服务。1906 年，贝克出生于密苏里州圣路易斯。19 岁时，她在纽约哈莱姆区（Harlem）表演杂耍歌舞，被一个法国星探看中，带到巴黎。在巴黎，她将异国歌舞提升为一种艺术形式，还出演电影，成为大受欢迎的明星。在种族分裂的美国，非裔要到几十年后才会有这样的待遇。1937 年，她成为法国公民。两年后，随着战争临近，法国秘密情报部门二处的情报官雅克·阿泰（Jacques Abtey）上尉找到她，要她利用涵盖各国军官和外交官的社交圈，向那些可能是轴心国间谍或法国叛徒的人刺探情报。对她而言，如果德国入侵，这项任务将给她带来危险，但她欣然接受。“法国成就了我。”她告诉阿泰，“巴黎人民给了我一切。他们将心掏给我，我也将心交给他们。我随时准备为他们献出生命，上尉。”

贝克和阿泰关系越来越密切。1940 年 6 月，德军占领巴黎时，他没有要求她冒着生命危险留下当特工。不管怎么说，纳粹的种族政策将结束她在巴黎的事业。她逃到法国南部维希政府辖区，一边秘密地与阿泰为戴高乐的自由法国抵抗运动工作，一边继续着偶尔的公开表演。1941 年年初，他们经西班牙前往法属北非。阿泰伪装成她的媒体代理人，用化名旅行，她则将文件偷运过境，带给在里斯本的自由法国特工。这些文件包括藏在她衣服里的照片和用显隐墨水写在乐谱上的信息。她继续时不时为北非的法国抵抗组织任通信员，直到 1942 年后期，美军在北非登陆。之后她为盟军部队表演，直到 1944 年，她热爱的巴黎解放。

战后，约瑟芬·贝克错误地被怀疑为另一方的特工。1948 年，她与白人丈夫来到美国，在那里待了几年。她经常公开反对种族隔离，拒绝在实行种族隔离的夜总会表演。当华盛顿特区一个冷饮店拒绝为她服务时，她告诉经理说华盛顿是“世界的首都，应该作为现代民主的榜样”。专栏作家沃尔特·温切尔（Walter Winchell）在报纸上谴责她是反美的“煽动骚乱者”，敦促联邦调查局局长胡佛调查关于她是共产党的传言。1953 年，她访问古巴，遭到古巴宪兵扣押和审问。后者说这样做是因为联邦调查局通知他们，她“可能是积极的共产党人”。联邦调查局最终得出结论她不是“亲共”而是“亲黑人”。后来，她为美国民权运动取得的进步而振奋，但依然骄傲地保持着法国公民身份。1961 年，法国授予她荣誉军团勋章（Legion of Honour）和英勇十字勋章（Croix de Guerre）。

代号：无

服务国：法国

针对国：德国

飞行员和从德国人手里逃出的战俘。有时候，西班牙警察会逮捕逃跑者及其向导，但克雷斯韦尔在护送军人到直布罗陀和通往自由的过程中，英国驻马德里大使馆助理秘书的官方身份为他提供了外交掩护。

军情九处在维持艾伯特－马里·格里斯（Albert-Marie Guérisse）领导的“奥利里线路”（O’Leary Line）方面发挥了更大作用。格里斯是比利时军官，1940 年从敦刻尔克撤到英国，改名帕特里克·奥利里（Patrick O’Leary）。他志愿到英国皇家海军服役，在法国南部沿海执行一次秘密行动时被维希法国部队抓获。与其他英国犯人关在一起时，他在伊恩·加罗（Ian Garrow）上尉帮助下逃出。加罗是苏格兰军官，在法国南部城市马赛转入地下工作，开创了一条逃跑路线。1941 年 10 月，加罗被维希警察逮捕，奥利里接手了路线。军情九处给奥利里派来一名信号员，安排了另一种接出逃跑人的方法。他们没走有一定风险的翻越比利牛斯山进入西班牙的路线，而是在地中海沿岸的佩皮尼昂（Perpignan）一个安全屋等待，到夜里乘船撤出。“奥利里线路”比“彗星线路”更加脆弱，因为许多特工互相认识，一个叛徒就可能向敌人暴露几十人。最终，两条线路都被德国人破获，招致重大损失，但共计拯救了近 1500 人，其中许多是飞行员。他们回到战场，帮助打破希特勒对沦陷国的控制。

在纳粹所谓“欧洲堡垒”（Festung Europa）的西面，德国占领者面临着对军事占领、经济剥削和恶毒种族政策的抵抗。在荷兰，该国 14 万犹太人中，约 3.5 万人在抵抗者帮助下逃脱，或被抵抗者藏起来。如果被抓住，包庇者常常遭遇与被包庇者同样悲惨的下场。约翰内斯·博高（Johannes Bogaard）将犹太人藏在他离阿姆斯特丹不远的农场里，还帮助其他人在邻居那里找到藏身处。他回忆说，实在没有地方供整个家庭躲藏时，父母就将孩子留下藏起来，也不知今生能不能再见到。“你能想象那对父母意味着什么吗？”博高后来说，“他们的苦难比我冒的所有危险都要深重，深重得多。”

开战没多久，丹麦就落入德国手中。在那里，纳粹当局逮捕犹太人和将他们赶到集中营的行动遇到协同一致的抵抗。丹麦人事先得知了对犹太人的抓捕，成功地将该国约 8000 名犹太人中的逾 7500 人藏起来，安全地送到中立国瑞典。那场成功的营救激励了丹麦的抵抗活动，包括频繁的破坏行动和哥本哈根的一次总罢工。罢工导致军队和抗议者在街头的多次冲突，促使德国人切断了那里的水电供应近一周。到战争结束，约 2000 名拒绝与占领者合作的丹麦警察被送到集中营。

对纳粹德国的抵抗永远伴随着风险，但在落入德国魔爪的东欧国家，如波兰，抵抗尤其危险。1941 年 6 月，希特勒的枪口转向斯大林后，党卫军安全部队无情地镇压在德国和苏联之间活动的一切真实和假想的帝国之敌。对苏联的入侵开始几个月后，希特勒显示了他保护东翼和镇压那里的抵抗的决心，派他的顶级执行者去铲除“邻居”捷克人的抵抗，为在所有沦陷国里对纳粹高官最英勇、最戏剧性的攻击搭好了舞台。

布拉格刺杀

1941 年 9 月，党卫军保安总管莱因哈德 · 海德里希到达布拉格，出任波希米亚和摩拉维亚保护国总督（Reich Protector of Bohemia and Moravia）。他的任务不是保护居民，而是镇压捷克人，强化他们已经对德国战备做出的巨大努力，以此保护纳粹德国。从 1938 年起，通过吞并紧邻德国边境的苏台德地区（Sudetenland），引诱斯洛伐克分裂投向德国，占领捷克省份波希米亚和摩拉维亚，还计划将之并入第三帝国，希特勒已经拆散了脆弱而民族众多的捷克斯洛伐克。1939 年 3 月，在希特勒威吓下，捷克总统埃米尔 · 哈查（Emil Hacha）做出让步，声

"我们将努力日耳曼化这些捷克害虫。"
——党卫军保安头子及波希米亚和摩拉维亚总督莱因哈德·海德里希

死亡威胁

法国抵抗组织成员制作了类似的微型木棺，用来警告那些与德国勾结的人，称他们正在背叛祖国。这是一项可处死刑的罪行。

称他"放心地将捷克人民和国家的命运交给元首"，随后德国军队进入布拉格，未遭到抵抗。哈查留在布拉格做傀儡，但实权掌握在37岁的海德里希手里。他取代了外长康斯坦丁·冯·诺伊拉特（Konstantin von Neurath），希特勒认为后者太软弱，制服不了桀骜不驯的捷克人。

为得到这个任命，海德里希对诺伊拉特施展了阴谋手段，因为他想走到台前，扮演更醒目、权势更大的角色。帝国保安总局（Reich Security Main office, RSHA）下辖盖世太保（秘密警察）和克里波（Kripo，刑事警察），以及纳粹党负责国内外情报行动的帝国保安部。作为保安总局局长，他不仅发现了颠覆阴谋，还发现了德国领导层内的竞争对手不可告人的秘密。一些人怀疑他的最终目标是爬到党卫军头子海因里希·希姆莱和其他纳粹高官头上，继任希特勒的元首位置。海德里希已是纳粹德国最危险、最令人害怕的幕后人物之一，希望通过走上公共舞台和迫使捷克人俯首听命来提高他的权力和声望。

他通过让居民服从他所谓的"鞭子加糖果"政策，着手将他的保护领地转变成顺从和多产的党卫军王国。所谓"糖果"包括提高捷克工人的配给、工资和福利。他们在庞大的斯柯达兵工厂等的产出帮助维持着德军正在苏联进行的攻势。在海德里希统治下，工业破坏减少，产出增加，这部分是因为那些好处安抚了工人，但也是因为他们害怕他挥舞的鞭子。接掌权力后，他宣布了戒严令，在随后的数月里逮捕了成千上万人。他们中有积极抵抗者，忠于在伦敦的捷克流亡政府，但许多只是可能制造麻烦和鼓动抵抗的有影响力的人物。与在波兰一样，党卫军系统地消灭了那些有能力发挥独立领导作用的人，只留用了与自己合作的人。逾 400 名捷克人在海德里希的镇压期间被处死，数千人被送到集中营。

海德里希没有向公众隐瞒这些清洗，因为他希望捷克人认识到抵抗没有意义，无异于自杀。但他保守了纳粹邪恶计划其他方面的秘密。任总督期间，他依然是党卫军保安头子，承担了管理所谓“犹太问题最终解决方案”的责任。海德里希的任务不光是在占领区组织灭绝犹太人，还有掩盖那一大规模罪行。为隐瞒大屠杀（Holocaust）而想出的说辞是犹太人将“迁移到东方”，这可以减少他们在被抓捕时抵抗的可能性，同时防止其他非雅利安人认识到自己也面临着纳粹管理者的威胁。所谓非雅利安人包括成百上千万捷克、斯洛伐克和波兰斯拉夫人（Slavic），纳粹将他们看成劣等民族。逾 10 万捷克犹太人被关入特莱西恩施塔特（Theresienstadt），这是犹太人隔离区，也用作集中营，位于布拉格西北的特雷津市（Terezin）。尔后海德里希和手下开始调查剩下人口的种族构成。户主被要求填写表格，列出其祖先，年轻人则接受了医生的体检。据说，这些医生可以识别表现出雅利安特征及可能成功融入纳粹德国的人。按海德里希私下的评论，“我们将努力日耳曼化这些捷克害虫。那些种族上太不纯洁，无法日耳曼化的人将为帝国劳动到战争结束，之后被清除”。希特勒提议给予他们“特别对待”——意为消灭。

那些不能被日耳曼化的捷克人将面临可悲的下场，而海德里希在镇压抵抗、提高战备产出和隐瞒捷克人命运方面的成功使他成为爱德华·贝奈斯（Edvard Benes）的首要目标。贝奈斯是捷克斯洛伐克前总统，正领导流亡政府。1938 年，在希特勒准备瓜分他的国家之际，他

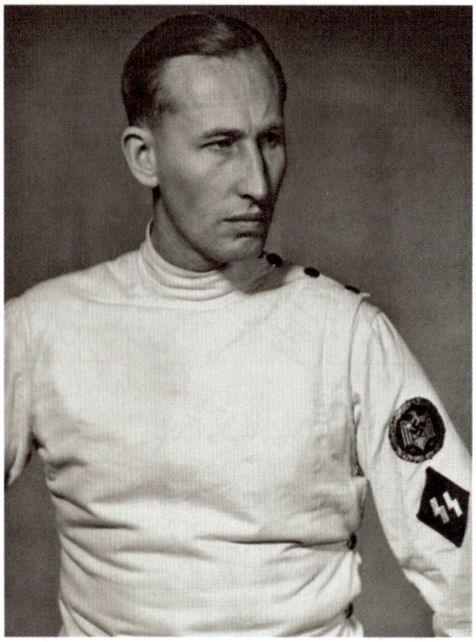

死敌

莱因哈德·海德里希穿着袖上有党卫军标记的击剑服。1941 年年末，被希特勒派到布拉格后，他卖力镇压持反对意见的捷克人，被希特勒誉为“第三帝国所有敌人最大对手之一”。

逃到伦敦，自那以后一直在努力寻求同盟国承认，将战后重建捷克斯洛伐克的希望寄托在同盟国身上。他有两项与同盟国领导人讨价还价的资产——一小支由约 3000 名士兵组成的流亡军队和一个军事情报小组。那些士兵渴望痛击占领祖国的部队，他的情报小组则控制着身居要职的德国间谍保罗·蒂默尔（Paul Thümmel）。蒂默尔是德国驻布拉格的军事情报局军官，他狂热的纳粹分子名声帮他避免怀疑。他为了微薄的报酬出卖德国战争计划，引起了伦敦方面对他真实动机的质疑。一些人怀疑他是向捷克人提供假情报的双面间谍。但他的报告，包括 1941 年 5 月一份详细描述德国入侵苏联准备的报告，被证明非常准确而且极有价值，因此同盟国认为他是一条大鱼，对贝奈斯钓到他表示赞赏。

海德里希任总督几天后，蒂默尔传递报告给伦敦的加密电台信号消失了。贝奈斯希望通过当年早些时候与特别行动处协作发起的一次行动，恢复与蒂默尔及其管理者的联系。特别行动处正在将捷克士兵训练成伞兵，好让他们带着电台和破坏器材秘密回到祖国。但贝奈斯需要比破坏和间谍这类秘密行动更惊人的举动来突显捷克抵抗运动，获取同盟国信任。他提出了“一场针对纳粹的惊天壮举——一次由我们经过训练的伞兵突击队员秘密执行的暗杀”，刺杀目标是海德里希。保密至关重要，这不仅是为了避免打草惊蛇，也是为了掩盖特别行动处和流亡政府的参与。即使暗杀

“刺杀很有必要，至于我，应该服从接到的命令。”

——捷克突击队员约瑟夫·加布齐克

伯恩哈德行动

1940 年，阿尔弗雷德 · 瑙约克斯首次向莱因哈德 · 海德里希提出，用大量伪钞摧毁英国经济。1939 年，瑙约克斯领导了对德波边境附近的格莱维茨广播电台的袭击，希特勒从而可以将对波兰的入侵归罪于波兰突击队员。1942 年，在瑙约克斯表明伪造的英国钞票能够以假乱真之后，党卫军少校伯恩哈德 · 克吕格尔（Bernhard Krüger）发起了“伯恩哈德行动”（Operation Bernhard）。他从包括萨克森豪森（Sachsenhausen）在内的各集中营找来伪造高手，为其在萨克森豪森开了间工场和印刷厂。意识到失败意味着要回到狱友中间，他们伪造出精美的面值 5、10、20 和 50 英镑（下）的英国钞票。这些钞票不能直接拿到英国去用，因此它们先在德占区流通，支付给德国特工。一些辗转流入英格兰银行（Bank of England），后者宣称这是“有史以来最危险的”假钞，但它们对英国经济的影响可以忽略不计。1945 年 5 月，盟军救出萨克森豪森的伪造者时，他们已经制出价值近 1.35 亿英镑的假钞，即将被党卫军杀害。他们之前用假钞买来时间，现在则有了新的生活。

精美的伪钞

虽然极尽细致地制作出这些精心伪造的钞票，“伯恩哈德行动”依然举步维艰，因为德国人缺乏将大量伪钞投入英国的手段。

“最终解决方案”

1942 年 1 月，莱因哈德 · 海德里希暂时丢下他在布拉格的总督职责，来到柏林郊外的万塞，向高层德国官员和党卫军军官通报希特勒发起的一项激烈措施，所谓“犹太问题的最终解决方案”。一直以来，将犹太人逐出德国领土就是希特勒的目标，但他开始控制欧洲时，他对这些所谓帝国敌人的想法转变为极端的仇恨。“世界大战来了，”他在 1939 年中告诉有类似想法的纳粹党魁，“对犹太人的灭绝肯定是不可避免的后果。”

党卫军在德占波兰和苏联地区执行希特勒残暴计划的最初行动醒目而混乱。到 1941 年后期，在苏联德占区，近 100 万犹太人被屠杀，其中大部分遭枪杀，埋在乱葬坑里。暴行不可能瞒过苏联百姓或德国军官，一些军官与党卫军合作并且同意这样的屠杀，另一些人则大为震惊。海德里希在万塞提出的“最终解决方案”依赖一种更隐秘的大规模屠杀手段——毒气室。它首先在苏联应用于机动车上，现在正被安装在死亡集中营内。波兰犹太人隔离区的犹太人不久后将被赶到那里。它使大屠杀避开了耳目，保持了秘密。纳粹用它来减轻目标受害者的反抗，也防止那些不是目标的人在纳粹暴行曝光后发起抵抗。用于掩盖“最终解决方案”的托词是，那些被赶进货运车厢和送到集中营的人正迁徙到东方。在万塞，海德里希没提到毒气室或灭绝。但是当他宣布德国占领或控制地区的 1100 万犹太人是“最终解决方案”的对象，将被驱逐到东方时，与会者知道那意味着什么：希特勒对欧洲犹太人的整体死刑判决正在有计划地执行。

大屠杀

1942 年，华沙犹太人隔离区的犹太人被强制赶进货车车厢。大部分人将被送到以最快速度杀人为目的的死亡集中营。与此不同，集中营或劳工营里的一些有劳动能力的犹太人或其他犯人要做上几年的苦力。党卫军秘密设立了死亡集中营，来避免公开屠杀。对页拍摄于苏联的照片上，一个党卫军士兵正在乱葬坑边枪杀犹太人。

成功，贝奈斯和英国都不希望此事被看成一场在伦敦酝酿的阴谋。德军刚刚在法国对刺杀一名地区指挥官的事件进行了报复，杀害了50名人质。他们肯定会以惨重得多的伤亡来报复对海德里希的袭击。伦敦的组织者将把这次行动的一切功过推给自主行动，保卫祖国的当地捷克爱国者。

那正是对被选中实施这次袭击的约瑟夫·加布齐克（Jozef Gabcik）和扬·库比斯（Jan Kubis）恰如其分的描述。两人都在希特勒拆解捷克斯洛伐克时逃离祖国，都曾在1940年在法国与德军作战，后与其他捷克士兵撤到英国。到1941年10月，代号“类人猿行动”（Operation Anthropoid）的刺杀海德里希计划构想出来时，加布齐克和库比斯已经在苏格兰高地完成了一套严格的特别行动处突击队员训练课程，正接受跳伞训练。课程包括曾在上海当警察的埃里克·安东尼（比尔）·赛克斯传授的无声杀人技术。本应跟随加布齐克的候选人在硬着陆时摔成脑震荡，库比斯在这之后才被选上。与加布齐克一样，库比斯也是主动

自由战士

突击队员扬·库比斯（左）和约瑟夫·加布齐克（右）在英国接受特别行动处的训练，但忠于捷克斯洛伐克流亡总统爱德华·贝奈斯。贝奈斯提议刺杀海德里希，以此向同盟国显示，捷克人有决心抵抗纳粹及解放祖国。他希望在战后重建自己的国家。

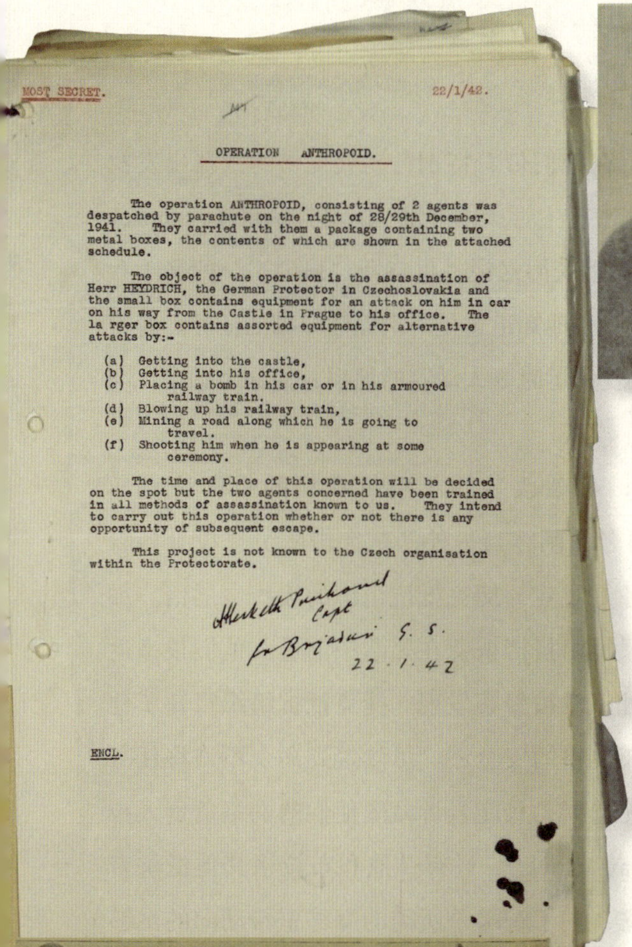

MOST SECRET. 22/1/42.

OPERATION ANTHROPOID.

The operation ANTHROPOID, consisting of 2 agents was despatched by parachute on the night of 28/29th December, 1941. They carried with them a package containing two metal boxes, the contents of which are shown in the attached schedule.

The object of the operation is the assassination of Herr HEYDRICH, the German Protector in Czechoslovakia and the small box contains equipment for an attack on him in car on his way from the Castle in Prague to his office. The la rger box contains assorted equipment for alternative attacks by:-

(a) Getting into the castle,
(b) Getting into his office,
(c) Placing a bomb in his car or in his armoured railway train.
(d) Blowing up his railway train,
(e) Mining a road along which he is going to travel.
(f) Shooting him when he is appearing at some ceremony.

The time and place of this operation will be decided on the spot but the two agents concerned have been trained in all methods of assassination known to us. They intend to carry out this operation whether or not there is any opportunity of subsequent escape.

This project is not known to the Czech organisation within the Protectorate.

Capt
for Brigadier S. S.
22. 1. 42

ENCL.

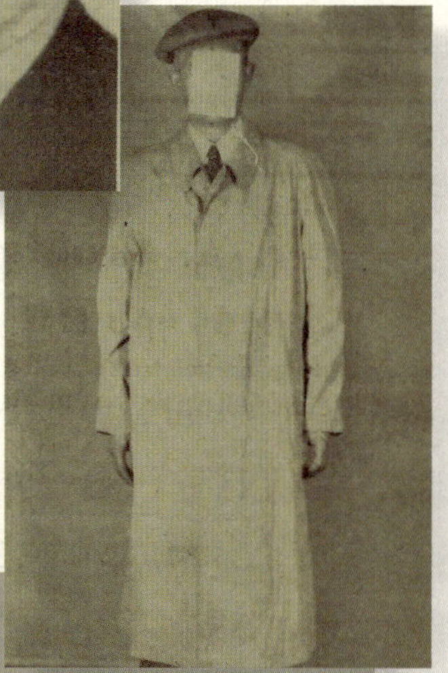

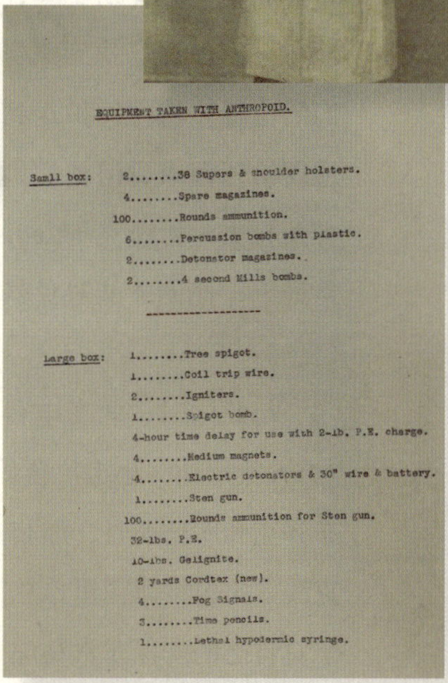

EQUIPMENT TAKEN WITH ANTHROPOID.

Samll box: 2........38 Supers & shoulder holsters.
4........Spare magazines.
100........Rounds ammunition.
6........Percussion bombs with plastic.
2........Detonator magazines.
2........4 second Mills bombs.

Large box: 1........Tree spigot.
1........Coil trip wire.
2........Igniters.
1........Spigot bomb.
4-hour time delay for use with 2-lb. P.E. charge.
4........Medium magnets.
4........Electric detonators & 30" wire & battery.
1........Sten gun.
100........Rounds ammunition for Sten gun.
32-lbs. P.E.
10-lbs. Gelignite.
2 yards Cordtex (new).
4........Fog Signals.
3........Time pencils.
1........Lethal hypodermic syringe.

暗杀记录

暗杀海德里希的“类人猿行动”在英国和德国档案中都有详细记载。一篇写于加布齐克和库比斯出发履行使命之后的英国报告，描述了他们可用的刺杀海德里希的各种方式，列出了发放的武器。暗杀发生后，在暗杀时望风的约瑟夫・瓦尔齐克的照片印在一张悬赏捉拿海报上。德国调查人员获得的证据里有其中一名突击队员穿戴的外套和帽子、一把手枪、一颗手雷和一辆用于逃离现场的自行车。

要求参加这次冒险行动的。在他们带着特别行动处提供的武器出发执行任务前不久，贝奈斯及其情报主管弗朗齐歇克·莫拉韦茨（Frantisek Moravec）与他们见面。莫拉韦茨回忆说，贝奈斯“强调了”两名士兵正在执行任务的“历史意义”:“他知道这是一次孤注一掷的任务。看得出，和我一样，对于两人接受命运时令人动容的坦率，他深为感动。与他们告别时，他眼含热泪。”

1941年12月28日夜，一架改装用于空投伞兵的哈利法克斯（Halifax）远程轰炸机将两名准刺客与另外两队突击队员空投到各自区域。两队突击队员的任务是重建与捷克抵抗组织的无线电通信。加布齐克落地时摔伤了脚，只得由搭档扶着在黑暗中前进。他们很幸运地在一家采石场找到藏身处，没被警察发现。捷克抵抗组织得知了他们的位置，将他们护送到布拉格的安全屋。虽然接到命令不许将任务透露给任何人，但他们别无选择，只能告诉藏匿他们的网络负责人拉吉斯拉夫·瓦涅克（Ladislav Vanek）。只有在他和布拉格其他抵抗者帮助下，他们才能避免暴露，并了解暗杀所需的海德里希动向的足够信息。

与此同时，两支电台队伍之一已经与伦敦建立联系，收到了确定“类人猿行动”小组位置的指示。1942年2月，当这些突击队员找到加布齐克和库比斯时，加布齐克的腿脚还不灵便。在他恢复期间，来自捷克线人（包括海德里希总部城堡里的工人）的报告表明，党卫军保安头子对自己的安保非常马虎。他经常只带着司机，坐敞篷汽车去机场，再乘专机去找希姆莱或希特勒商谈，这是典型的海德里希做法。他是技艺高超的飞行员，德国空军预备役军官，曾冒着相当大的危险执飞作战任务，直到被希姆莱制止。海德里希自信已经镇压了对第三帝国的反抗，不想让人看到他出行还带着武装警卫。

5月，加布齐克和库比斯做好了袭击准备，但一些突击队队员和抵

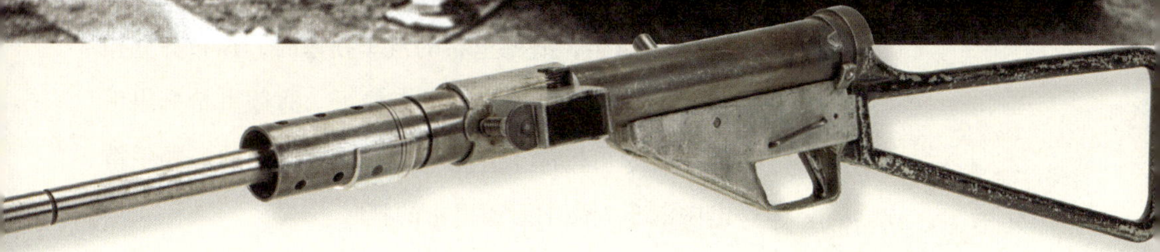

任务完成

1942 年 5 月 27 日上午，海德里希乘梅赛德斯—奔驰敞篷车去布拉格机场的路上，约瑟夫·加布齐克用与上图这把相同的司登冲锋枪向他开火。枪卡住时，与加布齐克同行的突击队员扬·库比斯扔出一颗威力强大的手雷。手雷击中汽车右侧，给海德里希造成致命伤。

抗组织领导人瓦涅克担心他们的攻击只会使已经恶劣的形势雪上加霜。过去几个月里，保罗·蒂默尔已经被捕，与其联系的最后一个捷克特工也死于枪战。另有几支队伍带着电台设备或武器跳伞降落，其中大部分突击队员死的死，关的关，躲的躲。捷克抵抗组织已成困兽，如果对海德里希的袭击招致大规模报复，他们的生存网络也许会崩溃。5 月初，瓦涅克发出一封密电，力主取消“类人猿行动”或转成一个稍小的目标，如一名与纳粹合作的捷克官员。他警告说，如果袭击按计划进行，成千上万条生命将处于危险中，纳粹将“消灭任何组织的最后残余。那时候，抵抗活动将不可能对同盟国发挥任何作用”。

瓦涅克的呼吁没能打动伦敦的组织者，加布齐克和库比斯依然致力于执行他们的任务。“刺杀很有必要，”加布齐克坚持说，“至于我，应该服从接到的命令。”当他和库比斯得知海德里希计划于 5 月 27 日坐飞机去见希特勒——也许不久将调去接管被占领的法国时，两人将这看成最后的机会。他们侦察了海德里希通过布拉格近郊去机场的路线。那天上午，他们在那条路拐弯的地方等他的车。司机开到那里需要减速。加布齐克打开手提箱，在他带来的雨衣下组装了一支司登袖珍冲锋枪。库比斯将两颗炸弹装在包里，站在路对面。这种炸弹就像大号手雷，一经碰撞就爆炸。

10 点半，海德里希的汽车拐弯时，加布齐克扣动了司登冲锋枪扳机，枪卡住了。海德里希掏出手枪，命令司机停车。随后，库比斯扔出的一颗手雷击中汽车，命中海德里希的脾脏。

他踉踉跄跄下了车，对着加布齐克胡乱开了几枪，接着瘫倒在地。加布齐克步行逃离，库比斯躲过司机射出的子弹，骑自行车逃走。海德里希做了手术，暂时存活，但伤口化了脓，他死于 1942 年 6 月 4 日。

“如果子孙后代问我们在这场战争中为什么而战，我们会给他们讲利迪策村的故事。”

——美国海军部长弗兰克·诺克斯

毁灭

为报复对海德里希的暗杀，德军夷平了利迪策村，杀死那里的男人和许多妇女（下），将大部分儿童送到死亡集中营。利迪策村被烧光，除左面这个标志外几乎没剩下什么。

那时，加布齐克、库比斯和其他队伍的5名突击队员，包括5月27日那天为暗杀望风的约瑟夫·瓦尔齐克（Josef Valcik），已经在布拉格一座东正教教堂的地下室找到避难所。希特勒要求逮捕1万名捷克人，扣作人质，并且处死全部涉嫌协助暗杀的人及其家庭成员。6月9日，盖世太保特工和党卫军安全警察进入利迪策村。该村受到怀疑是因为一名捷克伞兵被捕时，身上带着村里两个家庭的地址，这两个家庭的儿子在捷克流亡军队里。没有证据表明他们或利迪策村任何人协助过暗杀，但村里全部成年男子，总数近200人，被当场枪杀或者在关押受审后被处死。几名妇女也被杀害，其余在被迫与孩子分开后，被送到德国的拉文斯布吕克（Ravensbrück）妇女集中营。那些孩子中的少数被留下培养成日耳曼人，但超过80人被送到波兰切姆诺（Chelmno）死亡集中营。

利迪策村被夷为平地，纳粹控制的媒体公开宣传那里的屠杀，警告捷克人在“帝国司法系统惩罚整个国家”前揭发所有嫌疑人。希特勒对罪犯依然在逃大为恼火，这次要求处死3万捷克人。但6月13日，在报复升级到那一水平之前，布拉格当局提出赦免任何在随后5天内揭发暗杀的人。3月跳伞降落的突击队员卡雷尔·库尔达（Karel Curda）于4月与加布齐克和库比斯联系上，后躲到母亲和妹妹那里。6月16日，他走进布拉格盖世太保总部，出卖了队友，换来自己与家人的赦免和一大笔奖金。库尔达不知道逃亡者的地址，但他指引盖世太保特工找到积极活动在瓦涅克抵抗网络的一名女性。6月17日，他们到达她家时，她吞下氰化钾药丸自杀，在抵抗网络当通信员的儿子遭到拷打，后者供出她曾让他遇到危险时躲到突击队员藏身的教堂。几小时之内，成百上千的警察和武装党卫军部队包围了他们。

希姆莱听说那些人被围，发电报到布拉格，要求活捉他们，以此证明英国人是暗杀阴谋的背后主使。电报来得太晚了，而且教堂里的捷克士兵已经决心战斗至死。6月18日拂晓，进攻开始时，库比斯和两名突击队员已经离开了阴暗的地下室，拿着武器到唱诗班就座。他们是那天与党卫军部队交火后首先牺牲的突击队员。加布齐克和另外三人在地下室坚守了几小时，打死十几个德国人，最后才用剩下的子弹自杀。

刺客死后，对海德里希遇刺的残酷报复依然在继续。6月24日，属于某个突击队的一部电台在小村庄莱卡齐（Lekazy）被发现，52名成年人全部被枪杀。两名儿童被留下来培养成日耳曼人，另外11个死在切姆诺集中营。总计超过5000名捷克人死于对海德里希遇刺的报复，其中包括3000名犹太人。后者与阴谋毫无关系，但作为替罪羊被逐出特雷津，赶到死亡集中营。伦敦的“类人猿行动”组织者收到过警告，行动的结果将是成千上万人的苦难和抵抗活动的瘫痪，情况正是如此。捷克人有理由质疑，付出那么可怕的代价除掉海德里希值不值。少有纳粹像他那样无情而高效，但他的死并没有阻止党卫军在捷克或欧洲其他地方继续其恶毒计划。然而，第三帝国也付出巨大代价。在一个纳粹似乎必将主导欧洲的时刻，海德里希的死打破了纳粹领导人不可战胜的光环。通过公开宣传利迪策村大屠杀，德国人揭开了围绕着党卫军策略的神秘面纱，让同盟国愈加支持捷克流亡政府，更坚定地要求德国无条件投降和将纳粹分子绳之以法。“如果子孙后代问我们在这场战争中为什么而战，”美国海军部长弗兰克·诺克斯说，“我们会给他们讲利迪策村的故事。”

宣传部长约瑟夫·戈培尔试图通过提供证据证明刺杀阴谋“在伦敦制造”，为第三帝国扳回一城。但戈培尔在德国以外的人中以撒谎而臭名昭著，盟军宣传人员轻松驳斥了他的观点。“伦敦从没发布过刺杀海德里希的命令。”英国外交部声称，“实际上，关于一场争取自由的斗争由伦敦控制和指挥的所有纳粹理论都是谎言，因为该国所有的抵抗行动都是由那里的司令部指导和决定的。”在这个例子里，真相是同盟国战争努力必须付出的代价。如果贝奈斯和英国人承认为“类人猿行动”负责，他们就是在帮助敌人，也抹杀了加布齐克、库比斯和其他为祖国做出重大牺牲的捷克爱国者的壮举。252 名突击队员的亲友被逮捕、遭拷打并于 9 月被处死，布拉格的盖世太保头子评论说听到他们许多人称，“为祖国而死，我们很自豪”。

柏林红色乐队

1941 年 10 月下旬，刺杀海德里希的阴谋正在伦敦酝酿之际，德国航空部（Air Ministry）的空军情报官哈罗 · 舒尔策 – 博伊森（Harro Schulze-Boysen）中尉在柏林家中迎来一个特工访客。后者代号“肯特”（Kent），但随身护照上登记的是来自乌拉圭的文森特 · 谢拉（Vincent Sierra）。实际上，他是格勒乌的阿纳托利 · 古雷维奇（Anatoli Gourevitch）。在受到密切监视的德国首都，苏联间谍这样登门造访极不寻常，相当危险，但苏联人几个月没有舒尔策 – 博伊森的消息，迫不及待地要联系到他。而这名中尉也渴望出卖第三帝国的秘密，推翻希特勒政权，因此毫不介意地欢迎古雷维奇，花了几个小时向他介绍德国在东线的计划和实力。舒尔策 – 博伊森没有费心向妻子利伯塔丝（Libertas Schulze-Boysen）隐瞒这次草率的接头，因为她对他的间谍活动了如指掌，也是他反纳粹国家重罪的同伙。

哈罗 · 舒尔策 – 博伊森与国家社会主义的私人恩怨，始于希特勒上台的 1933 年。当时 25 岁左右的舒尔策 – 博伊森是期刊《反对者》（*Der Gegner*）的编辑。虽然没有公开支持被宣布为非法的德国共产党，但杂志对苛刻的柏林新政权的猛烈批评到了无法被容忍的程度。冲锋队员冲进杂志社，拖出他和同为编辑的朋友亨利 · 厄兰格（Henry Erlanger），将他们暴打一顿。厄兰格被活活打死，舒尔策 – 博伊森被打到住院。本

间谍伴侣

哈罗与利伯塔丝·舒尔策－博伊森夫妇很有人缘，他们在柏林的家中吸引了一批反对纳粹政权的志同道合者，其中一些与他们共同加入了战时间谍网，向苏联提供德国秘密。这些秘密包括哈罗以德国空军情报官身份获得的军事计划。欧洲几个这样的间谍团体用电台与莫斯科通信，总称“红色乐队”（Red Orchestra），柏林间谍网是其中之一。

来他的小杂志对纳粹构不成什么威胁，但这场磨难将他从纳粹的公开批评者变成一个危险得多的角色——一只挖进德国军事机构，从内部颠覆第三帝国的鼹鼠。“君子报仇，十年不晚。”他在加入德国空军前向熟人透露。他是一名德国海军军官的儿子，大名鼎鼎的阿尔弗雷德·冯·提尔皮茨（Alfred von Tirpitz）海军上将的侄外孙，在空军，这份无懈可击的出身压过了对他政治忠诚的怀疑。

和丈夫一样，利伯塔丝·舒尔策–博伊森来自显赫家庭，有着令许多相信雅利安优等民族神话的人艳羡的一头金发和北欧人外貌特征。她在电影业工作，一开始在米高梅电影公司（Metro-Goldwyn-Mayer）柏林分部任媒体代理人，后来为文化电影（Kulturfilm）工作。后者是一家政府机构，在约瑟夫·戈培尔监督下制作纪录片。围绕着时尚的舒尔策–博伊森夫妇的社交圈子包括演员、作家和导演。但不同于登在好莱坞八卦专栏上的那些无忧无虑的舞台和银幕人物，他们中许多人有犹太朋友、姻亲或祖先，纳粹恶毒的反犹主义让他们震惊。舒尔策–博伊森夫妇的熟人中，有像作家兼导演亚当·库克霍夫（Adam Kuckhoff）等有才华的人努力想找到适合他们才能的工作，因为他们曾是生机勃勃的 20 世纪 20 年代德国反主流文化的一部分，这种文化包括犹太人和共产党人，现在被纳粹指责为堕落。库克霍夫介绍哈罗·舒尔策–博伊森认识了阿尔维德·哈纳克（Arvid Harnack），后者帮助将这个松散的反纳粹圈子转变为高效的间谍网。哈纳克在柏林的经济部工作，职责包括监测德国的工业产出。

舒尔策–博伊森在航空部以外的至交都清楚他对纳粹的仇恨，哈纳克则小心谨慎，更倾向于通过隐蔽渠道反抗纳粹政权。20 世纪 30 年代，他将关于德国经济和发动战争能力的涉密信息转给美国大使馆的专员和苏联大使馆的情报官员。哈纳克曾将自己形容成“在德国连接美国和苏联的桥梁”，也许还曾希望这两个大国会结成反希特勒联盟，加速

煽动者

德国官员阿尔维德·哈纳克发起柏林间谍网与苏联特工的联系。

伴侣

对丈夫的爱和对纳粹的鄙视促使米尔德丽德·哈纳克加入了柏林间谍网。

中间人

作家亚当·库克霍夫将哈罗·舒尔策–博伊森介绍给阿尔维德·哈纳克，与他们一起从事间谍活动。

其倒台。1939年希特勒与斯大林的《苏德互不侵犯条约》似乎打破了这样的希望，哈纳克直到1940年后期才重新与苏联联系，当时他已经知道希特勒正计划撕毁协议，入侵苏联。哈纳克不仅将国家秘密出卖给苏联特工亚历山大·科罗特科夫（Alexander Korotkov），还吸纳了库克霍夫和舒尔策–博伊森。舒尔策–博伊森提供了关于德国对苏联领土的高空侦察和德国空军战争计划的细节。

与理查德·佐尔格和其他苏联特工、线人的类似报告一样，来自柏林的警告也被斯大林忽略。但莫斯科的情报官员给这个间谍网送来电台，以防入侵发生，科罗特科夫和其他苏联官员一起被逐出柏林。科罗特科夫敦促三名间谍网领导人切断与其他德国异见人士的联系，因为后者如果被捕，受到拷打，也许会背叛他们。但他们拒绝这样做，依然故我地参与抵抗活动，如帮助犹太人逃离

> “君子报仇，十年不晚。”
> ——哈罗·舒尔策–博伊森

监测可疑无线电信号

在欧洲德占地区，每天夜里，短波收音机的听众都能听到神秘信号。它们被加密成似乎毫无意义的一串字母或数字，用莫尔斯电码发出。其中一些由秘密特工发给同盟国监听台，在那里解密。没有其他秘密通信方式比这更快速高效，也更容易被探测到。军事情报局和盖世太保等德国机构使用特制的无线电测向仪追踪秘密信号来源，破获间谍网或抵抗小组。

贴身穿戴

盖世太保特工和其他德国机构用便携测向仪近距离探测隐蔽电台（下）。它被穿在衣服里面（右），用皮带支撑。颈带同时作为环形天线。

对付无线电测向仪的最佳防御手段是，不给敌人追踪到信号源的时间。欧洲沦陷区的特别行动处特工的标准程序是将发送时间限制在不超过 5 分钟，但很少有特工能够那么快地发送一条稍长的信息。每多发 1 分钟，德国特工就多一分机会用带有定向天线的设备来发现信号来源。固定的无线电测向站首先用三角测量法确定电台的大概位置，装备在“无线电测向车”里的移动无线电测向装置接着帮助缩小搜查范围。对于更近距离的定位，测向员可以将一台敏感的测向仪拿在手里或藏在衣服下穿过街道，确定信号来自哪个街区，这时警察就可以挨家挨户搜查。隐藏的电台经常要用电，因此缩小搜索范围的另一项技术是逐个区域断电，直到可疑信号消失。对付无线电测向仪的预防措施有使用难以探测的低频电台、经常转移及缩短发报时间。虽然如此，欧洲沦陷区活跃的秘密信号员的工作时限也就个把月。

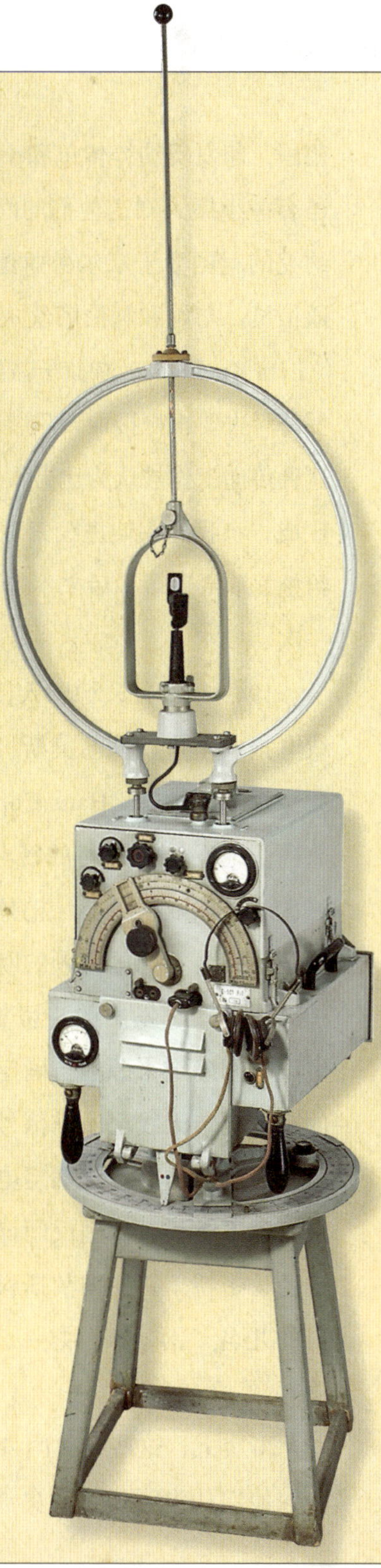

移动测向仪

这台无线电测向接收机内置环形天线的后段测向仪（Nachfeldpeiler P57N），可以藏在小货车或卡车里，被用于追踪意大利德占区的抵抗组织发送的信号。

德国，印发反纳粹传单和小册子。数十人知道他们是纳粹政权的敌人，还有一小撮人知道他们的间谍活动并参与其中，包括他们的妻子。哈纳克的美国妻子米尔德丽德（Mildred）是英语教师，有时为间谍网当通信员。与她和利伯塔丝·舒尔策–博伊森和不同，格蕾塔·库克霍夫（Greta Kuckhoff）有孩子需要照顾。虽然丈夫试图不让她参与，但当科罗特科夫要求她接取一只装着电台的手提箱时，她丈夫同意了。女人做这种传递工作被认为比男人安全，但格蕾塔知道这项任务很危险，将它比成“将我的头伸进绞索”。雪上加霜的是，科罗特科夫在把手提箱交给她之前弄丢了，后来不得不重新找回，修好脆弱的电台，然后再交接一次。

1941 年 6 月，德国入侵苏联，之后苏联关闭了驻柏林大使馆，无线电报成了这些人与莫斯科通信的唯一手段。担任信号员的年轻共产党员汉斯·科皮（Hans Coppi）工作经验不足，收到的电台可能也有故障。他发给莫斯科的密电简短而且时断时续，不久后就完全中断。这次通信失败很可能让柏林间谍网躲过了很快被查获摧毁的下场。德国技术人员在德国占领的欧洲各地监测无线电信号，尤其关注从帝国神经中枢柏林发出的一切非法频率上的信号。他们收到科皮的电报，但没时间确定来源地。确定信号源的方法是用几台装着无线电测向仪的车，旋转天线至对准信号。三台车需要导向定位到同一个信号，之后才能用三角测量法确定电台的大概位置并搜索那个区域。科皮的发报时间不够长，德国反间谍军官没法定位他。但他们怀疑这个按发报键的秘密特工正在向莫斯科发报，并且可能是与“红色乐队”同台演出的几名“钢琴家”之一。“红色乐队”是他们对庞大苏联间谍网的称呼。

事实上，这些柏林间谍网首脑根本不知道自己是这个组织的一部分，他们从没听说过利奥波德·特雷佩尔（Leopold Trepper）。此人几年前受格勒乌招募，在西欧建立了间谍网，现在在法国和比利时有据点，他的特工从那里用电台将密电发往莫斯科。特雷佩尔后来将遭到德国反谍人员追捕，后者将他作为“红色乐队”的指挥或“大头领”（Big Chief）抓获。但他对由鲁道夫·勒斯勒尔（Rudolf Rössler）运营的瑞士独立小组没有控制权。代号“露西”（Lucy）的勒斯勒尔是一名优秀特工，他将德国军官提供的军事情报用电台传到莫斯科。与舒尔策–博伊森一样，那些军官也鄙视希特勒的政权。特雷佩尔也是直到莫斯科开始绝望，发电报指示他在布鲁塞尔的“小头领”（Little Chief）阿纳托利·古雷维奇联系那些柏林间谍时，才与柏林间谍网络联系。在巴黎活动的特雷佩尔得知莫斯科的上级将柏林间谍的真实姓名地址写在给布鲁塞尔的电报上，大惊失色。“这可不行，”他叫道，“他们疯了！”

他的担心不是空穴来风。德国监听人员还没有确定古雷维奇在布鲁塞尔的位置，但他们正在接收来往于那个据点的无线电信号，记录那些密电。如果反情报官员确定了电台位置，破译了密码，这些柏林间谍网领导者将会暴露。播送他们的姓名地址是个可怕的错误，但随着德军逼近莫斯科，苏联间谍首脑迫切需要来自柏林的情报。

1941 年 10 月，当古雷维奇在舒尔策–博伊森家与之会面，柏林间谍网恢复为苏联刺探情报时，他们的抵抗活动又增加了新的风险。他们得知党卫军部队——有时在德国常规部队和警察协助下，在波兰和苏联沦陷区实施的暴行，准备设法将那些罪行公之于众。根据利伯塔丝·舒尔策–博伊森从休假的士兵那里听到的叙述，亚当·库克霍夫编了一封信，描绘了一个在参加完集体处决后精神崩溃的德国警官。那是一场夺去大量苏联犹太人生命的杀戮：“受害者被迫跪下。这时我们沿着他们身后走过，近距离射击每个人后脑。”这封假称德国警官写给儿子的信被复制分发到开往苏联的部队中。柏林间谍网的这类活动对舆论或整体战备并无多大影响，但对纳粹暴行的了解，促使圈子里的间谍

白玫瑰抵抗组织

很少有德国城市像慕尼黑那样与纳粹联系密切。1923 年，希特勒在慕尼黑发动了啤酒馆政变（Beer Hall Putsch）。他会在每年的周年纪念活动上向“老战友”发表讲话。1941 年 11 月 8 日，他向那些纳粹分子保证，“史上从来没有一个庞大帝国像苏联那样在那么短的时间内被粉碎，被打倒”。然而，即使他宣称胜利了，德军却在苏联陷入泥沼，而对他政权的反抗也在慕尼黑大学（University of Munich）萌生。那里的“白玫瑰”（White Rose）组织虽然很小但非常坚决，其中一些学生在苏联任医务兵，在那里见证了德军的血腥暴行。其领导人包括反抗希特勒青年团（Hitler Youth）政治灌输的医务兵汉斯 · 朔尔（Hans Scholl）和妹妹索菲（Sophie）。到 1942 年，“白玫瑰”组织已经在慕尼黑和其他城市散发反纳粹传单。其中一份传单警告道，希特勒的战争将使德国城市成为废墟，另一份声称，30 万犹太人已经

反抗三人组

汉斯 · 朔尔（左）在慕尼黑与妹妹索菲（中）和“白玫瑰”组织的同伴克里斯托弗 · 普罗布斯特见面。他们被害后，据称在他们的行动鼓舞下散发的那些德国传单，包括一名慕尼黑学生的宣言（对页左）和一份来自“朔尔同盟”（SchollBund，对页右）的传单，是由同盟国宣传部门制作的。

在德占波兰“以最野蛮的方式”被杀害。盖世太保间谍追查这些匿名传单，但“白玫瑰”成员继续鼓动抵抗纳粹并揭露其“滔天罪行”。一些人在墙上刷反抗信息，如“屠夫希特勒”。1943 年 2 月，手上拿着传单的汉斯和索菲 · 朔尔在慕尼黑被捕，被指控叛国罪，判处死刑。他们的朋友克里斯托弗 · 普罗布斯特（Christoph Probst）和组织内其他骨干也被处死，但他们的信息流传下来。“白玫瑰”组织最后一份传单偷运到英国，复制后供皇家空军散发。1943 年年中，他们在德国上空投下上百万份复制品。

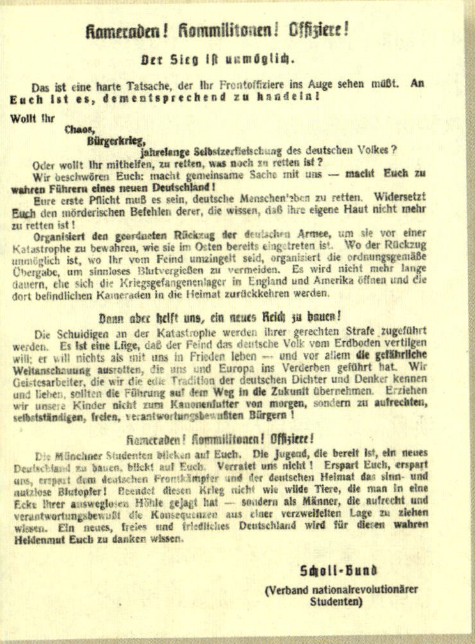

Kameraden! Kommilitonen! Offiziere!

Der Sieg ist unmöglich.

Das ist eine harte Tatsache, der Ihr Frontoffiziere ins Auge sehen müßt. **An Euch ist es, dementsprechend zu handeln!**

Wollt Ihr
Chaos,
Bürgerkrieg,
jahrelange Selbstzerfleischung des deutschen Volkes?

Oder wollt Ihr **mithelfen, zu retten, was noch zu retten ist?**

Wir beschwören Euch: macht gemeinsame Sache mit uns — **macht Euch zu wahren Führern eines neuen Deutschland!**

Eure erste Pflicht muß es sein, deutsche Menschenleben zu retten. **Widersetzt Euch** den mörderischen Befehlen derer, die wissen, daß ihre eigene Haut nicht **mehr zu retten ist!**

Organisiert den geordneten Rückzug der deutschen Armee, um sie vor einer Katastrophe zu bewahren, wie sie im Osten bereits eingetreten ist. Wo der Rückzug unmöglich ist, wo Ihr vom Feind umzingelt seid, organisiert die ordnungsgemäße Übergabe, um sinnloses Blutvergießen zu vermeiden. Es wird nicht mehr lange dauern, ehe sich die Kriegsgefangenenlager in England und Amerika öffnen und die dort befindlichen Kameraden in die Heimat zurückkehren werden.

Dann aber helft uns, ein neues Reich zu bauen!

Die Schuldigen an der Katastrophe werden ihrer gerechten Strafe zugeführt werden. Es **ist eine Lüge,** daß der Feind das deutsche Volk vom Erdboden vertilgen will; er will nichts als mit uns in Frieden leben — und vor allem **die gefährliche Weltanschauung ausrotten,** die uns und Europa ins Verderben geführt hat. Wir Geistesarbeiter, die wir die edle Tradition der deutschen Dichter und Denker kennen und lieben, sollten **die Führung auf dem Weg in die Zukunft** übernehmen. Erziehen wir unsere Kinder **nicht zum Kanonenfutter von morgen,** sondern zu **aufrechten, selbstständigen, freien, verantwortungsbewußten Bürgern!**

Kameraden! Kommilitonen! Offiziere!

Die Münchner Studenten blicken **auf Euch. Die Jugend, die bereit ist, ein neues** Deutschland zu bauen, **blickt auf Euch. Verratet uns nicht! Erspart Euch, erspart uns,** erspart dem deutschen Frontkämpfer **und der deutschen Heimat das sinn- und nutzlose Blutopfer!** Beendet diesen Krieg nicht **wie wilde Tiere, die man in eine** Ecke ihrer **ausweglosen** Höhle gejagt hat — **sondern als Männer, die aufrecht und verantwortungsbewußt** die Konsequenzen aus einer **verzweifelten Lage zu ziehen wissen. Ein** neues, freies und friedliches **Deutschland wird für diesen wahren Heldenmut Euch zu danken wissen.**

Scholl-Bund
(Verband nationalrevolutionärer Studenten)

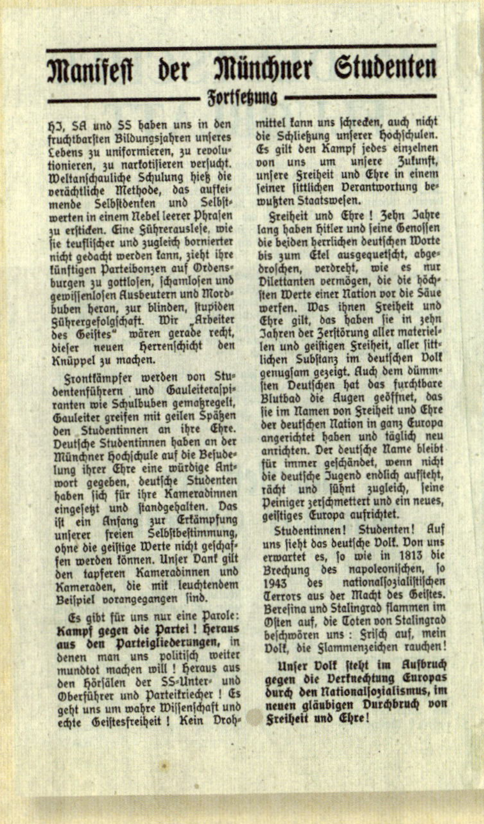

Manifest der Münchner Studenten

Fortsetzung

HJ, SA und SS haben uns in den fruchtbarsten Bildungsjahren unseres Lebens zu uniformieren, zu revolutionieren, zu narkotisieren versucht. Weltanschauliche Schulung hieß die verächtliche Methode, das aufkeimende Selbstdenken und Selbstwerten in einem Nebel leerer Phrasen zu ersticken. Eine Führerauslese, wie sie teuflischer und zugleich bornierter nicht gedacht werden kann, zieht ihre künftigen Parteibonzen auf Ordensburgen zu gottlosen, schamlosen und gewissenlosen Ausbeutern und Mordbuben heran, zur blinden, stupiden Führergefolgschaft. Wir „Arbeiter des Geistes“ wären gerade recht, dieser neuen Herrenschicht den Knüppel zu machen.

Frontkämpfer werden von Studentenführern und Gauleiteraspiranten wie Schulbuben gemaßregelt, Gauleiter greifen mit geilen Späßen den Studentinnen an ihre Ehre. Deutsche Studentinnen haben an der Münchner Hochschule auf die Besudelung ihrer Ehre eine würdige Antwort gegeben, deutsche Studenten haben sich für ihre Kameradinnen eingesetzt und standgehalten. Das ist ein Anfang zur Erkämpfung unserer freien Selbstbestimmung, ohne die geistige Werte nicht geschaffen werden können. Unser Dank gilt den tapferen Kameradinnen und Kameraden, die mit leuchtendem Beispiel vorangegangen sind.

Es gibt für uns nur eine Parole: **Kampf gegen die Partei! Heraus aus den Parteigliederungen,** in denen man uns politisch weiter mundtot machen will! Heraus aus den Hörsälen der SS-Unter- und Oberführer und Parteikriecher! Es geht uns um wahre Wissenschaft und echte Geistesfreiheit! Kein Drohmittel kann uns schrecken, auch nicht die Schließung unserer Hochschulen. Es gilt den Kampf jedes einzelnen von uns um unsere Zukunft, unsere Freiheit und Ehre in einem seiner sittlichen Verantwortung bewußten Staatswesen.

Freiheit und Ehre! Zehn Jahre lang haben Hitler und seine Genossen die beiden herrlichen deutschen Worte bis zum Ekel ausgequetscht, abgedroschen, verdreht, wie es nur Dilettanten vermögen, die die höchsten Werte einer Nation vor die Säue werfen. Was ihnen Freiheit und Ehre gilt, das haben sie in zehn Jahren der Zerstörung aller materiellen und geistigen Freiheit, aller sittlichen Substanz im deutschen Volk genugsam gezeigt. Auch dem dümmsten Deutschen hat das furchtbare Blutbad die Augen geöffnet, das sie im Namen von Freiheit und Ehre der deutschen Nation in ganz Europa angerichtet haben und täglich neu anrichten. Der deutsche Name bleibt für immer geschändet, wenn nicht die deutsche Jugend endlich aufsteht, rächt und sühnt zugleich, seine Peiniger zerschmettert und ein neues, geistiges Europa aufrichtet.

Studentinnen! Studenten! Auf uns sieht das deutsche Volk. Von uns erwartet es, so wie in 1813 die Brechung des napoleonischen, so 1943 des nationalsozialistischen Terrors aus der Macht des Geistes. Beresina und Stalingrad flammen im Osten auf, die Toten von Stalingrad beschwören uns: Frisch auf, mein Volk, die Flammenzeichen rauchen!

Unser Volk steht im Aufbruch gegen die Verknechtung Europas durch den Nationalsozialismus, im neuen gläubigen Durchbruch von Freiheit und Ehre!

鲁道夫·勒斯勒尔

鲁道夫·勒斯勒尔化名露西在瑞士活动，用电台向莫斯科发送关于德国军事计划非常准确的报告。他是这场战争中最成功、最谨慎的秘密特工之一，谨慎到他从未透露多少自己的行动情况，甚至引来对他成功秘密的疑问。勒斯勒尔是德国一战老兵，认识一些与他同样鄙视纳粹的军官，1934 年移民瑞士。二战期间，瑞士的中立国地位使之成为阴谋和间谍活动的热土。他在那里与苏联间谍打交道，但没有将情报来源透露给他们或他为之工作的苏联格勒乌军事情报官员。他的信号员是英国侨民亚历山大·富特（Alexander Foote），后者曾在西班牙内战（Spanish Civil War）中与共产党人并肩战斗。1943 年，勒斯勒尔关于库尔斯克会战（Battle of Kursk）德军准备情况的报告，帮助苏联赢得一场决定性胜利。

后来，人们试图进一步解释勒斯勒尔预测德军动向的神奇能力。有一种理论认为，富特是英国情报特工，英国密码破译员解开德国恩尼格玛密码机，破译了用该装置加密的军事电报，富特则将他们获得的信息转给了勒斯勒尔。这一理论似乎说得通，因为英国人希望苏联打败德国，又不想透露自己突破恩尼格玛的情况。但 F. H. 欣斯利（F. H. Hinsley）否认了他们利用露西“将情报转给莫斯科”的说法。欣斯利参加过破译恩尼格玛的秘密项目，成为英国战时情报机构的官方历史学家。勒斯勒尔成功的更可信解释是，他的德国线人，包括军事情报局军官汉斯·吉泽菲乌斯等人，能够接触到极有价值的军事秘密。他们反对希特勒，甚至不惜帮助他的同盟国对手推翻他。

代号	露西
服务国	苏联
针对国	德国

行刑室

米尔德丽德·哈纳克等因为参与柏林间谍网而被判死刑的妇女死在断头台下。不同于被慢慢折磨绞死的男性，这种处决更快。

> “这一死正合我意。”他说。
> ——哈罗·舒尔策－博伊森
>
> “我深深地爱着德国！”
> ——米尔德丽德·哈纳克

和圈子外与他们有联系的抵抗者冒着生命危险反抗希特勒。正如哈罗·舒尔策－博伊森对一个女人说：“这种暴行必须结束。我们所有人都需要一起努力，阻止那个恶魔。”这个女人的未婚夫是犹太人，被送到一个集中营。

对于舒尔策－博伊森和他的同伴，那意味着将德国的军事计划透露给苏联。从柏林回到布鲁塞尔的古雷维奇有太多的情报要传给莫斯科，以至于他的信号员需要长时间轮班工作。军事情报局的哈里·皮佩（Harry Piepe）上尉，因此得以定位三部电台之一，这三部电台分处布鲁塞尔不同地点，由“红色乐队”“钢琴师”操作。如果皮佩再多花点时间调查，他也许可以成功地关闭所有三部电台，逮捕古雷维奇甚至他的“大头领”特雷佩尔。特雷佩尔隔三岔五来布鲁塞尔检查工作，直到 1942 年后期才被抓住。但与苏联情报官员一样，德国反谍官员也面临需要取得成果的压力。1941 年 12 月 14 日，皮佩的手下突击了他们定位的布鲁塞尔阿特雷巴特大街（Rue des Atrébates）101 号一处“红色乐队”藏身地，抓住几名嫌疑人，将他们转给盖世太保进行“强化审讯”。信号员米哈伊尔·马卡罗夫（Mikhail Makarov）经受住拷打，没透露任何重要信息。密码员苏菲·波兹南斯卡（Sophie Poznanska）知道的细节，足以让德国密码分析人员破译往来于布鲁塞尔和莫斯科之间的密电，但她宁可自杀也没让敌人撬出秘密。

唯一合作的嫌疑人是一名苏联通信员的情人丽塔·阿诺（Rita Arnaud），但她似乎所知不多，帮不到审讯人员。然而，随后数月的进一步调查表明，波兹南斯卡用一本她和莫斯科同行都有的书加密电报，解开密码的关键词由页数、行数和该词在那一行的顺序数指出。这样的密码极难破译，除非你知道成百上千万印刷书里哪一本被用于

在押者

一封发自莫斯科的电报透露了“红色乐队”柏林间谍网领导人的身份。德国当局破译电报后，在柏林及周边地区逮捕了超过 100 名嫌疑人。贴在一本盖世太保笔记本上的头像显示了其中 6 人。许多被捕者是与这些间谍有交往，但不知其间谍活动的反纳粹人士。

这一目的。阿诺回忆出她在布鲁塞尔电台附近看到的几本小说的书名，其中一本包含了解开这个密码的关键词。1942 年 7 月，那封致命的电报最终被解开。

柏林的盖世太保特工将间谍网领导人置于严密监视下，窃听了他们的电话，扩大了嫌疑人名单。哈罗 · 舒尔策 – 博伊森于 8 月下旬第一个被捕，还有几十人在随后几周里被扫荡一清。最终，117 人被抓获，其中许多抵抗者对间谍活动一无所知，只是在别人受到拷打时吐露出他们的名字才被抓进去。希特勒得知有德国上层人员曾阴谋反对他的政权，大为震惊，下令秘密审判。审判的结果是 46 名男女被判死刑，包括舒尔策 – 博伊森夫妇、哈纳克夫妇和库克霍夫夫妇，不过格蕾塔 · 库克霍夫后来被赦免，在狱中度过战争余下的时间。利伯塔丝 · 舒尔策 – 博伊森恳求免死，未果，但她丈夫没表现出一丝顺从和悔悟。“这一死正合

埃米·索普·帕克

威廉·多诺万与英国间谍首脑威廉·斯蒂芬森合作，从中得到的财富之一是富有魅力的英裔美国特工埃米·索普·帕克（Amy Thorpe Pack）的专业服务。1930年，这个出生于美国迷人的19岁社交新人（图为她穿着婚纱的照片）嫁给英国外交官亚瑟·帕克（Arthur Pack）。不久后，她与丈夫闹翻，但得到了双重国籍和进入欧洲外交圈子的机会。在欧洲，她从拜倒在其石榴裙下的官员那里为英国获取情报。她后来提到一个仰慕者："我允许他随时跟我私会，因为这保证了我需要的政治情报源源不断。"

二战开始后，埃米·帕克离开丈夫，回到美国。斯蒂芬森雇她在华盛顿当秘密特工，代号"辛西娅"（Cynthia）。1941年，他对她的工作很满意，要求她渗透法国大使馆。大使馆代表着表面中立，实际上服从纳粹德国的维希政权。她当即引诱了使馆新闻专员夏尔·布鲁斯（Charles Brousse）。后者很快意识到她是间谍，但还是照她说的去做，因为他爱慕她，且鄙视纳粹。斯蒂芬森最想从法国大使馆弄到的是锁在海军武官办公室的密码本，但他不想越过美国人去冒险盗窃一个中立国驻华盛顿的大使馆。1942年，他向不久后掌管新成立的战略情报局的多诺万求助。英美军队将于当年晚些时候登陆法属北非，在此之前，多诺万将采取一切手段收集维希法国军队的情报。多诺万同意与斯蒂芬森共享成果，采取一次暴露后可能引发外交纠纷的闯入行动。

按照计划，布鲁斯和特工辛西娅将在深夜征得守卫同意后进入使馆。他们告诉守卫说要用布鲁斯的办公室幽会。经过几次笨拙的尝试后，他们最后一次进入海军武官办公室，打开窗户，放进一个外号"佐治亚撬锁人"（Georgia Cracker）的狡猾惯犯。战略情报局因其高超的开锁技艺而雇用他，他取到几本密码本，拿去拍照。辛西娅和布鲁斯紧张地等待同伙归还文件时，听到巡视的守卫走近。如果他看到这一对不是在缠绵，而是在海军武官办公室做坏事，肯定会开口询问。她飞快地脱掉衣服，钻到布鲁斯怀里。看到这个景象，窘迫的守卫咕咕哝哝地为自己的打扰道歉，赶紧离开了。黎明时，密码本回到原处，这些窃贼也脱离了危险。

这次盗窃虽然没引起维希法国当局的警觉，却引来联邦调查局局长胡佛的怀疑。他的特工正在监视外国驻美使馆。在战略情报局另一支队伍被发现潜入西班牙驻华盛顿大使馆之后，胡佛向罗斯福总统抱怨说，针对外国特工或驻美使节的隐蔽行动是联邦调查局的事。罗斯福表示同意，条件是胡佛将以后收集的所有情报与战略情报局共享。但胡佛与多诺万现在是死对头，两人更倾向于互相刺探而不是分享情报。

对于埃米·帕克和夏尔·布鲁斯，法国大使馆的盗窃是一次难以复制的艰难行动。多诺万曾考虑派他们去刺探维希法国，但是当布鲁斯的妻子发现奸情时，他取消了计划。特工辛西娅曾经为自己不对情人投入太多感情而自豪。“生活只是表演的舞台，”她写道，“你的角色是表演，并且永远藏起你的真情实感。”但她与布鲁斯的感情强烈到无法隐藏。当他们再也不能一起当间谍时，两人结为夫妻。这场婚姻一直持续到1963年她的去世。

代号：	辛西娅
服务国：	英国、美国
针对国：	维希法国

我意。”他说。米尔德丽德·哈纳克的遗言留给她的第二故乡，这个曾经文雅而灿烂的国家现在因为纳粹堕落而蒙羞：“我深深地爱着德国！”

战略情报局在北非

1942年6月中旬，威廉·多诺万掌管新成立的战略情报局，他的主要任务是收集情报和发起秘密行动，支持即将打响的美军对法属北非的进攻，那里的维希法国管理者与德国人合作。距进军还有不到5个月，但早在罗斯福总统于1941年年中选择多诺万领导情报协调局（Office of Coordinator of Information）之前，美国特工已经开始渗透进北非，招募线人和支持同盟国的人。多诺万出任该职务时，他的主要资产是“十二门徒”，他们表面上的工作是确保维希政府官员采购的石油、食品等美国货物不会流入正在北非与英军作战的德国或意大利部队手中。但这12名拥有美国副领事外交豁免权的官员，还刺探维希政府的部队和防卫。（驻在国可以驱逐但不能起诉隶属于使领馆的间谍。）法属摩洛哥、阿尔及利亚和突尼斯的德国间谍知道“十二门徒”在搞什么，认为他们不够专业。“他们满脑子只想着社交、性或美食。”一名德国情报官报告说。

只要手下间谍密切关注维希政府的军事设施和意图，多诺万不介意他们闲暇时找点乐子。“十二门徒”及时向他提供准确的信息。他们的上司，美国驻阿尔及尔总领事罗伯特·墨菲（Robert Murphy）则与法国驻北非的一些指挥官秘密交流。这些人对维希政府深感失望，也许宁愿与同盟国而非法西斯分子合作。多诺万预先准备支持美军进军的秘密行动，派海军陆战队上校威廉·埃迪（William Eddy）去拉拢北非部落领导人，招募

“他们满脑子只想着社交、性或美食。”
——德国情报官形容被称作“十二门徒”的美国驻北非特工

严重后果

与纳粹合作的法国维希政府发布的海报，写有谚语“Les conseilleurs ne sont pas les payeurs”（教唆者自己不承担后果）来谴责破坏行动。意为那些怂恿别人以破坏形式发起抵抗的人，将无辜者暴露在德国的残酷报复面前。

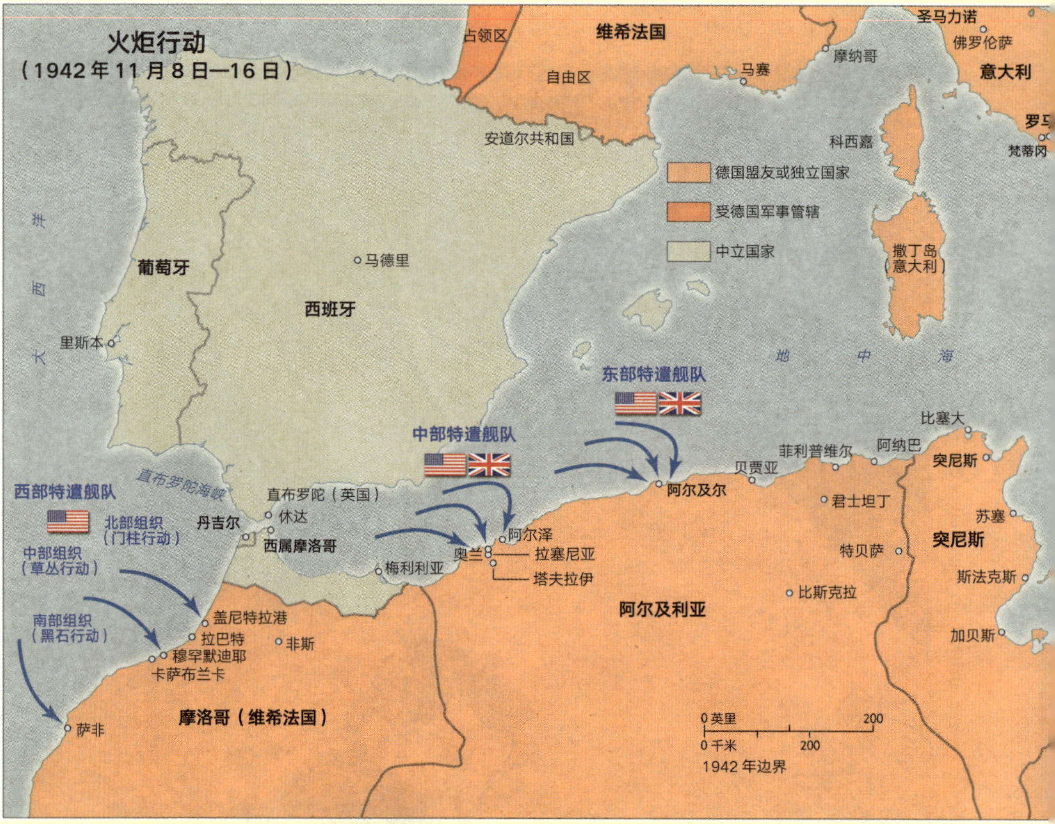

火炬行动

1942年11月，盟军发起“火炬行动”（地图见上），在北非登陆。在此之前，人类学家卡尔顿·库恩（左）开始担任战略情报局驻北非官员。盟军很快控制了法属摩洛哥和阿尔及利亚，但在突尼斯与埃尔温·隆美尔（Erwin Rommel）将军的装甲部队和其他轴心国部队激战之后，才于1943年中拿下北非。

游击队员和破坏者到敌后制造混乱。埃迪出生在中东的传教士家庭，会说流利的法语和阿拉伯语。

多诺万还招募了在北非生活或学习，具备在埃迪手下担任特工所需的当地知识和语言技能的美国人，其中包括38岁的卡尔顿·库恩（Carleton Coon）。他是哈佛大学人类学家，在摩洛哥做野外研究，曾因超重和高血压没当上海军军官。“我从未正式加入情报协调局或战略情报局。”库恩回忆说，“我们都是尽自己道德责任的志愿者。我们从不听命于人。他们总是问我们：‘你们愿不愿……（例如，去送死）？’对此我们总是说‘行’。”在北非加入埃迪的队伍前，库恩接受了秘密无线电通信和破坏的训练。他觉得自己正有幸实现儿时的梦想：“翻越陌生的山岭，鼓动起原始部落，用非传统的秘密方法摧毁敌人。”

库恩开始用化名在西属摩洛哥首都丹吉尔（Tangier）工作。这里位于法属摩洛哥以北，与英国的直布罗陀要塞隔海相望。他的主要任务是，万一德军取得佛朗哥同意，占领西属摩洛哥并试图对同盟国船只封锁至关重要的直布罗陀海峡，他就去诱使各部落头领帮助同盟国，反抗德国人。库恩捐给一个代号“斯特林斯”（Strings）的有影响力的摩洛哥毛拉5万法郎，帮助其建一座清真寺，赢得他的支持。“从那时起”，库恩回忆说，“斯特林斯先生就站在我们一边”，还主动提出“万一德军在丹吉尔突袭我们，就把我们藏起来”。库恩频繁前往直布罗陀，英国特别行动处军官在那里进一步训练他们使用炸药和爆破技术。作为回报，当特别行动处请他和特工同事戈登·布朗（Gordon Browne）从摩洛哥的路上收集石头时，两人爽快答应了。那些石头是作为刺穿车胎的炸弹模型，这种炸弹被撒到路上阻止德国车辆。“我们发现，路上石头很少。”库恩叙述，“但骡粪堆随处可见。因此在塞满汽车后座的石头收藏之外，我们又加上了几个当地骡粪样品。这些被仔细包起来，送到伦敦。”特别行动处技术人员“根据这些样品制作出骡粪炸弹”，他

Merry Christmas

The Boston Post

DARLAN KILLED BY FRENCH ASSASSIN

Youth of 20 Fires Shots Into Mouth and Lungs of French Leader in North Africa —Also Wounds Darlan Aide But Is Captured by Chauffeur—Axis Plot Seen as Slayer Refuses to Divulge Name—Order Maintained Throughout Algiers

Christmas

WAR SHADOWS DAY OF PEACE

But Darkened City Greets Christmas With Carols, Church Services and Parties in Homes

SOME YULE MAIL NOT DELIVERED

"The Adoration of the Shepherds"

Slaying Denounced by Roosevelt as 'First Degree Murder'

Yanks Overwhelm Japs—Allies Score

倒戈

上面照片中，让·达尔朗站在中间
面对德怀特·艾森豪威尔中将。艾森豪
尔的盟军部队在北非登陆后不久，达尔
作为维希法国军队司令投降。1942 年 1
月下旬，因为勾结德国人而声名狼藉的
尔朗被刺杀。这次刺杀登上了报纸大字
题（左），结束了他与艾森豪威尔那份
发争议的协议。后者让达尔朗管理摩洛
与阿尔及利亚。

间谍管理者

当德军以占领法国南部
维希辖区来回应盟军对北非
进攻时，战略情报局情报官
伦·杜勒斯差点被困于敌占区
杜勒斯通过法国边境进入中
的瑞士，与弗里茨·科尔贝
其他德国间谍交易，后者通
向同盟国出卖纳粹政权的秘
来反抗它。

补充说，“我们后来在突尼斯使用它们，效果很好”。

1942 年秋，随着美军进军即将到来，库恩和战略情报局其他特工花费大量时间将军事情报从北非通过电台发给德怀特·艾森豪威尔中将。登陆前不久，这位“火炬行动”（Operation Torch）总指挥将基地从伦敦搬到直布罗陀。10 月，艾森豪威尔从在阿尔及利亚的罗伯特·墨菲处得知，维希法国统帅部的夏尔·马斯特（Charles Mast）少将希望在那里与一名美国高级军官秘密会晤。艾克（艾森豪威尔昵称）派出第一副手马克·克拉克（Mark Clark）少将，克拉克在直布罗陀登上英国潜艇“六翼天使”号（*Seraph*），于 10 月 21 日夜在宁静的阿尔及利亚港口舍尔沙勒（Cherchell）与其他军官乘皮筏上岸。墨菲在那里接上他们，一行人在安全屋与马斯特将军会面。马斯特根本不反对“火炬行动”，反而希望美军不仅占领法属北非，还占领法国南部的维希政府辖区，以防德国人接管那里。克拉克解释说，盟军尚未准备进攻法国，但得到马斯特的承诺，即法军不会抵抗“火炬行动”，只有法国海军可能会抵抗。1940 年 7 月，为了不让法国军舰落入德国人手里，英军对法国舰队发动了猛烈袭击，法国海军军官尚未忘记或原谅那次行动。依然怀疑盟军，不愿向他们屈服的还有维希法国总司令让·达尔朗海军上将。

因为墨菲领事、埃迪上校和战略情报局细致勤勉的秘密工作，当艾森豪威尔的部队于 11 月 8 日分两拨在法属摩洛哥的大西洋沿岸和阿尔及利亚的地中海沿岸登陆时，他知道会遇上什么情况。只有法国海军和零星的法国陆军部队做出有效抵抗，并且当达尔朗在美军和反维希政府的游击队压力下同意停火时，威胁很快消失。游击队事先从墨菲处得到了进攻消息，在阿尔及尔（阿尔及利亚首都）同时发动起义。当时达尔朗正在那里看望生病住院的儿子，这位海军上将与艾森豪威尔达成协议，艾克率部向东推进，攻击突尼斯的轴心国部队，留下达尔朗管理摩洛哥和阿尔及利亚。

弗里茨·科尔贝

艾伦·杜勒斯将弗里茨·科尔贝（Fritz Kolbe）称作“情报官的梦想”。对一个鄙视纳粹，拒绝加入纳粹党但可以接触到德国秘密文件，并且无限制与战略情报局分享的人，这种描述恰如其分。科尔贝出生于1900年，在德国一战战败前短暂服过兵役。不同于希特勒和其他发誓报仇的愤怒老兵，科尔贝认为那场战争是浪费生命的悲剧，反对任何将德国再次引向那条血腥道路的人。希特勒上台的几年前，他到柏林的外交部工作，希特勒上台后还留在那里，因为纳粹需要科尔贝这类经验丰富的党外文官，来帮助经营随着希特勒的帝国扩张而飞速膨胀的机构。

1941年后期，科尔贝开始为卡尔·里特尔（Karl Ritter）审阅敏感的外交和军事电报。后者任外交部和国防军最高统帅部（Wehrmacht Supreme Command）

代号：乔治·伍德（GEORGE WOOD）
服务国：美国
针对国：德国

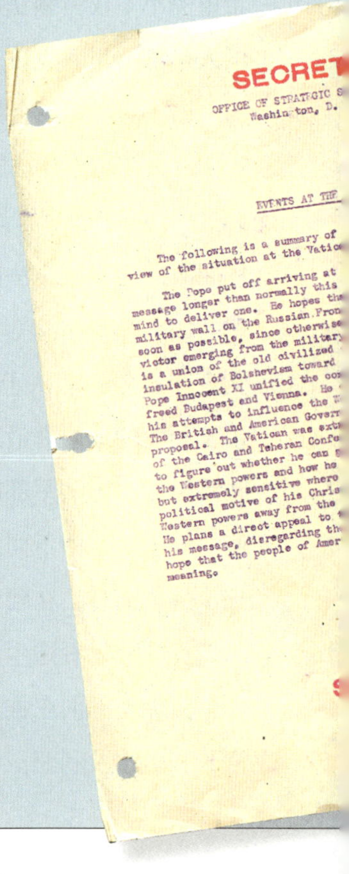
SECRET
OFFICE OF STRATEGIC S
Washin ton, D.
EVENTS AT THE
The following is a summary of
view of the situation at the Vatic
The Pope put off arriving at
message longer than normally this
mind to deliver one. He hopes th
military wall on the Russian Fron
soon as possible, since otherwise
victor emerging from the militar
is a union of the old civilized
insulation of Bolshevism toward
Pope Innocent XI unified the co
freed Budapest and Vienna. He
his attempts to influence the
The British and American Govern
proposal. The Vatican was ext
of the Cairo and Teheran Confe
to figure out whether he can
the Western powers and how he
but extremely sensitive where
political motive of his Chris
Western powers away from the
He plans a direct appeal to
his message, disregarding th
hope that the people of Amer
meaning.

联络官。“从我接触到纳粹秘密的第一天起，”科尔贝后来说，“我就知道，我得设法找个途径把它们传出去。”他用各种方法收集情报，包括下班后抄写报告，把它们拿走拍照后再还回去，藏匿打印文件副本。1943 年，外交部的一个朋友帮助科尔贝以通信员身份进入瑞士。在那里，他将几批窃取文件中的第一批交给了杜勒斯。

战争结束前，在志同道合的柏林同伴帮助下，科尔贝向战略情报局传递了超过 1600 份德国秘密报告。其中有下面三条翻译过的信息：德国空军对伦敦一次空袭期间所受损失的总结（右）；希特勒扶植墨索里尼在意大利北部做傀儡后，对这个倒台独裁者的沮丧心理状态评估（中）；1943 年后期，德国驻梵蒂冈大使的一份报告（左）。这位大使通知说，教皇庇护十二世（Pius XII）正通过敦促西方大国放弃“无条件投降原则”，寻求在英美和德国间达成一项遏制苏联扩张、抑制共产主义的协议。

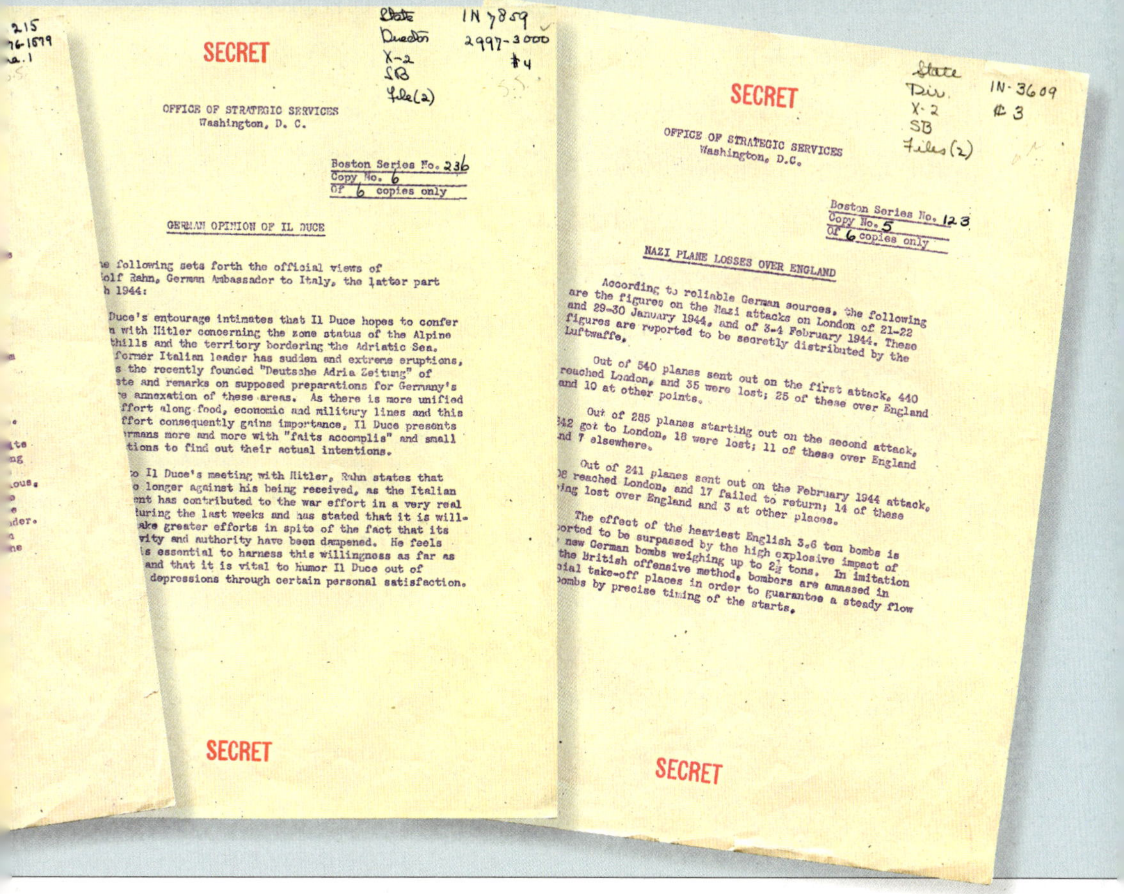
SECRET

OFFICE OF STRATEGIC SERVICES
Washington, D. C.

Boston Series No. 236
Copy No. 6
Of 6 copies only

GERMAN OPINION OF IL DUCE

he following sets forth the official views of olf Rahn, German Ambassador to Italy, the latter part h 1944:

Duce's entourage intimates that Il Duce hopes to confer n with Hitler concerning the zone status of the Alpine thills and the territory bordering the Adriatic Sea. former Italian leader has sudden and extreme eruptions, s the recently founded "Deutsche Adria Zeitung" of ste and remarks on supposed preparations for Germany's e annexation of these areas. As there is more unified ffort along food, economic and military lines and this ffort consequently gains importance, Il Duce presents rmans more and more with "faits accomplis" and small tions to find out their actual intentions.

o Il Duce's meeting with Hitler, Rahn states that o longer against his being received, as the Italian ent has contributed to the war effort in a very real during the last weeks and has stated that it is will- ake greater efforts in spite of the fact that its vity and authority have been dampened. He feels is essential to harness this willingness as far as and that it is vital to humor Il Duce out of depressions through certain personal satisfaction.

SECRET

SECRET

OFFICE OF STRATEGIC SERVICES
Washington, D.C.

Boston Series No. 123
Copy No. 5
Of 6 copies only

NAZI PLANE LOSSES OVER ENGLAND

According to reliable German sources, the following are the figures on the Nazi attacks on London of 21-22 and 29-30 January 1944, and of 3-4 February 1944. These figures are reported to be secretly distributed by the Luftwaffe.

Out of 540 planes sent out on the first attack, 440 reached London, and 35 were lost; 25 of these over England and 10 at other points.

Out of 285 planes starting out on the second attack, 242 got to London, 18 were lost; 11 of these over England and 7 elsewhere.

Out of 241 planes sent out on the February 1944 attack, 06 reached London, and 17 failed to return; 14 of these ing lost over England and 3 at other places.

The effect of the heaviest English 3.6 ton bombs is orted to be surpassed by the high explosive impact of new German bombs weighing up to 2½ tons. In imitation the British offensive method, bombers are amassed in cial take-off places in order to guarantee a steady flow ombs by precise timing of the starts.

SECRET

12 月 24 日，达尔朗在阿尔及尔被枪杀。暗杀者碰巧属于一个法国志愿团体，而卡尔顿 · 库恩和其他同盟国特工正在训练这群志愿者成为突击队员并实施破坏。突击和破坏行动由特别行动处在战略情报局协助下执行。两个机构与刺杀都没有联系，但这些教官受到怀疑，不得不散伙。库恩最终到突尼斯的塞拉特角（Cap Serrat）管理一支混杂着阿拉伯人和前法国外籍军团士兵的队伍。他们潜入轴心国战线，监视部队动向，炸毁桥梁，在敌军车辆通过的路上布设骡粪炸弹。

美军在北非登陆几天后，为了控制维希法国，对抗盟军登陆，德军占领了该地区。威廉 · 多诺万的高级助理之一艾伦 · 杜勒斯当时正从西班牙穿过法国南部前往瑞士的路上。他将在外交官身份掩护下担任驻瑞士的间谍首脑。他乘坐火车在德国军事接管前夜到达边境，差点被盖世太保特工扣押，在一个好心的法国警察帮助下惊险逃脱，进入瑞士。

杜勒斯随身带着一张 100 万美元的信用证（letter of credit），后把它存入一家瑞士银行。那是战略情报局的一大笔投资，但它带来了红利。外交间谍活动包括将自己包装得优雅时尚，与其他外交官和显要交往，从他们那里获得情报，更别提为线人和信使的服务付钱或偶尔行行贿赂。不过，杜勒斯最有价值的情报来源却免费向其透露了价值连城的秘密。弗里茨 · 科尔贝在柏林外交部工作，每天查阅来自德国驻世界各地的使馆和军事指挥部的报告。1943 年一天夜里，科尔贝带着为他作证的中间人，出现在伯尔尼（Berne）的杜勒斯门前，提出让杜勒斯知晓秘密。科尔贝什么都不要，只满足于推翻正在摧毁德国，让它蒙羞的纳粹政权。他似乎好得令人难以置信，但不久后，他将被华盛顿看成超级间谍，而他透露的情报也将助推杜勒斯爬上职业顶峰，成为未来的中央情报局局长。

> “那些被抓走的人从此杳无音信。”
> ——1942 年 12 月 17 日，联合国成员联合声明反对灭绝犹太人

在法国的镇压

德军占领法国南部的维希控制区时，第三帝国眼中的敌人境况愈加恶化。维希政权控制着全法国范围内的法国官员和警察，与法国各地的德国军官和盖世太保特工合作，帮助他们登记和抓捕犹太人，拘禁抵抗者。但在德军占领法国南部，镇压间谍和持异见者之前，成为纳粹目标的人在北部沦陷区被捕的危险比南部更高。

地中海港口马赛是法国南部最大的城市，这片抵抗热土庇护了成千上万的德军抓捕对象，包括 8 月逃脱维希警察抓捕的犹太人，以及来自欧洲沦陷各地的反纳粹逃亡者。比利时出生的帕特里克 · 奥利里以马赛为基地，在澳大利亚出生的南希 · 韦克协助下，帮助了成百上千名坠机的盟军飞行员逃出敌占区。南希充当信使和逃跑者的向导，她富有的法国丈夫亨利 · 菲奥卡（Henri Fiocca）资助行动，建立了安全屋。德国人接管后不久，奥利里从线人处得知，伊恩 · 加罗即将从法国南部的关押地被转到多半有去无回的达豪集中营。1941 年，奥利里开创了逃跑路线，帮助加罗从一座战俘营逃出。南希 · 韦克伪装成加罗的表妹到狱中探望他，奥利里则装成她的丈夫，贿赂了一名看守，偷偷将一套制服带给了犯人。12 月初，加罗伪装成看守走出战俘营，被奥利里的同伴带到西班牙。英国外交官安排他回到英国，帮助军情九处协调逃脱行动。

1943 年 1 月，海因里希 · 希姆莱指示在法国负责盖世太保和其他德国安全部队的党卫军军官卡尔 – 阿尔布雷希特 · 奥贝格（Carl-Albrecht Oberg）瞄准马赛旧港地区。这里街道蜿蜒交错，住户拥挤逼仄，难以巡查，藏着许多逃亡者和抵抗者。与奥贝格密切合作的维希政府警察头子勒内 · 布斯凯（René Bousquet）提出执行这次大规模搜查和摧毁行动。在此期间，6000 人被捕，约 3 万人被驱逐，最后该地区被炸药夷为平地。维希当局宣布他们“根据内务安全理由决定执行一次大规模警察行动，消除马赛的某些人员”，据称这些人的颠覆活动将全体居民置

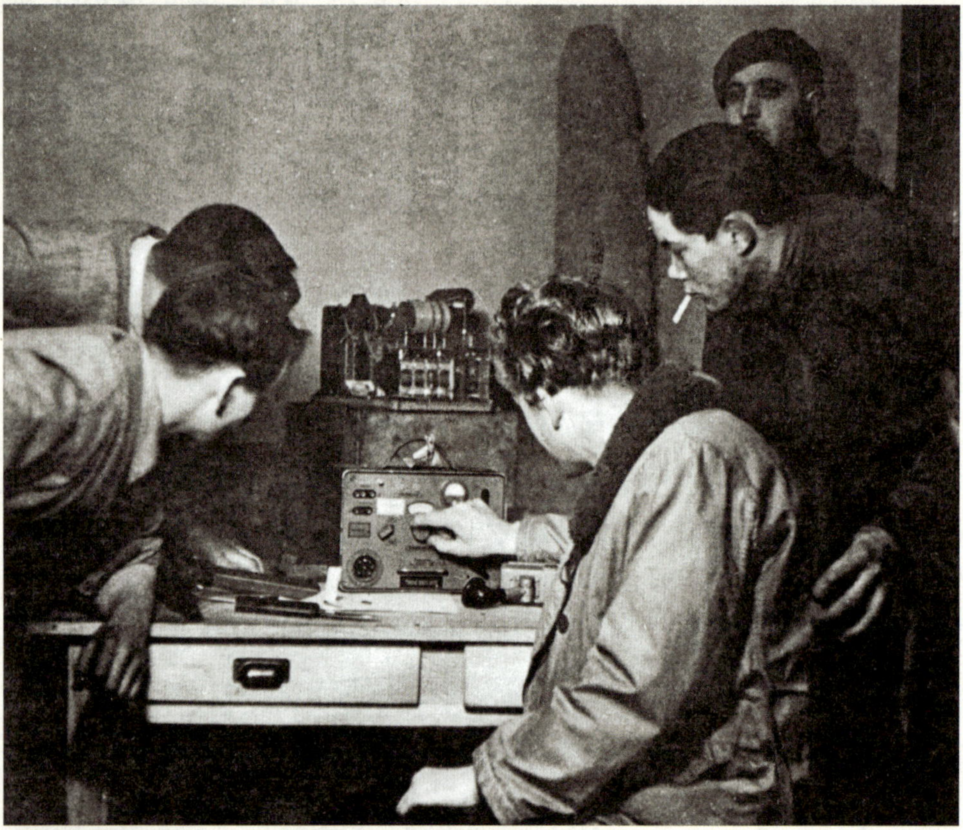

危险的间谍情报技术

一名法国抵抗特工给队员们演示如何操作隐蔽电台（上）。这种电台被用于安排接收特别行动处和战略情报局提供的武器。德国人经常拷打抓到的特工，诱使他们开口，拒绝开口的则被处死。左图这名法国抵抗战士受到的惩罚是头下脚上地吊着，时间一长，人就被活活吊死。

于危险中。但一些人在那里被捕不是因为他们做了什么事，只是因为他们的身份，这其中包括2000名犹太人。他们被送到设在法国的集中营，最终被送到党卫军的死亡集中营。

一些参加这种夺命抓捕的法国人后来声称，对犹太人被挑出来灭绝的事实一无所知，但到马赛镇压发生时，这个辩护理由已经站不住脚。以法语等语言向欧洲广播的BBC宣布，联合国的同盟各国已于1942年12月17日发布了联合声明。声明称，德国当局“正实施希特勒屡次重复的灭绝欧洲犹太人的意图……波兰已经成为主要的纳粹屠场。在那里，德国侵略者设立的犹太人隔离区正在系统性地清除所有犹太人，只留下战争工业需要的少数高技能工人。那些被抓走的人从此杳无音信”。

那份声明部分基于在伦敦的波兰流亡政府发布的一篇题为《德占波兰对犹太人的大规模灭绝》（The Mass Extermination of Jews in German Occupied Poland）的报告。帮助记录那场暴行和揭开围绕着“最终解决方案”秘密的人中有扬·卡斯基（Jan Karski）。他是波兰军官，在德军占领华沙后躲在那里。1942年，党卫军部队正在驱逐华沙犹太人隔离区（Warsaw Ghetto）的犹太人，卡

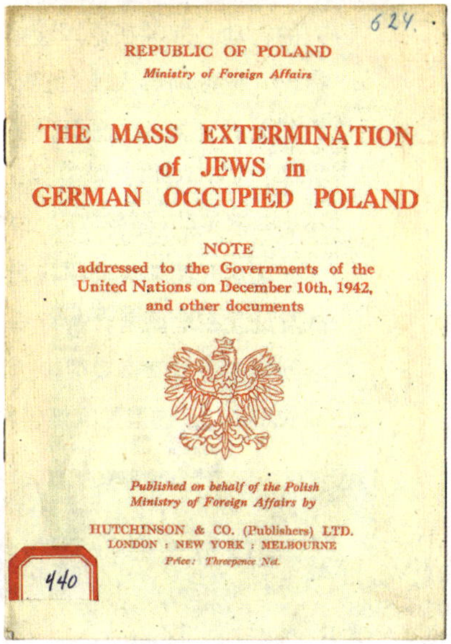

624.

REPUBLIC OF POLAND
Ministry of Foreign Affairs

THE MASS EXTERMINATION
of JEWS in
GERMAN OCCUPIED POLAND

NOTE
addressed to the Governments of the
United Nations on December 10th, 1942,
and other documents

Published on behalf of the Polish
Ministry of Foreign Affairs by

HUTCHINSON & CO. (Publishers) LTD.
LONDON : NEW YORK : MELBOURNE
Price: Threepence Net.

440

揭露真相

1942年，扬·卡斯基（最上）和波兰地下组织的其他人收集了证据，证明大量波兰犹太人正被送往死亡集中营。在伦敦的波兰流亡政府根据他们的发现制作了一份报告（上），促使同盟国组成的联合国于1942年12月发表联合声明，谴责纳粹的灭绝犹太人计划。这项计划远远超出波兰范围。

华沙犹太人起义

华沙犹太人隔离区围在一道顶上装着铁丝网的围墙内，占地仅 1.3 平方英里（约 3.4 平方千米），逾 40 万犹太人被纳粹当局关在拥挤的隔离区内。整个整个的家庭挤在一个房间里，疾病横行，成千上万人慢慢地饿死。1942 年 7 月，党卫军部队和德国警察开始将他们赶出隔离区，最初抵抗的犹太人很少。他们被告知要迁到别处，很难想象还有比他们离开的这个地方更糟糕的。然而，隔离区里一些人与外界有秘密联系，得知党卫军这场夺命行动的真相，该行动以最近被刺的海德里希为名，代号“莱因哈德”。党卫军将大部分被驱逐者送到华沙以东的特雷布林卡死亡集中营，这个消息促使隔离区内部的抵抗团体组织起来，准备战斗。到年底，他们聚集了足够武装逾 700 名战士的武器，其中一些是波兰地下组织偷运进来的。

1943 年 1 月 18 日，停顿数月后，德国部队重新开始了驱逐余下约 6 万名犹太人的行动。战斗在德军搜捕时打响。3 天后，德军在抓走 5000 名被驱逐者后被迫撤出。抵抗领导人随后控制了隔离区，处死了潜入隔离区内的纳粹特工和一些与之勾结的犹太人。预计敌人还会再来，居民们挖掘了藏身的地堡，其他人则准备战斗。4 月 19 日，党卫军于尔根 · 斯特罗普（Jürgen Stroop）将军发起了清除每一个剩余居民的残酷行动。与反抗的犹太人第一天的冲突中，斯特罗普损失了十几个人，之后开始放火夷平隔离区。许多人被烟熏出藏身地后被抓走，但 7000 人死于战斗或死在地堡里。斯特罗普花了近一个月才夷平隔离区，将近 5 万名幸存者被驱赶到集中营，幸存者很少。他的暴行高潮是炸毁华沙大犹太会堂（Great Synagogue of Warsaw），这里是欧洲曾经最大犹太社区的最后遗迹。

被驱逐者

1943 年，德军押着犹太人离开正在燃烧的华沙隔离区。大部分被驱逐者在死亡集中营被杀害，少数被送到集中营劳动，死于那里的恶劣条件或者被处决。前排身穿深色大衣的亚伯拉罕 · 奈尔（Avraham Neyer）是他家族里唯一的幸存者。

斯基潜入那里，会见了一些犹太抵抗组织领导人。他们有证据表明，那些被驱逐的人不像德国人声称的那样“迁移到东方”，而是与同为灭绝对象的吉卜赛人一起在特雷布林卡等死亡集中营的毒气室里被杀害。1943 年 4 月，卡斯基依然困在华沙犹太人隔离区，随时面临驱逐的数千人发起一场武装起义，死在与德军的战斗中。到那时，在法国帮助党卫军抓捕犹太人或暗中设法拯救他们的人中，很少有人不知道大屠杀。“我们正面临一场种族灭绝。”一名在法国南部帮助犹太人躲藏或逃往未被占领国家的抵抗者回忆，“被德国抓走的人都死了。”

帕特里克·奥利里在那场镇压之前离开了马赛，但他和其他经营穿过法国南部逃跑路线的人现在面临盖世太保及告密者的持续威胁。1943 年 1 月，“彗星线路”负责人德迪·德荣在护送英国飞行员翻越比利牛斯山进入西班牙时被捕，被送到拉文斯布吕克集中营。她在那里活到战后，部分因为德国人误以为她在那场行动中的重要性不及其父亲，后者于同年晚些时候被捕杀害。3 月，帕特里克·奥利里受队伍内叛徒诱使去见面，被盖世太保抓住。他落到达豪集中营，因为盟军在其死刑执行前解放了该集中营，他才逃过一劫。

虽然逃跑线路在德军占领法国南部后的几个月里遭到不少破坏，但 1943 年，随着“彗星线路”在新领导者下恢复和让盖世太保难以破获的小网络的组建，逃出这个国家的坠机飞行员和难民的数量反而增加了。德国人不自觉地充当了法国抵抗活动的招募代理人，通过占领维希当局管辖区域，他们剥夺了 87 岁的贝当元帅——现在只是个傀儡——和阴险的继任者皮埃尔·拉伐尔（Pierre Laval）一切残存的合法性，将更多的法国爱国者推向抵抗行列，让党卫军及其维希帮凶抓都抓不过来，杀都杀不过来。

破坏者

1943—1944 年冬，盟军准备诺曼底登陆期间拍摄的一张照片上，法国抵抗战士在展示装备，它们被用于破坏铁轨、桥梁以及其他对德国军事行动至关重要的目标。

克劳斯·巴比和让·穆兰

与第三帝国为敌的法国人最痛恨那些可耻地为克劳斯·巴比（Klaus Barbie）等党卫军军官效劳的法国人。1942 年后期，巴比开始掌管法国南部城市里昂的盖世太保。这个之前还是默默无闻的小人物，现在指挥着一支 200 人的部队，其中大部分是招募的法国人。他们有的支持纳粹，有的属于见风使舵。“我只是个中尉，”巴比后来吹嘘说，“但我的权力比将军还大。”他的打手中有个被称作“澡堂侍应”（bath attendant）的法国人弗朗西斯·安德烈（Francis André），因为他逼嫌疑人招供的方式是将他们一次次浸在澡盆里，有时嫌疑人就在此过程中溺死了。巴比经常亲手折磨他抓到的人，乐此不疲。“天啊，他非常残忍！”一个在其强化审讯中幸存的人回忆，“他打断我的牙齿，拽我的头发。他把一只瓶子塞到我嘴里，直到嘴巴裂开。”

在与马赛争相成为抵抗中心的里昂，巴比有许多迫害目标。许多地下报纸在里昂印刷。印刷它们的秘密组织在德国接管前就扎根维希政府辖区，其中值得一提的是亨利·弗勒奈（Henri Frenay）上尉领导的一个活跃的抵抗运动组织——“战斗”（Combat）。1940 年，弗勒奈被德军俘虏，后逃出战俘营，加入在维希政权统治下继续运行的法国情报机构二处（Deuxième Bureau）。以此为掩护，弗勒奈小心翼翼地拉拢其他对贝当和拉伐尔感到失望的法国军官，扩大他的组织。“战斗”是法国南部规模最大的抵抗运动，但南部和北部还有几个其他组织，以及一个范围遍及全法的军事组织：法国共产党。法共暗杀德军官兵，平民面临着致命的报复。

> “我只是个中尉，但我的权力比将军还大。”
>
> ——党卫军军官克劳斯·巴比

以伦敦为基地的自由法国领导人戴高乐，希望将共产党人置于自己控制下，协调他们与其他致力于法国解放组织的活动。这些组织里由弗勒奈这样的人领导，他们不愿听命于一个在他们面对克劳斯·巴比这样凶残的敌人时安全地躲在国外的将军。戴高乐将统一难以驯服的法国抵抗组织这项艰难而危险的任务，托付给让·穆兰（Jean Moulin），后者颈上的伤疤是他献身事业的证明。1940 年 6 月，穆兰作为行政长官管理沙特尔市（Chartres）时，德军在郊外打败法属塞内加尔的黑人部队，屠杀了他们抓到的许多黑人士兵，并占领该市。穆兰当时被捕，被要求签署一份声称塞内加尔士兵强奸和杀害法国平民的声明。他拒绝了，被殴打了几小时，接着被带去观看尸体。这些据称被黑人士兵打死的人实

自由报纸

二战期间秘密印发的众多法国抵抗报纸中的一部分。许多报名表明了对纳粹统治的反抗，如《自由法国报》（*La France Libre*）、《工人抵抗报》（*La Résistance Ouvrière*）和《法国犹太人报》（*Juifs de France*）。它们的规模从单面印刷的单页大开张到多页小报不等，抵抗组织冒着巨大危险在法国和其他沦陷国家刊发了数百份出版物。

里昂屠夫

克劳斯·巴比是党卫军保安部门帝国保安部军官，因折磨落入他魔爪的法国抵抗特工、犹太难民和其他人而臭名昭著。“他非常残忍。”一个受害者说。

际上只是一场空袭的受害者。又经历一番折磨后，穆兰被锁在一间房子里过夜。“我知道我已经筋疲力尽了，”他后来写到这场劫难，“如果再来一番拷打，我最终会签下它。”穆兰不愿背叛为保卫他的祖国而战斗的塞内加尔士兵，拿起一块无意发现的碎玻璃，划开了自己的喉咙。

“天啊，他非常残忍！他打断我的牙齿，拽我的头发。他把一只瓶子塞到我嘴里，直到嘴巴裂开。”
——受克劳斯·巴比审讯和拷打的嫌疑人

追捕对象

法国抵抗运动领导人让·穆兰公开露面时都遮着脖子，这样追捕他的德国当局不会注意到暴露身份的伤疤。那是战争初期，他在被关押期间试图自杀时留下的。1943 年 6 月，他被克劳斯·巴比抓获，受到折磨，但拒绝出卖其他因抵抗纳粹受到追捕的人，付出了生命的代价。

看守发现穆兰还活着，但在大量出血，他们把他带到一名德国医生那里，后者为他缝合了伤口。他颈上最终留下一块显眼的伤疤，后来成为抵抗领导人，以及成为盖世太保的目标时，他用一条围巾把它遮住。他还饱受内部人士的批评，一些法国抵抗领导人责怪他强迫他们落到戴高乐之下。亨利·弗勒奈是保守派，怀疑穆兰同情共产党，甚至实际上就是共产党员，因此拒绝加入戴高乐提议的代表所有政治派别的全国抵抗运动委员会（National Resistance Council）。为此穆兰切断了从伦敦自由法国总部流向弗勒奈的资金供应。弗勒奈回以寻求在瑞士的艾伦·杜勒斯的支持。据说杜勒斯承诺向弗勒奈的“战斗”运动组织提供 100 万法郎，从而让战略情报局介入法国利益格局。杜勒斯的做法没有惹恼罗斯福总统，因为后者对戴高乐没什么好感。

让·穆兰不懈坚持自由法国的统一运动，最终获得成功。戴高乐坚持，除非是直接支持盟军对法国的进攻，否则对德国占领者的武装抵抗应该停止。虽然共产党领导人反对提议，但在穆兰的压力下，他们同意参加于 1943 年 5 月 27 日在巴黎秘密召开的全国抵抗运动委员会第一次会议。弗勒奈没有参加，但“战斗”和其他主要法国抵抗组织都派了代表。会上的争论异常激烈，穆兰不得不警告代表们压低声音，以防被人偷听。

这次会议没解决多少问题，但它代表了穆兰的胜利。“他非常、非常开心。”一个后来与他一起吃饭的朋友回忆，“那天晚上，他一身轻松，这极其罕见。”然而，对一个正面临敌人步步紧逼的人，这只是一次短暂的放松。这次会议前后，盖世太保和法国警察实施了一系列逮捕，一些与穆兰接近的抵抗者受到残酷审讯。他告诉姐姐，哪怕年迈的母亲去世，也不要联络他。“他们会在她的葬礼上逮捕我。”他说，“我会时不时让人带张便条给你，但你不能给我写信。”

> “他失去意识，空洞的双眼似乎陷进头里……一阵微弱沙哑的声音从他肿胀的嘴里冒出来。”
>
> ——克里斯蒂安·皮诺，最后见过奄奄一息的让·穆兰的人之一

抵抗者组成的秘密军（Secret Army）将发起支持盟军进攻的战斗，戴高乐选中夏尔·德莱斯特兰（Charles Delestraint）将军领导这支军队。6 月 9 日，夏尔在巴黎一座地铁站外等待勒内·哈迪（René Hardy）时被捕。哈迪在“战斗”组织弗勒奈手下工作，曾起草过破坏法国铁路网的详细计划。哈迪也在去巴黎会见德莱斯特兰的路上被捕，受到盖世太保审讯，次日获释。那件事说明，他可能是为避免折磨和处决而与盖世太保合作的线人，本该被禁止再参与任何抵抗行动，但哈迪隐瞒自己曾被拘押的事实。穆兰接着在里昂近郊安排了一次选择德莱斯特兰继任者的会议。6 月 21 日，会议在一名居家问诊的医生家召开，这样穆兰和其他抵抗组织领导人就可以在白天到那里而不引起过度怀疑。弗勒奈派出的代表亨利·奥布里（Henri Aubry）带去了勒内·哈迪，穆兰和另外两人迟到了。几分钟后，克劳斯·巴比带领的盖世太保间谍破门而入，铐起除哈迪外的所有人。在一众嫌疑人被赶进一辆货车时，哈迪飞奔逃跑，被一颗打向他的子弹擦伤。

巴比并没有见过让·穆兰，但他从一个告密者那里得知，一个代

BRAS

号“马克斯”（Max）的抵抗组织领导人参加了那次会议。他开始审讯，让嫌疑人排成一排，面对面挨个问是不是马克斯。没问出名堂后，他用上了拷打。最后一个见到穆兰还活着的目击者是名叫克里斯蒂安·皮诺（Christian Pineau）的抵抗组织领导人。他早些时候被捕，6月24日在里昂一座监狱看到躺在长凳上奄奄一息的穆兰：“他失去意识，空洞的双眼似乎陷进头里，太阳穴有一道可怕的瘀伤。一阵微弱沙哑的声音从他肿胀的嘴里冒出来。毫无疑问，他被盖世太保折磨过。”巴比可能从其他人那里得知，此人就是他要找的人，但从“马克斯”本人那里，他什么也没得到。如果穆兰在折磨下吐口，法国抵抗组织最高层将被一网打尽，但他之后没有发生一次抓捕。他将秘密带进了坟墓。

许多人怀疑是勒内·哈迪出卖了让·穆兰。二战后，哈迪因这一罪行受审，但被判无罪。抵抗组织内部到底是谁出卖了穆兰有无数猜测，但谁杀害了他却没有

民兵

1944年，与德军作战的法国游击队员持枪守在一个路障后。盟军于“D日”在诺曼底登陆后，得到特别行动处和战略情报局特工支持的抵抗组织加紧了解放法国的行动。

疑问。他被盖世太保折磨至死，就算克劳斯·巴比没有亲手给予致命一击，他手上无疑也沾着穆兰的鲜血。因为这些罪行，巴比获得了“里昂屠夫”（Butcher of Lyon）的称号。

穆兰在战后被法国尊为民族英雄，成为抵抗纳粹残暴统治到生命最后一息的无数英雄儿女其中之一。就在盖世太保特工向他逼近之际，巴黎的党卫军反情报官员也在捣毁特别行动处的“繁荣”间谍网。1943年6月17日拂晓，努尔·艾娜雅特·汗降落法国，之后作为信号员加入这个为支持法国抵抗运动建立的间谍网络。到月底，网络领导人弗朗西斯·苏蒂尔和几名关系密切的同事已经被捕，其中有安德烈·博雷尔和经验丰富的信号员吉尔伯特·诺曼（Gilbert Norman），后者与努尔有过短暂往来，被捕前曾帮助她开始工作。亨利·德里古（Henri Déricourt）被怀疑出卖了苏蒂尔及其特工。他是法国飞行员，负责特别行动处特工在法国的降落，对“繁荣”间谍网非常熟悉。但和勒内·哈迪一样，德里古也在后来受审，被判无罪，而“繁荣”网络惨败的原因从未得到正式确定。

几个月时间里，努尔用手提箱拉着沉重的设备，频繁地从一个藏身地搬到另一个，逃过了追捕。9月，她成了最后一个还在从巴黎向伦敦发报的信号员。特别行动处从法国召回了覆灭的“繁荣”网络其他幸存成员，但认为她不可或缺，便没有召回她。德国特工从告密者那里得到足够信息，发布了关于她的描绘，代号“马德莱娜”（Madeleine），并悬赏捉拿她。10月，努尔被捕。德国帝国保安部驻巴黎长官汉斯·约瑟夫·基弗（Hans Josef Kieffer）审讯了她。帝国保安部是莱因哈德·海德里希承担更大职责之前建立的党卫军情报机构。“她什么也没告诉我们。”基弗回忆道，“我们没法相信她说的任何话。”

在拒绝合作并且尝试逃跑之后，努尔受到日益严酷的对待。她的苦难结束于达豪集中营。1944年9月，她和另外三名特别行动处驻法女特工约兰德·比克曼（Yolande Beekman）、马德莱娜·达默蒙（Madeleine Damerment）、埃莱娜·普洛曼（Elaine Plewman）被杀害。一个狱警后来说，努尔被杀害前遭到殴打，刽子手的枪顶在她脑后，她说的最后一个词是“liberté”（自由）。也许，随着盟军进军的消息经口头传入阴暗的纳粹牢房，她那时已经知道，她和其他秘密战士在法国为之奋斗的自由已经曙光在望。

示众

这张德国海报上，在法国袭击纳粹官员后被捕的抵抗战士，被描绘成罪犯而非解放者。

危险行当的工具

为完成温斯顿·丘吉尔“点燃欧洲”的指令，特别行动处招募顶级科学家和发明家到英国的各个秘密站点工作。他们为破坏和颠覆设计出新颖的武器和装备。赫特福德郡韦林市弗赖斯酒店改成的九站（Station IX），向特工和抵抗战士提供名字前带有“Wel”的武器装备，如便携的威尔摩托车（Welbike）和威尔洛德无声手枪。位于赫特福德郡东阿斯顿公寓的十二站（Station XII），为突击队员和破坏者设计出精巧的器材，包括塑料炸药、磁性水下爆破弹、压力继电器、定时引信和燃烧弹。根据十二站指挥官莱斯利·伍德（Leslie Wood）上校的说法，阿斯顿公寓还“设计制造了专业炸药，用于特定任务”，如炸坏铁轨或炸毁大型设施，包括位于挪威的一座重水厂。1943 年年初，为了防止德国人发展出核武器，该重水厂成为破坏目标。设计出暗杀或摧毁敌人的精巧方法“听上去可能有点残酷”，伍德上校评论说，“但我可以诚实地说，我们看待整件事情完全不带个人感情色彩，并且认为极其有趣，我们发明制造出来打败敌人的装置越可怕，我们越觉得有趣”。

同样的情绪也弥漫在斯坦利·洛弗尔领导的战略情报局研发处。多诺万指示他们向战略情报局提供“用于对付德国人和日本人的各种巧妙器材和手段”。为完成这项任务，洛弗尔及其团队设计出微型相机、伪装成制服纽扣的指南针和内藏一把单发手枪的钢笔。二战期间，特别行动处和战略情报局向欧洲和亚洲的抵抗组织供应了大量武器和器材，既有传统的，也有专门的。“D 日”前，逾 3300 吨补给，包括 35000 颗手雷和 75000 副轻武器，被空投给法国、比利时、荷兰、丹麦、波兰和挪威的抵抗组织。

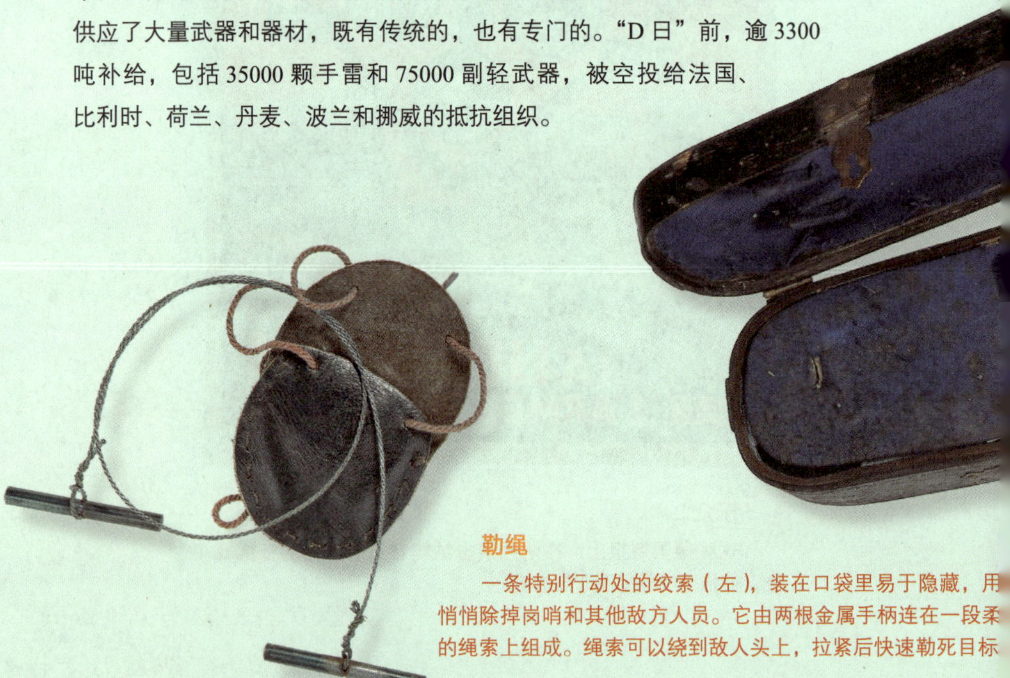

勒绳

一条特别行动处的绞索（左），装在口袋里易于隐藏，用悄悄除掉岗哨和其他敌方人员。它由两根金属手柄连在一段柔的绳索上组成。绳索可以绕到敌人头上，拉紧后快速勒死目标

“解放者”

战略情报局的“解放者”（Liberator）手枪是一种用于暗杀和自卫的单发武器。它发射一颗威力强大的0.45英寸柯尔特自动手枪弹，配有备用弹药和一根退壳用的木条。大部分“解放者”手枪被送到中国和菲律宾。

破坏工具箱

比利时抵抗组织的马塞尔·范登贝格Marcel Vandenberghe）用小提琴盒隐藏破坏材。工具箱里有绊线、雷管和盒子下的装备下），包括割引信的刀和板，及用于启动特别行处管状定时笔的钳子。定时笔压碎后释放出酸，慢慢腐蚀金属线，线断开后引爆炸弹。

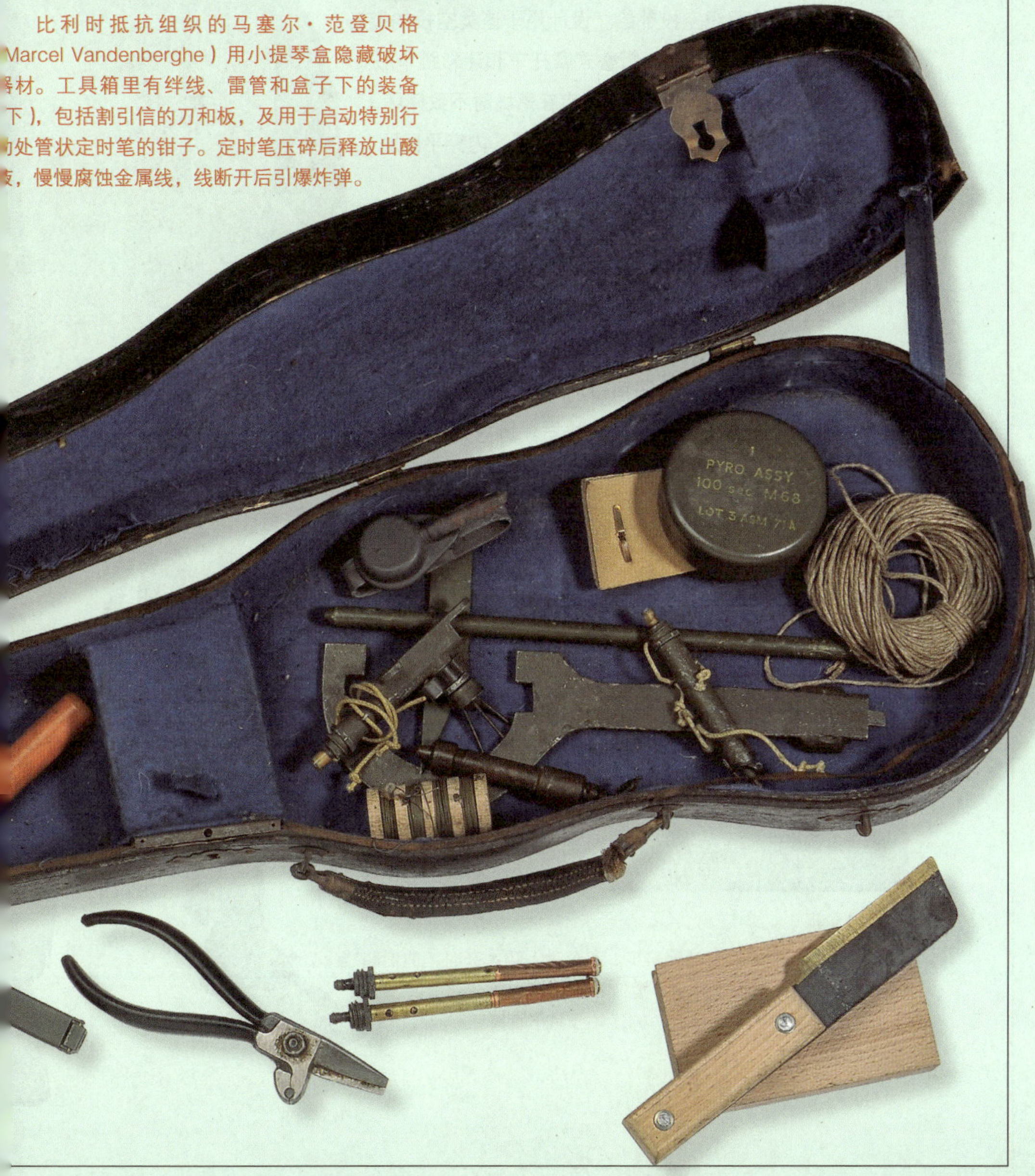

协助抵抗组织

特别行动处和战略情报局不仅向欧洲沦陷区那些热情有余但装备不良，而且通常经验不足的抵抗战士提供武器装备，还派出受过秘密行动训练的特工去指导他们。改装过的轰炸机，如英国“哈利法克斯”（Handley Page Halifax）或美国 B–24“解放者”（Consolidated B-24 Liberator），将许多特工空投到敌占区。如下方这些特别行动处招募的人员一样，特工们在空投前接受了跳伞训练。改装的轰炸机还用降落伞向抵抗组织空投补给。设计用于这类空投的装备包括指示降落区的信号灯、折叠式摩托车和迷彩跳伞服。装折叠式摩托车的罐子可以保护前者在落地时不致摔坏，迷彩跳伞服则让敌人难以发现伞降的特工，内穿平民服装的特工也可以很快脱掉跳伞服，融入人群。

经过不断试验，同盟国机构优化了装备设计，改进了向与德国占领军作战的组织投送装备和特工的方式。“杰德堡行动”（Operation Jedburgh）达到了活动的高潮。1944 年的联合行动中，随着盟军进入法国，向比利时与荷兰进军，特别行动处、战略情报局和沦陷区的指战员和信号员组成的一支支小分队空降到敌后，协调抵抗组织间的袭击活动。

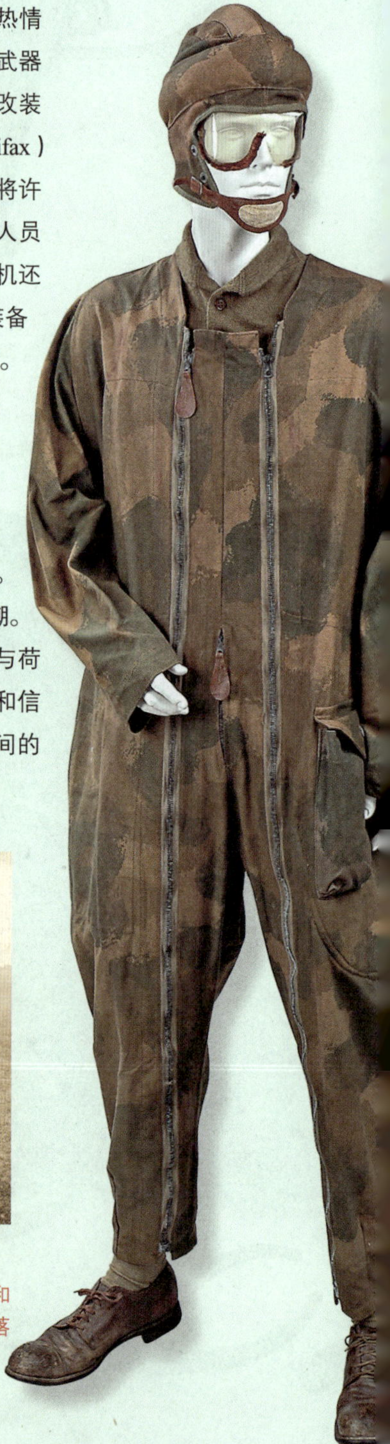

跳伞服

训练期间的特别行动处特工。跳伞进入敌占区时，他们和“杰德堡行动”小队成员穿着类似右边的迷彩跳伞服。特工落地后，这些绰号“脱衣舞装”的连体服易于脱掉。

特工的工具

英国陆军标准多功能刀，配发给深入法国沦陷区的英美特工。如果需要，这种多功能工具可用作武器。

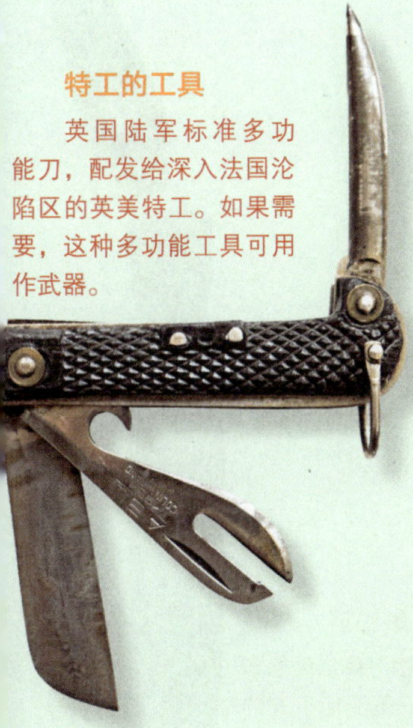

纵身一跃

特别行动处特工像上图这样用固定拉绳开始跳伞训练。用这种方式，新手从哈利法克斯轰炸机上跳下时，一根系在降落伞上的绳子在他下降过程中自动打开降落伞。右图电池提供能量的降落信号灯，由特别行动处“领航员”团队用于为空投的特工或补给指示夜间降落区。

折叠式摩托车

特别行动处的威尔摩托车可以折叠起来装进空投罐。它由一台单缸发动机提供动力，时速 30 英里（约 48 千米），续航 90 英里（约 145 千米）。展开摩托车时，特工将车把提到位，拉出座椅，打开折叠的脚踏。

战争文物 近战武器

特别行动处与战略情报局招募的男女特工，如英国的突击队员和美国游骑兵，受过近身格斗和无声杀人技术的训练。他们在训练营的课程包括通信、破坏、小组战术和手枪练习。但威廉·费尔贝恩为特别行动处设计的近战课程强调用刀杀死敌人。这把刀（右）就是他和同事埃里克·赛克斯设计的。费尔贝恩还为战略情报局训练特工。“刀是一种不发出声音的致命武器”，他告诉学员，它“易于隐藏，而且对付高手手里的刀，除了枪或者赶紧逃命外，没有可靠的防守手段”。学会如何刺死敌人坚定了新人迎接未来挑战的决心。“我们用费尔贝恩设计的那把著名的刀，在设计者指导下练习近身格斗。”马里兰州战略情报局基地训练的罗伯特·基欧（Robert Kehoe）回忆说。那处基地后来成了戴维营（Camp David）。“至少，这帮助我们培养了勇气。”这里展示的是费尔贝恩这样的专家为肉搏设计的一些致命武器。他曾提醒新手，这是“战争，不是游戏。你的目标是以最快的速度杀死对手”。

致命匕首

威廉·费尔贝恩和埃里克·赛克斯设计的费尔贝恩－赛克斯匕首，有手工打磨的高碳钢双刃刀身，矛形刀尖。这把匕首被改成两截式刀柄，顶端拧开后出现一个装着毒胶囊的空腔。

一刀致命

特别行动处训练营的教官向英国突击队员示范，如何用一把费尔贝恩－赛克斯匕首干掉敌人哨兵。

三合一

这把多功能近身格斗武器是伦敦的考格斯威尔－哈里森公司（Cogswell & Harrison）于1942年设计的。它包括尖刺、加重圆头和可伸缩回卷进刀柄的勒索绳。

逃生刀

这把小小的逃生刀有个锋利的钩子，伞兵可以用它割断缠绕的吊伞索，得以脱身。它易于藏匿。

隐藏的刀身

藏在法国硬币里的可伸缩的弧形短刀，由特别行动处配发。它有多种用途，包括戳破敌方车辆的轮胎。

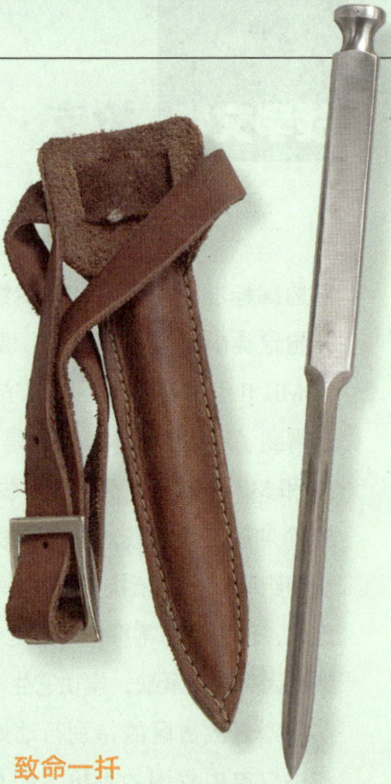

致命一扦

特别行动处尖刺匕首藏在前臂上绑的鞘里，这是一件令人生畏的攻击和自卫武器。顶端的旋钮可用于打破脑袋或从被害者身体里拔出锋利的一端。

翻领刀

同盟国武器设计师制作出各种翻领刀，可以藏在翻领或衣服的其他地方。有鞘的匕首可以系在腿上，左边则是与刀鞘和背带放在一起的双刃小刀。

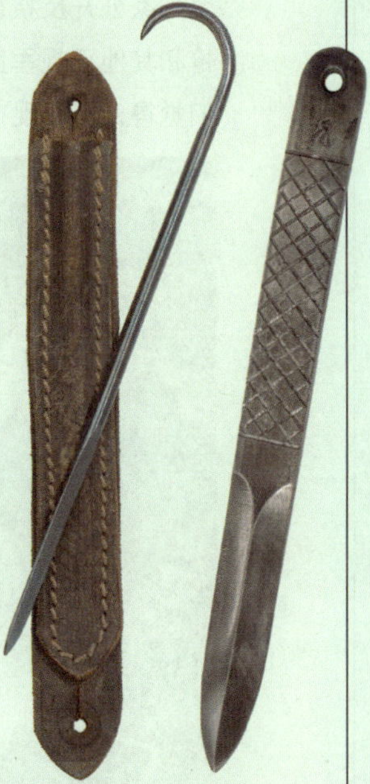

刀与钩

这把刀设计成可以藏在鞋里。右二这只摆在套子上的钩子可用作工具，或作为武器来砍、刺敌人。

二战期间，特别行动处和战略情报局向抵抗组织提供了各种各样的武器，包括同盟国标准军用武器和非传统的消声武器，如威尔洛德无声手枪，以及钢笔枪、烟斗枪这类小口径隐蔽器材。欧洲各地抵抗组织偏爱的武器之一是坚固实用的英国产司登 MK II 型冲锋枪（下）。二战期间，英国制造了超过 200 万把这种枪，一些抵抗战士还得到了后期的版本，特别是更重的司登 MK V 型冲锋枪。司登冲锋枪大致以德国 MP 38 和 MP 40 冲锋枪为原型，发射标准 9 毫米巴拉贝鲁姆（Parabellum）手枪弹，由不到 50 个冲压部件组成，只需要很少的铣销和焊接加工，可以在英国工厂或欧洲秘密作坊快速组装。一些抵抗组织在作坊里生产自己的版本。虽然枪掉落或颠簸时，容易卡壳或走火，但可以非常廉价高效地生产出来，以至于到战争后期，原本被模仿的德国武器制造商因为物资紧缺，模仿它生产出与司登 MK II 型几乎一模一样的 MP 3008 冲锋枪。

潜入敌占区的特别行动处和战略情报局特工一般装备着手枪，包括美制柯尔特和进口自中立国的手枪，如 0.38 英寸口径的西班牙产骆马（Llama）手枪。一些抵抗组织拿不到盟军武器，只能依赖私藏的民用武器、地方军用步枪、缴获的轴心国武器或简陋但还能用的自制枪，这种情况在东欧尤其突出。英美官员觉得，供应给抵抗组织的武器应该无须大量训练或精心维护。然而战争后期，抵抗组织开始在几个国家公开反抗德国占领者时，他们除司登冲锋枪外，还得到了布伦（Bren）轻机枪和其他正规军武器，包括步枪和卡宾枪。这有助于提升抵抗战士的士气，因为他们觉得，盟军现在承认他们是真正的士兵。

增强火力

法国中南部上卢瓦尔（Haute-Loire）地区的抵抗组织领导人教游击队员操作和维护司登 MK II 型冲锋枪。这些武器是特别行动处装在空投罐里投下的。

遥控迫击炮

一门设计成拧入树干的迫击炮。拧里的炮通过遥控发射或由绊线引发，将一颗 3 磅（1.36 千克）穿甲弹 150 码（约 137 米）。暗杀莱因哈海德里希的装备中包括此类迫击炮。

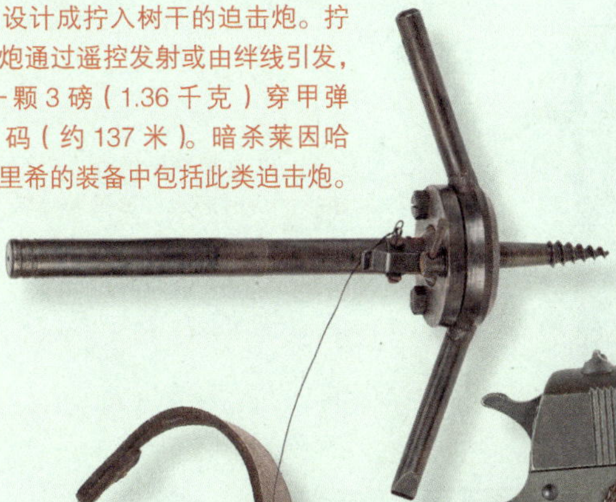

上膛的打火机

这只定制的打火机被改装成一把手枪。它装着一颗细小的用于室内打靶练习的 4 毫米“靶场”（gallery）子弹，近距离射击也可以致命。

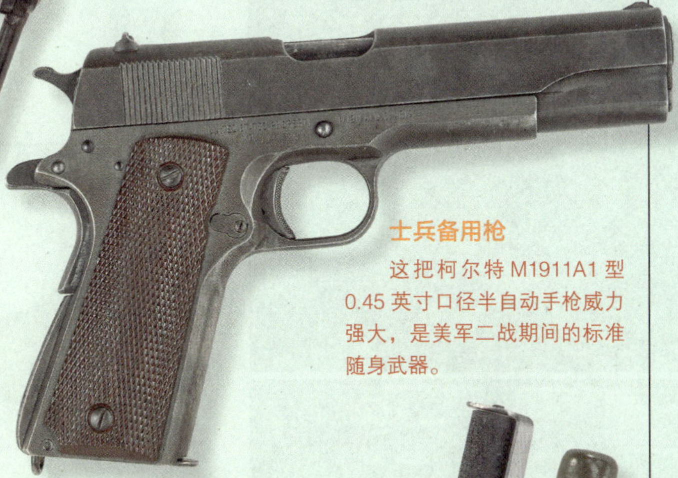

士兵备用枪

这把柯尔特 M1911A1 型 0.45 英寸口径半自动手枪威力强大，是美军二战期间的标准随身武器。

钢笔枪和“毒刺”

1943 年，战略情报局与生产钢笔和铅笔的里特－里特制造公司（Rite-Rite Manufacturing Co.）签约，生产伪装成钢笔的 0.22 英寸口径单发枪（右）。战略情报局一件类似武器被称作“毒刺”（Stinger，最右），夹在特工外套或衬衫口袋上时就像一支钢笔。

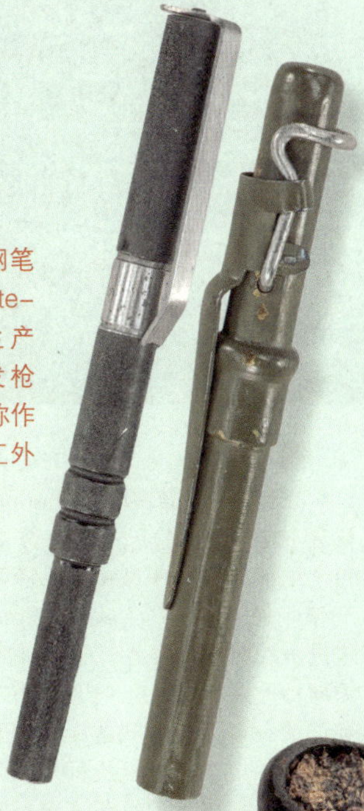

装在枪套里的柯尔特

用这只肩套，战略情报局特工可以把枪藏在衣服里。枪套里装着一把柯尔特 M1908 袖珍式内置击锤手枪。内置击锤使得它可以从衣服里掏出而不会被钩住。

烟斗手枪

这只烟斗的柄用作枪管，可以射出一颗小口径子弹，近距离足以致死。

M1A1

M1A1 是美制汤姆森（Thompson
冲锋枪的战时版本，美国游骑兵、英
和加拿大突击队员和“杰德堡行动”
小队都用它。

秘密枪手

在查尔斯·布雷耶（Charles Breijer）秘密拍摄的照片上，荷兰游击队员皮特·纳赫尔（Piet Nagel）将两把英国产李－恩菲尔德（Lee-Enfield）步枪包进一块地毯（最上），扛着它们走过阿姆斯特丹大街（上）。布雷耶在德国当局登记成一家劳工期刊的专业摄影师，以此为掩护记录荷兰抵抗同志的活动。他把一架禄莱福莱相机藏在自行车的包里拍摄走过街道的纳赫尔。

M1 卡宾枪

M1 卡宾枪是为美国陆军设计的 0.30 英寸口径半自动武器，结果战略情报局和特别行动处特工发现它很好用。“D 日”之后，它们被提供给法国游击队战士。

布伦轻机枪

英军采用的这种导气式轻机枪，利用子弹发射时火药产生的气体，由图中弹匣供弹，射速可达每分钟 540 发。

李－恩菲尔德步枪

李－恩菲尔德 No.4 Mk1 型栓动步枪于 1941 年列装，是二战期间英国步兵制式轻武器，发射英国 0.303 英寸 Mark VII 型子弹。

德利尔卡宾枪

威廉·德利尔（William G. de Lisle）为斯特林军备公司设计的德利尔卡宾枪，改装自李－恩菲尔德 No.1 Mk III 型步枪。出色的消音器使之成为突击队员理想的隐蔽武器。

战争文物 短波电台

无线电收发报机将短波发射器和接收机合二为一，是野外特工和指挥部之间的基本联络手段。训练有素的信号员是特别行动处和战略情报局驻敌占区网络的基本组成部分，每个“杰德堡行动”小分队都有一名。信号员被要求在预先确定的频率上用莫尔斯电码发送电报。他们的电报必须简短、准确并用类似这种印在丝布上的密码表（对页）细心加密。他们的无线电台必须轻到便于携带，并且为了避免引来注意，经常藏在手提箱里。二战期间，特别行动处生产的手提箱电台越来越轻，越来越便携，从最初的 42 磅（约 19 千克）缩减到 Type A Mark III 型电台的 9 磅（约 4 千克）。一些抵抗组织的信号员用类似下方的箱子携带自己的收发报机，而且大部分组织都有无线电接收机监听英国广播，广播内容包含了提醒抵抗战士采取行动的暗语信息。为了避免被搜查建筑物的德国人发现，机器采用了各种伪装方式，如这部就藏在一只法国饼干罐里（对页上）。

发送信号

突击队员在挪威使用一部电池供电的发报机。“D 日”前夕，抵抗特工恩斯特·斯莱恩（Ernst Slain）用右边这台藏在公文皮包里的法国产收发报机，报告诺曼底的德军兵力。如对页所示，信号员用密码加密字母表中字母和特定信息，如关于盖世太保正在搜查某个区域的警告。

BISCUITS DE LUXE
BISCUITS DE LUXE
A B C D E F G H I J K L M N O P Q R S T U V W X Y Z

战争文物 间谍相机

随着同盟国特工和抵抗力量努力动摇希特勒对欧洲的控制，摄影在颠覆、监视和各种形式的间谍活动中发挥了重要作用。在纳粹占领区，拍照并不一定遭到禁止，但是将占领当局认为敏感的任何内容，包括军事设施、部队集结、水坝、机场或铁路及港口设施等，记录到胶片上有可能招致逮捕或严厉惩罚。

隐蔽相机是情报人员进行军事调查的基本工具。依靠隐蔽相机，他们得以拍摄敌方武器、装备和军事设施而不被发现。秘密反对第三帝国的特工详细用相机记录了大西洋壁垒工事，提供了德国进行火箭试验的最初证据。相机还被用于将通敌者及其活动曝光，记录轴心国领导人不希望大白于世的暴行，包括对犹太人和其他东欧目标群体的迫害，以及第三帝国占领军在各地的野蛮行径。

间谍经常依赖摄影来复制涉密文件，使用专门相机或带微距镜头和脚架的普通商业型号。脚架可以在拍摄一张张文件时保持相机固定，小巧的折叠式脚架被用于在潜入期间快速精确地拍摄冗长文件和报告。大画幅照片可以转变为微缩胶片，秘密传送到盟军情报中心。相机还被用于制作足以乱真的假文件和身份证明，复制反纳粹海报和传单上的图像，以及一些地下报纸采用的照相胶印术。

为执行这类任务，一些游击队员和抵抗战士收藏了战前时期的相机，秘密储存了稀少的药剂、胶片和相纸；一些队员用废弃镜头和零部件组装成照相机。特别行动处和战略情报局委托伊士曼柯达等公司，或雇用自己的秘密实验室专家设计微型相机及隐藏方法。这些隐蔽相机不光是新颖的玩意，还是秘密战争的必备工具。

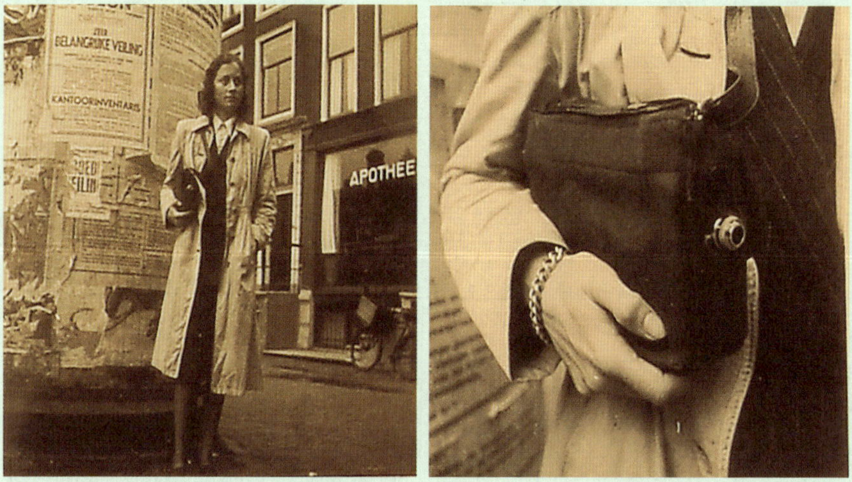

隐藏的镜头

一名荷兰抵抗组织摄影师拍摄的照片里，一名妇女带着一架藏在手提包里的禄莱福莱相机（左），露在外面的镜头只有从近处才能看出来（右）。拍照时，她会假装在包里找东西，按下快门。

装在盒子里

一架装在上方套子里的微型相机藏在这只火柴盒内，上覆以火柴，即使打开盒子也看不到相机。

自制相机

这架相机是一名法国抵抗组织成员用望远镜镜头、电器盒和推进胶卷的大螺栓制成的。虽然制作粗糙，但还可以使用。

火柴盒相机

伊士曼柯达公司开发出这款小到可以装在火柴盒的相机。二战期间，它为战略情报局制造了超过 1000 架这种相机。

微型美乐时

出生于拉脱维亚的德裔瓦尔特·扎普（Walter Zapp）设计的美乐时（Minox）微型相机与套子和说明书放在一起。它于 1937 年开始生产。这种经典的间谍相机重量不及一只打火机。随着战争进行，各种间谍机构都采购了这种相机。

战争文物 破坏指南

1941 年 6 月，同盟国特工用精心布置的炸药摧毁了法国城市波尔多附近的佩萨克（Pessac）电厂，对破坏行动可以有效扰乱德国在欧洲战争机器的一切怀疑都烟消云散。爆炸扰乱了附近一座德国 U 型潜艇基地的运行，中断了该地区的电气铁路。这样的破坏活动是抵抗战士发起的隐蔽战争的重头戏，通常由特别行动处或战略情报局特工提供器材和指导。这些特工受过用 TNT 或塑料炸药摧毁敌方设备设施的训练，不仅向抵抗组织提供指导和专业建议，还提供由同盟国机构工场设计的各种爆炸装备，如用于破坏以煤为动力的火车头、船只和电厂的煤块炸弹（对页）。同盟国机构还设计分发了复杂的定时引信。它们可以在炸弹发挥最大破坏力的时刻引爆，同时让安放炸弹的人免受伤害和追踪。

反纳粹游击队员和抵抗战士并不总是依赖同盟国特工，自己主动实施了大量破坏行动。一次行动中，布鲁塞尔大学（University of Brussels）的一队破坏者炸坏对德国战争活动至关重要的比利时铁路线、水渠和电厂。到 1942 年年末，他们对欧洲沦陷区的工厂、军事设施、铁路和桥梁等实施了近 20 万次袭击。

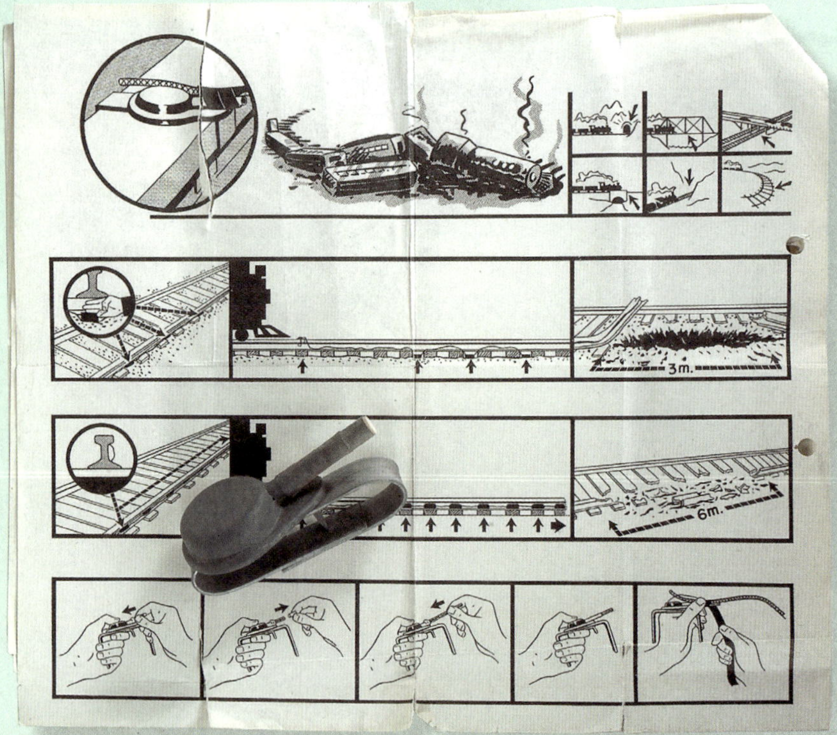

铁轨作业

法国游击队员将炸药安到铁轨下（对页上左）。破坏者经常使用上图带有图示说明书的引爆器。它的绰号叫“蚌”（Clam），类似于放在铁轨上无害的警告信号，警示司机在雾中或其他不安全条件下减速。火车头压过“蚌”时引发的爆炸可以使列车脱轨。

制造混乱

1942 年 1 月，法国的一次列车脱轨（上）。这通常是铁轨被破坏的结果，但特工们也可以在火车头的煤箱里塞进煤块炸弹来制造混乱，煤块里面塞的塑料炸药在铲进炉火时引爆。战略情报局提供的套装里有装填炸弹的说明书和将炸弹颜色刷成与所用煤炭类型一致的油漆。

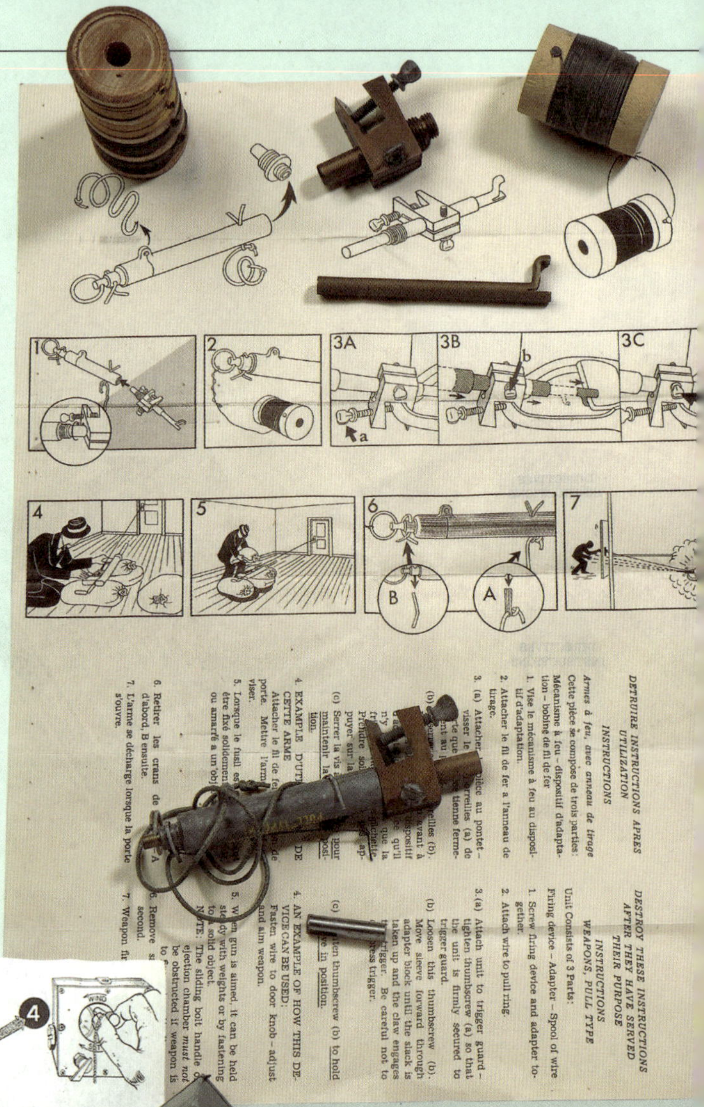

绊雷

美国M1拉发装置与绊线卷和安装部件（右）。通过连接绊线与地雷，它可以用于设置杀敌的绊雷。说明书显示了如何连接该装置与雷管炸药。加在绊线上的3磅—5磅（约1.4千克—2.3千克）或更高的压力都会触发装置，引爆炸药。

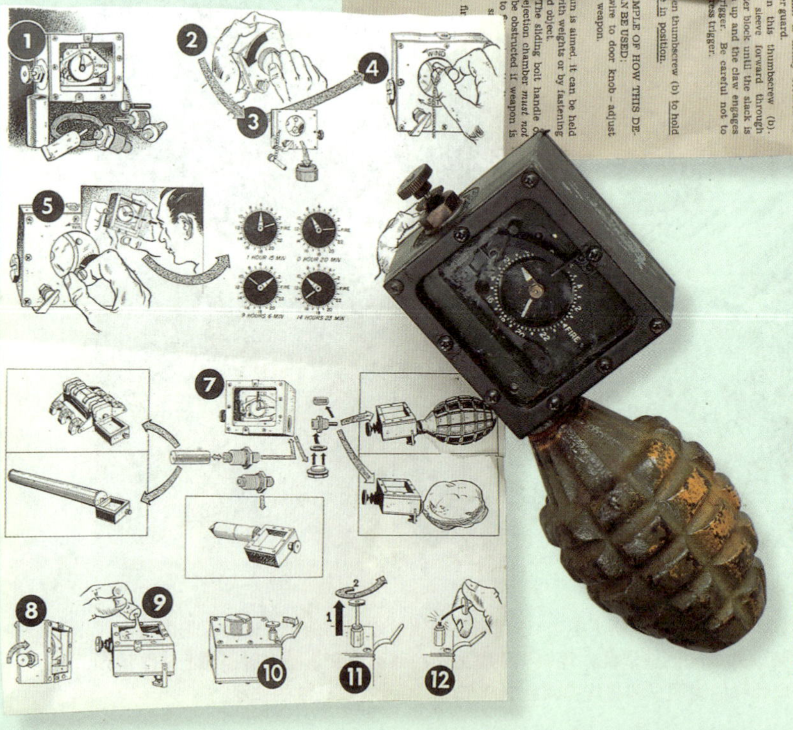

发条手榴弹

这颗Mk2手榴弹（左上装的Mk3发条装置是1944年为战略情报局和美国海军生产的。说明书指导使用者上紧发条，设好定时器。设定时间过后定时器会释放击锤，引爆手榴弹。这种武器有12小时和24小时两个版本，可以在夜里安放在敌人白天聚集的地方。

定时爆炸

炸毁上面这座法国大桥和其他大型建筑的破坏者利用延时引信逃生。这种引信让他们有时间在爆炸发生前逃跑。左边这种特别行动处的引信根据形状被称作定时笔（time pencil），内有装着酸的小瓶。小瓶在装置插进炸药后被打破，瓶里的酸接触并腐蚀金属线，直到线断开后释放撞针，点燃雷管，引爆炸药。这类引信的时间设定从 10 至 15 分钟到一两个小时不等，由笔管上的彩条指示。

逃跑与躲避

1939年12月，英国陆军历史最悠久的皇家苏格兰团（Royal Scots）的诺曼·克罗卡特（Norman Crockatt）少校开始接管新军事情报机构——军情九处。他的办公室设在为这场战争征用的伦敦宗主国酒店（Metropole）424房间。该机构的建立是为了帮助在敌占区坠机的英国飞行员逃避追捕或在被拘押的情况下逃出战俘营。军情九处支持这样的信条，即战俘，尤其是训练有素的飞行员，应该尝试逃回履职，这也可迫使敌人花费军事资源来看守战俘和追捕逃跑者。出于此目的，克罗卡特和部下建立了与关押在轴心国战俘营的战俘通信的秘密渠道，协助在欧洲沦陷区经营逃跑路线的抵抗组织，听取成功逃跑者的汇报来获得情报，向飞行员和其他领受高危任务的军事人员提供地图、工具和指导来帮助他们避开或逃脱追捕。

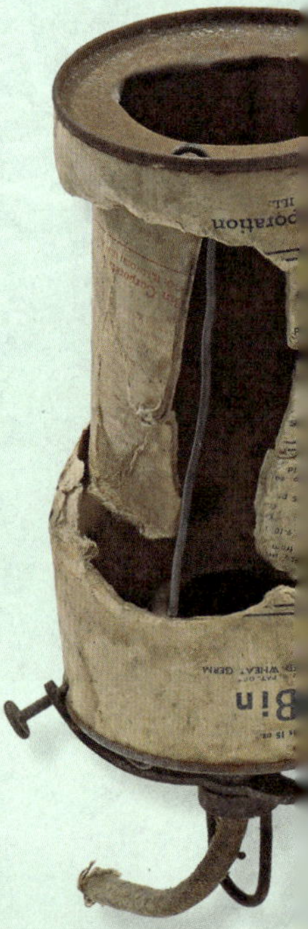

德国军事监狱系统中，逃跑技术和装备得到最全面测试的地方，要数德国东部科尔迪茨城堡（Colditz Castle）的军官营IV-C（Oflag IV-C）。这座阴森的中世纪城堡被指定为一座高安保等级特别营（Sonderlager），用于关押归类为“反德”的军官或顽固不化的逃跑高手。在一个地方集中了这么多决心逃跑的人物，让这座似乎密不透风的监狱成为这场战争中一些最聪明、最有创意的逃跑事件的发生地。这里的犯人包括英国、加拿大和法国等沦陷国的军官。他们组织的中央逃跑委员会用一部藏匿的无线电接收机获取情报，管理着数个单位。他们伪造文件、制作军民服装和为追求自由的科尔迪兹城堡战俘提供食物。在130多个逃出来的犯人中，约四分之一躲过了追捕，回到国内。

高耸的监狱

科尔迪兹城堡坐落在小山顶上，俯瞰着德国穆尔德河（Mulde River），关押着被捕的盟军军官。险峻的地势和厚重的围墙让一些德国当权者认为没人能逃脱。

地道逃生

1941年，一些法国军官进入科尔迪兹城堡的酒窖，挖出一条延伸约50码（约46米），通到城堡围墙的地道，之后守卫粉碎了他们的逃跑企图。最上图固定的锡罐电灯在他们挖掘时照亮地道。

假人愚弄

荷兰陆军军官利奥·德哈尔托赫（Leo de Hartog）拿着“莫里兹”（Moritz）。这是两个塑料假人中的一个，另一个名为“马克斯”。它们像上图这样让人支起来，在每天点名期间欺骗科尔迪兹城堡的守卫。1941 年夏，荷兰人用这些假人掩护了几次脱逃行动。

勇敢下降

1941 年 5 月，两名波兰军官用打结的床单（上）从城堡屋顶爬下 120 英尺（约 37 米）高的外墙，后被一个听到他们靴子剐蹭声的守卫抓住。内藏地图的扑克牌为逃跑者指明路线。

战争文物 坠机飞行员的地图

任何战俘营逃跑用品中的重要工具是一张好地图。它要覆盖他们回到同盟国领土必须经过的地区。提供这些地图的任务落到克莱顿·赫顿（Clayton Hutton）少校头上。这个调到军情九处的前皇家空军飞行员从大名鼎鼎的苏格兰地图制作商约翰·巴塞洛缪父子公司（John Bartholomew & Son）得到了第一批地图。后者出版德国、荷兰、比利时、法国和其他盟军飞行员坠机地或被关押地所在国家的详细旅游地图。

作为印刷逃跑地图的材料，赫顿选择了丝绸。这种材料轻巧耐用，容易隐藏，而且使用时不会像纸那样发出声音。他一开始弄到做降落伞剔下来的丝绸。到 1943 年，来自东方的丝绸供应减少，军情九处的工场开始使用人造纤维。一些专门地图藏在战俘救济包裹里的扑克牌内。泡水后，纸牌正面可以与背面分离，露出的部分地图可以与其他地区地图拼成地区图。

要利用地图，躲避或逃跑的人就需要一只易于隐藏的指南针。军情九处的能工巧匠制作出的微型指南针可以藏进设备或衣物中，如衬衫袖链扣、徽章和制服纽扣。为了骗过德国搜查人员，一些装指南针的纽扣是顺时针而不是逆时针旋开的。

指针

摆在一幅 1944 年的布制逃跑地图上的微型指南针可以藏在纽扣、徽章，或烟斗柄（左）里，磁铁条则可以放在皮带扣或尖钉上指出北方。

庇护

1944 年，在轴心国占领的南斯拉夫被击落后，这些美国人在一间干草仓里休整。坠机飞行员得到塞尔维亚游击队等抵抗组织的协助，在“升降索行动”（Operation Halyard）中，塞尔维亚游击队帮助战略情报局将他们空运出南斯拉夫。

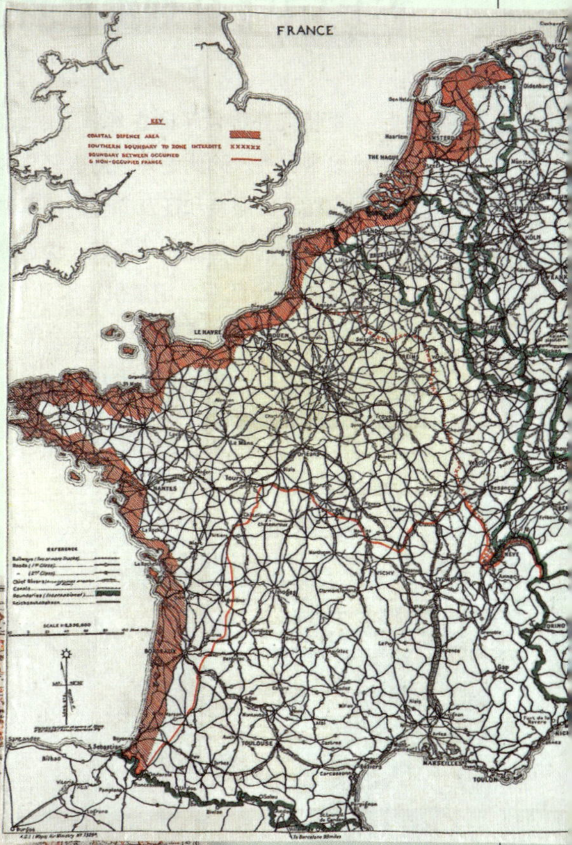

逃跑地图

上面这张逃跑用的西欧沦陷区地图以一幅巴塞洛缪地图为基础，用绿色显示国境线，用粗红线显示严密防守的沿海地区。左边这幅意大利地图由军情九处于 1942 年印在一块制作降落伞的丝绸上。1940 年，皇家空军开始轰炸意大利，1943 年，英美部队在意大利南部登陆后，许多盟军飞行员就降落到那个地区。

战争文物 计划逃跑的工具

军情九处提供了印在丝绸上的地图和其他装备，由战俘在到达科尔迪兹城堡时偷偷带进去。除此之外，意志坚定的犯人还秘密制作出各种惊人的逃跑和躲避器材，包括平民服装和证章齐全的德军制服。在一个秘密服装作坊工作的犯人组装出缝纫机，为逃跑者缝制了服装。伪造作坊的犯人经常手工作业，用钢笔、画笔和墨水伪造出身份证明、定量供应卡和旅行证件。他们用临时拼凑的油印工艺复制地图，原料是外用酒精及从红十字会救济包裹里的果冻中提取的明胶。

隐藏的现金

从科尔迪兹城堡逃出的犯人利用烟盒（下）藏着德国马克。这些现金来自带着藏匿钱包的飞行员，准备捐给逃跑委员会。

伪造徽章

被囚犯人做出这个石膏模子为伪员仿造德国国防军徽章。这些徽章缝在伪装成德国士兵的逃脱者制服上。

简易钥匙

这把简易钥匙用金属床架的部件打成，是关在科尔迪兹城堡一名足智多谋的军官制作的。

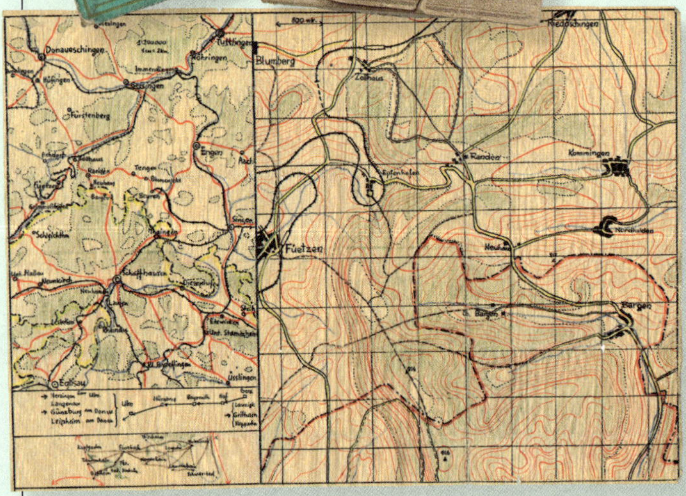

手绘地图

这张精心绘制的地图是从一个被抓获的科尔迪兹城堡逃犯身上找到的，展示了距德国边境不远的瑞士城镇沙夫豪森（Schaffhausen）周边地区。

欺骗用的染料

新来的战俘将染料胶囊藏在烟盒里。裁缝用它们将战俘军装改成平民服装给逃跑的人穿。

模仿

1942 年 12 月，安德烈·佩罗多（André Pérodeau）中尉（上右）乔装成科尔迪兹城堡的电工（上左），企图走出大门，但在向守卫出示伪造的通行证时被识破。后者让人拍下这张照片。

识破变装

1941 年 6 月，一名法国中尉打扮成一名德国女人（上），自称 E. 布莱（E. Boulé），企图走出科尔迪兹城堡。这是抓获他的人拍摄的照片。他的手表掉落时，拾起手表的德国卫兵起了疑心并识破了他。

犯人的撬锁工具

这把折叠小刀（右）内含一套基本撬锁工具，目的是为了偷运进科尔迪兹城堡这样的监狱，帮助犯人进入上锁的房间和过道。

隐蔽的压痕

这些肥皂（左）被用于制作钥匙或撬锁工具的压痕。犯人再用压痕复制和分发钥匙和撬锁工具来打开上锁的门。

批准章

伪造作坊的犯人制出“官方”印章（左），盖在伪造的德国文件上，供逃跑者出示给守卫或警察。

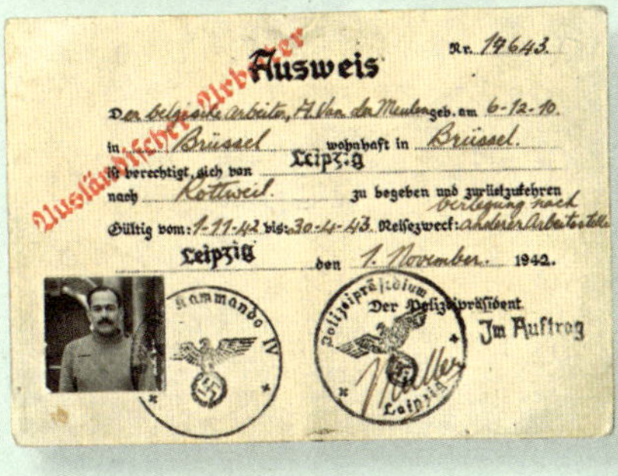
Ausländischer Arbeiter
Ausweis
Nr. 19643.
Der belgische Arbeiter, M. Van der Meulen geb. am 6-12-10.
in Brüssel wohnhaft in Brüssel.
ist berechtigt, sich von Leipzig
nach Rottweil zu begeben und zurückzukehren
Gültig vom: 1-11-42 bis: 30-4-43. Reisezweck:
Leipzig den 1. November 1942.
Der Polizeipräsident
Im Auftrag

巧妙的伪造

这本旅行证件和其他身份证件（左）是科尔迪兹城堡的犯人辛苦手工制作的。后来他们使用了一架偷带进去的相机，加快了伪造过程。

带刺的铅笔

这支剖开的铅笔露出一根充当工具或武器的钢刺（左）。藏在铅笔里是为了骗过守卫，他们会搜查战俘或战俘收到的慰问包裹。

应急基金

一名盟军飞行员的生存工具包里装着戒指和金币（右），包括英国沙弗林（Sovereigns，旧时面值 1 英镑的金币）和法国拿破仑金币（Napoleons）。

战争文物 冒险脱逃

科尔迪兹城堡保安头子莱因霍尔德·埃格斯（Reinhold Eggers）上尉多年后回忆，这座监狱远不像它看上去那样安全："乍一看，你也许认为这地方滴水不漏……但除了窗户上有栅栏外，建造它的目的根本不是把人关里面。出去被证明比进来容易得多！"面对一群铁了心要逃跑的聪明军官，他和看守科尔迪兹堡的人保存了试图逃跑的详细记录，将这些证据展示在一个名为"指挥官的逃脱博物馆"房间里。埃格斯在一份德国战俘营卫兵的报纸上出版了这些尝试逃跑的故事，一名当地摄影师受托拍摄了穿着伪装或拿着工具的企图脱逃者的照片。记录以往的逃跑企图并没有阻止后来的尝试，只是永远保存下战俘们足智多谋的努力。如这里描绘的这些人那样，他们对囚禁不是逆来顺受，而是不断挑战。

戏剧性退场

1942年1月5日夜，包括英国艾雷·尼夫（Airey Neave，左上）中尉和荷兰亚伯拉罕·皮埃尔·吕特延（Abraham Pierre Luteyn，左下）中尉在内的四名犯人，穿过科尔迪兹城堡犯人剧场地板上挖出的洞，顺着一条用方格毛毯（右）做成的绳子下到空房间，这个房间有他们出去的通道。他们衣服里面是德国陆军制服，最里面则是平民服装。他们伪装成德国军官，大摇大摆地通过岗哨，走出大门，接着换成平民衣着，分成两对旅行，以免引来过多关注。一对人又被抓了回去，但伪装成荷兰移民工人的尼夫和吕特延到达了中立的瑞士。

大胆的冒名顶替者

多次尝试逃跑的英国军官艾伯特·迈克尔·辛克莱（Albert Michael Sinclair，最左）中尉长得像年轻一号的科尔迪兹城堡德国军士长弗里茨·罗滕贝格尔（Fritz Rothenberger，左），后者因为留着一副硕大的八字胡，被犯人称作“弗朗茨·约瑟夫”（Franz Joseph，弗朗茨·约瑟夫一世留一副大胡子）。1943 年，心灵手巧的犯人给辛克莱贴上一副类似的胡子，穿上军装，戴上帽子，还给冒充哨兵陪着他的两个人各雕了仿真木枪和刺刀。半夜，伪装的辛克莱走到门口，声称他们来换岗。一名守卫要求看他的证件。证件似乎无懈可击，但辛克莱说的口令不对。随后的争吵引来真正的罗滕贝格尔来与假冒者对质。辛克莱被枪打中胸部，幸而没死，却在 1944 年的另一次试图逃跑中被打死。

紧密配合

1942 年 9 月 8 日，科尔迪兹城堡的犯人被要求将额外财物存放进 3 英尺（约 0.9 米）见方的红十字会木箱（上右）。身材矮小的英国皇家空军上尉多米尼克·布鲁斯（Dominic Bruce，上左）带着锉刀和临时制成的 40 英尺（约 12 米）长的绳子，让人把他塞进箱子里。看守发现了从储藏室窗户垂下的绳子，一番搜查后找到空箱子，上面刻着：“科尔迪兹的空气不适合我。别了！”落款是“前战俘，飞行军官布鲁斯”。一周后，布鲁斯再次被抓到。

1942年5月，英国沿海的一支同盟国船队，遭到德国U型潜艇的致命攻击，直到密码分析员破译了德国海军恩尼格玛密码，帮助赢得大西洋海战。

第四章 破译恩尼格玛·人机大战

二战期间，写给温斯顿·丘吉尔的信从未越过为他审查邮件的私人秘书。但这封来自绝密的英国密码破译机构布莱奇利庄园（Bletchley Park）密码分析员的信，立即送到了丘吉尔手里。“几周前，你来看我们，”信的开头写道，“我们相信，你认为我们的工作很重要。”布莱奇利庄园的密码破译人员为同盟国的战争努力做出了巨大贡献，丘吉尔1941年9月的那次视察是他们获得的少数官方认可之一。二战期间，29岁的天才数学家兼密码分析员艾伦·图灵（Alan Turing）在保卫卷入战争的祖国方面的贡献不下于任何英国军官，却不为公众所知。对他来说，见到首相是一份难得的荣耀。在那样的场合，图灵太紧张，太含蓄，对于政府为布莱奇利庄园的工作提供的支持不够充分，他说不出抱怨的话。不过一个月后，他和天才同事戈登·韦尔什曼（Gordon Welchman）及另外两名密码分析员一起写信给丘吉尔。他们正加紧破译用于加密德国军事通信的恩尼格玛密码机（后简称“恩尼格玛”），但这一努力正在被“耽搁”，他们告诉他，“某些时候甚至完全停滞，这主要是因为我们没有足够的人手来处理它”。一些给他们提供技术协助的熟练男性员工属于征兵对象，他们呼吁让

天才的战争

天才数学家艾伦·图灵领导了英国破译德国海军恩尼格玛（左）的行动。它是密码破译员在这场战争中面对的最大挑战之一。

这些人与布莱奇利庄园的优秀密码分析员一样免除兵役，同时分配更多皇家海军妇女服务队（Women's Royal Naval Service，WRNS）队员来维护密码破译机器的运转及执行其他基础任务。

给丘吉尔那封信上的四个签名里，图灵排在第一。布莱奇利庄园以外，只有少数人知道图灵对这场战争的重要性，丘吉尔是其中之一。图灵领导了破译错综复杂的恩尼格玛密码和加密步骤的行动。大西洋上的同盟国船队从美国运来食物、燃料和武器装备，让英国得以继续战斗。德国 U 型潜艇正在围猎这些船队，德国海军则用恩尼格玛密码掩盖暴露潜艇位置的通信。丘吉尔后来评论说："这场战争期间，真正让我害怕的唯一一件事是德国 U 型潜艇的威胁。"任何妨碍图灵及其同事与这一威胁和其他军事威胁做斗争的情况都让丘吉尔牵肠挂肚。他给参谋长黑斯廷斯·伊斯梅（Hastings Ismay）将军下了一道死命令："今天就办：绝对优先确保他们得到想要的，完成后向我报告。"

大事记

1940 年 3 月　破译恩尼格玛信息的"炸弹"，以波兰密码分析员设计的机器为基础，在布莱奇利庄园启用。

1940 年 8 月　德国空军企图消灭英国皇家空军，为入侵英国创造条件，不列颠空战由此打响。

1940 年 9 月　得到德国科学家的秘密"奥斯陆报告"和恩尼格玛破译情报的预警，英国人干扰了为德国空军轰炸机导航的无线电信号。

1941 年 5 月　英军登船组从一艘德国潜艇上缴获一台完好的恩尼格玛。这是帮助密码破译员解读德国海军电报的几个"秘密"之一。

1942 年 2 月　德国海军引进一种更安全的恩尼格玛，挫败了追踪德国 U 型潜艇的努力。这些潜艇组成狼群围攻同盟国船队。

1942 年 11 月　恩尼格玛电报的破译，将埃尔温·隆美尔的补给线暴露，揭开了他的计划。在此帮助下，英军赢得阿拉曼战役（Battle of El Alamein）。

1943 年 6 月　在密码分析员破译了加强版海军恩尼格玛密码，促进了盟军反潜战之后，卡尔·邓尼茨海军元帅将德国 U 型潜艇撤出北大西洋。

表面上看，图灵一点也不像国家命运所系的人物。他衣冠不整，走过布莱奇利庄园走廊时目光游移，说话吞吞吐吐。一些人认为他有语言障碍，经常很吃力地说出想法和见解。这些思想涌入他那敏捷如电

姓名：艾伦·图灵
职业：数学家
任务：破译恩尼格玛密码

的脑中，比语言表达还要快。他的抱负是设计一种以人类大脑的方式，但比人脑更快、更准确地解决问题的机器。1936年，他作为剑桥大学的研究员写了一篇具有远见性的文章《论可计算数》(On Computable Numbers)，开始建立他所称的通用计算机的理论。那时候，“computer”(计算员)一词表示记账员或其他履行数学方面职责的职员。图灵想象的计算机器是通用的，意为它能做计算员能做的任何事，包括遵循指令执行什么任务以及如何执行。通过阅读一条纸带，区别空白与标着0或1的位置，他的假想机器可以做到这一点。机器还可以打印(写入)或擦除这些数字。0和1的数字选项构成的二进制代码，既可以像莫尔斯电码的点和划一样用来代表任何数字或字母，也可以用来处理那些数字

布莱奇利庄园

战争期间，伦敦以北的这座维多利亚式庄园，成为不断扩大的密码破译机构的中心，到处有为密码分析员、译员、技术人员和其他人员使用的临时棚屋。他们发誓保守秘密，被温斯顿·丘吉尔形容为“下金蛋而且从不叫的鹅”。

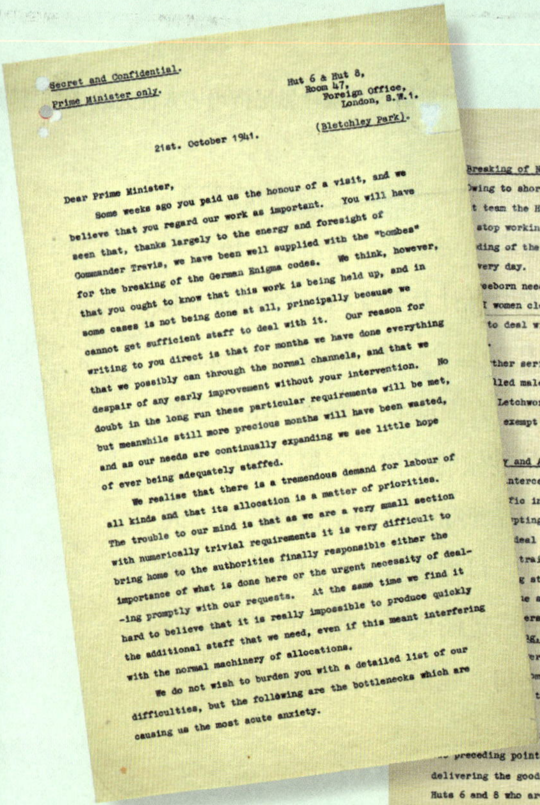

Secret and Confidential.
Prime Minister only.

Hut 6 & Hut 8,
Room 47,
Foreign Office,
London, S.W.1.
(Bletchley Park).

21st. October 1941.

Dear Prime Minister,

Some weeks ago you paid us the honour of a visit, and we believe that you regard our work as important. You will have seen that, thanks largely to the energy and foresight of Commander Travis, we have been well supplied with the "bombes" for the breaking of the German Enigma codes. We think, however, that you ought to know that this work is being held up, and in some cases is not being done at all, principally because we cannot get sufficient staff to deal with it. Our reason for writing to you direct is that for months we have done everything that we possibly can through the normal channels, and that we despair of any early improvement without your intervention. No doubt in the long run these particular requirements will be met, but meanwhile still more precious months will have been wasted, and as our needs are continually expanding we see little hope of ever being adequately staffed.

We realise that there is a tremendous demand for labour of all kinds and that its allocation is a matter of priorities. The trouble to our mind is that as we are a very small section with numerically trivial requirements it is very difficult to bring home to the authorities finally responsible either the importance of what is done here or the urgent necessity of dealing promptly with our requests. At the same time we find it hard to believe that it is really impossible to produce quickly the additional staff that we need, even if this meant interfering with the normal machinery of allocations.

We do not wish to burden you with a detailed list of our difficulties, but the following are the bottlenecks which are causing us the most acute anxiety.

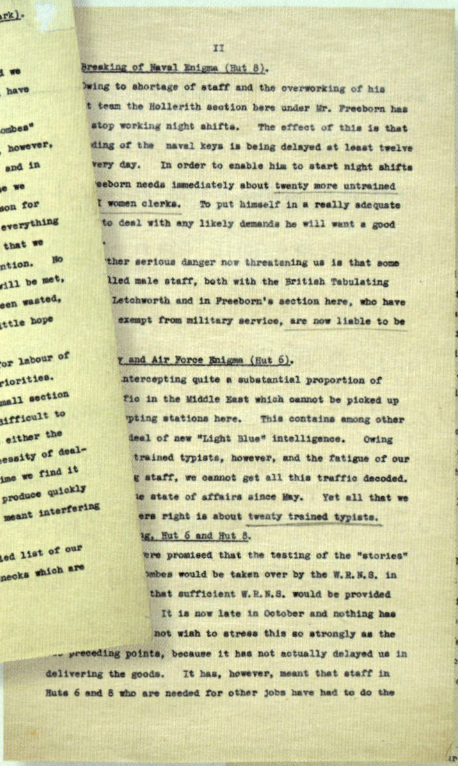

II

Breaking of Naval Enigma (Hut 8).

wing to shortage of staff and the overworking of his
t team the Hollerith section here under Mr. Freeborn has
stop working night shifts. The effect of this is that
ding of the naval keys is being delayed at least twelve
very day. In order to enable him to start night shifts
eeborn needs immediately about twenty more untrained
I women clerks. To put himself in a really adequate
to deal with any likely demands he will want a good

ther serious danger now threatening us is that some
lled male staff, both with the British Tabulating
Letchworth and in Freeborn's section here, who have
exempt from military service, are now liable to be

y and Air Force Enigma (Hut 6).
ntercepting quite a substantial proportion of
fic in the Middle East which cannot be picked up
pting stations here. This contains among other
deal of new "Light Blue" intelligence. Owing
trained typists, however, and the fatigue of our
g staff, we cannot get all this traffic decoded.
e state of affairs since May. Yet all that we
ers right is about twenty trained typists.

g, Hut 6 and Hut 8.
ere promised that the testing of the "stories"
ombes would be taken over by the W.R.N.S. in
that sufficient W.R.N.S. would be provided
It is now late in October and nothing has
not wish to stress this so strongly as the
preceding points, because it has not actually delayed us in
delivering the goods. It has, however, meant that staff in
Huts 6 and 8 who are needed for other jobs have had to do the

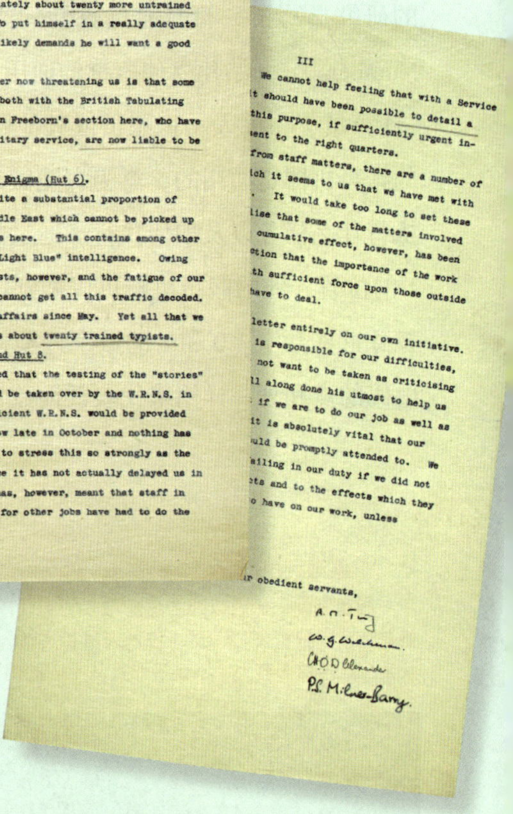

III

We cannot help feeling that with a Service
t should have been possible to detail a
this purpose, if sufficiently urgent in-
ent to the right quarters.
from staff matters, there are a number of
ich it seems to us that we have met with
. It would take too long to set these
lise that some of the matters involved
cumulative effect, however, has been
ction that the importance of the work
th sufficient force upon those outside
have to deal.
letter entirely on our own initiative.
is responsible for our difficulties,
not want to be taken as criticising
ll along done his utmost to help us
if we are to do our job as well as
it is absolutely vital that our
uld be promptly attended to. We
ailing in our duty if we did not
ts and to the effects which they
o have on our work, unless

r obedient servants,

A. M. Turing
W. G. Welchman
C. H. O'D. Alexander
P. S. Milner-Barry

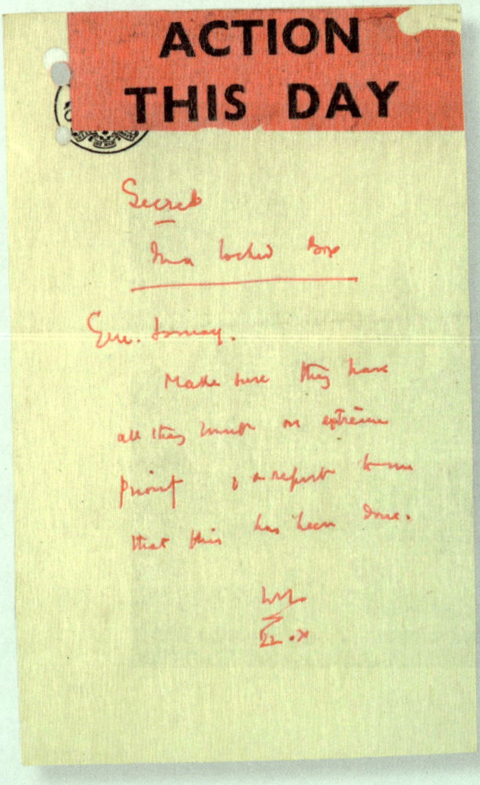

要求行动

上方的信件中，艾伦·图灵的签名出现在第一个。这是他和密码破译员同行戈登·韦尔什曼、休·亚历山大和P. S. 米尔纳－巴里（P. S. Milner-Barry）写给丘吉尔的信，要求为布莱奇利庄园的行动提供更多人员支持。丘吉尔当即回应，发出左边这份“今天就办”的指令，指示“绝对优先确保他们得到想要的”全部帮助。

或字母。图灵的文章为可编程的数字计算机打下了理论基础，因为0和1可以在电路上由一个打开或闭合的开关代表，二进制代码既可用于给计算机的指令，也可用于计算机的运行。

> “这场战争期间，真正让我害怕的唯一一件事是德国U型潜艇的威胁。”
>
> ——温斯顿·丘吉尔

图灵这篇论文的意义超出了计算机科学的新兴领域，因为他证明，即使用一台运行得无懈可击的通用计算机器，一些棘手的数学问题依然无法解决。他意识到数理逻辑的局限，这对他的密码分析员工作很有帮助，因为他和同事解决问题时，经常要借助那些被认为非科学的方法，如合理的猜测、依靠可能词（常出现于他们正尝试破译的那类电报中的词汇）或者枯燥地一个接一个尝试可能的答案。图灵在布莱奇利庄园的主要贡献之一是表明，这类解决问题的机械或直觉方法可以内置到计算机器里，后者可以不知疲倦地连续工作，以比他和天才同伴们更快的速度获得答案。他们通过设计更智能的机器，赢得他们发起的人机大战。那个发明过程可以追溯到10多年前，当时德国人将恩尼格玛从一种商业设备打造成一项让他们的军事秘密似乎牢不可破的战略资产。

波兰先驱

20世纪30年代初，法国、英国、波兰等几个国家的情报官和密码分析员意识到，德国军方和安全部门正使用恩尼格玛的一种高级版本来掩护他们的通信。恩尼格玛最初由德国工程师亚瑟·谢尔比乌斯（Arthur Scherbius）于1923年推出，销售给银行和其他商业机构。用高级版本的恩尼格玛加密的信息用莫尔斯电码通过电台发送，由授权的接收者在同样的机器上解密。波兰密码局（Cipher Bureau）局长格威多·兰格（Gwido Langer）少校敏锐地认识到，解决恩尼格玛带来的

第一代恩尼格玛

恩尼格玛的最初版本有一台打印密文的打印机，由德国发明家亚瑟·谢尔比乌斯于1923年发明用于商业目的。后来的型号中，一个依次点亮加密字母的灯板取代了打字机。加密的字母再用莫尔斯电码通过电台发给接收人，后者用一台相同设置的恩尼格玛解密电报。

难题是数学家的任务，他开始在波兹南大学（Poznan University）招募数学人才。最终，三名特别有前途的学生马里安·雷耶夫斯基（Marian Rejewski）、亨里克·佐加尔斯基（Henryk Zygalski）和杰尔兹·罗佐基（Jerzy Rozycki）在华沙密码局一间名为黑室（Black Chamber）的地下办公室集中研究恩尼格玛。在自动分析机器及其输出，使用自身的部件和电路来解决它制造的棘手问题方面，雷耶夫斯基证明了他与图灵是同级别的天才。

和图灵及其布莱奇利庄园的同事一样，雷耶夫斯基与同伴也得到隐

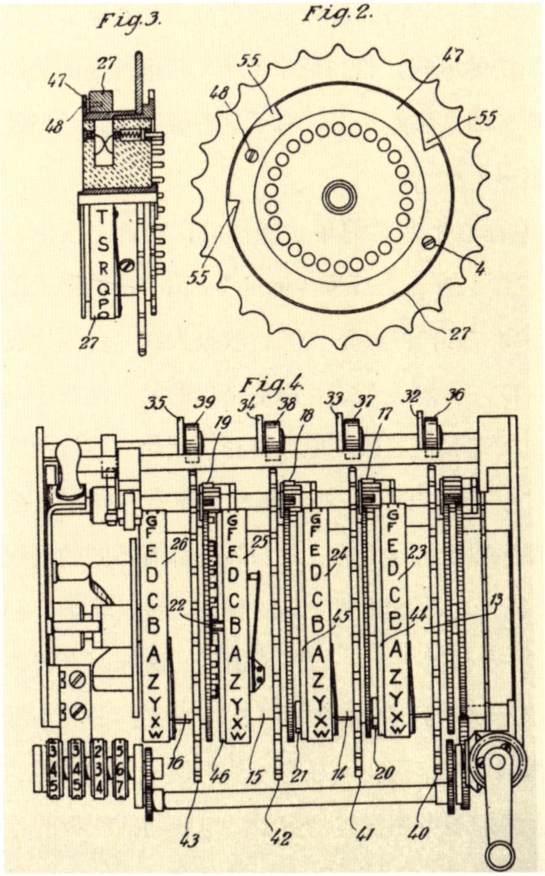

内部原理

这是谢尔比乌斯在20世纪20年代后期开发的恩尼格玛专利图，显示了三只转子和将电流通过其他转子反射回去的第四只轮子（左上）。军事情报局采用了类似设计，但德国在20世纪30年代正式采用的大部分恩尼格玛有三只转子和一只固定反射盘。反射盘使同样的恩尼格玛是互逆的，这样发送者将“A”加密成“D”时，接收者会将“D”解密为“A”。

蔽行动的帮助。这些行动让他们了解到恩尼格玛密码机接线和设置的宝贵信息。第一个突破发生于1931年后期，法国情报官古斯塔夫 · 贝特朗（Gustave Bertrand）上尉在比利时秘密会见了柏林的德国密码局职员汉斯 – 提罗 · 施密特（Hans-Thilo Schmidt）。入不敷出的施密特将绝密文件出卖给贝特朗，在贝特朗拍摄文件后，施密特再带回到柏林的密码局，这些文件包括解释如何用恩尼格玛加密信息的德国说明书。法国密码分析员及其英国盟友都没发现这些文件在破译恩尼格玛加密电报方面有帮助。但法国与波兰是盟友，当贝特朗将施密特提供的材料分享给华沙的密码局时，兰格少校乐坏了。兰格的目标是通过分析和复制那种高级密码机来破译恩尼格玛加密的电报。这与后来威廉·弗里德曼的美国团队制造日本“紫密”模拟机的做法差不多。有了这些说明书，兰格及其密码分析员对对手有了更多了解。

恩尼格玛的基本运行原理似乎非常简单。操作员在键盘上按下一个字母时，一道电流点亮键盘上方名为灯板（lamp board）显示器上的另一个字母。例如，按下字母“A”将点亮“D”，收报人在一台同样设置的相同机器上按下字母“D”将点亮“A”。恩尼格玛的复杂性在于其可用设置的巨大数量和每次按键时机器改变电流路径。例如，连按两次“A”，第二次显示的是除“A”或“D”以外的字母。通常，操作员会将三只转子以预先规定的顺序插到机器上方，每只转子都有不同的接线将电流从代表字母的 26 个触点之一连到另一端的触点。每只轮子旁都有一条环，环可以设置到 26 个位置之一并与转子锁定，这样两者可协同旋转。三只转子生成从“AAA”到“ZZZ”的 17576 种不同的三字母设置。另外，高级版本的德国恩尼格玛正面还有一块类似电话交换机的插线板（plug board），大大增加了可用设置的数量。电线与插线板的连接方式及转子的接线、顺序和转动，都可以改变电流从键盘上一个字母流向灯板上另一个的路径。转子以不同的速度转动，每按一次键，插在右边快速位置的转子都前进一格，按 26 次键转完一整圈，这才驱使中间转子旋转。中间转子经过数百次按键后转完一圈时，最左边转子开始转动。

尽管错综复杂，恩尼格玛的运行依然离不开数学原理。马里安·雷耶夫斯基将它简化为数学方程，接着在施密特后续提供的文件帮助下解开这些方程。文件包括分发给授权的恩尼格玛操作员的适用于 1932 年 9 月和 10 月的操作手册副本。手册指出了这两个月的转子顺序、每天的插线板连接和转子每天的基础设置，该设置用于为每封电报输入一个

天才三人组

波兰密码分析员马里安·雷耶夫斯基（右）与同事杰尔兹·罗佐基（中）和亨里克·佐加尔斯基（左）用数学分析方法还原了德国军方在 20 世纪 30 年代初使用的高级版本的恩尼格玛，破译出加密电报。德国人改进了恩尼格玛，使其更加安全时，波兰团队设计出技术和机器来突破那些防线。

独特的三字母转子设置，操作员随机选择这三个字母，在电报开头输入两次，生成一个六字母的指示（indicator）。对随机设置加密两次有助于确保收发人将转子设置于相同位置。密码分析员一开始还没有看出这个步骤，因为加密的指示前三个字母与后三个字母不同。但雷耶夫斯基通过他收到的手册知道了此步骤。在每封电报的开头两次加密同样的三字母序列帮助他确定了快速转子的接线。他推断，前六次按下键盘期间，快速转子是唯一旋转并改变电流路径的转子。而且，他从施密特提供的文件中得知，从9月到10月，操作员改变了转子顺序，将一个不同的转子插入右边的快速插槽里。这一点使他得以确定第二只转子的接线。这时方程中的已知数让他得以解出一个未知数：第三只转子的接线，而且那些文件告诉他，插线板上的不同电线连接是如何改变从键盘到灯板电路的。“现在，我们唯一要做的就是组装那种机器。”雷耶夫斯基回忆说。到1933年，当希特勒上台，德国人为元首欢呼时，雷耶夫斯基及其团队已经复制了高级版本的恩尼格玛，正在解读第三帝国的秘密电报。

即使有了机器，随后几年里，破译截收的恩尼格玛电报对华沙的密码分析员也并不是件快速和容易的事。施密特继续定期提供设置信息，直到1936年，法国开始向他付款，由他转而提供关于希特勒重新武装德国和扩张第三帝国的情报。到那时，德国人大大收紧了对恩尼格玛加密程序的控制，如转子顺序最初几个月一换，现在每天更换。为跟上这些改变的步伐，雷耶夫斯基和同事想方设法寻找在大量设置中快速筛选的可行方法。亨里克·佐加尔斯基设计出一种聪明方法，用大张穿孔纸当穿孔卡，人工将它们列表来确定恩尼格玛加密电报所用转子顺序和设置。这些电报的六字母指示包含了由两个其他字母隔开的二次出现的同样字母，这一模式每天都出现在波兰人截收的众多德国电报上。他们在纸上打孔来表示所有可能的转子顺序和设置，这些顺序和设置可以在六次敲击键盘时以三个字母的间隔产生 26 个字母中的任何一个。打孔纸叠放到灯箱上时，透光的孔会揭示少量可能的转子顺序和设置，这些顺序和设置会生成发现于当天电报中的特定重复。

准备制表打孔纸是个漫长的过程。在那项工作完成前，波兰密码分析员想出一个以类似步骤寻找可能的转子顺序和设置的更快方法。他们组装了一部机器，它含有六台恩尼格玛的转子，全部按同样顺序排列，让它们自动运行，这样它们顺序运行成千上万种设置，直到撞上可以生成六字母指示里的同样重复的那个设置，这就是佐加尔斯基打孔纸的目的。如果那个设置解不开当天的电报，密码分析员就继续他们的自动寻找，直到找到一种可行的设置。为避免用其他位置的转子重复这一步骤，密码局让人制出六台这种机器来涵盖所有六种可能的转子顺序。很多天，这种高效的新机器找到答案只需用几个小时。这种机器后来被称作“bombe”（炸弹）。这个名字的一种解释是这些机器像定时炸弹一样嘀哒作响，直到它们得到可能的答案，叮当一声停下来。另一种可能是密码分析员用一种昂贵美味的名为“*bombe glacée*”的法国冰淇淋来命名他们的新机器。

1938 年 12 月，恩尼格玛的加密程序发生了重大变化，无论“炸弹”还是佐加尔斯基的打孔纸都不能有效应对。当时德国操作员领到两只额外转子，使转子总数达到五只，每只接线各不相同，操作员会根据收到的指示在任一规定的日子里将其中三只插入机器。突然之间，可能的转子排列数从六增加到 60。波兰密码分析员既没有时间，也

恩尼格玛特工

1931 年，汉斯－提罗 · 施密特开始为法国刺探情报，出卖从柏林的密码局拿出的恩尼格玛绝密文件。后来在二战期间，他被盖世太保抓获，于 1943 年被处决或被迫自杀。

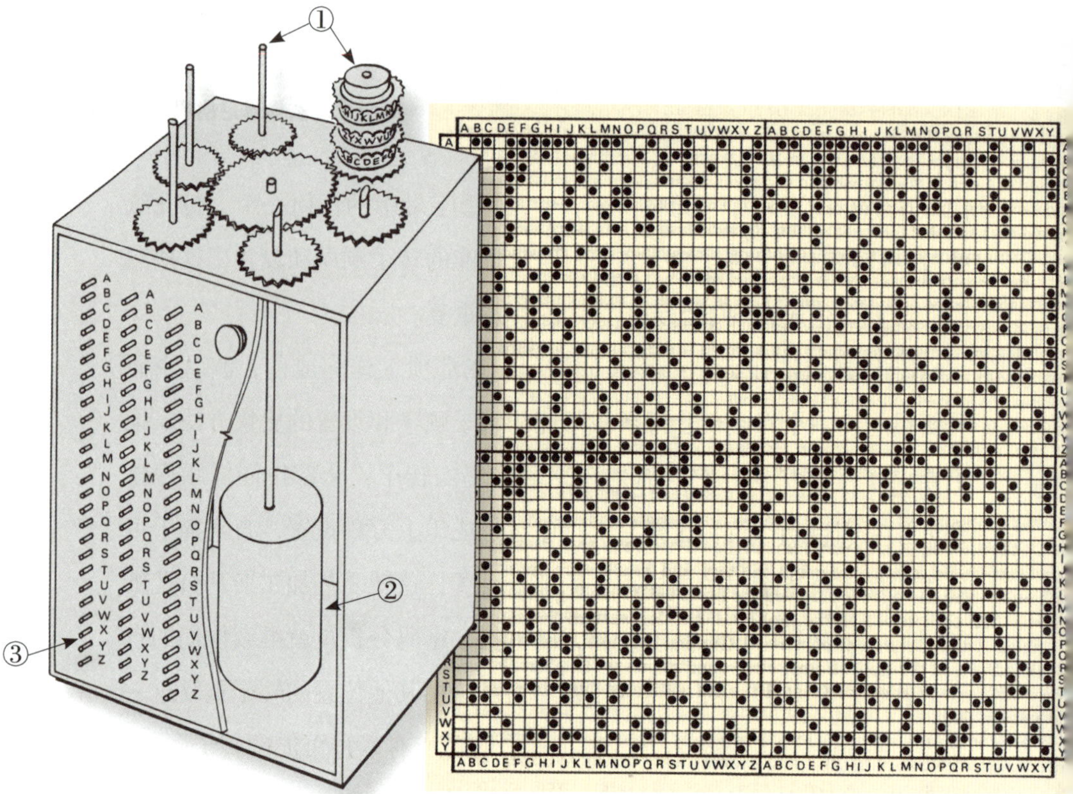

搜索机器

波兰密码分析团队设计出佐加尔斯基打孔纸（上）。它们叠起来时，光从一些孔里透过，显示出用于加密当天恩尼格玛电报的可能设置。他们还组装了一台将六套转子——每套三只，其中一套显示在上方①——与一台电机②和若干开关③连接起来的“炸弹”。它在三字母设置中搜索，直至找到一个解开当天电报的组合。

没有资源来组装 60 台“炸弹”。他们知道希特勒瞄上了波兰，也许很快就会入侵他们的国家。对于自己在破译恩尼格玛方面取得的技术进步，波兰政府一直守口如瓶，只向法国提供了从解读德国电报中得到的情报。不过既然英法承诺在希特勒入侵波兰的情况下与之为敌，波兰人决定向盟友袒露一切。1939 年 7 月，距德军侵入波兰不到两个月，在华沙城外的一次会议上，波兰密码局局长兰格亮出两台要交给英法的高级版本的恩尼格玛。“你们从哪里弄到这些？”法国二处的古斯塔夫 · 贝特朗问。兰格自豪地回答：“我们自己造的。”

代表英国参会的是伦敦的政府密码学校（Government Code and

Cypher School）校长阿拉斯泰尔·丹尼斯顿（Alastair Denniston）和学校的一个娴熟的密码分析员迪尔温（迪利）·诺克斯（Dillwyn “Dilly” Knox）。多年来，诺克斯一直在苦思高级版本的恩尼格玛的奥秘。机器上的一个圆盘难倒了他，操作员按下一个键时产生的电流通过这个圆盘进入转子。诺克斯曾假设这个输入盘像转子一样交叉接线。举例来说，它会将从“A”位置进入的电流变换到紧挨它的第一个转子的“D”位置。雷耶夫斯基得到的答案却简单到让诺克斯不敢相信：输入盘的接线是直接从“A”到“A”、“B”到“B”……雷耶夫斯基在破译这种机器密码上的成功让诺克斯汗颜，但他很快认识到，随着这项任务从华沙转到布莱奇利庄园，对付新式加强的恩尼格玛将是他和英国密码分析员共同面临的重大挑战。就在战争开始前几天，伦敦西北 50 英里（约 80 千米）的布莱奇利庄园成为政府密码学校的新家。密码破译员队伍很快得到许多其他专家和技术人员的补充，迅速增长。他们在匆匆搭建的名为棚屋的建筑里工作。这些人中有报务分析员、译员和情报官。布莱奇利庄园是一座维多利亚式庄园，占地广阔，位置偏远，迁到那里让一处最终雇用超过 8000 人的设施得以严格保密，这在伦敦是很困难的。这个位置也让那里进行的重要行动远离给伦敦带来巨大破坏的德军空袭。

波兰遭入侵后，雷耶夫斯基、佐加尔斯基和罗佐基先逃到罗马尼亚，接着在法国驻布加勒斯特外交官帮助下逃到法国。他们的成就大大推动了布莱奇利庄园的密码破译，那里的密码分析员很快将设计出一台威力更强大的“炸弹”。英国人还制作出整套的佐加尔斯基打孔纸，其中一套被送到巴黎的波兰团队，后者在那里为法国破译德国恩尼格玛电报。他们声望极高，以至于 1940 年 1 月，负责布莱奇利庄园情报行动的军情六处主任斯图尔特·孟席斯致信法国二处处长路易斯·里韦（Louis Rivet），请求派三位密码分析员来英国“做一次短暂访问”，帮

法国联系人

1931 年 11 月，法国的古斯塔夫 · 贝特朗上尉（下）进行了一次投资，最终为他的祖国及同盟国带来了巨大红利。法国无线电情报部门研究敌对国家如何加密无线电通信，作为负责人，他和部下一个叫鲁道夫 · 勒穆瓦纳（Rodolphe Lemoine）的特工在比利时与柏林的德国密码局职员汉斯 – 提罗 · 施密特秘密会面。德国出生的勒穆瓦纳充当施密特与贝特朗间谈判的翻译。贝特朗同意用 1 万马克（约 4000 美元）向施密特购买德国军用恩尼格玛的加密操作手册。他当场拍摄了文件，然后施密特将它们放回密码局保险箱，没有惊动上司。

贝特朗与波兰密码分析员分享了文件，那一次及后续购买让他们得以破解德国恩尼格玛的加密电报。法国人得到了这些破译情报的报告，在德国于 1939 年入侵波兰时接收了马里安 · 雷耶夫斯基和他的波兰密码分析同行。贝特朗领导他们在巴黎附近一座名为“PC 布鲁诺”（PC Bruno）的机构工作，该机构也作为法方联系协调波兰和英国破解不断改进的恩尼格玛加密程序的活动。1940 年 6 月，德军接近巴黎时，“PC 布鲁诺”解散，但贝特朗及成员在维希政府控制的法国南部重新秘密集结，破译轴心国密码，直到德军于 1942 年后期占领该地区，开始关注他的行动。勒穆瓦纳被捕，被迫开口；施密特惧怕折磨和处决，选择了自杀。1944 年，面临被迫与德国人合作的压力，贝特朗与盟军特工安排将自己与妻子送到英国，他们于“D 日”前夕安全到达。

间谍首脑

斯图尔特·孟席斯与妻子站在一起。二战开始后不久，他接管英国情报机构军情六处，负责监视海外国家及其军事力量。他总管布莱奇利庄园持续破译德国恩尼格玛通信和产出“超级机密”情报的活动。“超级机密”是绝密类别，是恩尼格玛译报及以其为基础的情报评估。

助英国密码破译人员取得“快速成果”。然而，三人实在太宝贵了，法国人不舍得外借。最终，德军于1940年6月占领巴黎时，三人逃出。罗佐基在渡过地中海时死于因风暴而沉没的船上，但雷耶夫斯基和佐加尔斯基通过一条逃跑路线到达西班牙，安全抵达英国，在那里帮助破译党卫军使用的密码，后者可恶的纳粹特工对他们的祖国造成大量破坏。

布莱奇利庄园的突破

1939年9月4日，英国对德宣战一天后，艾伦·图灵到布莱奇利庄园报到，加入迪利·诺克斯负责的密码分析员精英团队。他近来与诺克斯在伦敦一起研究恩尼格玛密码，知道德国人最近做出的改变让波兰“炸弹”成了废物。他很快开始设计一种新式“炸弹”，它可以应对恩尼格玛的改进和他与诺克斯预料将会来临的新变化。他们正确地假设，随着德国在战时对保密的日益关注，操作员将不会继续在每封电报开头将三字母转子设置加密两次。这一线索在很大程度上促进了波兰密码分析员的成功。图灵需要找到一个获取设置的新方法来解开恩尼格玛之谜。他设计了一种机器，其计算模仿密码分析员操作字母和单词来寻找答案。

密码破译员继续依赖的一种历史悠久的语言学工具是可能词，它由他们预计会出现在一封密电内的一个或几个单词组成。没有“炸弹”帮助的情况下，密码分析员也可以在拦截的恩尼格玛加密电报中取得进展，他们将一个可能词，如有14个字母的德语单词“*einsatzgruppen*”（别动队），排在加密文本的不同14字母序列下，寻找上下对齐位置没有相同字母的序列。那就是可能词的一个可能匹配，而一个

> “他认为，与他一直在思考的‘炸弹’相比，这种改进非同寻常。”
> ——戈登·韦尔什曼形容图灵对他改进“炸弹”想法的反应

可能词大师

数学家戈登·韦尔什曼一开始在布莱奇利庄园做通信分析工作，研究频率、呼号和恩尼格玛无线电信号的其他特征来确定电报的发送人、接收人和可能的主题。他的研究帮助识别出可能词，即可能出现在一封电报内的单词或短语。图灵和韦尔什曼设计的改进型“炸弹”使用可能词，以电子方式搜索来确定恩尼格玛的设置。

加密序列，譬如说，第四个字母是“*einsatzgruppen*”里的“s”，则可以排除，因为恩尼格玛从不用相同字母替代按键输入的字母。一台高效的“炸弹”能够在所有可能的恩尼格玛设置上测试一封电报内所有可能的可能词匹配，图灵设计不出那样的“炸弹”，但与波兰密码分析员一样，他也发现了一种模式。波兰密码分析员在六字母指示内发现的模式让他们得以缩小搜索范围。图灵发现的模式位于潜在可能词字母与截收电报中不同字母对齐形成一个闭合循环的地方。例如，如果“H”与“M”、“M”与“D”、“D”与“X”、“X”与“H”排在一起，他就得到一个以相同字母开头和结束的闭环，接着可以将恩尼格玛部件组合起来，运行各种设置来测试这个闭环，直到机器找到可以解释那个循环的设置，并且为那封电报提供可能的破译。

恩尼格玛操作员使用许多不同的插线板连接，说明书现在要求他们连接 10 根电线，这意味着键盘上 26 个字母中，20 个的电流在插线板上以各种方式改变了路径，这让图灵的工作更加复杂。他最初设计

“大炸弹”

最上方两张黑白照片拍摄于 1943 年的布莱奇利庄园，是早年研发的图灵－韦尔什曼“炸弹”的后期版本。照片上的“炸弹”高 6 英尺（约 1.8 米），正面有超过 100 只转子，背面有大量接线。上图是还原的“炸弹”特写，它的转子模拟了恩尼格玛的转子，26 个位置对应字母表上的字母。

的“炸弹”包含30台恩尼格玛的部件，总计90只转子，经过不断试验可以得到一个可能词的正确插线板连接。但他的机器很不可靠，不听使唤。测试期间，它多次在没有试出答案时错误停机。布莱奇利庄园另一个密码分析员戈登·韦尔什曼既是数学家，也是优秀的工程师。他改进了“炸弹”，利用图灵设计的没有完全利用的插线板功能，提出了在机器里加入插线板的反向连接方法，举个例子，如果它假设插线板的接线将电流从“A”变换到“D”，据此以各种设置测试一个可能词，那么它也会假设和测试从“D”变换到“A”的接线。韦尔什曼的改进使“炸弹”运行得更快更准，大大减少了错误停机的次数。尽管图灵常常被描述为不合群，但他会欣然接受布莱奇利庄园那些天才同事的观点。对这个提议，他很快“像我一样”激动，韦尔什曼回忆说，“他认为，与他一直在思考的‘炸弹’相比，这种改进非同寻常”。

他们的合作带来图灵－韦尔什曼“炸弹”，这是一个装备“对角接线盘”（diagonal board）的装置，来模拟恩尼格玛插线板的各种接线，成了同盟国武库里最强大的秘密武器之一。英国生产了不少这种机器，它们被证明非常快速高效，甚至都不需要输入闭合循环。这种闭合循环只有某些特定可能词才能提供。通过测试很有可能出现在一封电报内的任何合适的可能词，这些机器经常可以做到及时破译。可能词由布莱奇利庄园可能词室（crib room）的专家提供。他们查看解密的电文，提取出德国各军种和机构的电报中反复出现的单词和短语。这些军种和机构各有自己的恩尼格玛加密程序，由布莱布利庄园分别处理。韦尔什曼分配在六号棚屋（Hut 6），那里的密码分析员破译德国陆军（Heer）和空军（Luftwaffe）发送的电报。图灵－韦尔什曼“炸弹”于1940年8月启用，早在那之前，六号棚屋已经成功破译了截收的德国空军电报，后者的加密程序没有德国海军（Kriegsmarine）所采用的那样多变而保密。海军战事四散分布于广阔的大洋，通信活动可能暴露军舰或潜艇的位置，让敌人得以攻击或避开它们，因此通信保密至关重要。破解保密性更强的德国海军恩尼格玛密电，及对付让丘吉尔非常担心的 U 型潜艇威胁的任务，就落到艾伦 · 图灵和他在八号棚屋的人员身上。

图灵对行政管理不在行，八号棚屋的管理主要交给了休 · 亚历山大（Hugh Alexander）。亚历山大人缘不错，是国际象棋冠军，颇受密码分析员同行及其助手的欢迎。这些助手里很多是皇家海军妇女服务队或空军妇女辅助队成员，与密码破译员一样，她们也在到达布莱奇利庄园时宣誓严格保密。一名皇家海军妇女服务队员回忆说："我们被告知永远不能被公布，因为这里的工作需要极度保密。"其中一些人与男性密码分析员交往，另一些人则保持距离，对男人没多大兴趣。"他们是瘦弱的研究员类型，有的成双结对走路，有的一个人走。"一名皇家海军妇女服务队员评论说。图灵往往是研究员人员里独行的，他很少注意布莱奇利庄园的女雇员，有一个人除外。1940 年 6 月，数学家琼 · 克拉克（Joan Clarke）加入八号棚屋的密码分析员队伍。她的薪水远少于男性同行，被归入语言学家一类，但和布莱奇利庄园另外几名女性一样，她很快表现出作为密码破译员的才华。互相尊重构成了她和图灵友谊的基础。这场友谊一直持续到两人订婚后图灵又毁约。除克拉克外，布莱奇利庄园很少有人知道他这样做的原因。他的同事彼得 · 希尔顿（Peter Hilton）后来写道："战争期间，我们不知道图灵是同性恋。这倒不是因为图灵刻意隐瞒性取向，而是因为这个问题对我们不是问题——我们从未有过这样的想法。"布莱奇利庄园唯一关心的问题是赢得战争，对此图灵做出了巨大贡献。

德国海军指挥官意图领先同盟国密码分析员一步，图灵和八号棚屋的团队与恩尼格玛中最难解的谜搏斗了数年之久。德国人太相信恩尼格玛，这确实是个错误，但他们在陆地和海洋发起的快速机动作战，包括德国 U 型潜艇以密切协调的狼群（wolf pack）战术攻击同盟国船队，使得这种装置比手工加密形式更可取，因为密码机加解密更快。他们的错误不在采用机器，而在于极度依赖一种运行很久的机器，这种做法帮助密码分析员战胜了一次又一次的改进。他们经常用恩尼格玛自己的机制来打败它。即使如此，强化的海军恩尼格玛密码依然连续数月让布莱奇利庄园一些最聪明的大脑一筹莫展。他们面临的障碍之一是，为每封电报选择的转子设置在用恩尼格玛加密前已经加过密。图灵最终破译了那个密码，但战争头几个月里，八号棚屋破译的电报太少，它的天才们没多少合适的可能词输入给“炸弹”。他们迫切需要一次“偷窃”（pinch）——一次缴获恩尼格机玛或其文件的海军行动。这次行动将给予他们突破这种机器防守所需的密钥。

德国海军军官们也在防止这一“偷窃”，他们得到的命令是在敌人登船情况下，将恩尼格玛和相关文件扔到海里。印这些文件的油墨可以溶于水。但在紧急情况下，这些命令并非总能得到不折不扣的执行。1940 年 4 月，一艘德国拖网渔船载着入侵挪威所需军火驶向纳尔维克港（Narvik），英国驱逐舰“格里芬”号（*Griffin*）的船员登上该船，设法抢救出恩尼格玛文件，帮助八号棚屋破译出第一批少量电报。但是当德国海军更换密码和设置时，这些密钥很快失效。按图灵团队一个成员的说法，随后几个月的“成果少得可怜”。

到 1940 年 9 月，英国海军情报局（British Office of Naval Intelligence）迫不及待地需要一次“偷窃”，批准了伊恩·弗莱明海军少校的疯狂计划。他提议在英吉利海峡将一架缴获的德国轰炸机迫降在德国拖网渔船或其他武力较弱的敌方海军舰只附近。机上的英国机组人员穿着德国空军制服，装成受伤流血的样子被德国人救到船上，之后用武力控制该船，打死船上的水手，扔到海里，最后窃取一台恩尼格玛及其操作说明。因为会说德语，弗莱明志愿参加袭击，可以装成德国空军飞行员与救援人员交谈，其他人则不开口。图灵与他在八号棚屋的助手兼搭档彼

各种军用恩尼格玛

所有层级的通信保密对德国战争机器的运行至关重要。为保守秘密，第三帝国武装力量使用几种恩尼格玛来给电报加解密。1933 年，德国国防军取得独家制造授权，开发 20 世纪 20 年代商用恩尼格玛的军用版本。恩尼格玛 I 型（下）有三只转子，被大量生产用于德国陆军和空军。军事情报局选择另一个版本恩尼格玛 G 型用于军事情报通信，德国海军则采用了与陆军密码机兼容的恩尼格玛 M1 型。

二战期间，便于携带的恩尼格玛 I 型一直是德国陆军野战指挥部的主要型号。但出于对盟军正破译三转子恩尼格玛密电的担忧，海军的反应是采用四转子的 M4 型“特雷顿”（Triton）恩尼格玛。它们于 1942 年 2 月开始用于德国 U 型潜艇在大西洋的指挥行动。与 M4 型一起配发的八只额外转子可以按不同顺序插进机器，使设置数量达到原来的 26 倍。更笨重、更复杂的密码机被用于德国最高级战时通信，包括庞大的 10 转子 T–52 型“秘密电传打字机”（Geheimfernschreiber）和 12 转子的“金枪鱼”密码机，后者也配有一台电传打字机，被用于希特勒发布的指示。

整个战争期间，第三帝国大部分高层指挥官始终相信恩尼格玛密码牢不可破。“我们的密码经过反复检查。”卡尔·邓尼茨海军元帅回忆道。1943 年年初，他从潜艇舰队司令晋升为德国海军总司令。他补充道，每次恩尼格玛电报的保密性遭到质疑和检查时，都被宣布为“不可能为敌方所破”。

战场上的恩尼格玛

1940 年 5 月入侵法国期间，海因茨·古德里安（Heinz Guderian）将军站在他专用的半履带指挥车上。车上装备着与右边这部类似的三转子恩尼格玛 I 型密码机，古德里安用它加解密与所属坦克部队的无线电通信。右图这台恩尼格玛的部件包括前面的插线板，以及键盘、灯板和上方的转子。

强化安全性能

战争初期，德国空军的恩尼格玛电报很快被布莱奇利庄园破译。1944 年，他们加强了保密，采用了左图中的恩尼格玛“钟”（Uhr）。它为恩尼格玛 I 型密码机的插线板提供了 40 种不同的接线组合，操作员可通过转动中间的把手改变组合。1938 年，德国陆军向操作员提供了装在仪表箱里配发的两只额外转子，使得恩尼格玛 I 型密码机更加安全。

秘密电传打字机

10 转子的 T-52 型密码机使用电传技术来加密高层通信。用明文（未加密）输入的信息被自动加密，通过电台发送，再由一台相同的机器解密并打印出明文电报。

省时装置

德国 U 型潜艇上使用的一些恩尼格玛 M4 型密码机加装了 Schreibmax（打印装置）（上）。它与密码机的灯板相连，在一条窄纸带上打印出加密或解密的电文。因为不再需要操作员费力读取和转录字母，它大大减少了重要电报到达潜艇艇长及其指挥官所需的时间。

“战争期间，我们不知道图灵是同性恋，我们从未有过这样的想法。”

——布莱奇利庄园密码破译员彼得·希尔顿

得·特温（Peter Twinn）对弗莱明命名的“无情行动”（Operation Ruthless）的计划抱有很大希望。但皇家空军侦察机没找到合适的目标船只，行动被迫取消，二人大失所望。在布莱奇利庄园四号棚屋负责海军情报的弗兰克·伯奇（Frank Birch）写道：“两天前，图灵和特温来我这里，样子就像殡仪员没得到一具唾手可得的好尸体，对行动取消心急如焚。”

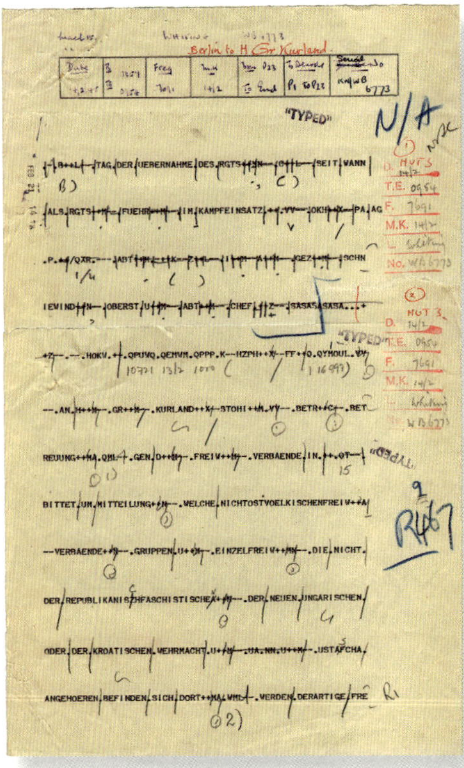

原始译电

这封德国陆军恩尼格玛加密电报在布莱奇利庄园六号棚屋破译，由三号棚屋的语言学家和情报官翻译、解释。他们的姓名首字母出现在译电的空白处。

1940—1941年秋季和冬季，同盟国在北大西洋的船队遭到德国潜艇狼群无情的围追堵截，度过了两个异常艰难的季节。然而从1941年3月起，一系列“偷窃”使八号棚屋得以连续追踪德国潜艇的动向，向船队及其护航军舰提供及时预警，大大降低了损失。四号棚屋的年轻情报分析员弗朗西斯·哈里·欣斯利（Francis Harry Hinsley）后来成为研究二战英国情报行动的官方历史学家。他提议袭击挪威和冰岛沿海那些用恩尼格玛加密其报告的德国气象船。英国人两次袭击了这种不堪一击的船只，收获了很有用的文件。德国船员将密码机扔到海里，但没来得及扔掉文件。随后的1941年5月，英国人从德国“U-110”号潜艇上缴获一台完好的恩尼格玛。该艇在格陵兰沿海被深水炸弹炸伤，被迫浮上海面。艇上机组人员在

密码破译员琼·克拉克

琼·克拉克（下）能被记住，主要是因为她与艾伦·图灵的关系。然而，她作为密码破译员，在布莱奇利庄园留下了自己的独特印记，那里妇女占据三分之二，但却很少能晋升到办事员以上的级别。琼虽然以数学专业最优异的成绩毕业于剑桥大学，但却是作为办事员开始在八号棚屋工作。戈登·韦尔什曼在剑桥大学指导过她，招募她进入布莱奇利庄园。她的起步工资比在那里穿制服工作的皇家海军妇女服务队员还要低。她很快开始了密码分析员工作，尽管是非正式的，因为那被认为是男人的工作。她被归类于未受过专业训练的语言学家，后来她通过填写一份调查表，调侃了一下那个称呼："级别：语言学家；语言：无！"

琼·克拉克和艾伦·图灵在布莱奇利庄园对二人短暂订婚的事情缄口不言。她在八号棚屋的成功，并非来自图灵在工作中的任何照顾，而是她和其他天才数学家在密码破译上表现出来的能力。她证明了自己很擅长图灵发明的一项技术。他依据班伯里（Banbury）一家工厂的名字将之称作"Banburismus"，那家工厂生产打孔的长纸。与佐加尔斯基打孔纸一样，它们有助于密码分析员寻找恩尼格玛加密信息中的模式，表明转子如何安排和设置。使用那种方法，她和同事加快了布莱奇利庄园的"炸弹"破译速度，支持了盟军追踪和打击大西洋上德国U型潜艇的行动。

1944年，图灵转向其他挑战之后，琼·克拉克成为八号棚屋的副主任。她后来获得大英帝国勋章[Member of（the Order of）the British Empire, MBE]。并非作为图灵的朋友或前未婚妻，而是作为帮助赢得这场战争的密码破译精英团队一员，她赢得了这一荣誉。

隐蔽的屠杀机器

德国 U 型潜艇的威胁让丘吉尔忧心忡忡，让大西洋海战成为一场势均力敌的交锋。海上潜艇与岸上指挥中心间的恩尼格玛加密通信维持着德国的潜艇战。这些通信让独自巡弋的德国 U 型潜艇得以组成致命的狼群。发现同盟国船队时，一艘潜艇通过无线电舱发出一封加密报告，同时追踪船队，直到十来艘甚至更多潜艇赶到发动联合进攻的位置。考虑到一艘 IX 型（Type IX）潜艇（这是邓尼茨海军元帅的水下攻击力量的骄傲），船首有四架，船尾有两架鱼雷发射管，它们的综合火力令人生畏。持续巡航时，IX 型潜艇在艇内携带六管备用鱼雷，甲板上的水密外箱里还有十管。这让这些航程超过 10000 海里（18520 千米）的屠杀机器可以长时间持续攻击。每艘潜艇还在指挥塔前装载一门强大的 105 毫米甲板炮和一门 37 毫米高射炮，遭到盟军驱逐舰威胁时，它们可以下潜到 750 英尺（约 230 米）深而不会被压垮。

神经中枢

1941年3月，信号员在德国“U-124”号潜艇无线电舱工作，一台恩尼格玛在他左边。

这类防御军事对 IX 型和稍小的 VII 型潜艇至关重要，虽然它们进攻火力强大，但也非常容易受到攻击。没有柴油发动机充电，它们在水下使用的电动机就无法长时间运转。大部分时间里，它们冒着被雷达追踪和轰炸机与驱逐舰攻击的危险，在水面上用柴油机驱动航行。无线电通信让它们得以结群围猎，也将它们的动向暴露给布莱奇利庄园的密码破译员。后者着手研究先进的德国海军恩尼格玛 M4 型密码机，最终攻克了它，让在北大西洋行动的德国 U 型潜艇遭到邓尼茨无法承受的巨大损失。

发现目标

U 型潜艇艇长戴着白顶制服帽，边通过潜望镜攻击追踪目标，边下达命令。潜望镜将目标方位输入一台机电式计算机，后者再结合目标和鱼雷的速度等数据，计算何时发射鱼雷。

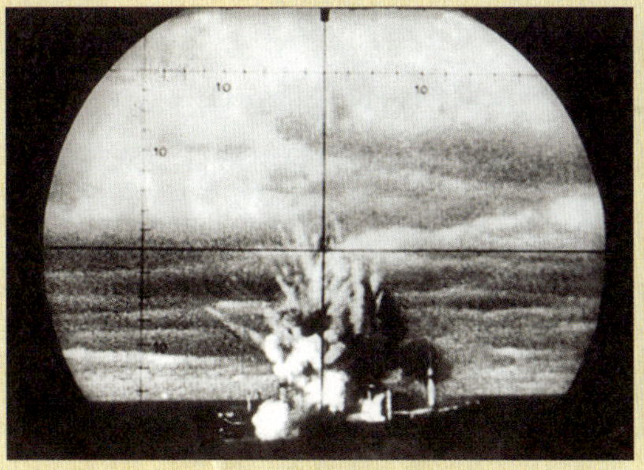

船只杀手

机组人员在潜艇前部鱼雷舱检修一对鱼雷（右）。标准的德国鱼雷是装备 617 磅（279.9 千克）弹头的 21 英寸 G7 电动反舰鱼雷。左侧透过潜望镜拍摄的照片展示了鱼雷击中一艘同盟国货轮。

劈波斩浪

这张摄于 1944 年年初的照片上，一艘快速航行的德国 U 型潜艇留下一道尾迹。德国 U 型潜艇一般以柴油为动力在水面航行，下潜攻击。它们在潜入水下 20 小时后，才需要浮上水面充电。

汹涌的大海

1943 年 4 月，巨浪中的德国潜艇甲板上，一名水兵挂在不牢靠的保险绳上。德国 U 型潜艇在波涛汹涌的海面上很不稳定，敞开的舱口会灌水，在拥挤的艇内颠来颠去的船员经常会受伤。在艇内污浊的空气里，连经验丰富的水兵都可能晕船。

最后一击

两名水兵将甲板炮瞄准一艘正在沉没的货轮。被鱼雷炸伤的船只可以用 U 型潜艇上的甲板炮击沉，但随着战争的推进，同盟国船只得到了更好的保护，这种情况愈来愈少。

“我们的密码似乎没被破译。”
——1941 年 10 月，埃哈德·梅尔滕斯海军中将关于德国海军恩尼格玛通信安全情况的报告

遭到攻击后匆忙弃船。艇长认为潜艇即将沉没，它却继续漂浮了一段时间，使英国驱逐舰“斗牛犬”号（*Bulldog*）上一支勇敢的登船组来得及抢救出密码机及其文件。这些成为八号棚屋的图灵团队的新武器，支援了大西洋海战中的盟军。

随后数月里，更多德国船只及“U–570”号潜艇被俘获，德国海军内部对其恩尼格玛的保密性能愈加担心。1941 年 10 月，埃哈德·梅尔滕斯（Erhard Maertens）海军中将主持了一次正式调查，得出结论：“我们的密码似乎没被破译。”与他们的日本同行一样，德国海军指挥官不愿承认他们不可或缺的加密系统也许很脆弱，而是通过继续强化恩尼格玛及其操作程序来防止那一威胁。

1942 年 2 月，大西洋的德国 U 型潜艇装备的恩尼格玛用四只转子代替了三只，这一重大改进超出了布莱奇利庄园设计的“炸弹”处理能力。不久后，英国海军部一篇报告悲观地声称：“在评估德国 U 型潜艇现在和将来的动向方面，能够确定的非常少。”雪上加霜的是，德国海军密码分析员正在破译同盟国密码，包括用于指引横渡大西洋的船队的密码。1942 年间，德国 U 型潜艇在大西洋击沉逾 1000 艘同盟国和中立国船只，超过了之前两年的总和。

八号棚屋的密码破译员努力攻克强化的德国海军恩尼格玛，帮助维持跨越大西洋的英美生命线之际，布莱奇利庄园其他人破译出大量揭示敌军在欧洲和北非计划的文件，代号“超级机密”（Ultra）。有了那份情报，那些战区的盟军指挥官逐渐占得上风，打得一度所向披靡的德军转身逃窜。

捕获恩尼格玛

1941 年 5 月 9 日，北大西洋，英国驱逐舰“斗牛犬”号派出的一支登船组在皇家海军中尉戴维·巴姆（David Balme）带领下，乘一艘小艇（下右）接近德国潜艇“U-110”号。巴姆的登船组登上这艘被深水炸弹损毁后被机组抛弃的潜艇，抢救出一台完好无损的恩尼格玛。

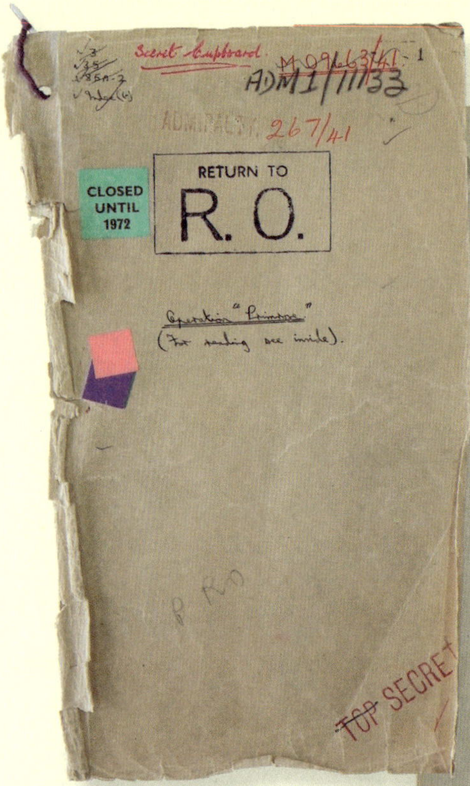

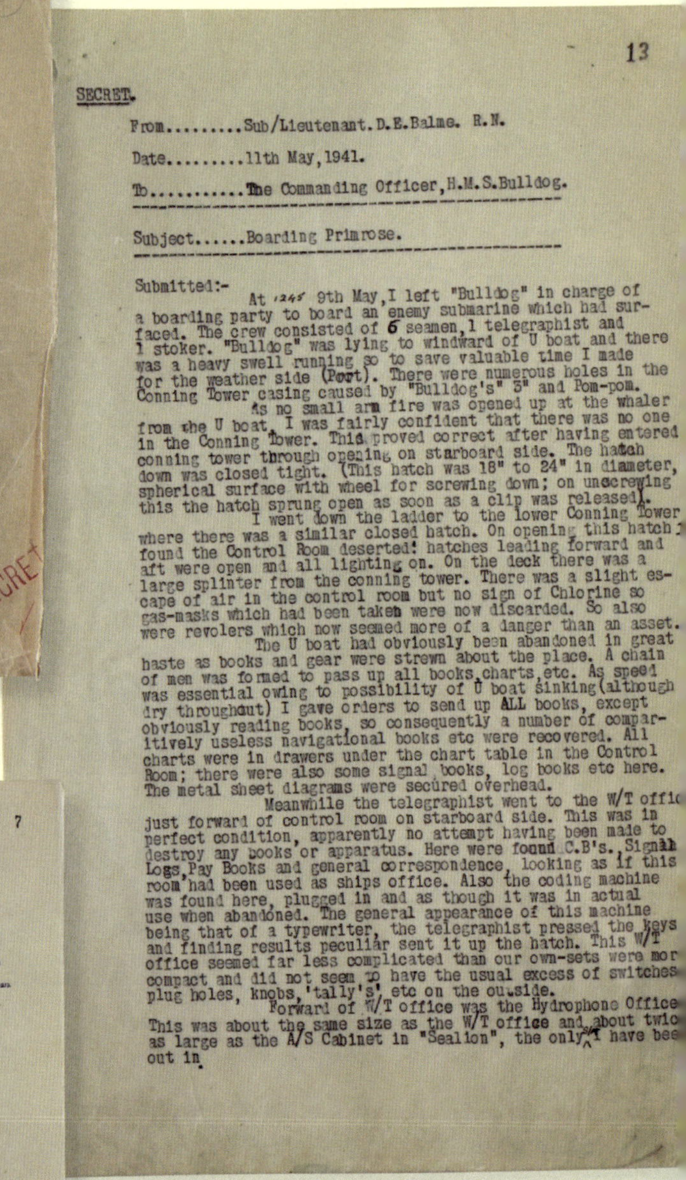

13

SECRET.

From.........Sub/Lieutenant.D.E.Balme. R.N.

Date.........11th May,1941.

To...........The Commanding Officer,H.M.S.Bulldog.

Subject......Boarding Primrose.

Submitted:-

At 1245 9th May,I left "Bulldog" in charge of a boarding party to board an enemy submarine which had surfaced. The crew consisted of 6 seamen,1 telegraphist and 1 stoker. "Bulldog" was lying to windward of U boat and there was a heavy swell running so to save valuable time I made for the weather side (Port). There were numerous holes in the Conning Tower casing caused by "Bulldog's" 3" and Pom-pom.

As no small arm fire was opened up at the whaler from the U boat, I was fairly confident that there was no one in the Conning Tower. This proved correct after having entered conning tower through opening on starboard side. The hatch down was closed tight. (This hatch was 18" to 24" in diameter, spherical surface with wheel for screwing down; on unscrewing this the hatch sprung open as soon as a clip was released).

I went down the ladder to the lower Conning Tower where there was a similar closed hatch. On opening this hatch I found the Control Room deserted! hatches leading forward and aft were open and all lighting on. On the deck there was a large splinter from the conning tower. There was a slight escape of air in the control room but no sign of Chlorine so gas-masks which had been taken were now discarded. So also were revolers which now seemed more of a danger than an asset.

The U boat had obviously been abandoned in great haste as books and gear were strewn about the place. A chain of men was formed to pass up all books,charts,etc. As speed was essential owing to possibility of U boat sinking(although dry throughout) I gave orders to send up ALL books, except obviously reading books, so consequently a number of comparitively useless navigational books etc were recovered. All charts were in drawers under the chart table in the Control Room; there were also some signal books, log books etc here. The metal sheet diagrams were secured overhead.

Meanwhile the telegraphist went to the W/T offic just forward of control room on starboard side. This was in perfect condition, apparently no attempt having been made to destroy any books or apparatus. Here were found C.B's. Signal Logs,Pay Books and general correspondence, looking as if this room had been used as ships office. Also the coding machine was found here, plugged in and as though it was in actual use when abandoned. The general appearance of this machine being that of a typewriter, the telegraphist pressed the keys and finding results peculiar sent it up the hatch. This W/T office seemed far less complicated than our own-sets were mor compact and did not seem to have the usual excess of switches plug holes, knobs,'tally's' etc on the outside.

Forward of W/T office was the Hydrophone Office. This was about the same size as the W/T office and about twic as large as the A/S Cabinet in "Sealion", the only set I have bee out in.

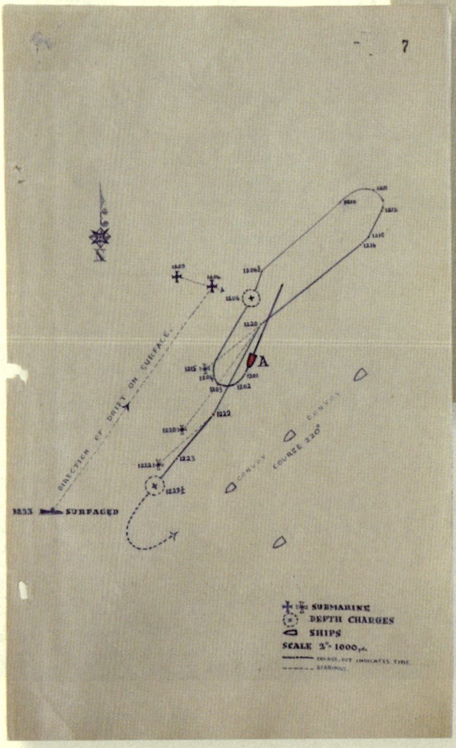

保密档案

戴维·巴姆的“U-110”号登船报告包含在关于此事件一份绝密档案（左上）里。当局意图在战后很长时间内封锁关恩尼格玛和“超级机密”的敏感信息，给它标注“保密至 19年”。巴姆的报告附有一张显示受损潜艇浮出水面位置的地（左），叙述了他如何进入指挥塔，如何将人排成一排“递出所图书、海图……”登船组成员之一，“斗牛犬”号信号员进入线电舱，看见恩尼格玛：“这台机器像一部打字机，信号员按按键，发现结果很奇怪，就将它送上舱口。”

“超级机密”在行动

1942 年 8 月，伯纳德·蒙哥马利（Bernard “Monty” Montgomery）中将接掌英国在埃及的第 8 集团军，开始准备所部与埃尔温·隆美尔中将在阿拉曼的装甲集团军的战役。隆美尔因为用快速机动的装甲部队占敌机先而出名，被誉为“沙漠之狐”。蒙哥马利也将因为预测隆美尔的想法，与他正面交锋而成为传奇。蒙哥马利在媒体上被形容为一个类似拥有读心术的人物。他会在每晚临睡前研究隆美尔的肖像，问自己：“我的对手脑子里在想什么？在计划什么？我怎样用计取胜？”实际上，蒙哥马利对隆美尔及其计划似乎出神入化的了解，主要来自常常以“超级机密”形式提供的情报。过去两年来，这些情报在极为不利的形势下维持了英国在国内外的战争活动。没有密码破译提供的预计和反击敌方计划的能力，英军也许抵抗不住德军攻击，等不到蒙哥马利与隆美尔在阿拉曼的对决。

从 1940 年开始，德国发起史称不列颠空战（Battle of Britain）的大规模空袭。破译德国空军电报得到的“超级机密”情报，帮助盟军指挥官做好准备应对空袭及后来的轰炸行动。德国空军的恩尼格玛操作员对加密程序漫不经心，如用“WSX”和“EDC”这些在键盘上相邻的字母来加密三字母转子设置，这一点帮助了布莱奇利庄园的密码破译员。初期，“超级机密”揭示德国空军正计划用无线电波束在夜间和恶劣天气下为轰炸机指引目标。这项新技术的第一个迹象来自英国驻挪威奥斯陆大使馆在战争开始后不久收到的一份文件，寄出这份文件的神秘人物是一个自称有同情心的德国科学家。那篇“奥斯陆报告”（Oslo Report）提到德国正在开发几种秘密武器，包括制导导弹和在夜间或恶劣天气下飞行的战机的无线电导航系统。英国情报分析员多半对“奥斯陆报告”持怀疑态度，只有空军部的雷金纳德·琼斯（Reginald V. Jones）深信不疑。当他收到一份“超级机密”解密情报，里面有关于德国人称作“弯

沙漠战争

德军司令埃尔温·隆美尔（右）的装甲部队与伯纳德·蒙哥马利（上）领导的驻埃及英国第8集团军之间的一场战役期间，隆美尔在指路。德国人截收并破译了关于英国兵力的报告，让隆美尔如有神助，但随着战役于1942年10月在阿拉曼打响，往来于隆美尔各指挥所之间的电报被“超级机密”破译，给蒙哥马利提供了更大助力。

腿”（Knickebein）的技术指示时，他意识到他们正准备用无线电波束引导轰炸机，便警告了丘吉尔。丘吉尔下令制订发展应对措施的紧急计划。采用“弯腿”系统的轰炸机跟着一道无线电波束，直到该波束与另一道在目标上空交叉并发出提示投弹的独特无线电声调。德国空军开始采用“弯腿”后，皇家空军立即通过审讯击落的德国飞行员，获得了关于这种技术的更多情报。英国人很快得以干扰无线电波束，导致敌方机组经常偏离目标。

德国空军未能炸服英国，德国及其意大利盟友不得不面对顽强的英国人在地中海的抵抗。有了“超级机密”的帮助，这些抵抗更加猛烈。意大利海军用一种没有插线板的恩尼格玛加密电报，为此迪利 · 诺克斯想出一种使用可能词的人工破译方法。诺克斯将方法教授给年轻聪明的女学生梅维丝 · 利弗（Mavis Lever）。1940 年，她才 18 岁就离开了伦敦大学，到布莱奇利庄园加入他的团队。在意大利海军恩尼格玛机操作员领到一只新转子后，她通过整条信息中没有字母“L”，确定了这封电报是从头到尾加密“L”生成的，帮助破解了该转子的接线。这类假报是无事可报的信号员发出的，目的是为了让对手摸不透哪些电台更活跃，及更有可能与即将到来的行动有关。然而，一封用单一字母生成的假报却将恩尼格玛的线路暴露给了密码分析员。

因为梅维丝 · 利弗的突破，诺克斯的团队得以在 1941 年年初破译出一些重要电报，如一封发自“超级玛丽亚”（Supermarina，罗马海军司令部）的电报声称：“今天，3 月 25 日，是 X–3 日。”

密码破译员很快向地中海舰队（Mediterranean Fleet）司令安德鲁 · 坎宁安（Andrew Cunningham）海军上将提供了敌方拟于 3 月 28 日发起进攻的细节。克里特岛当时正遭到德国伞兵部队攻击，那次进攻针对的就是驶向克里特岛的英国运兵船队。

收到警告后，坎宁安在意大利军舰到达船队前截住它们，击沉两艘

迪利·诺克斯的秘密部门

在一个数学家和机器占统治地位的领域，作为语言学密码分析员，迪利·诺克斯着实有点返璞归真。一战期间，他使用从解读古希腊文本中磨炼出的技艺，开始破译密码。但作为政府密码学校的首席密码学家，他一直紧跟技术发展的步伐。该学校为布莱奇利庄园提供了最初的智囊团，并且鼓舞了像图灵和韦尔什曼这样的年轻数学奇才。在后者设计出“炸弹”来破解高级恩尼格玛时，他在布莱奇利庄园组建了诺克斯情报部门（Intelligence Service Knox, ISK）来应对基本型恩尼格玛，如意大利海军恩尼格玛。这种密码机没有插线板，依靠转子来加密字母。诺克斯为这些电报设计了人工破解方法——条尺法（rodding method）。每只转子在 26 种设置中的每一种下都以特定方式变换输入机器的字母，条尺法用条尺顺序列出所有这些方式。条尺法非常耗费时间，但诺克斯通过使用可能词简化了步骤。

布莱奇利庄园的许多技术人员偏爱与男人合作。与他们不同，诺克斯（右方速写）为他的秘密破译部门配备了有才华的年轻女性，如帮助破译意大利海军计划的梅维丝·利弗（诺克斯上方）。出于感激，她后来写了一本诺克斯传记。诺克斯最大的成就是破译了以一个反射盘充当第四只转子的军事情报局恩尼格玛。反射盘本该提高密码机的性能，但他推测军事情报局的操作员在电报开头将转子设置加密了两次，这一点有助于破译。诺克斯死于 1943 年，但他给英国留下了解读德国情报官想法的能力和完美的双面间谍欺骗行动，这有助于盟军在“D 日”占据上风。

驱逐舰、三艘巡洋舰。后来，他造访布莱奇利庄园，感谢诺克斯、利弗和及其团队帮他赢得马塔潘角海战（Battle of Cape Matapan）。

虽然坎宁安在地中海取得胜利，德军依然于 1941 年 4 月占领了克里特岛，向北非推进。在北非，隆美尔收复了意大利失去的地盘，将利比亚的英军赶回埃及。他得到了德国密码局的帮助，后者成功破译了美国大使、领事和武官用于加密电报的外交密码。

美国驻开罗大使馆武官邦纳·弗兰克·费勒斯（Bonner Frank Fellers）上校定期向华盛顿报告英国在北非的军事计划和准备工作，使他无意中成了隆美尔的间谍，后者称费勒斯是“可靠情报来源”。

上校的报告在华盛顿被誉为“清楚和准确的典范”，而隆美尔同样欣赏费勒斯提供的宝贵情报。德国的一座监听台装备着六架无线电发射塔，能接收源自数千千米外的信号。上校的电报被监听台截获，几小时内解密并且传到隆美尔的司令部。德国密码局一名官员吹嘘说，这些破译电报让隆美尔将军耳聪目明，以至于每天午饭时，他都“知道昨晚盟军部队的准确位置”。

1942 年 1 月，在回撤至利比亚接受补给和增援后，隆美尔发起了一次攻势，指望挥师一路打到开罗，将英军赶出北非。行动期间，不断来自费勒斯的报告让他对敌军兵力和部署了如指掌。1 月 23 日，他从“可靠情报来源”得知，270 架英军战机和大量高射炮组正撤出北非，去增援在远东遭到日军猛攻的盟军部队。六天后，隆美尔收到费勒斯关于对手的摩托化和装甲部队位置和兵力的详细报告。报告透露了多少英国坦克有故障，多少可以参战，大大促进了德军的推进，连希特勒都注意到了，并说希望隆美尔在开罗的美国线人会继续发来“他加密糟糕的电报”。但那只是如意算盘。布莱奇利庄园的密码分析员破译了柏林的密码局和隆美尔的司令部之间的通信，通知美国德国人正解读费勒斯发自开罗的电报。1942 年年中，他被召回华盛顿的战略情报局工

解开“奥斯陆报告”之谜

1939年11月，英国驻挪威奥斯陆大使馆海军武官赫克托·博伊斯（Hector Boyes）海军上校收到一封匿名信，信上提出要透露德国科技秘密。如果英国当局接受，就在BBC德语节目开头插入一段暗语：“*Hullo, hier ist London*。”（你好，这里是伦敦。）这些暗语播出后不久，一个来自自称“善意的德国科学家”的包裹到达博伊斯手里。包裹里有一只用于近炸引信的真空管，如果加以改良，可以大大提升高射炮火的效果；一篇详述德国正在开发的其他几种武器或装备的报告。其中包括在夜间为轰炸机导航的无线电波束、探测来袭飞机的雷达、由船只磁场引爆的鱼雷和在波罗的海沿岸名为佩内明德（Peenemünde）测试场测试的制导导弹。

大部分英国情报官质疑，任何科学家都无法编造范围如此广泛的“奥斯陆报告”，认为这是旨在误导他们的骗局。一个看法相反的分析员是物理学家、空军部专攻雷达和无线电波的科学军官雷金纳德·琼斯。1940年，“超级机密”译电和对击落的德国空军飞行员的审讯（对页）证实了无线电波束为德国轰炸机导航的做法。琼斯和空军部同僚很快研发出干扰无线电波束的方法，使德国轰炸机偏离目标。那次快速反应部分归功于“奥斯陆报告”提供的早期预警。报告还帮助英国预测到德国于1944年部署的V–1制导导弹并采取对策。

长期以来，那篇报告的作者一直是个谜。有人认为是一名反对纳粹政权并且能接触到其秘密的军事情报局情报官。直到1989年，琼斯才透露，信息提供人实际上是个德国科学家，著名的西门子公司研究实验室主任汉斯·费迪南德·迈尔（Hans Ferdinand Mayer）。1943年，他因为发表颠覆言论被捕，在集中营幸存。琼斯在1955年得知真相，但等到迈尔去世后才公开了他的身份。对于他报告中讲述的装置，德国人并没有全部精心打造，比如近炸引信，然而美国人成功了。但是，琼斯认为它“可能是二战期间从所有来源收到的报告中最优秀的一篇”。

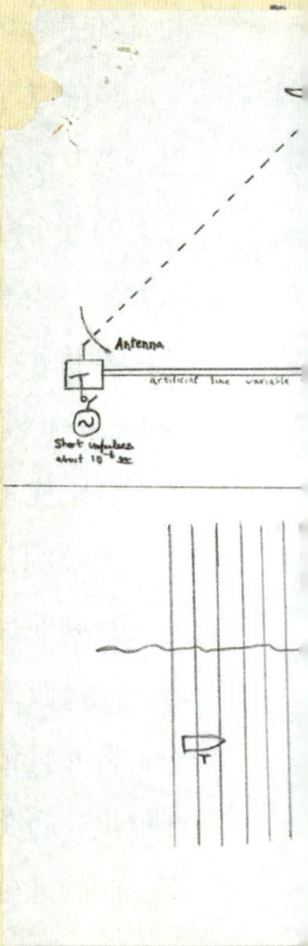

德国的计划

来自“奥斯陆报告”草图（上）描绘了一个计中的德国雷达设施，显示一台发射机（T）向一架机发射无线电波束，同时意附近一台接收机（R）时打开，刚够以最小干扰收反射的波束。下方的草显示了一只鱼雷（T）在入船只（S）正下方的强场区域（B）时引爆。

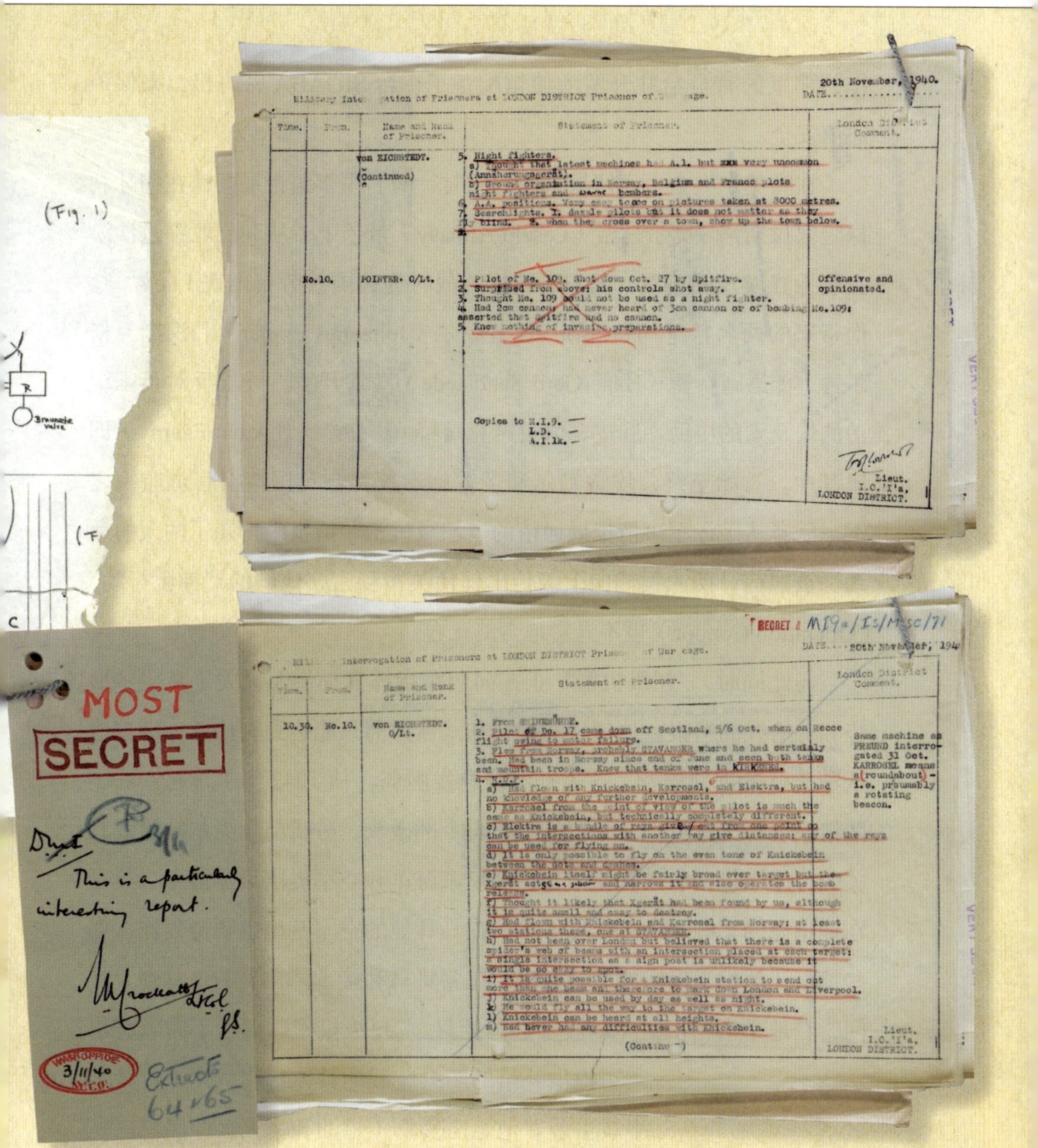

战俘的披露

一篇归类为“绝密”的报告被审阅军官描述为“尤为有趣”。报告中涵盖通过审讯一名德国飞行员俘虏获得的情报。1940 年 10 月初，此人驾驶一架“道尼尔”Do–17 中型轰炸机从德占挪威出发，迫降在苏格兰沿海。该飞行员此前曾用名为“弯腿”的无线电导航系统执行任务，指出它可以“在白天和夜间”使用，他还提到一种名为“X 装置”（X–Gerä）的新设备。它接收比“弯腿”更难干扰的无线电波束，在这些波束于目标上空交叉时自动投弹。

作，那里的官员给驻开罗大使馆配备了一台 SIGABA 密码机，来保护通信安全。

在隆美尔失去可靠情报来源的同时，两名军事情报局间谍在匈牙利探险家拉斯洛·奥尔马希（Laszlo Almasy）带领下，从利比亚穿过沙漠去刺探驻埃及的英军。奥尔马希因为战时为德国效劳获得铁十字勋章。他带来的两名特工约翰内斯·埃普勒尔（Johannes Eppler）和汉斯－格尔德·赞德施泰德（Hans-Gerd Sandstede）潜入开罗，寻求反对英国统治的埃及人的协助。肚皮舞演员希克马特·法赫米（Hekmat Fahmy）即属其中。自始至终，埃普勒尔和赞德施泰德都在英国情报官员监视之下。后者从破译军事情报局通信的"超级机密"情报中得知了两人的活动。被捕前，两人没能向上级传出任何英军秘密，他们的"神鹰行动"（Operation Condor）也不光彩地寿终正寝。

与此同时，"超级机密"正在向盟军指挥官提供大量关于隆美尔形势和补给线的情报。他依赖的燃料和武器弹药只能运到利比亚，随着他从利比亚推进到埃及，这条补给线愈发脆弱。从 1942 年 1 月起，一小队情报官每天在英国驻开罗的中东司令部碰头，分析与隆美尔补给线有关的"超级机密"和其他报告，向皇家海军和空军提供目标信息。英军在地中海的军舰和潜艇数量不多，在马耳他的空军基地也频遭轰炸，那些情报让他们得以实施精确打击，在蒙哥马利接掌阿拉曼的 1 月到 8 月间，在地中海击沉近 100 艘轴心国船只。"超级机密"揭示了向隆美尔大军提供补给的船只装载的具体货物，让进攻者集中攻击装着他急需货物（燃油和军火）的船只。一名德国指挥官认为是意大利港口的间谍出卖了重要货物的信息，敦促保密官员"着手应对这个问题"。实际上，刺探活动是在成千上万千米外的布莱奇利庄园进行的，那里的密码分析员正在窥探

> "英国人显然有备而来。"
> ——埃尔温·隆美尔在突尼斯梅德宁战败后的讲话

隆美尔的间谍

德国特工约翰内斯·埃普勒尔（右）和汉斯－格尔德·赞德施泰德（左）站在一辆福特卡车旁。1942年年初，他们乘车开始了一段从利比亚到埃及艰苦的沙漠之旅，去埃及执行“神鹰行动”，为隆美尔将军搜集英军情报。埃普勒尔跟着德国母亲和埃及继父在埃及长大，在早期执行一次秘密任务期间，他伪装成阿拉伯人（小图）。

隆美尔本人及其参谋的通信。“超级机密”破译情报揭示了一支正在因缺乏燃油而失去引以为傲的机动性的大军。同盟国的沙漠空军则攻击在利比亚港口和隆美尔在阿拉曼的仓库之间运输燃油和其他补给的德国车辆，让这一形势更加严峻。

蒙哥马利为阿拉曼战役调兵遣将，对敌军优势和劣势的详细了解让他信心大增。他知道对隆美尔大军补给线的袭击缚住了他们手脚，知道隆美尔本人生了病，不得不于9月下旬回德国治疗。1942年10月23日夜，战斗在阿拉曼打响。不久后，隆美尔匆匆赶回前线，但他的机动空间有限，而且在火力和计策方面都不如蒙哥马利，后者部署了偷听敌军语音通信（在加密信息太耗时的紧急情况下使用）的作战情报单位，用报务分析和无线电测向来确定德军装甲部队位置及指示目标。这是一

神鹰行动

与许多出了差池的间谍闹剧一样，“神鹰行动”失败也可以看成一场异想天开的冒险，这正是约翰内斯·埃普勒尔化名约翰·埃普勒尔出版的回忆录中的描述。1942 年 5 月，从利比亚穿过沙漠后，他化名侯赛因·加法尔（Hussein Gaafar，其埃及继父起的名字）潜入英占埃及，他的德国搭档兼信号员汉斯–格尔德·赞德施泰德，则伪装成名为彼得·蒙卡斯特（Peter Monkaster）的美国人。在肚皮舞演员希克马特·法赫米的帮助下，他们瞄上了常常光顾谢菲尔德酒店（Shepheard Hotel，下）和开罗其他人气酒吧的英国军官。据埃普勒尔说，法赫米成功引诱并灌醉了一

名参谋军官，从他的公文包里，埃普勒尔取出并复制了关于英军及其部署的“绝密”文件，对隆美尔极有价值。但他们无法建立无线电联系传递那份情报。次日夜里，他们的船屋被突击搜查，两人被捕。

其他关于“神鹰行动”的描述，对两名间谍是否获得过任何成功持怀疑态度。后任埃及总统的安瓦尔 · 萨达特（Anwar el-Sadat）坚决反对英国统治，因此两人寻求他帮忙。前者认为这对搭档是无足轻重的业余间谍。他写道，他们的船屋是“一个直接出自《一千零一夜》的地方，每样东西都让人想到懈怠懒惰、骄奢淫逸和感官享受。在这种放纵的环境下，两个年轻纳粹忘记了托付给他们的危险任务”。他们的嬉闹没逃过当局的眼睛。被捕之前，两人在开罗一直处于英国监控之下，不久后被抓获，还抓到其他几个联系人。

色诱

肚皮舞演员希克马特·法赫米是狂热的埃及民族主义者。英国人占领了她的国家，她利用自身魅力从英国军官那里获取情报，这些军官聚集在奢华的开罗谢菲尔德酒店。二战期间，这家酒店是阴谋诡计的温床。因参与“神鹰行动”被捕后，她将间谍技术透露给审讯人员，并评论道，一个刚刚与女人私会过的英国人“嘴停不下来”。

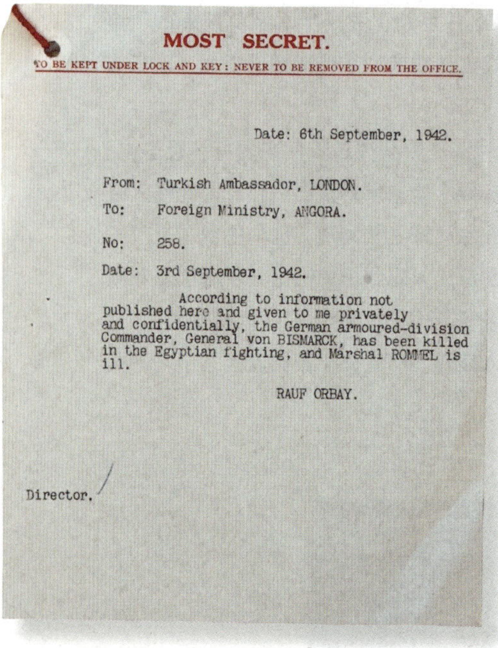

MOST SECRET.

TO BE KEPT UNDER LOCK AND KEY: NEVER TO BE REMOVED FROM THE OFFICE.

Date: 6th September, 1942.

From: Turkish Ambassador, LONDON.
To: Foreign Ministry, ANGORA.
No: 258.
Date: 3rd September, 1942.

According to information not published here and given to me privately and confidentially, the German armoured-division Commander, General von BISMARCK, has been killed in the Egyptian fighting, and Marshal ROMMEL is ill.

RAUF ORBAY.

Director.

外交泄密

英国截获并且破译了这封土耳其驻伦敦大使馆发给安卡拉[Ankara，旧称安哥拉（Angora）]的土耳其外交部的电报。它报告了格奥尔格·冯·俾斯麦（Georg von Bismarck）将军去世和隆美尔生病的消息。1942年8月31日，俾斯麦在埃及战死。隆美尔的病情后来迫使他在10月阿拉曼战役打响前回德国治疗。匿名来源将上述情报透露给土耳其大使，土耳其的中立地位并没有阻止英国人的窥探。

场漫长艰苦的战斗，但蒙哥马利知道对手的资源正消耗殆尽，便紧紧咬住。11月4日，隆美尔止损退出。他抛弃了大量并未真正被毁的坦克，巧妙地撤到利比亚。

1943年，隆美尔得到经由的黎波里（Tripoli）的增援。但轴心国来自意大利的补给运输暴露在“超级机密”面前，受到持续攻击，让他没有多少力量同时对付蒙哥马利的追兵和艾森豪威尔指挥的盟军。阿拉曼战役结束后不久，盟军在艾森豪威尔指挥下在摩洛哥与阿尔及利亚登陆。1943年3月6日，隆美尔在突尼斯梅德宁（Medenine）发起最后一次北非攻势，“超级机密”事先将那场进攻通知了蒙哥马利，后者用炮兵和装甲部队将之粉碎了它。

隆美尔后来写道：“英国人显然有备而来。”经历那场失败三天后，他拖着病体和一颗破碎的心返回德国。5月，盟军占领突尼斯，控制了北非，他的继任者汉斯–于尔根·冯·阿尼姆（Hans-Jürgen von Arnim）将军与近25万轴心国部队一起被俘。盟军还将在不久后利用火力、脑力和计算能力上的优势攻入西西里，以它作为进攻意大利的跳板，而那些聪明的大脑也将继续解开轴心国的密码本和暗码表，揭开敌人的计划。

目标暴露

1942 年 10 月，“超级机密”破译的恩尼格玛加密电报，提供了轴心国船队的出发时间（右）；下图显示了针对隆美尔北非部队补给船的攻击结果，“装甲集团军的燃料供应形势险恶，军火供应形势紧张”。蒙哥马利将军通过“超级机密”得知隆美尔的补给正在枯竭，在阿拉曼打了一场步步为营的长期战役，许多德军坦克在这场战役中被抛弃或缴获（最下）。

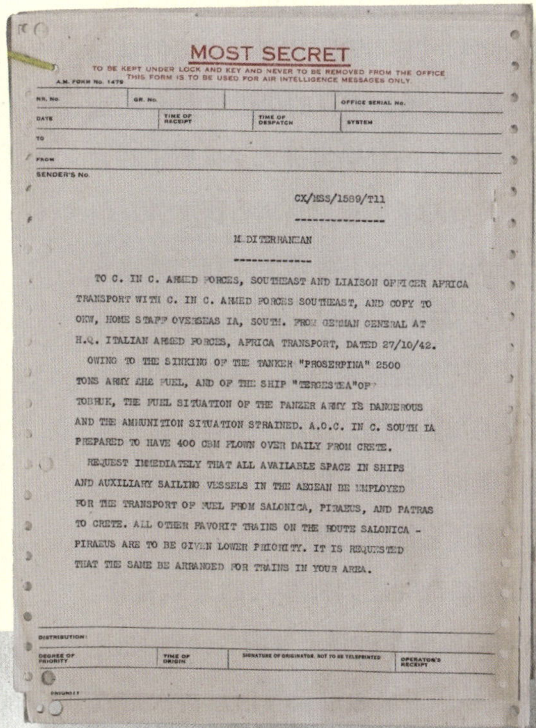

MOST SECRET

TO BE KEPT UNDER LOCK AND KEY AND NEVER TO BE REMOVED FROM THE OFFICE
THIS FORM IS TO BE USED FOR AIR INTELLIGENCE MESSAGES ONLY.

A.M. FORM No. 1479

NR. No. | GR. No. | OFFICE SERIAL No.
DATE | TIME OF RECEIPT | TIME OF DESPATCH | SYSTEM
TO
FROM
SENDER'S No.

CX/MSS/1589/T11

MEDITERRANEAN

TO C. IN C. ARMED FORCES, SOUTHEAST AND LIAISON OFFICER AFRICA TRANSPORT WITH C. IN C. ARMED FORCES SOUTHEAST, AND COPY TO OKW, HOME STAFF OVERSEAS IA, SOUTH. FROM GERMAN GENERAL AT H.Q. ITALIAN ARMED FORCES, AFRICA TRANSPORT, DATED 27/10/42.

OWING TO THE SINKING OF THE TANKER "PROSERPINA" 2500 TONS ARMY £H£ FUEL, AND OF THE SHIP "TERGESTEA" OFF TOBRUK, THE FUEL SITUATION OF THE PANZER ARMY IS DANGEROUS AND THE AMMUNITION SITUATION STRAINED. A.O.C. IN C. SOUTH IA PREPARED TO HAVE 400 CBM FLOWN OVER DAILY FROM CRETE.

REQUEST IMMEDIATELY THAT ALL AVAILABLE SPACE IN SHIPS AND AUXILIARY SAILING VESSELS IN THE AEGEAN BE EMPLOYED FOR THE TRANSPORT OF FUEL FROM SALONICA, PIRAEUS, AND PATRAS TO CRETE. ALL OTHER FAVORIT TRAINS ON THE ROUTE SALONICA - PIRAEUS ARE TO BE GIVEN LOWER PRIORITY. IT IS REQUESTED THAT THE SAME BE ARRANGED FOR TRAINS IN YOUR AREA.

DISTRIBUTION:
DEGREE OF PRIORITY | TIME OF ORIGIN | SIGNATURE OF ORIGINATOR. NOT TO BE TELEPRINTED | OPERATOR'S RECEIPT

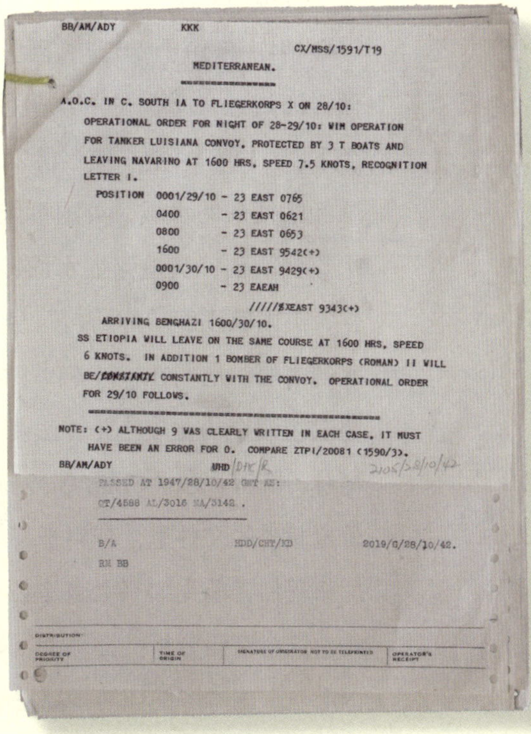

BB/AM/ADY KKK

CX/MSS/1591/T19

MEDITERRANEAN.

A.O.C. IN C. SOUTH IA TO FLIEGERKORPS X ON 28/10:

OPERATIONAL ORDER FOR NIGHT OF 28-29/10: WIM OPERATION FOR TANKER LUISIANA CONVOY, PROTECTED BY 3 T BOATS AND LEAVING NAVARINO AT 1600 HRS, SPEED 7.5 KNOTS, RECOGNITION LETTER I.

POSITION 0001/29/10 - 23 EAST 0765
0400 - 23 EAST 0621
0800 - 23 EAST 0653
1600 - 23 EAST 9542(+)
0001/30/10 - 23 EAST 9429(+)
0900 - 23 EAEAH
/////$XEAST 9343(+)

ARRIVING BENGHAZI 1600/30/10.

SS ETIOPIA WILL LEAVE ON THE SAME COURSE AT 1600 HRS, SPEED 6 KNOTS. IN ADDITION 1 BOMBER OF FLIEGERKORPS (ROMAN) II WILL BE/~~CONSTANTL~~ CONSTANTLY WITH THE CONVOY. OPERATIONAL ORDER FOR 29/10 FOLLOWS.

NOTE: (+) ALTHOUGH 9 WAS CLEARLY WRITTEN IN EACH CASE, IT MUST HAVE BEEN AN ERROR FOR 0. COMPARE ZTPI/20081 (1590/3).

BB/AM/ADY WHD/DHC/R 2105/28/10/42

PASSED AT 1947/28/10/42 GMT AS:
CT/4588 AL/3016 MA/3142.

B/A HDD/CHT/KD 2019/G/28/10/42.
RM BB

DISTRIBUTION:
DEGREE OF PRIORITY | TIME OF ORIGIN | SIGNATURE OF ORIGINATOR. NOT TO BE TELEPRINTED | OPERATOR'S RECEIPT

海上的胜利

1942 年 10 月 30 日，阿拉曼战役如火如荼之际，对迁延日久的大西洋海战意义重大的一次事件在埃及塞得港（Said）外的东地中海发生了。一架皇家空军侦察机发现德国“U–559”号潜艇潜伏在同盟国船队经常往来的水域，英国军舰赶来围歼。“U–559”号潜入水下但被深水炸弹重创，被迫浮上水面，遭到攻击。艇上幸存的机组成员弃船逃生，英国驱逐舰“炸药包”号（*Petard*）上的登船组进入受损后正在进水的潜艇。他们在“U–559”号沉没前成功拿出恩尼格玛密码文件，但登船组两个勇士安东尼·法森（Anthony Fasson）海军上尉和二等水兵柯林·格雷吉尔（Colin Grazier）跟着潜艇沉入海里。他们付出生命代价抢救出的文件里，有用于德国海军天气报告的密码表。这些报告用恩尼格玛加密前先加一次密是必不可少的预防措施，因此它们往往是重复的，这为密码分析员提供了很好的可能词。他们可以用这些攻克装在德国潜艇上的难解的四转子恩尼格玛，破译它输出的密文。

“U–559”号上的宝贝不啻是给布莱奇利庄园那些人的天赐礼物。十号棚屋与八号棚屋的海军恩尼格玛专家合作破译天气报告，到 12 月初，十号棚屋负责人预测，他们将能够“很快通过天气信息再次解读潜艇报务”。确实，到当年年底，布莱奇利庄园开始产出显示大西洋的德国潜艇位置的“超级机密”情报。这些破译情报经常相当及时，盟军军舰或轰炸机还来得及据此攻击那些潜艇。盟军还在名为 HF/DF 或“Huff Duff”的新型高频无线电测向仪的帮助下追踪德国潜艇。

同盟国密码分析员的最终目标是设计一种强大的新型“炸弹”，可以在几小时甚至几分钟内破译德国 U 型潜艇的四转子恩尼格玛加密电报。布莱奇利庄园开始研发这种机器，但还有其他更急迫的事要做。他们同意将技术提供给华盛顿的美国海军密码破译部门海军通信保密科，后者拥有更多资源，可以更快地大量生产这种新型“炸弹”。1942 年后期，艾伦 · 图灵被派到美国，帮助海军通信保密科军官修改初始计划。原计划要求制造 336 台“炸弹”，每台对应德国潜艇恩尼格玛的 336 种可能的转子顺序之一。图灵解释了他和韦尔什曼是如何将多部恩尼格玛的转子塞进一台“炸弹”，做到更快更灵活处理。海军通信保密科据此修改了它的方法。1943 年 6 月，第一批美国“炸弹”启用。那时，卡尔 · 邓尼茨海军元帅已经将他的 U 型潜艇撤出北大西洋，因为仅 5 月一个月，他就损失了 34 艘潜艇。后来他还将重新发起对船队的零星攻击，

殉职

1942 年 10 月 30 日，英国驱逐舰“炸药包”号上的安东尼 · 法森海军上尉（左）和二等水兵柯林 · 格雷吉尔（最左）登上受创的德国潜艇“U-559”号。他们从潜艇上抢救密码本和设备时，潜艇带着两人沉没。“炸药包”号年轻的食堂助理汤米 · 布朗（Tommy Brown）惊险逃生。在布朗帮助下，他们抢救出的物品里有一本加密天气报告用的手册，类似下方这本。这些天气报告用四转子海军恩尼格玛加密，手册帮助布莱奇利庄园的密码分析员破译了密码。

“超级炸弹”

根据艾伦·图灵提供的信息，美国人设计的强大“炸弹”（上）加速了对德国海军恩尼格玛加密信息的破译。左侧照片是 1943 年 4 月在美国海岸警卫队缉私艇“斯宾塞”号（*Spencer*）甲板上拍摄的。到美国“炸弹”于 1943 年年中启用时，密码破译和潜艇探测技术的进步使得这样的深水炸弹攻击具有致命性，德国潜艇的威胁逐渐消退。

约翰·凯恩克罗斯：布莱奇利庄园的“鼹鼠”

约翰·凯恩克罗斯（John Cairncross）精通德语，是卓有成就的语言学家。1942年，他来到布莱奇利庄园，在三号棚屋担任译员，这份工作似乎特别适合他。人们没理由把他看成安全威胁。与布莱奇利庄园其他人一样，20世纪30年代的学生时期，对法西斯主义的反感将他推到政治波谱的另一端，但他没有加入共产党。如果这样做了，他也许不会在1937年被苏联招募，成为“鼹鼠”（mole，潜伏特工）。理想的“鼹鼠”应该像凯恩克罗斯这样，与共产主义没有正式联系，而且前途光明。从剑桥大学毕业后，凯恩克罗斯在外交部入职考试中取得优异成绩。早晚有一天，一些“鼹鼠”会接触到国家秘密，转为活跃的间谍。

“我从没有自认是英国的叛徒，”“反倒是参与反纳粹斗争的爱国者。”
——约翰·凯恩克罗斯

1942年以前，凯恩克罗斯向苏联传递了一些情报，但他认真开始间谍活动是在进入三号棚屋之后。除海军通信外，大部分德国军事信息的破译都在那里翻译、评估，作为“超级机密”情报分发。他不费吹灰之力就从布莱奇利庄园拿出秘密文件。“拿到破译的德国文件很容易，因为经过处理后，它们就被满地乱扔。”凯恩克

代号：李斯特（LISZT）
服务国：苏联
针对国：英国、德国

罗斯写道。他还带走了他翻译的副本："我把文件藏在裤子里，带出现场，从未受过任何检查。"

后来，凯恩克罗斯声称帮助苏军赢得了1943年的库尔斯克会战（Battle of Kursk）。但苏联人还通过其他官方渠道收到来自布莱奇利庄园的情报，包括英国驻莫斯科大使馆，以及另一个帮他们在库尔斯克取胜的特工——在瑞士的鲁道夫·勒斯勒尔。凯恩克罗斯断断续续为苏联服务到1951年，从未受到间谍活动的指控，为此得到了苏联红旗勋章（Order of the Red Banner）。晚年，凯恩克罗斯被指为苏联在英国的间谍网的"第五人"，该间谍网包括金·菲尔比（Kim Philby）等四名苏联"鼹鼠"，四人都曾于20世纪30年代在剑桥学习。为此他写了一本名为《恩尼格玛间谍》（*The Enigma Spy*）的回忆录，在书里为自己在布莱奇利庄园的间谍活动辩护。"我从没有自认是英国的叛徒，"他声称，"反倒是参与反纳粹斗争的爱国者。"

库尔斯克

在库尔斯克会战（下）中进军的德军坦克遇上了强大的苏联装甲部队、炮兵、雷区和坦克陷阱。因为凯恩克罗斯和其他来源透露的情报，苏军指挥官对敌军计划和部署了如指掌，提前做好了准备。1943年7月中，德军撤出库尔斯克，自此将主动权让给苏军。

“我们输掉了大西洋海战。”

——1943年6月，卡尔·邓尼茨海军元帅将潜艇舰队撤出北大西洋后说

但新“炸弹”帮助确保了德国潜艇再也不会对同盟国运输线构成重大威胁。邓尼茨后来承认：“我们输掉了大西洋海战。”现在，数百万美军部队可以相对安全地渡过大西洋，去增援不久后将登上意大利土地的部队或准备1944年盟军对沦陷法国的大规模进攻。

恩尼格玛并不是德国在二战中采用的唯一一种密码机。1941年，他们采用了一种极为难解的新装置，用于第三帝国最高统帅阿道夫·希特勒等高层指挥官间的通信。这种英国人称作“金枪鱼”（Tunny）的密码机有12个转子，用二进制码（0和1）加密文本，用电传技术通过无线电发送到连接同型“金枪鱼”的接收机，后者在电传打字机上输出解密电报。图灵和布莱奇利庄园两名聪明的密码分析员约翰·希尔曼（John Hiltman）、威廉·图特（William Tutte）最终破译了“金枪鱼”。但图特用于计算转子顺序（组合达到成百上千万种）的复杂公式如果用手工计算，一个人一辈子也解不出来。为加速这个过程，布莱奇利庄园的另一个天才，电子工程师汤米·弗劳尔斯（Tommy Flowers）将图灵的通用计算机器理论应用于实践，设计了一台以真空管为电子开关的计算机器。他的发明用二进制逻辑——打开或闭合的开关，处理“金枪鱼”的二进制数字，找到了打开金库的组合。这台最早的电子数字计算机之一名为“巨人”（Colossus），包含1500只真空管，重达1吨。1944年初，当它开始在布莱奇利庄园处理数据时，其速度惊呆了一帮密码分析员。

此时图灵已经开始展望一个新时代，到那时，他设想的在二战期间由大西洋两岸的科学家开发用于军事目的的计算机，将改变整个社会。他是既对二战，又对二战后的世界产生重大影响的少数人物之一。早在对盟军胜利所做贡献的细节解密前很久，他在发起数字革命方面的作用

就已经得到承认。在 1954 年英年早逝之时，他打的这场秘密战争鲜为人知，除了他的“工作是机密”，正如一篇讣告所说，“连其母亲都不能透露”。

“巨人”

1944 年，布莱奇利庄园开始用一台名为“巨人”的开创性数字电子计算机对抗“金枪鱼”——一种复杂的德国 12 转子密码机。“巨人”由皇家海军妇女服务队队员操作，它没有储存装置，执行每次任务都需要手动编程。但除此之外，设计者汤米·弗劳尔斯评论说：“它体现了现代计算机的所有基本特征。”

第三帝国长臂伸向美国

到 1941 年后期，德国已经与美国在北大西洋非正式开战。10 月，一艘德国 U 型潜艇攻击并击沉了为商船护航的美国驱逐舰“鲁本 · 詹姆斯”号（*Reuben James*）。面临着将美国加进不断增长的敌国名单的可能，希特勒希望日本参战，就算不打苏联，也要打美国。为此目的，德国外长约阿西姆 · 冯 · 里宾特洛甫开始秘密商谈一项条约。条约将要求三个轴心国在其中之一对美开战的情况下加入战争，并且禁止任何一国单独媾和。得知对珍珠港的袭击之后，兴奋的希特勒于 12 月 11 日对美宣战，履行了那份协议。因为德国陆军在几条战线疲于应付，水面舰队又不值一提，他无力入侵美国。但卡尔 · 邓尼茨海军中将提议利用 U 型潜艇快速隐蔽进军，将大西洋海战延伸到美国沿海。

美国海军在大西洋与德国 U 型潜艇作战，积累了一些经验，但美国海岸防守薄弱而混乱。邓尼茨意图偷袭美国沿海水域的脆弱商船，用 12 艘 IX 型远洋潜艇执行跨越大西洋的任务，代号“击鼓行动”（Operation Drumbeat）。大西洋其他地方和地中海的急迫任务迫使他将进攻兵力减到 5 艘潜艇。1941 年 12 月下旬，满载着燃料、食物和鱼雷，它们离开了法国洛里昂潜艇基地。继这场首次出击之后，邓尼茨又发起进一步行动，在缅因州沿海到墨西哥湾和加勒比海制造出巨大混乱。

军事情报局则实施以美国本土为目标的其他隐蔽袭击。1942 年，它发起“牧师行动”（Operation Pastorius），计划用潜艇渗透破坏分子。这些破坏分子将攻击工厂、电厂、桥梁等目标，制造混乱，可能会在美国人中“煽动不满和打击战斗意志”。他们选择的破坏分子要求熟悉美国风俗，会说“美式”英语。在德国 U 型潜艇肆虐美国沿海时，这些破坏分子将尝试在陆地制造恐怖。

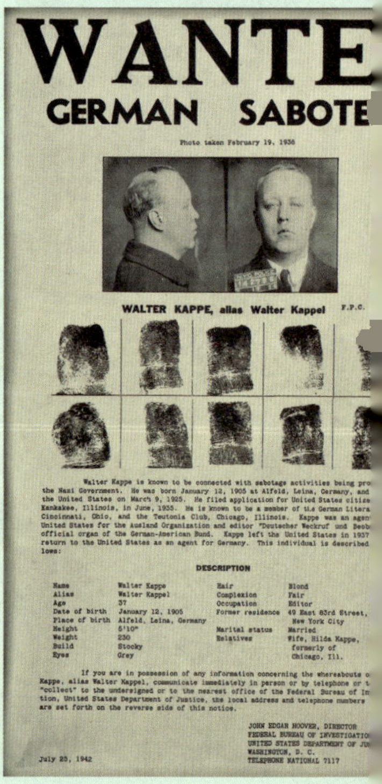

间谍网头子

1942 年 7 月，联邦调查局发布对军事情报局瓦尔特 · 卡佩（Walter Kappe）中尉的通缉令。卡佩战前在美国生活，后回到德国为“牧师行动”招募特工。他本该与在美国的特工会合，但后者被捕后，他取消了计划。

远洋巡航

“击鼓行动”期间，两艘德国U型潜艇驶向美国沿海途中，在波涛汹涌的大西洋海面上巡航。德国U型潜艇用功率强大的柴油发动机在水面行驶时可以达到更快的速度，通常只在面临被发现的威胁时才下潜。

搁浅

1942年2月，德国潜艇“U-67”号在地中海作战期间向油轮“拉斐拉”号（*Rafaela*）发射的一枚鱼雷搁浅在荷兰库拉索岛（Curaçao）的海滩上。

策划者

作为潜艇舰队司令，卡尔·邓尼茨海军中将指挥了德国潜艇作战，策划了“击鼓行动”及随后对美国沿海的攻击。

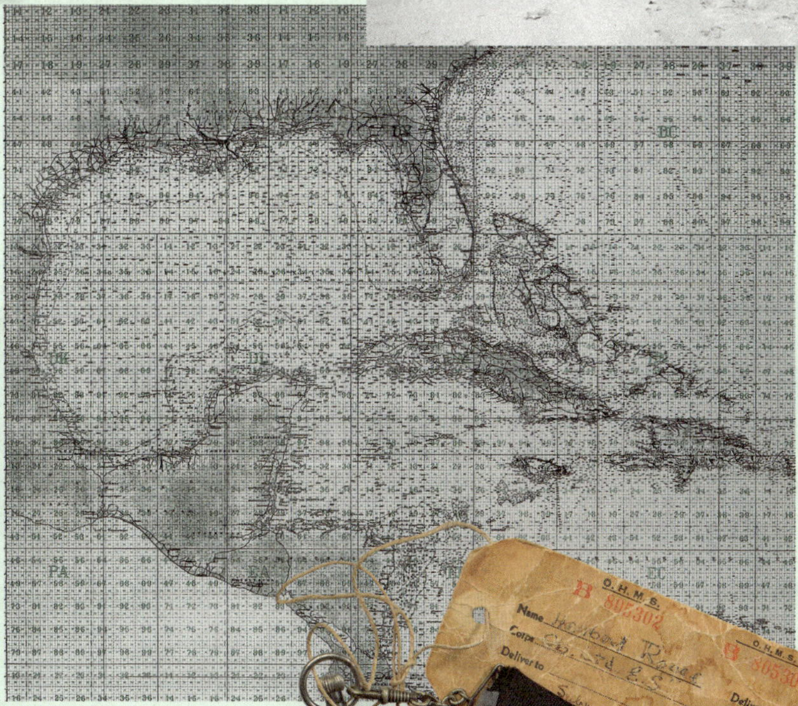

定时器

用于给鱼雷计时的U型潜艇秒表摆在一幅加勒比海和墨西哥湾的德国海军海图上。德国U型潜艇艇长通过秒表了解鱼雷需要多长时间到达目标。超过运行时间，则说明鱼雷未击中目标，他们会再次发射或采取躲避行动。

战争文物 美国狩猎季

1942 年 1 月 11 日，经过两周横跨大西洋的航行，“击鼓行动”首艇“U–123”号打响了第一枪，在新斯科舍半岛外击沉美国商船“独眼巨人”号（*Cyclops*）。随后几周里，在缅因州沿海到哈特勒斯角作战的德国潜艇平均每天击沉一条船。这些猎手白天潜伏在水下，夜里浮上水面攻击没有任何护航系统保护的船只。德国 U 型潜艇艇长发现猎物经常被美国城市灯光照亮。即使海岸外一片船只燃烧的凄惨景象，美国依然没有发布灯火管制命令。一艘 U 型潜艇也许会在一夜之间击沉三条船，也有的一无所获。

在击沉 25 条船后，“击鼓行动”于 2 月结束，但到那时，第二拨 U 型潜艇攻击部队正接近美国大西洋沿海，第三拨正驶向加勒比海和墨西哥湾的油轮港口外的猎场。除 U 型潜艇外，五艘意大利“卡尔维”级（Calvi-class）远洋潜艇也被派去巡航从佛罗里达海峡到南美沿海的水域。所有可用的 IX 型潜艇部署完后，邓尼茨派出所有近程 VII 型潜艇的可用空间都装上补给和弹药。在海上由绰号“奶牛”（Milchkühe）的 XIV 型补给潜艇加油后，它们可以将巡航时间延长四个星期。

返航的 U 型潜艇军官将“击鼓行动”称作“美国狩猎季”或“第二次快乐时光”，对应战争初期在北大西洋的第一次这样的“快乐时光”。但到了 1942 年 7 月，对潜伏在美国沿海的德国潜艇的防守大大加强，U 型潜艇在美国和加勒比海水域的毁灭性攻势逐渐结束。这场围攻期间，总吨位逾 200 万吨、近 400 条船被击沉，约 5000 人丧生。整个过程中，U 型潜艇只损失了七艘。

HEADQUARTERS FIRST CORPS AREA

SPECIAL REGULATIONS

GOVERNING THE CONTROL of SEACOAST LIGHTING on the CONNECTICUT SHORE, WEST OF THE SAYBROOK BREAKWATER

JUNE 1, 1942

1. The purpose and intent of these Special Regulations are as stated in Section I of the Regulations Governing the Control of Seacoast Lighting dated May 16, 1942, the provisions of which Section I apply hereto.

2. These Special Regulations apply from one-half hour after sunset to one-half hour before sunrise, to the following:

a. All amusement resorts and parks and places of similar nature within three miles of the north shore of Long Island Sound.

b. (1) The city of New Haven.

(2) All of the area southwest of New Haven lying between the Wilbur Cross and Merritt Parkways and the shore of Long Island Sound, as far as the New York state line.

c. The locations and communities specified in subparagraphs a. and b. above will be governed by the following rules:

(1) Extinguish all advertising and display signs and lights.

(2) Reduce all display lighting in shop and store windows to the maximum extent consistent with protection from burglary.

(3) Shield or extinguish all outside lights, excluding street and vehicle lights, and diminish all skylights which throw direct light to skyward.

(4) Shield all street lights from skyward or reduce the wattage of unshielded street lights or extinguish unshielded street lights not absolutely necessary for public safety.

(5) Regulate automotive traffic so as to reduce the speed of vehicles and require the minimum lighting compatible with public safety.

3. These Special Regulations apply to all plants, installations and establishments, whether or not engaged in war production. The authorized agencies of the state of Connecticut will not concern themselves with plants, installations or establishments owned by the Federal Government and operated by Federal officials. Decisions regarding compliance with these Special Regulations in the case of all other plants, installations and establishments will be made by the authorized agencies of the state of Connecticut, who will exact compliance of war production plants to the maximum extent compatible with the continuance of full production and anti-sabotage protection.

4. Plants, installations and establishments owned by the Federal Government and operated by Federal officials will be given appropriate orders in conformity with these Special Regulations by the respective departments of the Federal Government. These orders will be enforced by the respective departments.

5. Penalties for violation of these Special Regulations are covered in paragraph 4, Public Proclamation No. 1.

Sherman Miles

SHERMAN MILES,
Major General, United States Army,
Commanding the First Corps Area.

熄灯

这些为灯火管制
计的特制灯泡发出昏
的集聚光束。左边这份
指令中，军方当局后
后觉地下令在沿海城
实施灯火管制。

受害者

上方图片拍摄于1942年，U型潜艇在美国水域用鱼雷击沉的三艘油轮。“迪克西之箭”号（*Dixie Arrow*，上左）与“拜伦·D.本森”号（*Byron D. Benson*，上中）在哈特勒斯角沿海沉没；“宾夕法尼亚太阳”号（*Pennsylvania Sun*）在距佛罗里达州基韦斯特125英里（约161千米）的墨西哥湾受损，但被救起，后投入营运。左边叠放在新英格兰北部沿海德国海军海图上的照片，是透过德国潜艇的攻击潜望镜拍摄的，显示出鱼雷正击中一条商船。

救援行动

美国海岸警卫队的一架道格拉斯“海豚”（Dolphin）水上飞机在美国东岸沿海救起被U型潜艇鱼雷击沉的商船上的幸存者。“海豚”水上飞机还作为巡逻机，在沿海搜索德国潜艇。

战争文物 纳粹破坏分子潜入美国

1942年6月13日，午夜过后不久，一队四人乘橡皮筏划离德国潜艇“U–202”号，在长岛阿默甘西特附近的海滩登陆。为执行大型破坏行动，他们带着大量炸药、雷管和纵火装置。四天后，另一个装备类似的四人组在佛罗里达州杰克逊维尔附近的庞特韦德拉海滩登陆。这些特工被派来执行军事情报局局长威廉·卡纳里斯海军上将批准的“牧师行动”。1941年，广为人知的33名德国间谍被捕事件之后，卡纳里斯就面临着希特勒要求打击美国的压力。这次行动针对的美国战略目标，包括水电厂、铝厂、俄亥俄河上的船闸、纽约的地狱门大桥和宾夕法尼亚与新泽西州的铁路站场。这场阴谋的组织者是军事情报局的瓦尔特·卡佩中尉，他在美国生活过一段时间，挑选的也是有类似经历，可以伪装成德裔美国人的特工。他们在柏林附近一所破坏学校受训，学习制作和使用炸药和纵火装置，还得到供他们潜入美国时使用的“履历”。

每支队伍登陆时都带着四只防水箱，里面装着炸药、煤块炸弹、引信、定时器、雷管、燃烧装置和一瓶瓶硫酸。他们得到的命令是将弹药埋在海滩附近，留待后取，还拿到作为活动资金的17.5万美元现金。他们计划先分开，7月4日在辛辛那提会合，之后再着手一场协调一致的破坏行动。但从一开始，冒险行动就出了岔子，四名在长岛登陆的特工在掩埋炸药和补给时，被没带武器的海岸警卫队巡逻队员约翰·卡伦（John Cullen）发现。特工队员格奥尔格·达施（Georg Dasch）与卡伦交涉，声称他们一行是迷路的渔民。他软硬兼施，先是威胁，后又向这个年轻的海岸警卫队员行贿，让他忘了这事。卡伦拿了钱后离开，但立即将情况报告上级。到当局找到埋藏的炸药时，这群破坏分子已经坐火车到了纽约。

达施很快与同伙恩斯特·布格尔（Ernst Burger）达成一致向美国当局投降，供出计划，他后来声称从未想过要实施行动。接着他到华盛顿特区，并联系了联邦调查局，不仅承认自己和布格尔是参与者，还指认了其他特工。得到达施的信息后，联邦调查局在佛罗里达州找到第二处掩埋的炸药，在月底前逮捕了“牧师行动”两个组的全部八人。

罗斯福总统任命的军事法庭在华盛顿的司法部大楼审判了这些破坏分子。他们全部被裁定有罪，被判处死刑。因为达施和布格尔合作有功，罗斯福总统将他们的刑罚改为监禁。战后，他们被驱逐到德国。1942年8月8日，另外6名破坏分子被处决。他们这场流产的行动本意在恐吓美国人，削弱其意志，结果却成了一个及时的警告，让美国知道了纳粹德国对美国领土和水域构成的威胁，必须被打败。按罗斯福的说法，这些破坏分子“正在我们国家内部发动战争”，这给了美国对德国开战的额外动力。

首要目标

1942 年，德国破坏分子在美国被捕，催生了这张招募民防志愿者的海报。它将纽约描述为纳粹的头号目标。

间谍猎人

1942 年 6 月中旬，联邦调查局特工在整理德国破坏分子埋在庞特韦德拉比奇的炸药。到 7 月，所有参与“牧师行动”的特工都被拘捕、受审，其中一人在华盛顿特区法庭外低头不被摄影师拍到（最上左）。投放两个破坏组的潜艇使用美国大西洋沿岸的德国海军海图。

调查

海岸警卫队巡逻队员约翰·卡伦（上）与德国破坏分子在长岛的遭遇引来大规模的抓捕和调查。破坏分子掩埋的箱子里装的物品，包括炸药、雷管、延时装置和一瓶瓶硫酸，由联邦调查局拍成照片（左），还在犯罪实验室进行分析（左上）。

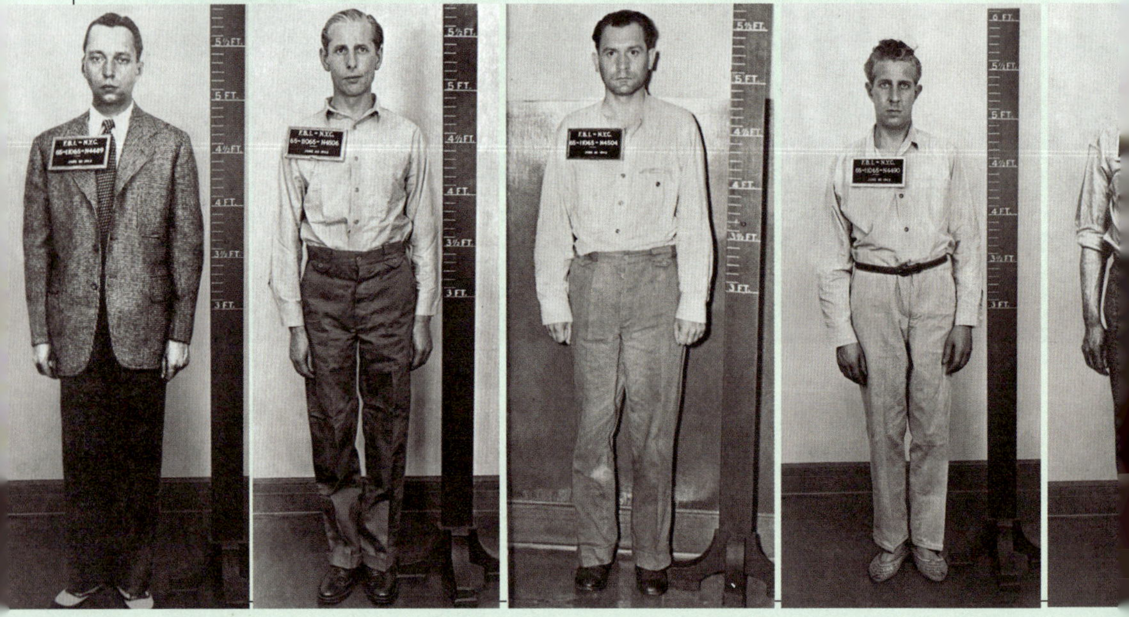

法庭

审判破坏分子的军事法庭成员照片（最上），包括法署长（judge advocate general）兼助理检察官迈·克拉默（Myron Cramer）少将①；司法部长兼检察弗朗西斯·比德尔（Francis Biddle，②）；联邦调查局长埃德加·胡佛③和格奥尔格·达施的辩护律师卡·里斯坦（Carl Ristine）上校④。一辆载有武装卫兵敞篷车开道（上），破坏分子在司法部大楼内受审后，一辆深色汽车返回监狱。

警惕

魏玛·珀塞尔（Weimer Pursell）设计的战争海报被用在爱迪生联合电气公司（Consolidated Edison）办公室，警告这家发电公司的雇员注意潜在的破坏分子。

被捕

联邦调查局的嫌犯照片从左到右为：破坏分子恩斯特·布格尔、格奥尔格·达施、沃纳·泰尔（Werner Thiel）、爱德华·克林（Edward Kerling）、理查德·奎林（Richard Quirin）、海因里希·海因克（Heinrich Heinck）、赫伯特·豪普特（Herbert Haupt）和赫尔曼·诺伊鲍尔（Hermann Neubauer）。因为他们不是穿着军服进入美国从事敌对行动，罗斯福总统将他们作为可判处死刑的非法作战人员提交军事法庭审判。

战争文物 U型潜艇猎手

一开始，美国几乎无力反击沿海水域U型潜艇的威胁。1942年年初，因为驱逐舰部署在大西洋和北大西洋，美国海军面临着与潜伏在沿海水域的德国潜艇作战的巨大压力。当年春，英国皇家海军出借的反潜拖网船和轻巡洋舰组成的部队赶来，与美国海岸警卫队和海军的缉私艇和巡逻艇一起防守美国东海岸，形势开始好转。一些船艇上还装备着先进的追踪德国潜艇的声纳和雷达，以及改进的反潜武器。发现与打击这些潜艇所需空中支援由美国陆军第1航空队（First Army Air Force）的巡逻中队和民航巡逻组织（Civil Air Patrol）的飞行员及皇家空军海防总队（RAF Coastal Command）的中队提供。3月，陆军第1航空队将巡逻中队交给海军指挥。海防总队的中队则于7月到达，任务是保护进出纽约港的航道。到那时，当局已经命令在大西洋沿岸实施灯火管制，组织了沿海护航船队，与空中掩护和海军护航一起，立竿见影减少了东海岸的航运损失。

船队受从沿海机场起飞的飞机保护，其中包括陆航远程轰炸机、侦察机和海军飞艇，后者非常适合空中观测。一旦发现U型潜艇，护航舰艇就用深水炸弹攻击，迫使目标下潜躲避，船队则乘机逃脱。

到1942年8月，美国水域的U型潜艇袭击与高峰时期相比，减少了80%。邓尼茨总结认为，行动虽然给沿海航运造成重大损失，但没有大大减少流向英国和苏联的补给。他将U型潜艇撤出美国沿海，去增援对北大西洋舰队的攻击，但那场猛攻也无法切断同盟国横跨大西洋的补给线，密码破译和反潜战的重大进展保护了这条线。

搜寻者

U型潜艇用的望远镜由蔡斯和埃米尔·布施公司（Emil Busch A.G.）等德国专业光学公司制造（右）。U型潜艇艇长在沿海搜寻商船时，他们自己的潜艇也冒着被对方飞行员发现的危险。下图为民航巡逻组织的飞行员站在斯廷森L-5“哨兵”（Stinson L-5 Sentinel）联络机旁。

失事与获救

海岸警卫队巡逻艇从船首K炮（K-gun）发射一颗深水炸弹，烟雾笼罩了船头（左）。1942年开始使用的K炮，可以在护航船通过目标上方时发射一排10颗深水炸弹。从沉没的U型潜艇逃出来的水兵可以用德尔格（Dräger）装置（中），带换气器的救生衣求生。类似潜水员使用的换气器滤掉呼出空气中的二氧化碳，补充新鲜氧气。沉没的“U-175”号上的一名幸存者（左上）穿着充了气德尔格救生衣，从吊货网爬上海岸警卫队巡逻艇“威廉·J. 杜安”号（*William J. Duane*）。“U-175”号上的另一名艇员（右上）则被人扶着走在巡逻艇的甲板上。

水下坟墓

IX 型潜艇“U-166”号残骸躺在密西西比河河口以南约 45 英里（约 72 千米）的墨西哥湾水底。据称，它失踪于 1942 年，直到一艘测量船在 2001 年发现了残骸，它的命运才为人所知。下图显示出“U-166”号破碎的前甲板全景和 37 毫米高射炮与指挥塔近景。1942 年 7 月，“U-166”号击沉货轮“罗伯特 · E. 李”号（*Robert E. Lee*），遭到为该轮护航的海军巡逻艇“PC-566”号深水炸弹的攻击。海事考古学家后来证实，“U-166”号艇壳被深水炸弹炸坏。

进攻

1944年6月8日，“D日”两天后，盟军补给和增援在诺曼底登陆。精心策划的欺骗行动转移了德军注意力，帮助盟军成功进军沦陷的法国。

第五章 决战欧洲·谎言与欺骗交织

1943 年 1 月，乔治 · 厄尔（George Earle）海军少校以美国大使馆海军武官的官方身份前往伊斯坦布尔。私底下，他是富兰克林 · 罗斯福派到土耳其的半公开特工。“我对总统负责，”他写道，“只向他一人报告。”厄尔的一举一动都受到德国军事情报局监视，其官员知道他蔑视纳粹并与罗斯福关系密切。1941 年，卸任驻保加利亚大使前不久，厄尔曾在一家夜总会与将保加利亚拉入希特勒一伙的德国人打过架。但到达伊斯坦布尔后不久，希特勒的间谍头子就拜访了这位第三帝国的美国死敌。“我住进奢华的公园酒店（Park Hotel）一周后，一天早上，我的套房外响起轻轻的敲门声。”厄尔回忆，“一个白头发的矮个男子走进房间。他 50 多岁，有一双明亮好奇的眼睛，便装外套一件厚重的大衣。他锁上身后的门。”检查确保窗户都关紧锁好后，神秘的来客礼貌地欠欠身，自称“威廉 · 卡纳里斯海军上将，军事情报局局长”。

卡纳里斯看上去不像从事战时间谍活动这种危险行当的人。他是“一个古怪的小个子，吹长笛，喜欢狗”。厄尔评论说，“他旅行时带着几条达克斯猎犬，预订有双床的酒店房间，一张给狗睡，一张自己睡”。但这个被熟人描述为“苍白而难以捉摸的”人物，正在玩一个大胆而危险的游戏，这个游戏使他站到自己元首的对立面，最终让他被指控为叛国罪。在没有希特勒知情同意的情况下，卡纳里斯到达伊斯坦布尔，试探厄尔能否说服罗斯福放弃最近坚持的无条件投降要求，并提出让德国避免完全失败和被同盟国征服的条款。德军即将输掉至关重要的斯大林格勒战役（Battle of Stalingrad）。卡纳里斯等人暗中反对希特勒这场走下坡路的战争，希望在苏军收复失地并且报复第三帝国之前，与英美单独媾和。这些策划者自认不是叛徒，而是爱国者。他们编织了一张迷惑

假目标

英国士兵抬起谢尔曼（Sherman）坦克假模型。1944 年年初，为了给德国侦察机飞行员一个盟军将渡过多佛海峡，在加莱附近登陆的虚假印象，盟军在海峡附近放置了许多充气橡胶模型，这是其中之一。由英国人控制的双面特工发给德国军事情报局情报官的假情报支持了这次重大欺骗行动。领导军事情报局的威廉·卡纳里斯海军上将（对页）对希特勒的秘密反抗最终浮出水面。

人的网络，希望在希特勒毁灭他们的国家之前困住他。

与厄尔会谈时，卡纳里斯没说出口的是，希特勒将被那些寻求和平的德国人赶下台，因为同盟国绝不会与这个纳粹独裁者达成协议。精明而谨慎的卡纳里斯不公然威胁希特勒，将这种事留给库尔特·冯·莱斯纳（Kurt von Lersner）男爵这样的同谋者，后者在卡纳里斯与厄尔会面后不久，也来到伊斯坦布尔。根据莱斯纳提出的计划，反对柏林政权的德国军官将逮捕希特勒、希姆莱和其他纳粹头子，将他们交给英美。只要英美帮助阻止苏联占领德国领土，他们可以不受抵抗地进入第三帝国。厄尔问到那些纳粹头子的命运时，莱斯纳耸耸肩，回答道："绞死

姓名：威廉·卡纳里斯海军上将
职业：德国间谍首脑
任务：负责军事谍报

他们，随你们的便。我们才不管……为了拒苏联于国门之外，我们会将整个德国战争机器交给你们。”

厄尔将这份不大可行的提议转给了罗斯福，认为它值得一试。“纳粹将被粉碎。”他后来写道，“苏联人将被遏制住，痛苦和流血将结束。”但罗斯福有充足理由拒绝单独和约，那会使英美处于苏联的对立面。后者正承受这场对德战争的正面冲击，逐渐成为令人生畏的军事强国。丘吉尔比罗斯福更厌恶斯大林，连他都将那位苏联领导人及其红军看成不可或缺的盟友，与之对抗很可能是灾难性的。

大事记

1943 年 1 月　苏军赢得斯大林格勒保卫战，大败入侵苏联的德军。

1943 年 4—5 月　英国“肉馅行动”欺骗计划将希特勒的注意力从盟军可能的进攻目标西西里岛引开。

1943 年 7 月　盟军占领西西里岛，失去威信的墨索里尼垮台。

1943 年 11—12 月　罗斯福、丘吉尔和斯大林在德黑兰开会，批准了“霸王行动”（盟军进攻诺曼底的计划）和“保镖行动”（将德军注意力从诺曼底引开的欺骗行动）。

1944 年 6 月　盟军登陆诺曼底，但希特勒受到误导，认为主攻将在加莱一带展开，将大量德军驻守在那里。

1944 年 7 月　克劳斯·冯·施陶芬贝格放在东普鲁士的希特勒司令部的炸弹爆炸，但未能炸死希特勒。

1945 年 4—5 月　希特勒自杀，德国战败。

英美领导人还怀疑希特勒在国内的敌人有没有能力将之推翻，如果他们设法推翻希特勒的统治，能不能相信他们会认输缴械。卡纳里斯等军官现在秘密反对希特勒，但他们战前曾积极支持他恢复德国军力、吞并奥地利及站在独裁者弗朗西斯科·佛朗哥一方干涉西班牙内战。直到希特勒的侵略使德国有了陷入另一场 1918 年导致德国崩溃的战争的风险，他们才开始阴谋反对他。对于纳粹政权恶毒的种族政策和德国军队参与杀害平民，卡纳里斯深感不安。“到最后清算的时候，国防军将为那些在他们鼻子底下实施的暴行承担责任。”他警告说。但他归根到底反对的是希特勒正带领德国走向毁灭。卡纳里斯等阴谋分子希望通过单独求和，为自己的国家保住希特勒上台之前的地位。罗斯福和丘吉尔反对这个结果，因为他们担心，除

被困

德军机枪手困惑的表情道出了斯大林格勒的惨烈战况。希特勒拒绝从那里撤出注定面临失败的部队。

被俘

被苏军包围在斯大林格勒废墟（左）中的德军投降后被押走（下）。一份党卫军秘密报告声称，一些德国人将斯大林格勒的大败看成“毁灭的开端”。那些阴谋反对希特勒的人抓紧努力，要在他将德国引向失败和堕落前将之除掉。

非第三帝国被彻底打败，被占领，重建为一个和平国家，否则德国军国主义也许会像它在一战后那样死灰复燃。

即使没有同盟国保证德国不会因希特勒发起的侵略和暴行而受到报复，国内一些希特勒的反对者也图谋除掉他。亨宁·冯·特雷斯科（Henning von Tresckow）少将参加了德国对苏联那场不幸的侵略，对他来说，除掉希特勒是道德上的必需，因为元首命令手下的指挥官在苏联发动了一场罪恶的“灭绝战争”。特雷斯科在这场野蛮行径开展前告诉一位战友，如果那些命令得到执行，“德国最终将名声扫地。其影响将延续几个世纪，而且承担罪责的不光是希特勒。人人都将有罪，你和我，你我的妻子、孩子”。特雷斯科相信，除掉希特勒将有助减轻他和其他德国人因为充当恶毒元首的帮凶而承担的罪责。1943 年 3 月 13 日，希特勒在德占苏联区视察中央集团军群（Army Group Center）司令部之后，特雷斯科和战友将一颗炸弹安在他的座机上，引爆时间设定为飞机起飞后。炸弹没有爆炸，但阴谋也没被察觉。特雷斯科与其他持不同政见的军官继续暗中反对希特勒。

支持帮助特雷斯科等潜在暗杀者的人包括卡纳里斯的参谋长汉斯·奥斯特（Hans Oster）少将。奥斯特领导着军事情报局内部一个反纳粹的秘密组织。他们以军事情报局为掩护，致力于结束纳粹统治和寻求停火的活动。虽然卡纳里斯避免直接参与刺杀希特勒的图谋，但他知道奥斯特的计划，并默认了将推翻希特勒作为吸引不情不愿的英美进行和谈的手段。但到 1943 年 4 月，他通过伊斯坦布尔的厄尔给罗斯福的提议毫无成效，他单独议和的希望逐渐破灭。与此同时，一名军事情报局特工被捕，并告发了奥斯特及其同伙，盖世太保特工逐渐向其逼近。盖世太保搜查了军事情报局总部，发现奥斯特组织未经授权，就通过梵蒂冈和德国著名新教神学家迪特里希·朋霍费尔（Dietrich Bonhoeffer）向英国发出的和平提议。朋霍费尔公开批评希特勒，并且

有良知的阴谋者

这张照片摄于 1939 年。朋霍费尔是这场战争中最出人意料的阴谋者。这个虔诚的路德教派（Lutheran）神学家、牧师及和平主义者认为自己有帮助推翻希特勒的神圣义务。希特勒上台后，犹太裔路德会教友被禁止担任牧师，不到 30 岁的朋霍费尔对此提出抗议。史称“水晶之夜”（Kristallnacht）的 1938 年 11 月 9 日，他称作“亵渎分子”的纳粹攻击了犹太人的房屋、商店和犹太教堂。此前不久，他说过犹太人是“基督徒兄弟”。不久后，他去了美国，但随着战争临近，他认为自己有义务回到德国。

1940 年，朋霍费尔被禁止公开演讲。他与姐夫汉斯 · 冯 · 多纳尼一起成为军事情报局内部反纳粹秘密小组的成员，利用他在国外的影响力寻求在推翻希特勒后与盟军停火。1942 年，他在瑞典秘密会见圣公会（Anglican）主教乔治 · 贝尔（George Bell），交给后者一份名单，名单上列出了希望除掉希特勒并与同盟国达成协议的德国要人。贝尔将名单透露给英国高层官员，但他们没有向朋霍费尔及其同伴提供支持。朋霍费尔和多纳尼还利用他们的影响力和军事情报局的资金帮助犹太人逃往瑞士，遭到盖世太保特工的调查，两人以阴谋反对希特勒的嫌疑被逮捕。他们经受住拷问，直到 1945 年年初，当局才获得军事情报局内部阴谋的确凿证据，朋霍费尔被判死刑。深信自己通过反对纳粹政权守住了信仰，他坦然走向绞刑架。他“勇敢而沉着”，一名行刑时在场的医生回忆，“我几乎没见过一个人如此完全顺从上帝的旨意，慷慨赴死”。

阴谋反对他。朋霍费尔的姐夫汉斯·冯·多纳尼（Hans von Dohnanyi）是军事情报局军官。4月，两人被关押，多次受到拷打。他们否认阴谋推翻希特勒，但随着调查的深入，奥斯特也被软禁。

卡纳里斯还没有被捕，因为盖世太保尚未掌握其有罪的证据，党卫军头子希姆莱本人也让他们不要逼得太紧。“放过卡纳里斯吧！”希姆莱坚持说。他长期致力于抹黑卡纳里斯，希望吞并军事情报局并将德国所有情报活动置于党卫军组织内，这道命令从他嘴里说出来令人费解。希姆莱留着卡纳里斯，也许是想着如果苏军将德军打回边境，威胁德国时，他可以利用卡纳里斯与英美的联系向西方发出和平试探。又或许他估算，摧毁卡纳里斯对军事情报局控制的最佳方式是让他继续负责，直到希特勒对这位海军上将完全失去信任，将之抛弃。到奥斯特受到怀疑时，卡纳里斯已经因为重大的情报失误而蒙尘，无数军事情报局间谍和破坏分子在美国被捕，以及未能预测到盟军在1942年11月对摩洛哥和阿尔及利亚的进攻。“又一次，”希特勒的国防军司令部参谋长阿尔弗雷德·约德尔（Alfred Jodl）少将抱怨说，“卡纳里斯的轻率和前后不一让我们陷入困境。”1943年7月，盟军利用计策，从北非渡海登陆西西里岛，捣毁了贝尼托·墨索里尼在意大利的据点，卡纳里斯作为间谍头子的名声愈加不堪。盟军的计策让军事情报局和国防军蒙在鼓里，直到登陆发生前不久才弄清盟军会打向哪里。而那又为一场更大的欺骗行动搭好了舞台，这场欺骗的目的是转移希特勒的注意力，从摧毁其帝国的“D日”大规模登陆战方向引开。

欺骗术

进攻西西里岛的代号为“哈士奇行动”（Operation Husky），是有史以来最大规模的两栖登陆作战，唯一超过它的是盟军一年后在诺曼底的登陆。一支庞大的进攻舰队在距西西里岛不到150英里（约240千米）的突尼斯沿海集结。守卫西西里岛的轴心国部队主要是意大利军队，其中许多装备不良，并且因为贝尼托·墨索里尼在巴尔干半岛和北非的军事失败而士气大跌。但他们得到两个顽强的德国师支持，如果希特勒意识到西西里岛是目标，派出大量增援，这场进攻的前景将非常黯淡。出任盟军最高司令的艾森豪威尔将军及其参谋，包括在西西里岛担任作战指挥的英国人哈罗德·亚历山大（Harold Alexander）将军，警告说："如果大量德国地面部队在我们进攻前部署到该地区，成功的机会实际上将等于零，计划应该取消。"

将敌人注意力和兵力从西西里岛附近引向地中海其他目标的艰巨任务，落到英国陆军欺骗大师达德利·克拉克（Dudley Clarke）上校头上。他曾经历一场丑闻，差点毁掉自己没多少成就的军官职业生涯。1941年后期，西班牙警察在马德里逮捕了穿着女装的克拉克。对于警察拍摄到他穿着异性服装，包括首相丘吉尔在内的上级都对此皱起了眉头。如果与军事情报局和盖世太保合作的西班牙当局将他交给德国人审讯，那次被捕将是灾难性的。他掌握的战略秘密包括轴心国指挥官认为存在于北非的众多英国部队，实际是他用丰富的想象力虚构出来的。盟军虚构旅、师和集团军，用双面特工的报告、编造的无线电通信和

伪装能手

1941年，在可能是出了岔子的隐蔽任务中，战略欺骗高手达德利·克拉克上校（最上）穿着女人服装（上）在马德里被捕。军情五处的盖伊·利德尔写到，也许他把自己看成"超级秘密特工"。

从空中侦察机上看似很真实的假坦克、车辆和飞机，让敌人相信确有其事，这个计策就是克拉克提出的。金·菲尔比是二战期间和战后为苏联刺探情报的几名英国情报官之一，克拉克从监狱获释后，他向莫斯科报告说克拉克“指挥着虚构的三个步兵师、一个坦克旅和几个飞机中队。因此从情报角度看，他的地位非常重要”。

克拉克为什么要进行如此显眼的伪装，以至于西班牙警察以有伤风化罪名逮捕他，这一点尚不清楚。英国当局总结说：“出于一个明确目标，他采取了一次鲁莽和误判的行动，为此事先排练过他的角色……我们有理由认为，这次冒险及其后果的打击足以让他在不久的将来谨慎行事。”克拉克回报了给他第二次机会的上级，继续娴熟地指挥他在北非的欺骗机构 A 部队（A Force）。1943 年春，他起草了计划，假装准备对地中海的其他目标发起两场攻击，掩护即将到来的西西里岛登陆。其中一场以假想的英国驻埃及第 12 集团军进攻德国占领的克里特岛和希腊，另一场针对撒丁岛。撒丁岛虽然比西西里岛距离突尼斯更远，但也近到足以成为进攻舰队的潜在目标，舰队的集结不可能瞒过敌人。

实施欺骗行动时，克拉克偏爱向对手提供大量假线索。这些线索单独来看，似乎无关紧要，但合起来，它们满足了轴心国情报官解开一条复杂谜语的需求，实际上却将他们引向了错误结论。他知道，间谍头子在得到敌方意图的明显证据时会变得很警惕。克拉克不相信那些野心勃勃的计策，因为可能会引起怀疑，因此在请他批准有史以来最大胆、最富于想象力的代号“肉馅行动”的欺骗计划时，他最初持怀疑态度。

“肉馅行动”的灵感来自一场事故。1942 年 9 月底，英国皇家空军一架卡特琳娜（Catalina）水上飞机在西班牙南部沿海的风暴中坠毁，七名机组人员和三名乘客全部丧生。西班牙当局从海上打捞尸体，其中一名乘客是皇家海军参谋军官，随身带着一封写有“火炬行动”计划的信，这场进攻法属北非的行动于六周后开始。另一名乘客是戴高乐手下的军官，公文包里的文件显示他是自由法国驻北非的间谍。如果驻西班牙的德国特工得到这类情报，结果将是灾难性的。很快，海军参谋的尸体被归还英国，英国人确认那封重要信件还在他衣服内，没被打开。布莱奇利庄园的密码破译员正在破译驻西班牙的军事情报局军官发给上级的信息，"超级机密"破译情报证实了那个结论，但还揭示，西班牙当局将那名法国军官公文包里的文件分享给了军事情报局。皇家空军上尉查尔斯 · 乔姆利（Charles Cholmondeley）得知此事，想到如果一具身着英国信使服装的尸体带着官方文件，被冲到西班牙海岸，西班牙官员很有可能会将文件透露给德国人。而那些文件的目的却是将对方注意力从对西西里岛的进攻上引开。

> "欺骗的赌注下得太高是个错误。"
> ——达德利 · 克拉克上校

乔姆利在约翰 · 马斯特曼的双十字委员会任职，对欺骗很熟悉，双十字委员会监督军情五处的双面间谍行动，决定双面间谍可以将哪些准确细节透露给德国来提高误导报告的可信度。当他向委员会提出自己的想法时，委员会另一个成员，海军情报处的埃文 · 蒙塔古（Ewen Montagu）海军少校欣然接受。蒙塔古军阶比乔姆利高，而且是个很有说服力的律师，这一点在他们为"肉馅行动"先后寻求约翰 · 贝文（John Bevan）上校和达德利 · 克拉克的批准时成为关键。贝文是伦敦控制委员会（Controlling Section）负责人，该委员会监督英国的所有战略欺骗行动。提交给克拉克的计划，要求在死亡信使的文件里加一封由一位英国高级指挥官写给另一位的信，它将引起希特勒及其参谋长官的注意，将他们的注意力转移到西西里岛以外的目标上。那个方法太大胆，太直接，不合克拉克的脾气。他告诉贝文："欺骗的赌注下得太高是个

> "他可以带回点沙丁鱼——它们在这里要'凭分购买'！"
> ——埃文 · 蒙塔古海军少校写在路易斯 · 蒙巴顿勋爵签署的一封信上的话

直布罗陀要塞的秘密世界

直布罗陀俯瞰通向地中海的狭窄入口，是英国在西班牙南端的战略要塞。二战期间，它是频繁出现冲突、阴谋和诡计的发源地。高高耸立的直布罗陀岩（Rock of Gibraltar）上排满大炮，内藏逾 30 英里（约 48 千米）的地道，庇护着 1.5 万名士兵不受轰炸和空袭。它不仅是军事要塞，还是轴心国控制区的重要情报中心。在西班牙独裁者弗朗西斯科 · 佛朗哥开始疏远希特勒及维希法国控制的北非于 1942 年后期落入盟军之手前，其周边地区一直是轴心国势力范围。入侵苏联前，希特勒计划派德国部队进入西班牙，占领直布罗陀。佛朗哥没有同意，部分原因在于卡纳里斯海军上将告诉佛朗哥，希特勒不再打算入侵英国，如果佛朗哥向希特勒让步，而德军又陷入苏联泥潭，英国也许会成为西班牙的强敌。卡纳里斯海军上将曾帮助佛朗哥赢得西班牙内战，这样说也许只是作为佛朗哥的朋友，或者作为希特勒的草率侵略行径的反对者。他希望为德国保留与英国达成妥协的选项。

与此同时，丘吉尔为直布罗陀买了一份重大保险，秘密将 1000 万美元存入一家瑞士银行的纽约分行，供佛朗哥高层指挥官使用。其中某个高官承诺，如果德军进入，西班牙人将与他们作战。英国人无法确认那一点，因此英国海军情报处长约翰 · 戈德弗雷海军上将批准了“追踪者行动”（Operation Tracer）。根据计划，如果不得不撤离该堡垒，六名哨兵将封闭在直布罗陀岩内的洞穴里。他们可以通过缝隙观察海面，用电台报告敌方船只，但进出洞穴的路被封死，洞里的人只能用储存的给养维生，通过踩一辆自行车发电。这个所谓的“留守洞”（Stay Behind Cave）充当了截收和破译德国、意大利和西班牙无线电报的通信情报站，虽然挖了出来，但从未有人住过，因为盟军保持着对直布罗陀的控制。直布罗陀的防守者不断遭到轴心国空袭和海军突袭，还受到西班牙人破坏，后者认为直布罗陀岩合法地属于他们。1943 年，英国情报官戴维 · 谢尔（David Scherr）成功消除了西班牙人的威胁。他策反了几名对佛朗哥不满的特工，让这些双面特工去监视破坏分子，使谢尔得以挫败破坏分子的计划。

英国岩

直布罗陀岩耸立在一座英国及同盟国机场上方。二战期间，这座机场和那里的海军基地一样经常遭到攻击。守军可以在岩石内的坑道里（左）坚守，但如果德军从陆路经西班牙持续进攻，几乎可以确定将会摧毁要塞。

设计师

皇家空军上尉查尔斯·乔姆利想出将文件放在尸体上来欺骗德国人的主意，这就是“肉馅行动”的做法。

开发者

海军情报处的埃文·蒙塔古海军少校与乔姆利完善了“肉馅行动”计划，帮助这次危险的行动获得高层批准。

错误。”但蒙塔古和贝文坚持要求，克拉克改变了主意，他总结说，淡化像西西里岛这样明显的目标，需要以“德国战争机器最深层的圈子”为目标的大胆计划，它将利用希特勒的恐惧，包括盟军可能对巴尔干半岛发起攻击的威胁。那里的德军已经遭到游击队进攻。

得到批准后，蒙塔古和贝文编造了伦敦的大英帝国总参谋部（Imperial General Staff）副总参谋长阿奇博尔德·奈（Archibald Nye）中将给驻突尼斯的亚历山大将军的信。奈本人给这封信做了最后的加工：“我们得到的最新信息是，德国人正在加强在希腊和克里特岛的防守。”对此，他补充道，总参谋部决定增兵支援盟军，即将对那里发动进攻。所谓进攻只是个故事，意在于“哈士奇行动”展开之际，将德军困在地中海东部。信上还称，盟军将对西西里岛发起“猛烈空袭”，以此掩盖对西地中海另一个目标的进攻。然而实际上，那是盟军登陆前的空袭。“我们有很大机会让他（敌人）认为我们将进攻西西里岛，”奈在信中告诉亚历山大，“那个目标很明显，而且他肯定很紧张。”

奈在信中没提到那个声称要打击的真正目标，但蒙塔古编造了联合作战（Combined Operations）司令路易斯·蒙巴顿（Louis Mountbatten）勋爵写给“哈士奇行动”海军司令安德鲁·坎宁安

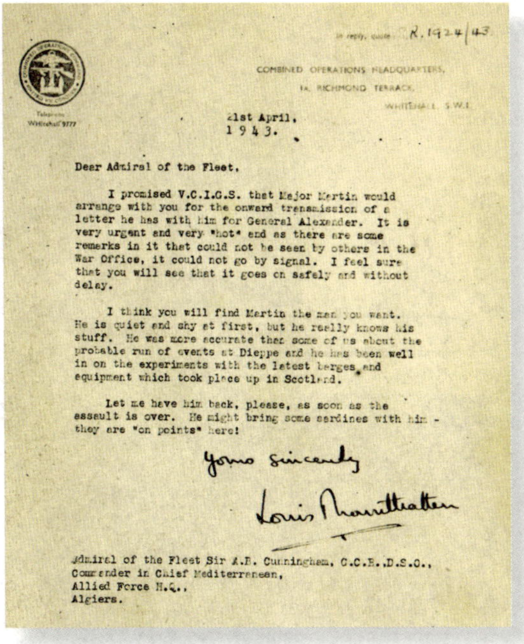

In reply, quote R.1924/43

COMBINED OPERATIONS HEADQUARTERS,
1A, RICHMOND TERRACE,
WHITEHALL, S.W.1.

Telephone
Whitehall 9777

21st April,
1943.

Dear Admiral of the Fleet,

I promised V.C.I.G.S. that Major Martin would arrange with you for the onward transmission of a letter he has with him for General Alexander. It is very urgent and very "hot" and as there are some remarks in it that could not be seen by others in the War Office, it could not go by signal. I feel sure that you will see that it goes on safely and without delay.

I think you will find Martin the man you want. He is quiet and shy at first, but he really knows his stuff. He was more accurate than some of us about the probable run of events at Dieppe and he has been well in on the experiments with the latest barges and equipment which took place up in Scotland.

Let me have him back, please, as soon as the assault is over. He might bring some sardines with him - they are "on points" here!

Yours sincerely

Louis Mountbatten

Admiral of the Fleet Sir A.B. Cunningham, G.C.B.,D.S.O.,
Commander in Chief Mediterranean,
Allied Force H.Q.,
Algiers.

死人的欺骗

用蒙巴顿司令部的正式信纸打印的这封信将“肉馅行动”中的尸体称为威廉·马丁少校。他携带的文件意在向德国人暗示，（正在准备进攻西西里岛的）盟军可能在其他地方登陆。

海军上将的一封附信，信中提到一个模糊的暗示。该附信介绍，带着“肉馅行动”文件的假信使是皇家海军陆战队的威廉 · 马丁（William Martin）少校，请坎宁安安排“继续传递他带给亚历山大将军的信”。蒙巴顿签署了给坎宁安的信，信上最后要求“进攻一结束”，就打发马丁返回伦敦总部，“他可以带回点沙丁鱼——它们在这里要‘凭分购买’！”蒙塔古相信，“沙丁鱼”（在英国凭配给购买）将被解读成意指对撒丁岛发起进攻，认为德国人会喜欢这个笑话。

与此同时，一名当地验尸官已经帮伦敦的欺骗组弄到冒充马丁少校的尸体。尸体是 34 岁的威尔士人格林杜尔 · 迈克尔（Glyndwr Michael），他在经历落魄潦倒后与近亲失去联系，吃毒鼠药自杀后没人来认尸。一位著名病理学家认为，如果西班牙当局在海上捞出尸体后进行尸检，他们只能看出是溺水身亡。乔姆利等人着手为马丁少校准备了

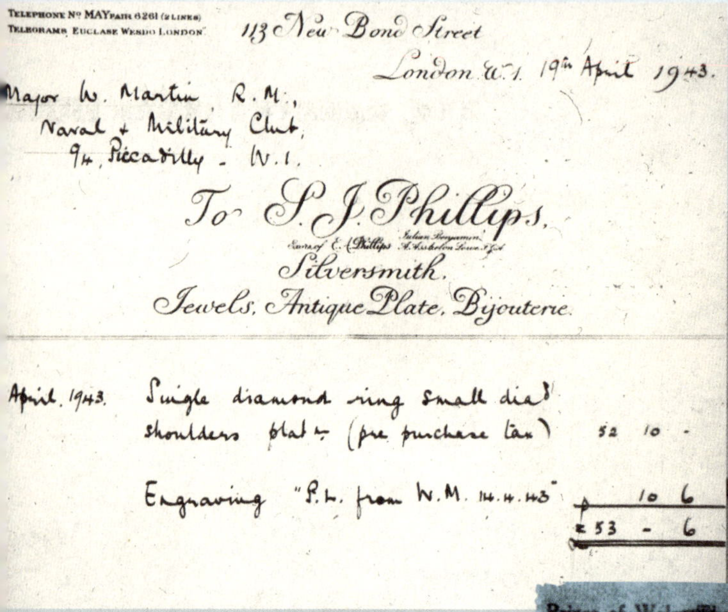
TELEPHONE Nº MAYFAIR 6261 (2 LINES)
TELEGRAMS EUCLASE WESDO LONDON

113 New Bond Street
London W.1. 19th April 1943.

Major W. Martin R.M.,
Naval + Military Club,
94, Piccadilly - W.1.

To S. J. Phillips.
Silversmith.
Jewels, Antique Plate, Bijouterie.

April 1943. Single diamond ring small dia'd shoulders plat'm (pre purchase tax) 52 10 -
Engraving "P.L. from W.M. 14.4.43" 10 6
£53 - 6

私人物品

为了让“马丁少校”看上去更可信，“肉馅行动”团队在他身上放了一张为未婚妻帕姆（上右）购买订婚戒指的账单（上），及4月22日，他死于坠机和尸体被冲到西班牙海岸前不久，两人观看一场表演的两张入场券存根（右）。

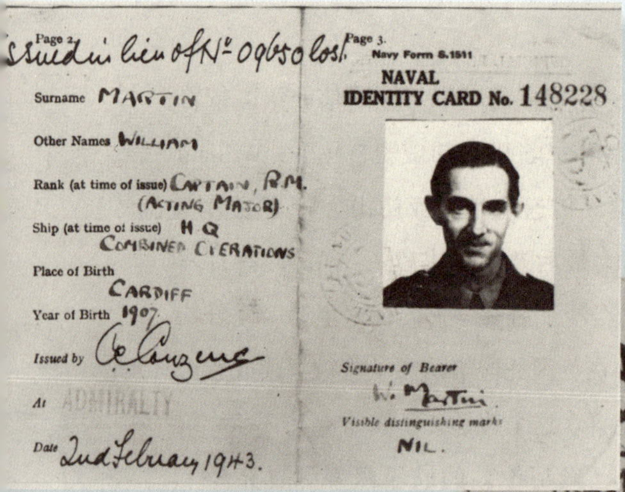
Page 2. Issued in lieu of Nº 09650 lost.
Surname MARTIN
Other Names WILLIAM
Rank (at time of issue) CAPTAIN, R.M. (ACTING MAJOR)
Ship (at time of issue) H.Q. COMBINED OPERATIONS
Place of Birth CARDIFF
Year of Birth 1907
Issued by
At ADMIRALTY
Date 2nd February 1943.

Page 3.
Navy Form S.1511
NAVAL
IDENTITY CARD No. 148228
Signature of Bearer W. Martin
Visible distinguishing marks NIL.

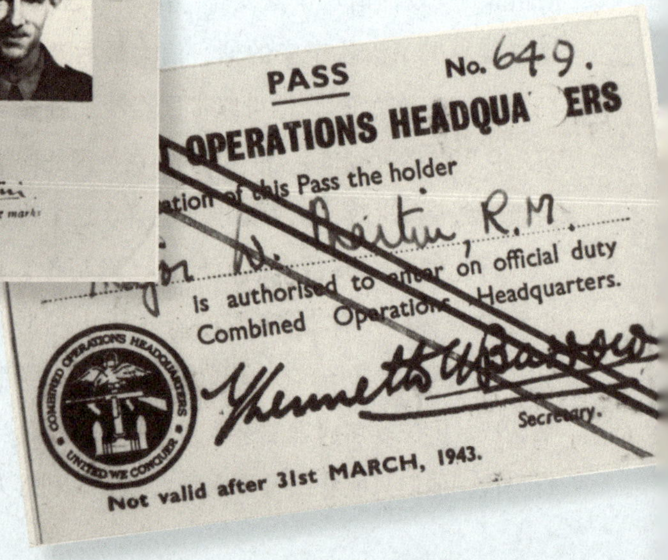
PASS No. 649.
OPERATIONS HEADQUARTERS
...ation of this Pass the holder
Major W. Martin, R.M.
is authorised to enter on official duty
Combined Operations Headquarters.
Secretary.
Not valid after 31st MARCH, 1943.

身份证明

“马丁少校”的皇家海军陆战队身份牌上贴着长相酷似已故格林杜尔·迈克尔的情报官的照片，这次欺骗行动使用了迈克尔的尸体。“马丁少校”还带了一张进出蒙巴顿司令部的通行证。因为他太忙，没时间更新，通行证已经过期。

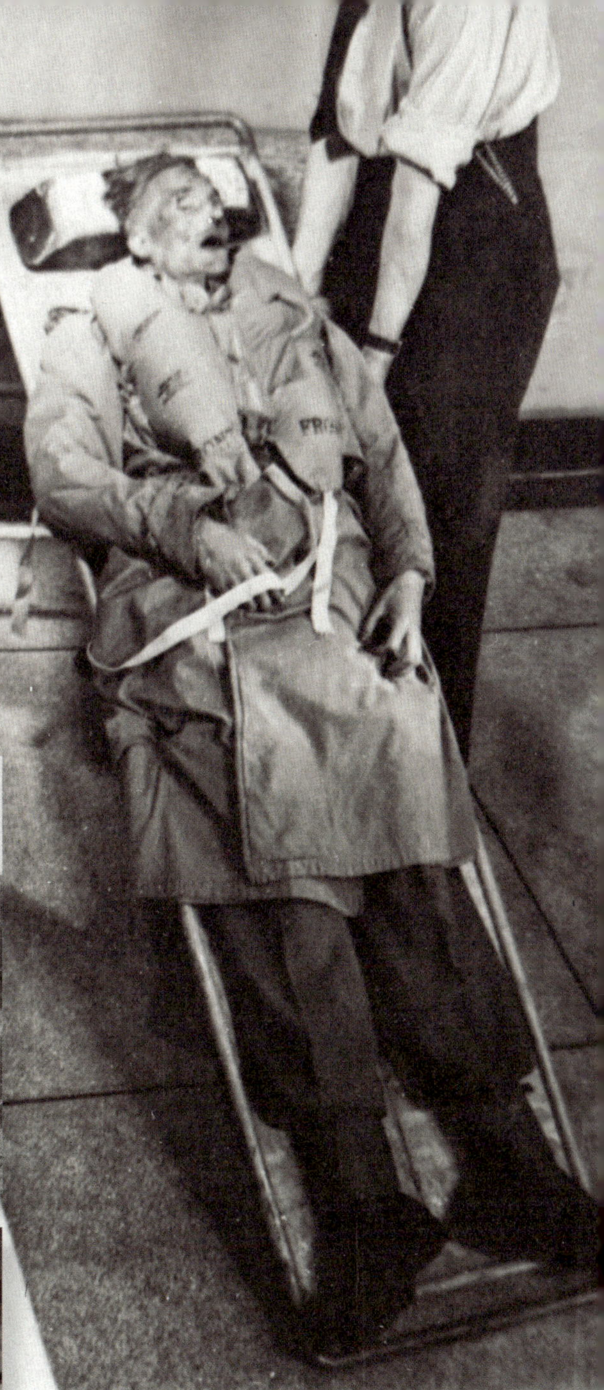

殡仪人员

格林杜尔·迈克尔的尸体穿着“马丁少校”的制服，套着救生衣（上），装在一个大圆桶（左）里的干冰上，被抬上汽车（中）。蒙塔古（中右）和乔姆利（中左）护送它从伦敦的一间停尸房到苏格兰的海军基地。接着一艘潜艇将圆桶运到西班牙沿海，丢出尸体，让其漂到岸边。西班牙当局接管了死去的“马丁少校”，将系在腕上的公文包里的文件透露给德国。

身份证、制服和来自“未婚妻帕姆”的情书等个人物品，此时迈克尔的尸体被冷冻起来防腐。维多利亚·“帕迪”·里兹代尔（Victoire “Paddy” Ridsdale）是蒙塔古在海军情报处的同事伊恩·弗莱明的助手，可能是詹姆斯·邦德的秘书莫尼彭尼小姐的原型。她后来声称是她伪造了那些辛酸的信。其中一封信末尾写道：“亲爱的比尔，一旦你安定下来，可以做更多计划的时候，一定要告诉我。请别让他们派你出海，他们现在总是这样，太可怕了。现在我们已在茫茫人海中相遇，别以为我能承受分离。”

为想象的少校穿衣服时，帕姆的信和个人物品被塞进外套和口袋里。除此之外，关键的欺骗信件锁在拴在他身上的公文包里，可以防止其在尸体由潜艇丢到西班牙沿海后被冲走，同时进入西班牙当局视线。启发了“肉馅行动”的 1942 年那次事件表明，尸体身上的文件也许不一定会被拿出来检查，因为那样需要处理一具腐烂的尸体，但是公文包内的物品很可能会受到检查并透露给德国特工。4 月中旬，行动得到丘吉尔首相和艾森豪威尔将军的最后批准。丘吉尔喜好欺骗，毫不在意敌人可能看穿这场精心策划阴谋的风险。乔姆利和蒙塔古帮助装扮了尸体。这是份脏活，需要用电加热器给尸体冻住的双脚解冻，直到它们软到可以套上少校的靴子。尸体接着包在干冰里，用“六翼天使”号潜艇运到西班牙韦尔瓦港（Huelva）视线所及处。尸体上套了一件充气救生衣，浮在水面，暗示马丁是飞机坠毁后被淹死的。4 月 30 日拂晓前不久，尸体被扔到海里，与此同时，潜艇艇长读了一段恰当的圣诗：“看到不洁之事，我会闭上嘴，如同套上笼头。我守口如瓶，什么也不说。”

同一天，一个渔民发现了漂浮在韦尔瓦港外的尸体，西班牙海军将之扣留。这是那些策划者希望避免的结果，因为西班牙海军军官同情英国，或许不会将发现告诉德国。系在死去“少校”尸体上的公文包被发现后不久，一名海军军官礼貌地提出将它交给英国驻韦尔瓦副领事弗朗西斯·哈兹尔登（Francis Haselden），这场计谋差点破产。哈兹尔登事

人体鱼雷

1943 年 1 月初，盟军进攻西西里岛前六个月，英国蛙人操作名为“战车”（Chariots，下）的鱼雷潜艇，对西西里岛巴勒莫港的意大利船只发起隐蔽攻击。“战车”是为应对意大利海军设计的一种名为“猪”（Maiale）的秘密武器而开发的。对那种难以驾驭的人体鱼雷，“猪”是个恰如其分的名字。从 1941 年开始，一些意大利二人小组戴着水下呼吸器，坐在“猪”上，对停泊在直布罗陀、亚历山大和其他地中海港口的英国船只发起攻击。他们在夜间从水面驶近，距目标不远时下潜，接着从鱼雷上放下一颗水下爆破弹，让它靠磁性吸在船的铁壳上，定时到让二人组在爆炸前来得及逃脱。英国“战车”的设计类似，使用了潜艇上类似注水让艇下沉的浮箱。五个二人组参加了对巴勒莫的袭击，击沉一艘意大利巡洋舰，重创一艘运兵船。一个蛙人在“战车”倾覆时牺牲，另有七人被俘。虽然人体鱼雷伴随着很大风险，但德军和日军依然在开发部署其他型号。日本的“回天”（Kaiten）鱼雷是一种自杀式武器，操作员驾驶它冲向船体，鱼雷在接触时爆炸。

海军“战车”

这种二人操作的小艇用潜艇投放，携带一颗用于炸沉船只的分离式水下爆破弹。

先知晓“肉馅行动”的情况，感谢了西班牙军官的好心提议，但建议他先保管公文包，直到自己与上级确认过，不然上级也许会责怪自己擅自处理马丁的个人物品。这个计策奏效了。公文包内物品经西班牙指挥系统上达弗朗西斯科 · 佛朗哥之后，它们才被归还英国人。佛朗哥下令将拍摄的副本交给德国军事情报局。5 月 14 日，“超级机密”破译了一封给地中海德军指挥官的电报，其中包含奈给亚历山大的信中假定对希腊攻击的细节，声称它们出自“一个绝对可靠的来源”。正在华盛顿与罗斯福会谈的丘吉尔收到一封让他兴奋的电报 ：“肉馅被恰当的人连钓竿、线和铅锤一起吞下。据我们所知，他们似乎在据此行动。”

不愿整个吞下肉馅的纳粹头子是擅长谎言和欺骗的宣传部长约瑟夫 · 戈培尔。他问卡纳里斯海军上将，奈给亚历山大这封“透露太多”的信是否有可能“只是个骗局”。卡纳里斯保证它是真的，希特勒同样上了当。墨索里尼一直担心对西西里岛的潜在进攻，但希特勒在 5 月中旬召开的会议正式记录 ：“元首不同意领袖关于可能性最大的进攻地点是西西里岛的说法。”希特勒根据马丁少校携带的文件得出结论 ：“计划中的攻击将主要针对撒丁岛和（希腊最南端的）伯罗奔尼撒半岛。”根据那个判断，他命令第 1 装甲师（1st Panzer Division）从法国调到希腊。如果他不这样做，而是将装甲师派到西西里岛，也许会让艾森豪威尔犹豫一下，给那场进攻的前景蒙上阴影。

6 月下旬，指向进攻西西里岛的证据已经非常明显，但希特勒来不及重新部署。到 7 月 10 日进攻打响时，岛上的两个德国师不足以防止意大利部队垮台，那些没被歼灭或被俘的轴心国军队很快从西西里岛撤到意大利大陆。墨索里尼因这场大败脸面丢尽，被赶下台，他的继任者开始与同盟国秘密和谈。在一个从未存在过的马丁少校和那些创造他的天才帮助下，纳粹德国和法西斯意大利自吹自擂的《钢铁条约》（Pact of Steel）支离破碎。

战时的战略情报局

第一批部队登陆西西里岛后不久，60 岁的战略情报局局长威廉 · 多诺万也跻身登岛官兵行列。现为准将军衔的多诺万一直想参加战斗。一名上尉护送他乘吉普车向内陆前进时，发现了一支意大利巡逻队，多诺万抓起冲锋枪就开火。“他单枪匹马打跑了意大利人，”上尉回忆说，“他快活极了。”然而，那份快乐很快消退，为了避免打草惊蛇，多诺万没有获批在盟军部队登陆前将战略情报局特工渗透进西西里岛。第一支战略情报局队伍直到进攻开

“在欧洲或非洲以所谓突击队袭击方式与德国部队作战的所有人都应该被消灭。没有例外。”

——希特勒关于突击队的指令，导致一些穿着军装行动的战略情报局特工被处决

登陆西西里岛

1943 年 7 月 10 日，第一批盟军部队在西西里岛登陆后不久，英国士兵列队从一艘登陆艇上卸补给。登陆西西里岛标志着战略情报局在欧洲军事行动的开始。

弗兰克·蒙泰莱奥内
OSS
少校阿奇
GSI
理查德·凯利上尉
OSS
蒂埃尔上校
OSS
梅特兰上校
第 27 枪骑兵队
维克多·哈雷特维克上尉
PPA

盟军特工

这张照片摄于意大利卡塞塔的盟军司令部，照片上是一些在意大利北部的德军战线后行动的特工，包括战略情报局（OSS）海上部队的理查德·凯利（Richard Kelly）上尉、附属驻意大利第8集团军的战略情报局军官和英国通用情报处（General Service Intelligence，GSI）与波普斯基秘密部队（Popski's Private Army，PPA）的成员。最右是一个投向盟军的意大利军官。战略情报局海上部队经海上渗透到轴心国区域，波普斯基秘密部队则是弗拉基米尔·佩尼科夫（Vladimir Peniakoff，化名波普斯基）在北非组织的英国特种部队。

强夺墨索里尼

学生时期，奥地利出生的奥托·斯科尔兹内（右）在维也纳的一场斗殴中，左颊留下一道明显的伤疤。他后来加入党卫军部队，在苏联的战斗中获得铁十字勋章。1943 年，他开始接掌德军突击队，当年 9 月被希特勒派往意大利营救被关押的墨索里尼（下）。图为墨索里尼走向一架飞机，斯科尔兹内用这架飞机将其带到德国。他继续为元首指挥其他秘密行动，墨索里尼则作为希特勒的傀儡回到意大利北部，最终被意大利游击队抓获，于 1945 年 4 月被处决。

始三天后才上岛。这支队伍由美籍西西里人组成，由他们的同胞比亚吉奥·马克斯·科尔沃（Biagio Max Corvo）少校领导，因为到达太晚，只能做些审讯意大利战俘的工作。

1943 年 9 月，当英美部队准备从西西里岛向意大利大陆进军时，多诺万再一次被禁止在部队之前派出特工。但科尔沃和其他战略情报局军官很快深度参与了意大利的秘密行动，包括撒丁岛在内。撒丁岛上的德军数量大大少于意大利部队。9 月 8 日，盟军在意大利萨莱诺（Salerno）登陆前一天，墨索里尼继任者彼得罗·巴多格利奥（Pietro Badoglio）元帅向盟军投降，大部分意大利军队失去了战斗动力，但一些意大利部队是法西斯党忠实成员，不愿放弃轴心国事业。52 岁的谢尔盖·奥博连斯基（Serge Obolensky）是俄国贵族，后逃到美国，多诺万让他伞降到撒丁岛，说服那里的意大利指挥官倒戈反对德国人。“将军，我不会说意大利语。”奥博连斯基反对道。“我知道你可以做到。”多诺万回答。他有鼓励手下接受艰巨任务的特殊才能。

9 月 13 日夜，奥博连斯基作为四人行动组的首领登上撒丁岛。行动组是战略情报局单位，成员穿着美国军装执行突击队任务。他带了意大利裔美国人迈克尔·福尔米凯利（Michael Formichelli）中尉担任译员和两名信号员。二人躲藏起来，奥博连斯基和福尔米凯利徒步 15 英里（约 24 千米），来到撒丁区首府卡利亚里（Cagliari），要求震惊的警察带他们去见岛上的司令官安东尼奥·巴索（Antonio Basso）中将。按奥博连斯基的叙述：“我告诉将军，盟军司令部希望他不断向德军施压，在他们撤离过程中尝试以各种方式将其摧毁。我还告诉他，为了那个目标，我们可以派给他一些特种部队。”巴索答道会尽力“将德军赶出撒丁岛”，但不希望盟军派遣突击队员，因为同情德国的意大利部队也许会与他们产生冲突。“除了一两次与德军

> “我知道我的朋友阿道夫不会抛弃我。”
> ——墨索里尼被斯科尔兹内救出时说

的小冲突外，”奥博连斯基说，“意大利部队从未真正与德军交火，只是在德国人撤出一个地方后开过来。”他无法说服巴索向前轴心国伙伴开战，但他向将军施加了足够压力，确保将军催促德军离开，让撒丁岛向盟军投降。

战略情报局队伍还帮助抵抗战士解放了撒丁岛以北的法国科西嘉岛，将之用作向意大利大陆发起袭击的基地。巴多格利奥投降后，希特勒下令部队占领了意大利。即使穿着军装，所有渗透进德占区的战略情报局特工都冒着被捕后被当作间谍处决的危险。1942 年 10 月，希特勒曾下令，从那时起，“在欧洲或非洲以所谓突击队袭击方式与德国部队作战的所有人都应该被消灭。没有例外。不管他们是穿着军装的士兵还是破坏分子，是否携带武器，是在战斗还是企图逃跑，都应据此命令执行”。他为那条命令辩护，声称盟军突击队员正以一种“尤为残忍和隐蔽的方式”行事，正在屠杀“可能会妨碍他们的非武装俘虏”。

实际上，无数盟军战俘被轴心国部队杀害或在战俘营死于疏于照顾，与此相比，盟军突击队员打死的俘虏可以忽略不计。虽然公开表明了对敌军突击队员的不屑，希特勒私下里却羡慕他们的功绩，给残忍的武装党卫军突击队头子奥托 · 斯科尔兹内上尉布置了几次秘密任务。墨索里尼被意大利当局逮捕后，关在意大利中部一处山腰的偏僻酒店。不久后，希特勒派斯科尔兹内营救他。9 月 12 日，斯科尔兹内的特种部队乘滑翔机迫降在酒店附近，打败了看守的卫兵，救出倒台的独裁者。“元首派我来解救你！”斯科尔兹内告诉惊讶的墨索里尼。后者答道：“我知道我的朋友阿道夫不会抛弃我。”墨索里尼和斯科尔兹内挤进一架小飞机，飞到柏林。希特勒拥抱了老盟友，打发他到德国占领的意大利北部充当法西斯傀儡。斯科尔兹内因这次功劳晋升为少校。

随着盟军顶着德军的激烈抵抗，从意大利南部缓慢而艰难地向罗马进军，多诺万获准先于大部队部署战略情报局特工充当间谍和破坏者。1944 年 3 月下旬，文森特·拉索（Vincent Russo）中尉领导由 15 名意大利裔美国人组成的战略情报局行动组，乘木筏在意大利西北沿海登陆。他们带了 650 磅（约 295 千克）炸药，计划炸毁一条铁路隧道，流向罗马一带德军的补给和增援经过该隧道。拉索的人马躲在一间谷仓里策划袭击。当地法西斯分子发现了他们，叫来德军。一阵交火过后，拉索和几名士兵负伤，这些战略情报局突击队员投降。3 月 26 日，安东·多斯特勒（Anton Dostler）驳回手下反对杀害俘虏的异议，坚持处死了所有战士。多斯特勒辩称他是执行希特勒和驻意大利德军总司令阿尔贝特·凯塞林（Albert Kesselring）元帅的命令，这个借口未能让他免于后来被同盟国军事法庭确定为战争罪犯，得到了与他给予突击队员的相同判决与行刑队枪决。

其他意大利裔美国人组成的战略情报局行动组则获得成功。他们切断敌军补给线，将武器运送给与德军作战的游击队。1944 年 6 月初，德军放弃罗马，退向阿尔卑斯山。曾协助夺取撒丁岛的福尔米凯利中尉领导一支队伍向意大利北部城市帕尔玛一带的游击队提供武装，训练他们从事破坏活动和游击战。福尔米凯利报告，在五个月里，他协助的游击队破坏了两火车的军火和 13 座桥梁，打死、打伤或俘获近 3000 名德军。随着战争临近结束，德军在意大利的抵抗失败，墨索里尼本人也死在游击队手里。

战略情报局特工还渗透进欧洲其他几个沦陷国，包括希腊和南斯拉夫，但还是在法国最为活跃。1943 年年中，他们首次潜入法国，当时盟军指挥官开始计划于 1944 年对法国发起大规模进攻。28 岁的亨利·海德（Henry Hyde）是美国律师，出生在巴黎，在阿尔及尔加入战略情报局。他在北非招募法国流亡者，派他们回国刺探德军。海德自己没飞机可用，但发起代号为“自行车行动”（Operation Penny Farthing）

处决

1944 年 3 月，15 名战略情报局特工身着军装在德军战线后作战时被俘，被安东·多斯特勒将军处死。1945 年 12 月 1 日，美国军事法庭判处安东·多斯特勒死刑，图为其枪决前被绑到柱子上。多斯特勒声称自己是执行上级命令，包括希特勒的那条要求处死抓获的所有突击队人员，不管他们是否穿着军装的指令。法庭驳回了他的抗辩。

解放之路

一张图表列出了战略情报局对法国解放的贡献，包括“D 日”前后和盟军 1944 年 8 月在法国南部登陆前后，他们发起的行动（下）。战略情报局的许多行动是与法国游击队和其他抵抗德国占领者的法国人一起进行的。这张发布于 1944 年的伦敦海报歌颂了这些人，海报引用了戴高乐的名言“法国抵抗运动的火焰”绝不会熄灭。

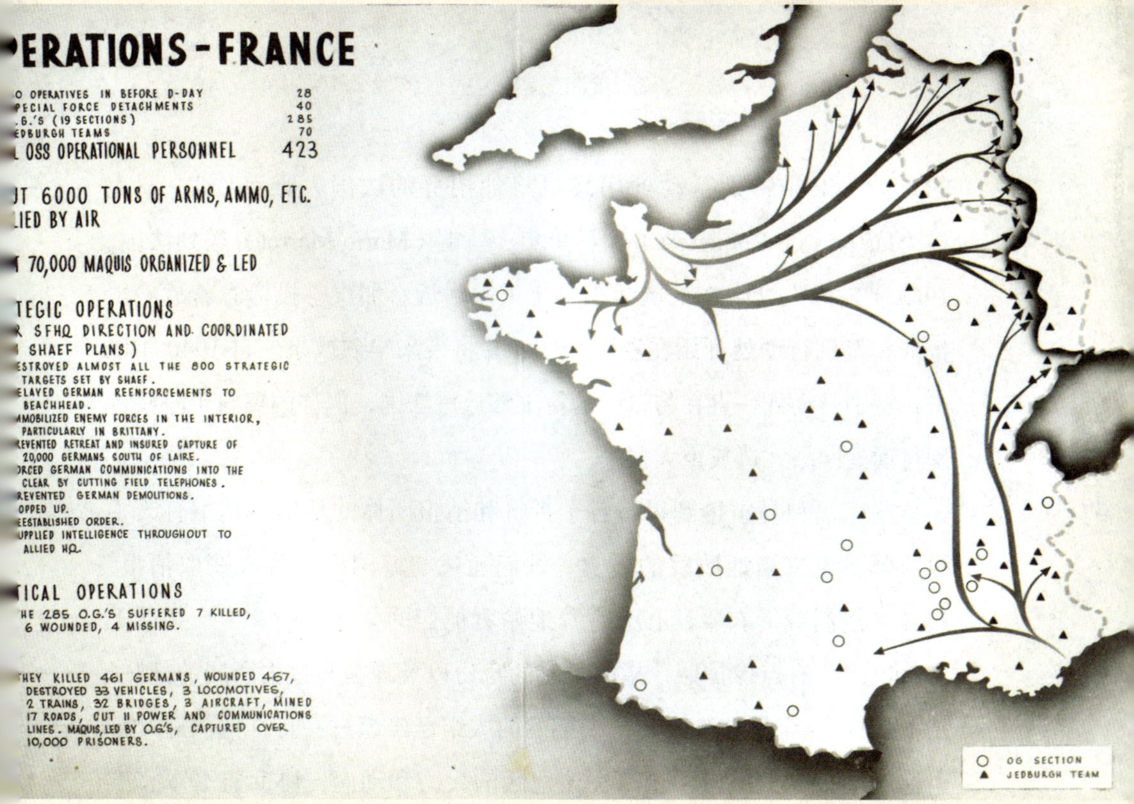

特工素描

这是代号“迪亚娜·埃克莱”（Diane Heckler）的战略情报局特工、37岁的弗吉尼亚·霍尔的素描，由代号“阿拉米”（Aramis）的特工战友彼得·哈拉特（Peter Harratt）绘制。1944年3月，他们乘船潜入德军占领下的法国。这幅画之后不久，她把头发染成灰色，伪装成一个法国老农妇。这让她在帮助武装法国游击队员时躲过盖世太保。

的计划，安排特别行动处用飞机将他招募的法国人雅克·德·罗克福（Jacques de Roquefort）和马里奥·马雷（Mario Marret）送到法国。1943年，两人伞降在抵抗活动热土里昂附近。那次空投标志着战略情报局和特别行动处开始在法国合作，并将带来丰硕成果。自1940年以来，特别行动处一直在将自己的特工渗透进法国，但德国捣毁了一些特别行动处网络，造成重大损失。

罗克福和马雷得到里昂各个抵抗和情报团体的帮助，其中有天主教牧师，也有当地妓院的妓女。她们通过与德国士兵聊天获取情报，或者等他们脱下衣服，心无旁骛地偷看他们的“soldbuch”（士兵证），“soldbuch”有点像护照，指明士兵的身份以及现在和过去所属的部队。到1944年，海德在法国南部安插的两人组已经超过一打，他们通过密电递交的报告，透露了德军在该地区的兵力和动向，协助盟军军官准

> “那个瘸腿女人是同盟国在法国最危险的特工之一。”
>
> ——一名盖世太保军官这样形容战略情报局特工弗吉尼亚·霍尔

备对法国第二阶段的进攻——继“D 日”诺曼底大规模登陆后，在地中海沿岸的又一次两栖进攻。与此同时，战略情报局在法国的其他特工也在组织和装备抵抗团体，准备“D 日”之前的袭击和“D 日”这天开始的反德武装起义。多诺万的机构现在有美国陆军航空队第 801 轰炸机大队（801st Bombardment Group）的支持。该大队飞行员被称作“投机分子”（Carpetbagger），因为他们驾驶的 B–24 轰炸机原来用于低空反潜作战，现在改装用作向法国沦陷区空投武器和特工。为了这类任务，B–24 机腹的球形炮塔被名为“乔洞”（Joe hole）的舱门代替。“乔”（使用较多的男名，代指男性）就从这个洞里跳下去，伞降到敌占区。

战略情报局既有“乔”，也有“简”，即隐蔽工作的女特工，其中抵抗纳粹冒风险最大的莫过于弗吉尼亚·霍尔。1906 年，她在马里兰州出生，后在欧洲接受教育，在那里掌握了法语等语言。1941 年 5 月，她不愿等到美国参战，联络了伦敦的特别行动处，游说该机构法国分部负责人莫里斯·巴克马斯特训练她到欧洲沦陷区从事隐蔽工作。鉴于莫里斯还未获准派女性去法国，她一开始以自由职业者身份工作，作为《纽约邮报》（*New York Post*）的外国记者，用自己的名字旅行。她很快与里昂一带的反纳粹活动建立联系，培养抵抗网络，帮助逃亡者躲避德国当局及逃出法国。到 1942 年后期，她自己也遭到盖世太保追捕，在德军占领法国南部时，徒步翻过比利牛斯山，逃到西班牙。对于战前出过一次打猎事故，拖着一条木腿的女人，这可不是个小成就。

特别行动处的官员认为霍尔在法国已经暴露，改派她到西班牙工作。直到 1944 年年初，她转派战略情报局，提出在进攻之前重启与法国游击队的合作。1944 年 3 月，她乘船在布列塔尼沿海登陆，当时成

营救坠机飞行员

德占南斯拉夫有两个针锋相对的抵抗组织，共产主义游击队由约瑟普·布罗兹（Josip Broz）领导，这个克罗地亚人最广为人知的名字是铁托；切特尼克（Chetnik）游击队由塞尔维亚君主主义者德拉查·米哈伊洛维奇（Draza Mihailovic）领导。盟军在那里的秘密行动因此变得错综复杂。丘吉尔认为铁托的部队在与德军作战方面颇有建树，在德黑兰会议（Tehran Conference）上让罗斯福同意盟军支持铁托而不是米哈伊洛维奇。但双方都在掩护坠机的盟军飞行员，为营救他们，威廉·多诺万希望战略情报局特工与两个组织都合作。许多飞行员是美国人，从意大利的基地出发，轰炸对德国战备至关重要的罗马尼亚炼油厂。之后飞机遭受攻击，迫使他们在南斯拉夫上空弃机。“去他的英国佬，”据称多诺万对罗斯福说，“让我们把我们的小伙子救出来。”罗斯福说服了英国同意了战略情报局代号“升降索行动”的营救计划，目标是受切特尼克保护的飞行员，但条件是美军不援助该组织。

美籍塞尔维亚人乔治·穆苏林（George Musulin）中尉是战略情报局与切特尼克最初的联络人。1944 年 8 月 2 日，他回南斯拉夫指挥“升降索行动”，与迈克·拉亚契奇（Mike Rajacich）中士和信号员亚瑟·吉比林（Arthur Jibilian）跳伞降落。他们被带到切特尼克位于普拉尼亚尼（Pranjani）的司令部，250 名飞行员躲在那里。“看到他们进来令人激动万分。”一名美国飞行员回忆道，“因为我们知道营救行动正在进行中。”切特尼克部队和塞尔维亚平民清出一条飞机跑道，供

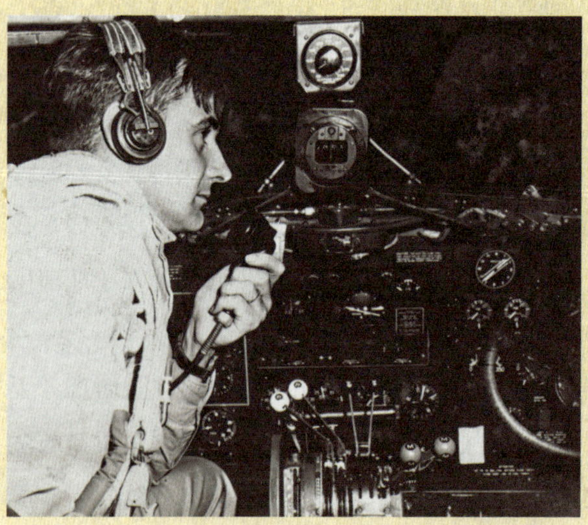

引导

1944 年 8 月，为了撤出坠机飞行员，降落在普拉尼亚尼跑道的第一架 C-47 运输机的飞行员通过无线电引导另一名飞行员进场。

美国陆军第 15 航空队（15th American Army Air Force）的 C–47 运输机起降。战略情报局小队到达后仅一周，C–47 运输机就开始将飞行员撤到意大利。铁托的部队不断推进，切特尼克面临的压力日益增长。穆苏林忍不住向处于困境的切特尼克提供了一些帮助，因此被召回。战略情报局的尼克·拉利奇（Nick Lalich）中尉接替他实施营救行动。

“升降索行动”于 12 月结束时，约 500 名飞行员安全撤出切特尼克活动区域。这场战争期间，从南斯拉夫营救的总人数达到近 2000 人，那也证明了多诺万决定继续与水火不容的两个组织合作的正确性。

获救

上图，“升降索行动”期间，尼克·拉利奇上尉（上左）起草一条准备交信号员亚瑟·吉比林发出的电报。最上方照片上，中间三名获救飞行员夹在穿深色制服的切特尼克游击队员中间，正准备登上身后的飞机。吉比林回忆，一些心怀感激的飞行员将鞋子送给掩护他们的贫穷的塞尔维亚人。

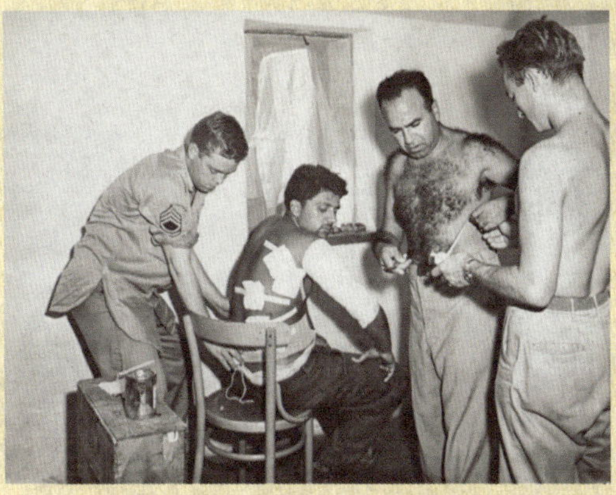

救护

陆军第 15 航空队医生 J. H. 米特拉尼（J. H. Mitrani）上尉（右二）在普拉尼亚尼治疗受伤的切特尼克游击队员。禁止美军帮助切特尼克的禁令无法阻止米特拉尼救助伤病员。

补给车队

牛车将补给运送给“升降索行动”成员及正在营救的飞行员。

运输机

获救的飞行员准备登上陆军第15航空队提供的C-47运输机离开南斯拉夫（右）。第15航空队还为这些运输机提供了战斗机护航。

回家

C-47运输机正在越过亚得里亚海，飞往位于意大利的美军基地。为防万一，乘坐飞机的飞行员都穿着救生衣（左）。

庄严的敬礼

1944年9月6日，庆祝南斯拉夫流亡国王生日的仪式上，德拉查·米哈伊洛维奇（前景）率切特尼克部队敬礼（右）。米哈伊洛维奇后来被铁托的部队抓获，于1946年被处决。

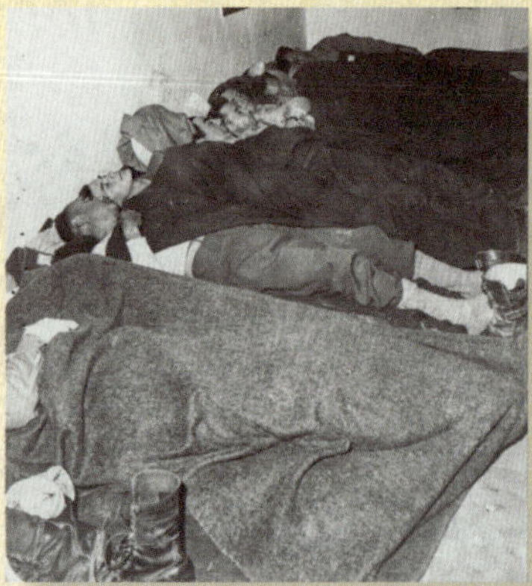

不眠之夜

挤睡在铺着干草的地上，战略情报局特工经常与跳蚤做斗争（左）。“五分钟之内，人人都拼了命地抓挠起来。”其中一人说道。

功的机会似乎十分渺茫。“那个瘸腿女人是同盟国在法国最危险的特工之一。”一名盖世太保官员声称，“我们必须找到她，摧毁她。”但她将头发染成灰色，伪装成瘸腿的老农妇，躲过了追捕。她与神出鬼没的法国游击队合作，通过电台安排他们所需武器的空投区域。与战略情报局在法国的其他特工一样，“D 日”之后，霍尔继续为抵抗运动添砖加瓦。得益于现代时期策划的一场最精心、最有效的军事保密、欺骗和误导行动，虽然德军早就预料到“D 日”的攻击，但还是被打了个措手不及。

霸王行动和保镖行动

1943 年年末，罗斯福、丘吉尔和斯大林在伊朗首都德黑兰秘密会谈期间，代号“霸王行动”（Operation Overlord）的盟军对诺曼底的进攻得到最高层批准。苏军正在东欧进攻德军，付出了巨大代价，但进展缓慢，斯大林一直在催促英美攻击德占法国来减轻苏军的压力。丘吉尔担心如果敌人预料到进攻，将兵力集中在诺曼底，登陆将遭到失败，因此他强调欺骗德军，将他们的注意力引向其他可能登陆地点的必要性。“在战时，”他评论说，“真相太过宝贵，需要谎言来当保镖。”斯大林不需要丘吉尔提醒他去欺骗敌人。“这是我们说的兵不厌诈。”他告诉英国首相。

“D 日”欺骗行动的周密计划主要由英国军官策划。二战初期，通过策反德国特工对付他们的上级，用错误的线索、虚假的通信和虚构的部队误导轴心国指挥官，英国军官锻炼了自己的技艺。作为对丘吉尔那段话心照不宣的回应，整个欺骗行动代号为“保镖”。其核心是代号为“坚忍南方行动”（Operation Fortitude

> “在战时，真相太过宝贵，需要谎言来当保镖。”
>
> ——温斯顿·丘吉尔

South）的关键计划。希特勒认为盟军将选取通往德国的最短路径，渡过狭窄的多佛海峡（加莱海峡），在加莱一带登陆。加莱距战略要地比利时安特卫普港不远，盟军可利用该港支持进攻。“坚忍南方行动”旨在强化希特勒的假设。盟军指挥官否定了那个选择，因为它意味着要进攻大西洋壁垒最牢固的一段。大西洋壁垒是德国的一连串海岸堡垒，它在诺曼底的防御较为薄弱。“D 日”暂定在 1944 年 6 月 1 日，为了防止加莱一带的守军重新部署到诺曼底，即使英美部队于那天在诺曼底登陆之后，他们的进攻还是被描绘成对加莱的一场更大进攻的前奏。这是“保镖行动”的策划者为掩盖“霸王行动”的真正性质而编造的众多谎言中最大的一个。

如果敌军看穿这场宏大的欺骗阴谋，意识到真正的目标，欺骗的作用将适得其反。但盟军军官评估并降低了这一风险，因为他们破译了轴心国密码，正在解读敌军的想法。1940 年，美国密码分析员破解了日本的“紫密”，开始破译日本外交电报时，他们获得了轴心国整体的关键情报，提供者是从 1941 年年初到战争结束期间，任日本驻德大使的大岛浩（Hiroshi Oshima）中将等外交使节。大岛浩深受希特勒信任，在毫不知情的情况下为别人刺探自己的政府，他的详细报告用“紫密”加密，通过电台从柏林发往东京，被截收、破译、分发给包括罗斯福总统和美国陆军参谋长乔治 · 马歇尔在内的同盟国领导人。马歇尔称大岛浩为“我们关于希特勒在欧洲意图的情报基础”。1943 年 10 月，大岛浩参观了大西洋壁垒，向东京详尽报告了德军在加莱的深沟高垒和略显单薄的诺曼底工事。这一点促使丘吉尔支持“霸王行动”，确认了希特勒预计盟军将在加莱进攻。随着“D 日”临近，骗局策划者强化了那一预期，同时继续截收接近元首的大岛浩等人发出的电报，窥探希特勒的想法。

来自布莱奇利庄园的“超级机密”破译情报，对掩盖诺曼底进攻的

三巨头

1943 年 11 月下旬在伊朗首都举行的德黑兰会议上，斯大林、罗斯福和丘吉尔形成了统一战线。虽然三巨头确定了英美于 1944 年进攻法国及就登陆地点欺骗德国人的计划，但对于波兰和苏军进军柏林过程中将要占领的其他地区的命运，他们之间出现了矛盾。

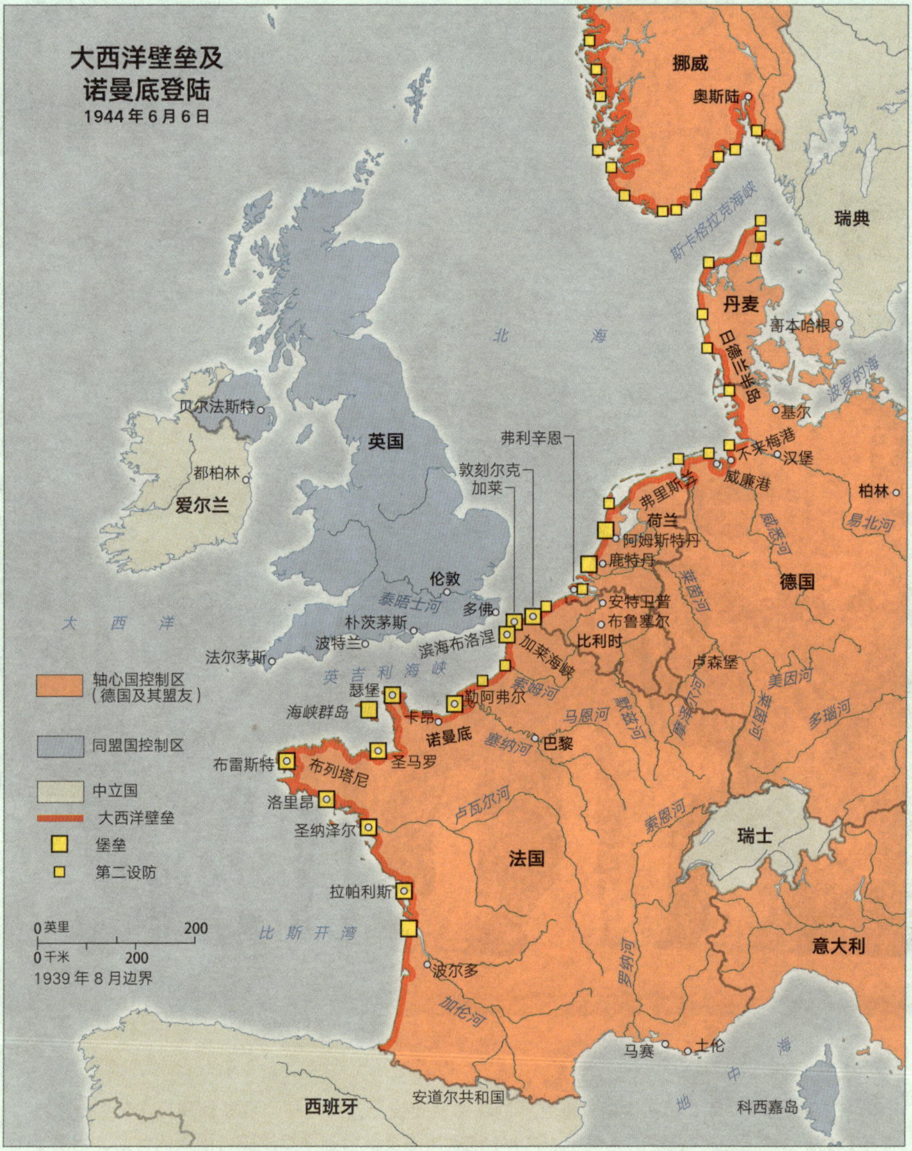

突破壁垒

从英国沿海到德国边境的最短路径经过多佛海峡（加莱海峡），大西洋壁垒的一长串德国工事就以那一带最为坚固。“霸王行动”的计划人员选择了更长的进攻路线，通过防守稍弱的诺曼底。依靠“保镖行动”的各种欺骗伎俩，他们让德军待在别处防守从挪威到地中海的可能进攻。

行动同样重要。这些情报包括破译的军事情报局报告，指出了军情五处名单中哪些双面间谍最受柏林器重，可被用于“D 日”欺骗。在这些行动中，脱颖而出的两人是西班牙的胡安 · 普霍尔（代号嘉宝）和南斯拉夫的达斯科 · 波波夫（代号三轮车）。1942 年，从美国归来后，波波夫重获军事情报局信任。他在美国的奢靡生活及与女演员的绯闻，让他受到埃德加 · 胡佛和驻西班牙的德国管理者怀疑。当波波夫回到英国，重新开始发送诱人的报告时，管理者才放下心。这些报告经双十字委员会批准透露，混合了有价值的真假情报。普霍尔则在一封信中向军事情报局警告，盟军将要进攻法属北非，巩固了他在柏林的声誉。这封信在寄递过程中恰到好处地被英国当局拖延，正好在 1942 年 11 月发生的登陆之后到达。为此普霍尔责怪军事情报局没给他配备电台，及时发送警告。军情五处很快给普霍尔配了一部发报机，他宣称由分布在英国各地（虚构）的下级特工网络的一个同伴提供情报，“D 日”前的五个月，他用电台向驻马德里负责人卡尔 – 埃里希 · 屈伦塔尔（Karl-Erich Kühlenthal）少校发送了逾 500 封电报，称下级网络的报告构成了这些电报的基础。屈伦塔尔将这些曲解的情报转到柏林。同时，普霍尔继续向军事情报局上司发送用显隐墨水写的私人信件。他在信上将自己描绘成有奉献精神的特工，为帮助希特勒打败共产主义，离开了深爱的祖国，冒着在英国当间谍被处死的危险。他在一封给屈伦塔尔的短信上写道，要不是出于对这位军官的尊敬和在欧洲消除红色方面的共同决心，“作为朋友，我得跟你说句心里话，我早就回西班牙了”。

“坚忍南方行动”是将加莱编造为主要进攻目标的关键行动，普霍尔、波波夫等双面间谍不仅在其中发挥了突出作用，还对次要的欺骗行动做出了贡献。这些较小的欺骗行动旨在加深德军对挪威、希腊等法国以外的占领国受攻击的恐惧，将敌军兵力限制在那里。对挪威的假想威胁代号为“坚忍北方行动”（Operation Fortitude North），让 12 支德国师

大西洋壁垒

1943 年后期，日本驻德国大使大岛浩中将参观大西洋壁垒工事时，没人怀疑他正在不自觉地为盟军刺探情报。盟军的进攻预计会在欧洲沦陷区的大西洋沿岸某地打响，大岛浩热切希望德军能打退盟军的进攻。但他发给东京的关于德军准备情况的详细报告被截获，被美国密码分析人员破译，后者将他们的“魔术”情报透露给“霸王行动”的计划人员。11 月，大岛浩关于大西洋壁垒的最初报告总结了德军的防卫计划，计划要求“在尽可能靠近海岸线的地方”摧毁任何攻击企图。大岛浩还称，进攻的盟军也许不会被“阻拦在这条线上，但即使一些部队成功登陆，他们

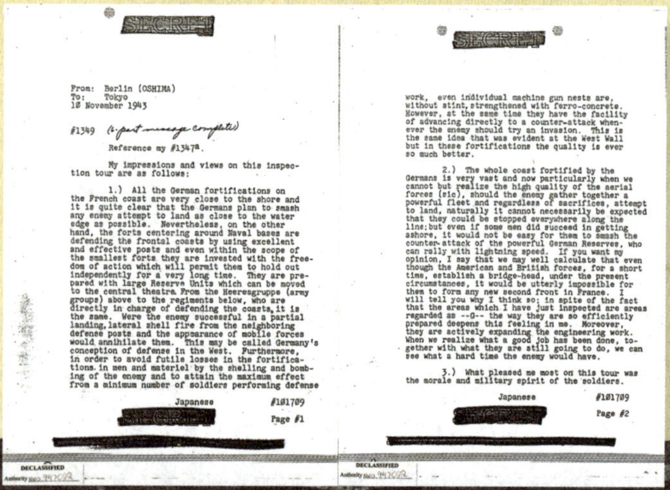

SECRET

From: Berlin (OSHIMA)
To: Tokyo
1Ø November 1943

#1349 (6-part message complete)

Reference my #1347a.

My impressions and views on this inspection tour are as follows:

1.) All the German fortifications on the French coast are very close to the shore and it is quite clear that the Germans plan to smash any enemy attempt to land as close to the water edge as possible. Nevertheless, on the other hand, the forts centering around Naval bases are defending the frontal coasts by using excellent and effective posts and even within the scope of the smallest forts they are invested with the freedom of action which will permit them to hold out independently for a very long time. They are prepared with large Reserve Units which can be moved to the central theatre. From the Heeresgruppe (army groups) above to the regiments below, who are directly in charge of defending the coasts, it is the same. Were the enemy successful in a partial landing, lateral shell fire from the neighboring defense posts and the appearance of mobile forces would annihilate them. This may be called Germany's conception of defense in the West. Furthermore, in order to avoid futile losses in the fortifications in men and materiel by the shelling and bombing of the enemy and to attain the maximum effect from a minimum number of soldiers performing defense

Japanese #1Ø17Ø9

[redacted] Page #1

[redacted]

DECLASSIFIED
Authority NND 947002

SECRET

work, even individual machine gun nests are, without stint, strengthened with ferro-concrete. However, at the same time they have the facility of advancing directly to a counter-attack whenever the enemy should try an invasion. This is the same idea that was evident at the West Wall but in these fortifications the quality is ever so much better.

2.) The whole coast fortified by the Germans is very vast and now particularly when we cannot but realize the high quality of the aerial forces (sic), should the enemy gather together a powerful fleet and regardless of sacrifices, attempt to land, naturally it cannot necessarily be expected that they could be stopped everywhere along the line; but even if some men did succeed in getting ashore, it would not be easy for them to smash the counter-attack of the powerful German Reserves, who can rally with lightning speed. If you want my opinion, I say that we may well calculate that even though the American and British forces, for a short time, establish a bridge-head, under the present circumstances, it would be utterly impossible for them to form any new second front in France. I will tell you why I think so; in spite of the fact that the areas which I have just inspected are areas regarded as --G-- the way they are so efficiently prepared deepens this feeling in me. Moreover, they are actively expanding the engineering work. When we realize what a good job has been done, together with what they are still going to do, we can see what a hard time the enemy would have.

3.) What pleased me most on this tour was the morale and military spirit of the soldiers.

Japanese #1Ø17Ø9

[redacted] Page #2

[redacted]

DECLASSIFIED
Authority NND 947002

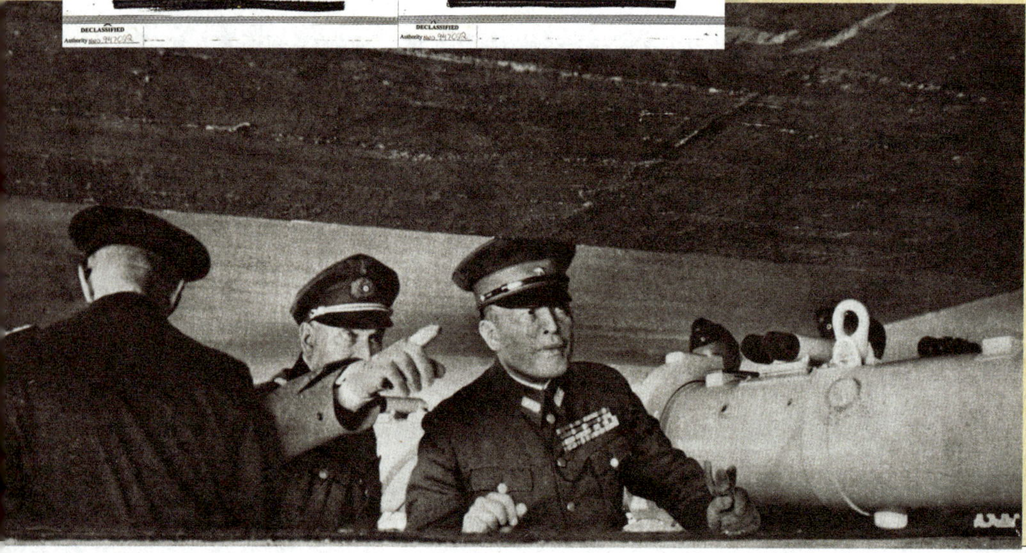

情报员

穿着军装的大岛浩（下）视察大西洋壁垒的一座观察哨。大岛浩于 1943 年 11 月 10 日发给东京的巡视报告被破译，此处展示了“魔术”破译情报的前两页。

也难以粉碎德军后备力量的强力反击。后者能以闪电般的速度集结”。

大岛浩的评估支持了“保镖行动”（掩护“霸王行动”的欺骗行动）计划人员的结论，即胜利不仅取决于在盟军登陆地点上误导敌人，还取决于在进攻打响后防止所有可用的德军后备力量聚集。大岛浩后续的报告证实，加莱一带的防御工事比诺曼底更牢固，还有强大的后备力量支持，而且希特勒容易轻信旨在拖住部队的骗局。部队将在诺曼底所谓的佯攻登陆之后防守预料中的对加莱的进攻。有了通过密码破译获得的情报的帮助，盟军的欺骗行动大获成功，以至于1944年6月，大西洋壁垒在诺曼底被突破时，德军的反应并不像大岛浩预计的那样快速有力，也没能阻止盟军铁流。

守卫大西洋壁垒

这张彩色增强的照片上，一门虎视眈眈的克虏伯380毫米大炮从法国沿海混凝土炮台伸出来，德军哨兵站在一旁。这类大型工事建在加莱一带，诺曼底的大西洋壁垒没这么可怕。

障碍

1944年4月，埃尔温·隆美尔元帅（前排左三）等德国高层军官视察加莱附近一处海滩。海滩上放置卡住登陆艇和两栖坦克的障碍物。1943年后期，隆美尔负责法国和比利时的大西洋壁垒沿线防务，在海滩上修筑了工事。

驻扎在挪威。行动包括虚构驻扎在苏格兰的英国第4集团军，这支假想部队将从那里乘船渡过北海。数十名信号员疯狂工作，为遥远的德国监听台的窃听者模拟出一整支集团军的无线电通信量。一夜之间，由三合板和帆布制成的假飞机出现在假机场上。在晴朗的日子里，对于任何一架要躲避皇家空军防御的德国侦察机而言，它看起来如此真实。为了真实化错觉，4月下旬，真正的英国军舰和运输船开始伪装成进攻舰队，在苏格兰东海岸的福斯湾（Firth of Forth）集结。胡安·普霍尔向屈伦塔尔报告，他手下一名特工观察到驻苏格兰的部队正在为两栖攻击进行训练。与此同时，英国外交官向中立国瑞典施压，要求允许盟军侦察机飞越其领土。得知瑞典在德国的线人会将秘密透露给德国，他们私下在斯德哥尔摩暗示对挪威的进攻迫在眉睫。到5月下旬，希特勒很是担忧，将更多部队派驻到挪威。

同样，盟军还在地中海发起欺骗行动。达德利·克拉克利用自己的双面间谍网络，向德国间谍头子预警英国即将对希腊发起进攻。然而，这次攻击从不存在。事实证明，这个阴谋比M. E. 克利夫顿·詹姆斯（M. E. Clifton James）实施的诡计效果更好。詹姆斯是个英国演员，与奉命指挥诺曼底登陆部队的伯纳德·蒙哥马利将军的长相极为相似。经过细致入微的排练，詹姆斯学会模仿蒙哥马利的步伐和姿态，于5月下旬被派到直布罗陀和北非去扮演那位名将，给人一种他在那个战区计划大动作的印象。蒙哥马利生活节制，詹姆斯伪装成他时，被禁止抽烟喝酒，但他藏着一个酒瓶。在一次彻夜畅饮中，他喝得酩酊大醉，助手勉强让他为下一次出场清醒过来。他的表演骗过了一些旁观者，但未能说服目标观众——德国情报官。当詹姆斯伪装成蒙哥马利时，他们几乎确定盟军下一场重大攻势将落在大西洋堡垒沿线某处。确实，他们信任的驻英特工，包括深受器重的胡安·普霍尔等人发来的报告表明，强大的美国第1集团军群（First U. S. Army Group，FUSAG）将很快在加

轰炸航行

1944 年 6 月 5 日，美军 B-17 轰炸机轰炸法国布洛涅的德军海岸防线，这里位于多佛海峡沿岸，加莱西南部。随着“D 日”临近，为了强化进攻部队将在该地区而非诺曼底沿海大力推进的印象，盟军加紧了这类轰炸航行。

莱登陆，其指挥官就是在德国与蒙哥马利齐名的乔治·巴顿（George S. Patton）将军。

实际上，巴顿正在扮演一个比分派给詹姆斯的角色更微妙、更阴险的角色。1940 年，凭借强力推进的装甲进攻，德军在几周之内征服了法国。巴顿是这种战术的倡导者。1943 年，他帮助盟军夺取了北非和西西里岛，似乎将在解放法国的战役中发挥领导作用，直到他因为粗暴地指责两名住院的美军士兵逃避职责，并打了他们耳光，遭到艾森豪威尔贬斥。这次臭名昭著的事件并没有减损巴顿在德国将领心目中的地位，他们将之看作最强硬的对手之一。对于他重获艾森豪威尔信任并被派去指挥美国第 1 集团军群的报告，他们一点也不意外。但他们不知道的是，巴顿的指挥纯粹是形式上的，美国第 1 集团军群其实是个骗局，由一些将要履行其他任务的真实部队和许多虚构的师组成。巴顿渴望率军在法国作战，最终将作为美国第 3 集团军（U.S. Third Army）司令作战，但他威猛的存在和表演才华也与这个欺骗角色相得益彰。报纸描述了他在多佛海峡一带所谓的第 1 集团军群集结区附近公开露面，这有助于"证实"德军情报官的评估。后者认为"巴顿集团军群"构成了对加莱的直接威胁。

第 1 集团军群骗局是一部大片，特效包括由擅长打造逼真道具的电影技师，帮助制作的成百上千的假坦克、飞机和登陆艇。真部队和军火正在南安普敦一直到诺曼底的英吉利海峡沿岸港口大规模集结。假装备能骗过空中侦察，但经不起严格检查，因此，为了掩盖多佛海峡一带的假集结与真正部队在其他地方的集结，英国官员在沿海设置了 10 英里（约 16 千米）禁入区，由检查站看守。

"坚忍南方行动"策划者面临的最大挑战，是在"D 日"之后维持虚构的美国第 1 集团军群的威胁，防止德军部队从加莱到诺曼底的快速重新部署。这个任务落到军情五处成绩斐然的双面间谍身上。他们

影子战争

这两张照片贴在一份关于视觉隐瞒和欺骗的英国秘密告上。它们显示了立体的假“喷火式”战斗机投下的阴，比相同战斗机的平面模型更令人信服。因为德军侦察飞行员或侦察照片分析员可能会注意到这类细节，英军骗高手不厌其烦地制作出形状完整的假战机。

假轰炸机

假的皇家空军“波士顿”（Boston）轻型轰炸机，即英国版道格拉斯 A-20“浩劫”（Havoc）攻击机的搭建过程（下）和成品（上）照片。油漆工作让这架空心木壳模型看上去似乎正整装待发。

替身

演员 M. E. 克利夫顿·詹姆斯（下）在各种各样的表演中模仿伯纳德·蒙哥马利将军（上），后被要求正式扮演蒙哥马利。1944 年 5 月，为了让德国观察者相信蒙哥马利正计划地中海的攻势，詹姆斯伪装成著名的盟军指挥官造访直布罗陀和北非。实际上，蒙哥马利正忙于准备进攻沦陷的法国。

将美国第 1 集团军群的虚构部队，加到蒙哥马利将军的第 21 集团军群（21st Army Group）中，夸大了盟军在英国的作战序列。实际参与战斗的将是第 21 集团军群。从达斯科·波波夫和军情五处控制的其他间谍提交的报告中，柏林一帮情报头子得出结论：英国有超过 90 个盟军师，是实际数量的近两倍，足以在蒙哥马利的部队登陆诺曼底之后发起渡过海峡的第二次攻击。

让双十字委员会主席约翰·马斯特曼和在伦敦负责双面间谍系统的其他人最新担心的事件是卡纳里斯海军上将遭到罢黜。1944 年 2 月，希特勒下令创立由帝国党卫军长官希姆莱领导的“统一的德国秘密情报部门”，卡纳里斯失去了对军事情报局的控制。希特勒还未将卡纳里斯看成叛徒，但解除了其海军上将的职务，将之软禁。希特勒这么做的理由与军情五处希望他依然在位的理由相同——越来越多证据表明，他手下的军事情报局军官腐败无能，一些人甚至不忠于纳粹政权。马斯特曼担心党卫军控制军事情报局后，“新扫帚会扫除许多我们曾努力保存的东西”，包括波波夫与他在西班牙的管理者卢多维科·冯·卡斯托夫（Ludovico von Karsthoff）少校间的良好关系。少校通过为他的明星特工担保，截留批给波波夫及其所谓间谍网的资金，从中获利。党卫军接管军事情报局后不久，卡斯托夫被撤职。4 月下旬，另一个涉嫌财务不端的军官，曾为军事情报局招募波波夫的约翰·耶布森在马德里被捕，被押到柏林，遭到盖世太保拷问。

> “在诺曼底和布列塔尼建立桥头堡后，他们将倾巢而出，渡过多佛海峡，开辟第二战线。”
> ——希特勒向日本大使大岛浩预测盟军的进攻计划

耶布森的被捕对双面间谍行动和“D 日”欺骗构成了严重威胁，因为他本人也被军情五处策反，知道波波夫关于美国第 1 集团军群报告的目的是欺骗希特勒及其手下长官，还知道胡安·普霍尔是为军情五处工作的双面特工。执行美国第 1 集团军群骗局的罗杰·赫斯基斯（Roger Hesketh）上校写道，耶布森被关押，接受审讯，德国人也许会意识到，他们在英国的部分甚至全部间谍“正处于同盟国的控制之下。接着他们会得出结论：他们接收的信息与事实完全相反”。这将会毁掉将加莱描绘成主要目标的一切努力，并向德国人指出显而易见的选择——对诺曼底的全面进攻。马斯特曼意识到那一危险，但他和双十字委员会决定硬着头皮走下去，希望柏林针对耶布森的案子仅限于财务方面的“个人罪行”。盖世太保可能怀疑过他是双面间谍，曾试图从他嘴里撬出真相，但如果是这样，盟军将会失败。耶布森最后进了一所集中营，也许死在那里。军情五处不知道他的命运，决定切断他与机构最密切的联系——波波夫，但普霍尔和其他双面间谍依旧继续活动。

随着进攻临近，伦敦的骗局策划者面临着另一场危机，该危机与俄国出生的记者娜塔丽·“莉莉”·谢尔盖耶夫（Nathalie “Lily” Sergueiew）有关。埃米尔·克利曼（Emile Kliemann）在巴黎招募她为军事情报局间谍。娜塔丽在英国有亲戚，提出为克利曼在英国刺探情报。1943 年，在马德里与一名英国情报官接触后，她经西班牙到

巴顿的伎俩

乔治·巴顿将军视察他那支以虚构为主的美国第1集团军群的真实部队。该集团军群被描绘成准备渡过多佛海峡，在加莱附近登陆。骗局旨在诺曼底登陆行动之际，拖住加莱一带的德军。巴顿自称“该死的天生戏子”，参与这个骗局是小菜一碟。

达英国，成为军情五处的双面间谍，代号“财富”（Treasure）。马斯特曼形容她“喜怒无常，麻烦不断”。她饱受肾病困扰，还为宠物狗的离去而沮丧，这条狗按英国要求在西班牙隔离期间死掉。但她对军情五处相当有价值，她寄给克利曼的报告极被看重，因此1944年年初，两人在中立的葡萄牙会面时，克利曼给了她一部电台。回到伦敦后，她告诉克利曼，她有个情人隶属于那支部队，据称正沿着多佛海峡集聚，这帮助强化了美国第1集团军群的威胁。她曾与克利曼达成一致，如果被迫发送假情报，就在电报里插入加密信号。5月，她坦承忍不住用了它，因为怨恨英国监管人，并将宠物狗的死怪到他们头上，令管理者玛丽·谢勒（Mary Sherer）大为震惊。军情五处的塔尔·罗伯逊担心，她可能已经提醒克利曼注意第1集团军群的骗局，也可能虽然向谢勒承认，但还没有那样做。后来，罗伯逊让别人起草她的电报，并由可信的信号员发送。她最终将那个加密信号告诉谢勒，后者审查了她的电报，确认她没有使用它背叛同盟国。

另一个特工对英国的忠诚一开始受到怀疑，但在“D日”集结期间，他为军情五处工作的表现却可圈可点。罗曼·加尔比－切尔尼亚夫斯基是波兰空军军官，1939年逃到法国。德军占领巴黎后，他留在那里组织了名为“同盟”的间谍网，向盟军提供关于德军防卫和军事调动的情报。1941年，他被胡戈·布莱歇尔中士抓获，这个狡猾的军事情报局军官让他逃出监狱，派去英国为第三帝国刺探情报。相反，他却向在英国的波兰流亡政府一名军官自首，说自己想为英国人工作。经过详细审讯后，塔尔·罗伯逊和参谋认为他热爱波兰，相信他不会背叛英国盟友。以“布鲁特斯”（Brutus）为代号加入双面特工队伍后，他成为“坚忍”欺骗行动的关键，因为布莱歇尔依然信任他，而且像其他波兰流亡者属于某个真实的英国部队一样，他也可以隶属虚构的同盟国部队。1944年5月中旬，他通过电台报告，自己被任命为美国第1集团军群联络军官。他向党卫军控制的军事情报局提供了巴顿集团军群的完整作战序列，得到德国军官的称赞，其中一位写道，他的“杰出报告对弄清敌军情况做出了巨大贡献”。

实际上，整体局面已经被假情报搅成一团浑水，让希特勒在杜撰的巴顿集团军群打出那记重击之前，一直在等待诺曼底和其他地方的佯攻。5月下旬，元首接见大岛浩大使，后者在一份给东京的报告中总结了他们的谈话。报告被截收、破译，它向盟军策划人员提供了证据，表明“保镖行动”的巧妙谎言成功掩盖了“霸王行动”的真实性质。希特勒告诉大岛浩，他预测了几个“佯攻”地点，包括挪威、诺曼底和法国西南部的布列塔尼。最后一个地点是军情五处另一个双面特工埃尔薇拉·肖杜瓦（Elvira Chaudoir）鼓吹的，这个秘鲁外交官性感的女儿向军事情报局发送了自称从伦敦上层骗来的秘密。一旦盟军“在诺曼

绘制进攻地图

二战期间，最依赖准确情报和严格保密的军事行动当数“霸王行动”——对诺曼底沿海奥马哈海滩及附近登陆点的大规模进攻。这片海滩标在右边的绝密地图上。1944 年 4 月下旬，盟军最高司令德怀特·艾森豪威尔在英国沿海为“霸王行动”举行了一次近 30 万部队参与的大型训练演习，当时他收到预测敌军得知登陆计划后可能出现的严峻形势报告。参演部队的大量无线电通信惊动了德军，鱼雷艇在夜里开过来，攻击了登陆艇（LST），造成 749 人丧生，幸存者被禁止提起这场灾难。

为“霸王行动”登陆点绘制地图会有风险，它可能向德军暗示诺曼底是目标，但这场复杂的行动要想获得成功，地图必不可少。地图绘制人员的初步情报来自法国劳工，他们被征召修建大西洋壁垒，通过法国抵抗组织和与他们有联系的盟军特工报告了沿海工事的情况。夜里，蛙人偷偷靠近确定障碍物、碉堡和炮台的位置。空中侦察在诺曼底沿海公然进行，这不会暴露登陆计划，因为类似的侦察飞行也在加莱和其他可能的登陆地点实施。为了帮助绘图员制出细节详尽的地图，减少“D 日”的伤亡，飞行员们不顾一切地俯冲低飞，拍出类似下方这样的近景照片。

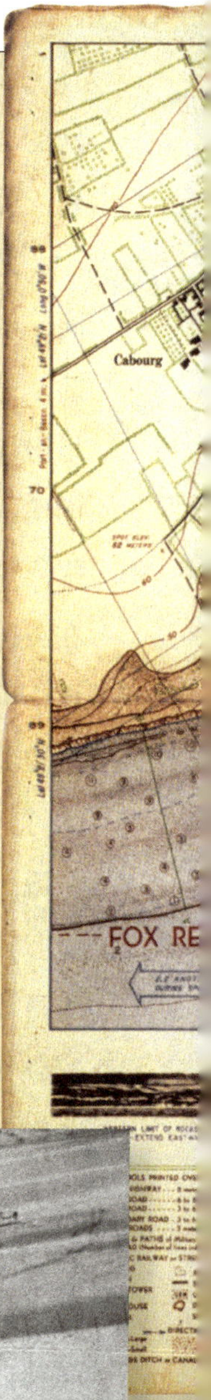

千钧一发

一架盟军侦察机飞近拍摄法国海滩障碍物时，工人纷纷跑开。空中侦察对于绘制类似上方这样的地图非常重要，与列出进攻细节的其他文件一样，它也标着“绝密—Bigot”（仅限需要知道者）。这幅地图由约瑟夫·瓦吉（Joseph Vaghi）海军少尉带到战场。“D日”这天，他在奥马哈海滩的“E-红色”（Easy Red）段登陆，作为登陆指挥官调度人员和装备。

底和布列塔尼建立桥头堡后”，希特勒向大岛浩确认，“他们将倾巢而出，渡过多佛海峡，开辟第二战线”。

被欺骗，被打败

因为恶劣天气，对诺曼底的进攻推迟到6月6日。这场进攻规模太大，一旦开始，很难被描述为一次佯攻。但军情五处设法用双面特工胡安·普霍尔的精彩表演维持了假象。普霍尔没有辜负“嘉宝”的代号，将与管理者汤米·哈里斯及军情五处其他人合作编写的绝妙剧本付诸实践。普霍尔之前的报告将德国人的注意力从诺曼底引开，为了确保他们不会因此在“D日”之后失去对他的信任，军情五处得到艾森豪威尔批准，在第一批部队于6日登陆前几小时，让普霍尔通过电台将进攻预报给他在西班牙的管理者。那份预报接着将被转到柏林，并且被设计成于进攻刚刚打响时到达。结果，因为马德里的军事情报局信号员没值夜班，天亮才收到电报，普霍尔的报告直到午前才到柏林。普霍尔开始为疏漏责怪管理者屈伦塔尔：“这让我怀疑你的态度和责任感……要不是因为我的理想和信仰，我会放弃这份工作。”失去宝贵特工的想法吓坏了屈伦塔尔，他告诉普霍尔，军事情报局非常珍惜他，恳请他“在这个争取欧洲未来的斗争至关重要的决定性时刻，与我们在一起”。

确认了自己在德国监管者心中依然保持着良好形象，6月9日，普霍尔又发了一封描述诺曼底行动的长电报。近20万盟军部队已经在那里登陆，而且到月底，登陆的部队将超过100万。电报将诺曼底作战描述为“一场牵制动作，意在吸引敌方后备部队，这样就可以在另一地发起总攻”。其他双面特工灌输的对驻英兵力的夸大估计被柏林的情报官员接受，普霍尔引用说，估计盟军“还有约50个师用于尝试第二次攻击”。他声称，其中大部分驻扎在英国东南部，并且从表面上看，他们很可能渡过多佛海峡，取最短的路径通向他们的“最终目标”——柏林，如果是那样，他们将拥有大量空中支援。根据下属特工的报告，他深思熟虑后认为，诺曼底的登陆是盟军设的陷阱，意在“让我们调动所有后备力量，以后我们将为这次匆忙的战略部署而后悔”。

当晚，普霍尔的信息要点与弗里德里希·克鲁马赫尔（Friedrich Krummacher）上校的评论到达希特勒手里。克鲁马赫尔是党卫军控制的情报机构与德军统帅部之间的联络官，他声称，普霍尔的报告“强调了我们已经形成的意见，即进一步的攻击预计将出现在另一地点（比利时？）”。希特勒认为盟军依然计划在法国与比利时边境附近的加莱海峡一带登陆。这个信念得到强化后，他让德国第 15 集团军在那里按兵不动六周，与此同时盟军部队则突破了诺曼底桥头堡。艾森豪威尔的情报主管肯尼思·斯特朗（Kenneth Strong）后来写道，如果德军“在恶劣天气妨碍盟军集结和空中支援的早期，将他们的师从加莱调到诺曼底，我们的进攻将极其危险”。

一些德军师立即从法国其他地方重新部署到诺曼底，但盟军指挥官用“超级机密”情报追踪他们，盟军空袭炸毁了法国的铁路和桥梁，将之拖延，法国游击队骚扰他们。6 月 5 日晚上，BBC 播放了一段看似无害的法国诗歌，这是起义开始的信号。得到这个暗号，法国游击队对德国占领军发起了大范围攻击。军事情报局一名反情报官员数月前就得知了暗号，提醒上级这将预示一次进攻，但只有第 15 集团军监听员收到那条广播并且意识到其意义，他们的警告没到达诺曼底的德国守军。

艾森豪威尔担心德军的残酷报复，勉强批准了通过武装和训练法国游击队来支持法国起义的计划。从 6 月 5 日夜间开始，特别行动处和战略情报局联合实施了“杰德堡行动”。执行任务的突击队小组伞降到德军战线后方，先在法国，后随着盟军在西欧攻势扩大又转到比利时

双面特工群像

这里拍摄的双面特工是各种人物组成的国际团队，所有人表面上是德国间谍，实际上都为英国军情五处工作。他们来自欧洲五个国家，性格千差万别，有超级自信的达斯科 · 波波夫，有阴晴不定、反复无常的莉莉 · 谢尔盖耶夫。他们的共同特征是当两面派的才能，或者说，表里不一的能力，表面上是希特勒帝国的忠实仆人，冒着生命危险帮助德国赢得胜利。

代号：三轮车

服务国：英国

针对国：德国

达斯科 · 波波夫

1941—1942 年，前往美国期间，他实际在为同盟国工作，因为未能帮德国弄到任何有用的情报，他受到德国人怀疑。这位南斯拉夫花花公子用责怪军事情报局来为自己开脱：“你们派我到那里，没给我任何帮助，没有联系人，只有少得可怜的一点美元，而你们指望我当场获得成果。”波波夫的德国管理者被他的宝贝特工吓住了，附和都是“柏林的错”。

代号：嘉宝

服务国：英国

针对国：德国

胡安 · 普霍尔

普霍尔是个很有创意的西班牙人，不断地给他虚构的下线特工队伍添加人手，称他们向自己提供了转给德国情报官的（误导）信息。其中包括由名为雅利安世界兄弟会（Brothers in the Aryan World Order）的威尔士民族主义者组成的秘密帮派和陆军部一名秘书。他声称与那个秘书有联系，说后者“轻率得可爱”，随着“D 日”临近向他提供了盟军计划的秘密细节。

代号：艺术家
服务国：英国
针对国：德国

约翰·耶布森

作为军事情报局驻西班牙军官，雅布森担心自己可能很快会因财务欺诈而被捕。为了不让上级察觉他和密友波波夫在为英国人工作，他编了个故事，想逃到英国。耶布森声称他父亲曾救过银行家罗斯柴尔德（Rothschild）的命，他欠耶布森“一笔感情债”，正在活动让他进入英国，他可以在那里为德国收集情报。结果盖世太保抓住他，阴谋随之暴露。

代号：财富
服务国：英国
针对国：德国

娜塔丽·“莉莉”·谢尔盖耶夫

生于俄国，在巴黎长大，谢尔盖耶夫与其军事情报局管理者埃米尔·克利曼的关系经常好过她与英国管理者。“他一直对我很好，”她告诉他们，“不得不对他说谎，欺骗他，这让我感觉很糟糕。”然而她继续向他提供假情报。“三年来，我一直在伪装。”她在日记里写道，“如果活到战后，我还能重新适应吗？我还能恢复正常吗？”

代号：布鲁图
服务国：英国
针对国：德国

罗曼·加尔比–切尔尼亚夫斯基

与胡安·普霍尔一样，这个波兰爱国者在“D日”之后继续误导德国人，暗示巴顿（虚构）的美国第1集团军群将很快发起渡过多佛海峡的大规模进攻。加尔比–切尔尼亚夫斯基因为没有向柏林预警诺曼底登陆而道歉，解释说他完全陷在“戒备状态”的第1集团军群司令部职责中。他还说，集团军群“随时”准备进攻。

纪念品

“杰德堡行动”小队成员渗透进法国时带着左侧这只指节环，准备用于格斗。“杰德堡行动”一些英国成员骄傲地佩戴着特种部队翼形章。

杰德堡行动队

在解放的巴黎，英国信号员 A. E. 霍尔德姆（A. E. Holdham）中士站在“杰德堡行动”三人小队另一名成员右边，这个行动队于 1944 年 8 月 14 日伞降到法国。特别行动处、战略情报局和戴高乐的流亡政府联合发起“杰德堡行动”，旨在帮助法国抵抗组织与德国占领军作战。每个“杰德堡行动”小队都有一名信号员和一至几名法国成员。

夜间空投

穿着救生衣，背着降落伞和各种装备，“杰德堡行动”小队成员准备登上背景中的 B-24 轰炸机，从英国哈林顿机场（Harrington Airfield）出发执行任务。轰炸机将在天亮前将他们投到法国。1944 年 6—7 月，美国陆军航空兵第 801 轰炸机大队的“背包客”驾着改装的 B-24 轰炸机执行了 1300 次前往法国的任务。跳伞者通过这些改装机上的“乔洞”跳下去。

和荷兰。在法国的“杰德堡行动”小队包含戴高乐的自由法国部队成员，后者指导了与法国游击队员和其他抵抗战士共同发起的秘密行动。

> “（诺曼底的行动是）一场牵制动作，意在吸引敌方后备部队，这样就可以在另一地发起总攻。”
> ——胡安·普霍尔

平民为对德游击战付出了重大代价，尤其是党卫军第2“帝国”装甲师（SS Panzer Division，即帝国师）行军路线上的平民。从法国南部调动到诺曼底过程中，帝国师残酷地报复了意在拖延其进军的袭击。6月9日，蒂勒镇（Tulle）的一名妇女购物后回家，发现丈夫和儿子被吊在家里阳台上。“党卫军不分青红皂白，抓住并冷血杀害了100个男人。他们只是其中两个。”她作证说，“妻儿还要被迫看着他们被吊上自家屋外的灯杆和阳台。”6月10日，帝国师党卫军部队进入奥拉杜尔村（Oradour-sur-Glane），几乎屠杀了全部居民，其中包括400多名妇女儿童，他们被锁在一座教堂里放火烧死。平民付出了巨大代价，但游击队的袭击和盟军轰炸行动（也夺去了平民性命），拖延了党卫军帝国师和其他派往诺曼底的德国部队，为解放法国做出了贡献。

当虚构的美国第1集团军群威胁没有出现，据称是集团军群司令巴顿，最终率美国第3集团军增援诺曼底的进攻时，“D日”欺骗计划似乎已经暴露。然而胡安·普霍尔声称，盟军正将美国第1集团军群派遣至诺曼底压制德军在那里的顽强抵抗，保住了德国间谍头子的信任。据说那次部署导致巴顿对艾森豪威尔的激烈抗议，后者将美国第1集团军群司令降级至法国的蒙哥马利将军之下。被误导的军事情报局不但没怀疑普霍尔，其管理者还在7月通知他，“元首要因你的杰出功绩而授予你铁十字勋章”。普霍尔谦虚答复：“这个奖章里有我的，也有其他同志的功劳。他们的建议和指导成就了我这里的工作。”这似乎指他在英国那些虚构的下线特工，但也是对在军情五处真正的同志一份间接赞扬。

欺骗性箔片

英国军工厂工人在生产金属箔片——用于干扰敌方雷达的铝片。“D日”当天，盟军飞机试图将德军注意力从诺曼底引开，在多佛海峡上空投下大捆大捆的金属箔片，模拟出由驶向加莱的进攻舰队造成的雷达反射。

他们非常娴熟地管理着他和其他人的案子，以至于接收端的一些德国人在战败后很久才意识到自己被欺骗了。

假人

“D 日”黎明前，为了干扰和迷惑德国守军，成百上千个绰号为“鲁珀特”（Rupert）的假人被空投到远离盟军伞兵实际降落区的地区。在黑暗中从远处看去，这些假人就像是大活人，它们触地时拉响的爆竹则强化了很像那么回事的错觉。

瓦尔基里行动

盟军在诺曼底的成功登陆不仅是对忠于希特勒的德国军官，也是对他在国防军内的死敌之一克劳斯·冯·施陶芬贝格（Claus von Stauffenberg）上校的沉重打击。36 岁的施陶芬贝格是德国预备役部队参谋长，与其他阴谋反对元首的许多人一样，他也抱着一线希望，如果希特勒被暗杀，英美或许会与德国单独和解。但对法国的进攻表明，英美与正从东方挺进德国的苏联盟友一样决心打败和占领第三帝国。如果阴谋分子杀掉希特勒，结束纳粹政权，他们将不得不做出选择，要么拖延一场肯定以德国的彻底失败告终的战争，要么向同盟国无条件投降，后者将把德国分割为数个占领区。

投降也许会使几十万德国人免于为一场失败的事业献身，但对祖祖辈辈就曾领导德国征战的贵族施陶芬贝格而言，投降不是能轻易做出的妥协。他是个自豪的民族主义者，曾支持希特勒致力于打造大德意志帝国，心安理得地在他麾下工作，直到对苏联那场灾难性的入侵。他在那时得出结论，希特勒对自己的军队和民族的威胁与他对犹太人的威胁一样大。德军指挥官与党卫军行动队沆瀣一气，使国防军蒙羞。从苏联调到北非时，施陶芬贝格很高兴，但 1943 年 4 月在突尼斯，

“无论付出什么代价，暗杀势在必行。”
——“D日”后，克劳斯·冯·施陶芬贝格上校担心除掉希特勒也救不了德国，亨宁·冯·特雷斯科将军对他说

他的座驾遭到扫射，他的作战生涯结束了。虽然失去了一只眼睛、右前臂和左手两个手指，他开始确信自己获得了以除掉希特勒为目标的新生命。“D日”后，他又有了新想法，意识到推翻柏林的政权无法挽救德国的战败，但同谋者特雷斯科将军打消了他的顾虑。一年前，特雷斯科曾企图暗杀希特勒。“无论付出什么代价，暗杀势在必行。”特雷斯科坚称，“即使失败，我们也要尝试在首都夺取权力。我们必须向世界和后代证明，德国抵抗组织的战士敢于冒着生命危险，采取决定性行动。”

施陶芬贝格在柏林预备役部队的突出地位将他置于一场阴谋的中心。这场阴谋意在利用已经获得希特勒批准的计划，名为“瓦尔基里行

毁灭的开端

战地摄影师罗伯特·卡帕（Robert Capa）拍摄的这张著名的“D日”照片上，一名美军士兵被火力压制在奥马哈海滩上。6月6日，虽然盟军在这里损失惨重，但他们建立了桥头堡，投入大量部队，致使德军指挥官对形势日益悲观。7月14日，隆美尔致函希特勒：“这场一边倒的战斗正接近终点。”对那些希望通过除掉希特勒来挽救德国免于毁灭的军官，他持默许态度。

动”（Operation Valkyrie）。计划要求不承担作战职责的部队，包括施陶芬贝格的上司弗里德里希 · 弗洛姆（Friedrich Fromm）将军指挥的预备役部队，镇压德国内乱，包括强征来的外国劳工可能发动的起义。这些为第三帝国做苦力的人的工作条件比德国集中营里的奴隶劳工好不了多少。在弗里德里希 · 奥尔布里希特（Friedrich Olbricht）将军协助和鼓励下，施陶芬贝格秘密修改了计划，鼓动军官与他们合谋，在希特勒被刺后，接管瓦尔基里部队，镇压党卫军部队和其他纳粹死士。这项危险的计划要求诱使摇摆不定的弗洛姆将军启动“瓦尔基里行动”。弗洛姆没有对阴谋者做出确定承诺，但知道他们的阴谋，暗示道，一旦希特勒被除掉，他将支持他们。他们希望组成新政府，由一直反对元首的重要人物领导，包括路德维希 · 贝克（Ludwig Beck）将军、埃尔温 · 冯 · 维茨莱本（Erwin von Witzleben）元帅和前莱比锡（Leipzig）市长卡尔 · 弗里德里希 · 格德勒（Carl Friedrich Goerdeler），后者曾在战前寻求过英国对反希特勒的支持。如果政变成功，格德勒将出任总理，利用与同盟国的关系使德国免于战败后的严酷待遇。

“D 日”之后，施陶芬贝格数次被召去向希特勒汇报预备役部队的准备情况，这支部队有可能在需要时参战。他曾提议执行自杀式任务，将自己与希特勒一起炸死，但其他阴谋者认为他太重要，希望他于暗杀后在柏林催促弗洛姆采取行动，确保“瓦尔基里行动”的成功。因此，施陶芬贝格计划将一颗定时炸弹放在公文包内，在会议期间放置在离希特勒尽可能近的地方，在爆炸前找借口离开。他本希望在党卫军领袖希姆莱和帝国元帅赫尔曼 · 戈林在场时这样做，将他们一起除掉，但这样的机会没有出现。到 7 月中旬，他已经不能再等下去，因为这场涉及面广大的阴谋有暴露的危险。7 月 20 日，他被召去参加与希特勒和其他军官在“狼穴”（Wolf’s Lair）召开的会议。戒备森严的“狼穴”是元首在东普鲁士的指挥中心，施陶芬贝格知道时机

错失良机

1944年7月15日，希特勒在其“狼穴”大本营迎接另一名军官时，施陶芬贝格立正站在左边。这一次，施陶芬贝格没找到机会下手，但决心在下一次被召到大本营时实施行动。

来了。正如他对一个同伙说道："我们已经渡过了鲁比肯河（Rubicon，意为没有退路）。"

那天上午，施陶芬贝格和助手维尔纳 · 冯 · 黑夫滕（Werner von Haeften）中尉偷偷带着两颗炸弹从柏林飞到"狼穴"。施陶芬贝格按计划将它们装在公文包里，带进 12 点 30 分开会的会议室。这天很热，他要了个房间，让黑夫滕帮忙换掉汗透的衬衫。在此掩护下，他开始设置两颗炸弹中的第一颗。他用钳子打碎装着酸的瓶子，酸将腐蚀起爆线，引爆炸弹。他练习过这个程序，但只来得及设置好一颗炸弹，就被叫去开会。酸启动引信不够准确，他无法确定炸弹是在短到 10 分钟—15 分钟，还是长到需要两倍的时间才爆炸。当天在场的有瓦尔特 · 瓦尔利蒙特（Walter Warlimont）将军，他后来对施陶芬贝格进入会议室时的沉着感到惊讶，"一只眼睛上戴着黑眼罩，一条截肢的胳膊在空空的制服袖子里，站得笔直，正视着希特勒"。12 点 35 分左右，他将公文包放在脚下，坐到希特勒右边第三个座位上。

被问及是否想听施陶芬贝格的汇报，希特勒回答他的报告可以等到后面。这时施陶芬贝格借口需要与柏林的同事电话商讨，很快就回来，溜出会议室。他走后，坐在他右首的军官海因茨 · 勃兰特（Heinz Brandt）上校踢倒了公文包。上校把它拾起来，放到会议桌的一条厚实木腿后，这离得希特勒更远了。12 点 42 分，炸弹爆炸，威力大到"狼穴"的一些人以为发生了空袭。爆炸发生时，施陶芬贝格和黑夫滕已经离开了那幢建筑，正走向他们的汽车。他们认为希特勒已死，在一片混乱中离开了院子，飞回柏林。爆炸后不久，希特勒爬出废墟，头发被烧焦，耳膜被炸穿，但没有生命危险。坐在离公文包不远的勃兰特与另外两名军官和一个速记员丧生，但炸死离得更

> "我们已经渡过了鲁比肯河。"
>
> ——克劳斯 · 冯 · 施陶芬贝格上校被要求参加 1944 年 7 月 20 日在"狼穴"与希特勒的另一场会议后说

远的希特勒将需要全部两颗炸弹。

希特勒逃过暗杀的消息，很快到达柏林的弗洛姆将军耳中。他拒绝启动“瓦尔基里行动”。那天下午回到柏林后，施陶芬贝格与其他阴谋者扣押了弗洛姆，坚称希特勒已死，下令军官们采取反对纳粹政权的行动。当晚在巴黎，超过 1000 名盖世太保特工和党卫军被拘捕，关押。但到夜里 10 点，柏林的政变彻底失败，忠于希特勒的部队攻击了预备役部队司令部，释放了弗洛姆。弗洛姆下令除掉聚集在司令部的阴谋团伙领导者，试图掩盖他事先知道阴谋的事——他后来为此被处决。德国总参前参谋长贝克将军获准自杀，但午夜过后不久，行刑队枪毙了施陶芬贝格、黑夫滕、奥尔布里希特和其他几个人。

与其他同谋者被逮捕、定罪、慢慢勒死相比，他们的命运还算好的。

废墟

施陶芬贝格安放的炸弹在希特勒会议室中间那张倒塌的桌子下爆炸，图为炸坏的会议室照片。在 7 月 20 日的爆炸不久前离开会议室的施陶芬贝格听到爆炸巨响，以为希特勒已死，回到柏林后却发现元首还活着，而他们的夺权阴谋行将破产。

这些痛苦的处决过程被记录成电影，供希特勒兴致勃勃地观看。最终，几千名德国人成为嫌疑犯，付出了生命代价，其中的著名人物有埃尔温·隆美尔元帅。他既没有阴谋刺杀希特勒，也没有在阴谋者叫他入伙时向希特勒警告暗杀威胁。隆美尔结束了自己的生命，没有受到审判处决。完全致力于杀死纳粹独裁者的特雷斯科将军也以自杀告终，代表在“瓦尔基里行动”中丧生的众人，他说出了自己的心声：“我一如既往地确信，我们做了正确的事。我相信希特勒不仅是德国，也是整个世界的恶魔。”

希特勒的最后时刻

“瓦尔基里行动”的失败将德国留给了独裁者，他宁愿国家成为一片废墟也不愿向敌人屈服。他早就发誓，不管德国的处境有多么绝望，都绝不投降。“我们也许会被摧毁，”他声称，“但如果是那样，我们也要带上整个世界——一个着火的世界。”到 1944 年年末，柏林以及其他德国城市已经遭到轰炸，化为灰烬。盟军正从东西两面逼近。7 月，苏军已经进入纳粹占领的波兰，进军到华沙的攻击范围之内。波兰国家军（Polish Home Army）的抵抗战士试图在华沙落入苏军之手前解放自己的首都，但被党卫军部队镇压。苏军将国防军赶出波兰和其他东欧国家，因这次易帜而受到影响的人不仅有作为政治犯被苏联当局逮捕的人，还有匈牙利这类与德国结盟国家的平民。德国军官们认识到，东边的苏联将是比西边的同盟国危险得多的征服者。许多阴谋反对希特勒的人希望与西方同盟国达成妥协。如果那一点不可能，失败将不可避免，他们倾向于让西方盟军占领第三帝国，同时尽可能顶住苏联人。但只要希特勒还在执政，两条战线的投降都不可能。希特勒准备在苏军突破东线之前，将德国拥有的后备资源，包括多年打造的秘密武器，孤注一掷

希特勒最后一位试吃员

玛丽亚 · 韦尔克（Maria Wölk）是一个年轻士兵的妻子，她的丈夫远在苏联作战。离开父母在柏林被炸毁的家，她来到东普鲁士一个宁静的村庄与公婆一起生活，以为找到了逃离恐怖战争的避难所。但希特勒的战时大本营“狼穴”就在几千米外。1942 年某一天，党卫军士兵来到门前，强迫她加入有 15 名年轻妇女的群体，她们是希特勒在大本营的试吃员。正如一些可恶的旧君主一直生活在被人下毒的恐惧中，希特勒也在饭前一小时让人试吃所有将要端给他的食物。

由于没人自愿做这项工作，党卫军强迫韦尔克这样的妇女充当希特勒的小白鼠。她们围坐在桌子前，尝试不同的食物。恐怖的仪式每天都在重复，经常让这些试吃员痛哭流涕。“食物里从来没有肉，因为希特勒只吃素。”韦尔克回忆说，“食物不错——非常好，但我们一点胃口也没有。”

施陶芬贝格放置的炸弹爆炸时，韦尔克正在“狼穴”。她感觉到爆炸的震动，听到有人大喊希特勒死了。那样的话，她就可以摆脱这份可怕的工作了。但希特勒活了下来，而且她的情况更糟了。她说道，“狼穴”的安保得到加强，她和原来住在家里的同伴现在“像笼子里的动物”一样被关在大本营。一天夜里，一名党卫军士兵爬上梯子，从窗户钻进来，强奸了她。

1944 年后期，随着苏军逼近东普鲁士，“狼穴”的人员撤走。其他试吃员被留下来面对愤怒的苏联人，但一名军官可怜韦尔克，在开往柏林的最后几辆火车上为她找了个位置。不同于许多因战争守寡的德国妇女，1946 年，她和以为已经死掉的丈夫团圆了。他差点饿死在战俘营，变得几乎面目全非，但在她照顾下恢复了健康。韦尔克努力忘记那段悲惨经历，却始终萦绕在她梦中。直到她 95 岁生日，那场战争结束近 70 年后，希特勒的最后一个幸存的试吃员才公开谈及她的战时经历。“我从没见过希特勒，”她评论说，“但我每天都得为他冒生命危险。”

安全无毒

不管是奢华的正餐还是与德国军官一起随意吃喝（下），希特勒习惯事先让人试吃，确保自己不被人下毒。为他试吃的有玛丽亚・韦尔克（右）。她被迫为希特勒服务时年约 25 岁，70 年后才讲述了自己的经历。

地投入打退西方盟军的行动中。许多人认为这是对德国无用甚至是自杀式战略，但在7月暗杀图谋后的清洗中幸免于难的指挥官无力阻止。希特勒梦想着另一场德军闪电战。正如1940年，闪电战切断了敌军防线，一直打到敦刻尔克。这次的目标将是安特卫普，这是法国和比利时盟军部队的重要补给基地。但德国国防军再无能力发动这样的闪电攻击。希特勒投入1944年12月那场攻势的部队缺乏燃油，后备力量则是年龄为16—60岁的训练不足的预备役。他们一开始进展迅速，但被困在他们打造的突击部之中，在激烈的突出部战役中被打败。最终，希特勒在这场大败中损失了近10万人

注定失败的起义

1944年华沙起义期间，波兰国家军的游击队员在废墟中与德军作战（左）。8月，党卫军镇压了起义，实施了疯狂报复。一些抵抗战士被枪杀（下），一些未参加战斗的人死在被点着的房子里，逃出来的人则被架着机枪守在外面的党卫军部队射杀。“前门堆满了试图逃出大火的人的尸体。”一个幸存者回忆，“除非发生奇迹，没人能活着出来。”

和 600 辆坦克，同时苏军于 1945 年 1 月重启攻势，向德国逼近。国防军参谋长海因茨·古德里安将军力劝希特勒放弃西线战斗，投入全部剩余力量对抗苏军。但希特勒根本不听，让古德里安休病假，免除了他的职务。

希特勒梦想着用秘密武器拖延失败，结果也与他注定失败的西线攻势一样无望。自二战初期以来，德国投入大量人力物力开发两种所谓“Vergeltung”（复仇）武器——名为 V–1 的巡航导弹和称作 V–2 的弹道导弹。因为技术障碍和制造延误，直到德国失败已成定局的战争最后一年，两者才可用于部署。V–1 在“D 日”计划之后一周投入作战，10 枚火箭射向伦敦。这种新式武器非常可怕，可惜射程只有约 150 英里（约 240 千米），最高速度只有 375 英里（约 604 千米）每小时，这样的速度让它很容易遭到战斗机和高射炮火攻击。它的部署对那些盟军情报首脑也不是秘密，如英国空军部的雷金纳德·琼斯在第一批 V–1 落到伦敦时就已经通过间谍和线人完全掌握了导弹的设计和特征。琼斯与双十字委员会和军情五处的双面特工合作，向德国隐瞒了许多 V–1 未能击中伦敦市中心目标的事实。落到市中心造成的损失最严重，对政府及其战备的干扰也最大。德国人总计发射了逾 2 万枚 V–1，最初投向伦敦，后来针对“D 日”计划后被盟军解放的安特卫普等地，总计造成逾 5 万人的伤亡，但与盟军空袭轰炸德国造成的逾 100 万伤亡相比，这个损失不算大。

> “我们也许会被摧毁，但如果是那样，我们也要带上整个世界——一个着火的世界。”
>
> ——希特勒决不投降的誓言

第一批 V–2 于 1944 年 9 月投向伦敦。它们以 2000 英里（约 3200 千米）每小时的速度冲下平流层，势不可当。然而，V–2 的爆炸当量比 V–1 大不了多少，射程也没有显著增加。它打不到苏联及其占领地区的战略目标，只能用于打击英国及盟军占领的比利时和法国。而且，复仇心切的

复仇武器

1944年8月，休泼马林（Supermarine）“喷火式”战斗机追上一枚V-1导弹，试图干扰这种巡航导弹机翼上方的气流，让其偏离目标。对于显示在下方发射架上的V-2弹道导弹，盟军没有这样的防御手段。它下降飞向目标的速度远远超过了任何飞机。

火箭科学家

一次导弹测试期间，V-2火箭设计师韦纳·冯·布劳恩（Wernher von Braun）与德国军站在一起。战争结束时，冯·布劳恩向美军投虽然为讨好纳粹政权和推动他的致命导弹项目，加入了纳粹党和党卫军，但投降后受到美国优后来作为著名的火箭科学家继续在美国工作。

图解手册

为了给这本非常严肃的德国手册来点喜剧调剂，编手册的画家在右手页画了一名德军士兵与其恋人。

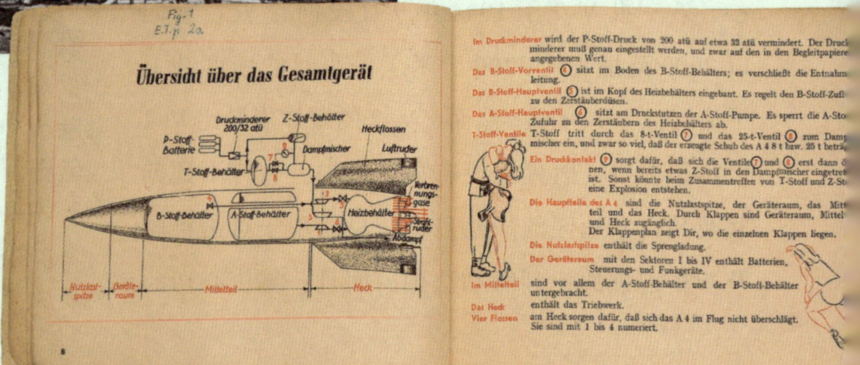

爆炸

1945 年 3 月，V–2 号弹击中伦敦一处市场，带来灾难性后果，造成逾 100 人丧生及更多人受伤。然而，这样的报复袭击并没有改变纳粹德国注定失败的命运。

地下劳工的噩梦

在这场战争中，V–1 和 V–2 属于最高精尖武器，但它们大多数是由成千上万名劳工在最原始、最不体面的条件下生产的。1943 年后期，盟军对佩内明德的德国火箭工厂发动了猛烈空袭，之后生产转到哈尔茨山（Harz Mountains）里的一座深矿井，扩大到包含中央工厂（Mittelwerk）和名为朵拉（Dora）的集中营，后者是关在那里的工人的住处。负责的党卫军汉斯 · 卡姆勒（Hans Kammler）不管他们的死活，因为总有人来代替。“别管付出多少人的代价。”他指示手下，“工作必须进行，并且在最短的时间内进行。”劳工的住处寒冷、阴暗、肮脏，厕所由架在油桶上的木板搭成，卫兵有时还把蹲在上面的劳工推到桶里。一名犯人描述了工人如何在工作 15 小时后休息时，很多人累到倒在大洞穴似的地上，都未能爬到堆成四层的架子铺上：“很快，1000 多个绝望的人到达生存极限，忍受着饥渴折磨，躺在那里指望永远不会到来的睡眠；因为即使睡着，卫兵的呼喝、机器的噪音、爆炸和警铃的声音也能传到他们耳中。”

中央工厂—朵拉的死亡率高得惊人。劳工成批成批地感染痢疾和其他疾病，或死于营养不良和虐待。到战争结束，被迫在中央工厂—朵拉工作的 6 万人中，死在那里的达到 2 万人，这个惊人的数字远远超过 V–2 导弹攻击加起来杀死的全部人数。

强迫劳工

犯人在中央工厂—朵拉生产 V 火箭部件。这座工厂位于一片山腰（右）深处，那里的旧矿井被改成一座巨大的地下工厂和一所集中营。1943 年后期到达那里的第一批犯人付出极大努力，冒着巨大风险挖出地下设施。所有劳工住在条件极为恶劣的地下洞穴里，直到 1944 年年中，犯人住处在入口外建成。

幸存者

1945年4月，盟军到达中央工厂—朵拉后，一个神色茫然的劳工坐在尸体中。截至那时，德国管理人员撤走了大部分能劳动的犯人，只留下那些羸弱到无法动弹的。

死亡营

盟军部队在诺德豪森镇（Nordhausen）一座集中营遇到这个瘦弱的幸存者（上）。附近中央工厂虚弱到丧失工作能力的囚犯被留在镇上饿死，埋葬在一个浅坑里（右）。

代价高昂的产出

平均而言，在地底下生产的每颗德国导弹，都有两名劳工死亡，其中包括数千枚照片前景中的V-1和6000枚V-2导弹（左）。

苏军压向德国，根本不受希特勒的复仇武器阻碍。V–2设计师韦尔纳·冯·布劳恩是个才华横溢又野心勃勃的火箭科学家，为自己的事业发展加入了纳粹党。制造V–2的代价极其昂贵，其中包括约2万名集中营劳工的生命，他们在防爆地下工厂的恶劣条件下劳作，死于疾病、饥饿或守卫的虐待。V–2造成约1.25万人伤亡，对战争的影响微乎其微，但那些劳工的死亡人数远远超过了V–2袭击的受害者。

最终，1945年，随着失败的彻底笼罩，希特勒及其纳粹忠诚分子能做的只有在帝国倒台前除掉他们所谓的国家敌人。希特勒不愿被俘，

失败

1945年4月30日，希特勒不愿被苏军俘虏，在柏林地堡自杀（左）。两天后，苏军将国旗插上德国国会大厦（下）。

不想作为战争罪犯受审，决心自杀。与他不同，海因里希 · 希姆莱妄想毁掉党卫军滔天罪行的证据，逃脱惩罚。他关闭了毒气室，下令拆除苏军进军路线上的波兰奥斯维辛等集中营。但那并不意味着释放集中营囚犯，他们也是纳粹暴行的不利证据，被强迫步行到远方的集中营。许多人死于转运途中，幸存者被赶到其他犯人中，被留下自生自灭。按希特勒最后的遗言，从发端到毁灭，纳粹政权一直笼罩在恶毒的反犹主义政策下，他声称，“这场残酷斗争的罪魁祸首”是犹太人。直到死，他都在诽谤和攻击犹太人。

PARIS EDITION

EXTRA THE STARS AND STRIPES EXTRA

Daily Newspaper of U.S. Armed Forces in the European Theater of Operations

Vol. 1—No. 279 1 Fr. 1 Fr. Wednesday, May 2, 1945

German Radio Reports:

HITLER DEAD

The German radio announced last night that Adolf Hitler had died yesterday afternoon, and that Adm. Doenitz, former commander-in-chief of the German Navy, had succeeded him as ruler of the Reich.

Doenitz, speaking later over the German radio, Reuter said, declared that "Hitler has fallen at his command post."

"My first task," Doenitz said, "is to save the German people from destruction by Bolshevism. If only for this task, the struggle will continue."

The announcement preceding the proclamation by Doenitz said: "It is reported from the Fuehrer's headquarters that our Fuehrer, Adolf Hitler, has fallen this afternoon at his command post in the Reich Chancellery, fighting to the last breath against Bolshevism and for his country. On April 30, the Fuehrer appointed Grand Adm. Doenitz as his successor. The new Fuehrer will speak to the German people."

The talk by Doenitz then followed, Reuter said. Doenitz said: "German men and women, soldiers of the German Wehrmacht, our Fuehrer, Adolf Hitler, has fallen. German people are in deepest mourning and veneration."

"Adolf Hitler recognized beforehand the terrible danger of Bolshevism," Doenitz said, "and devoted his life to fighting it. At the end of this, his battle, and of his unswerving straight path of life, stands his death as a hero in the capital of the Reich.

"All his life meant service to the German people. His battle against the Bolshevik flood benefited not only Europe but the whole world. The Fuehrer has

(Continued on Page 2)

Churchill Hints Peace Is at Hand

Pope Prepares Speech

胜利

为美国军人出版的《星条旗报》（*Stars and Stripes*）用大字标题宣布了希特勒死亡，下方的文章标志着欧洲和平即将到来。5 月 7 日，希特勒自杀后继任德军最高统帅的卡尔 · 邓尼茨海军元帅向同盟国无条件投降。

1945 年 4 月 30 日，希特勒在他的柏林地堡自杀。此前不久，威廉 · 卡纳里斯海军上将、汉斯 · 奥斯特将军等人被指控在军事情报局工作时阴谋反对元首，经过仓促审判，被判死刑。新近搜出的卡纳里斯日记让希特勒相信，军事情报局内的奥斯特等人反对他的阴谋曾得到海军上将的协助和支持。卡纳里斯最初否认有牵连，但面对奥斯特说他曾掩护和支持阴谋分子的证词时，他承认这样做过。因反抗将帝国推向毁灭的领导者，他于 4 月 9 日被绞死。临死前，卡纳里斯在自己监牢内用代码向同监区的一个犯人敲出他自己的悼文。“我的时间到了。”他发出信号，“我不是叛徒。我尽了一个德国人的职责。”

黑色宣传：秘密口水战

1945 年 3 月，随着德国面临失败，宣传部长约瑟夫 · 戈培尔促请希特勒发表全国广播讲话，呼吁继续抵抗盟军。1 月，他告诉德国人，“不管当前危机如何严重，我们坚定不移的意志都将排除万难，克服危机”。但希特勒还有自知之明，不想再用被某个听众说成“绝望得刺耳”的声音去鼓舞大众。他和戈培尔再也不是电波的主宰。广播曾经是他们吸引追随者、恐吓敌人的手段，现在被同盟国有效地用于散布打击士气的谣言，这些谣言像是源自第三帝国内部。一名纳粹官员写道，这类黑色宣传正在消耗“军队的战斗精神和人民的忍耐力”。

事实上，同盟国相当于让摇摇欲坠的纳粹政权过量服用它自己的药。1939 年，戈培尔负责的宣传部与外交部合作建立了“联合办公室”（Büro Concordia），其黑色宣传节目似乎出自法国、英国和其他与德国不和的国家。第三帝国的官方宣传台柏林电台（Radio Berlin）也用那些国家的语言向民众广播，但不隐瞒节目出处。威廉 · 乔伊斯（William Joyce）是英国法西斯分子，1939 年叛逃到德国，以“德国的召唤”（Germany calling）开始了为柏林电台的广播。英国听众称他为“呵呵勋爵”（Lord Haw-Haw），对于他的谩骂攻击，许多人不以为恼，反觉有趣。1940 年春，英国与德国的“虚假战争”（Phoney War）成为一场后果严重的真正战争时，他不再受到欢迎。

乔伊斯一边继续广播来源透明的白色宣传，一边为“联合办公室”撰写黑色宣传广播稿，后者运行着五座针对英国的英语电台。那些节目并不巧妙，几乎没有听众受他们影响。但对 1940 年那些遭到德军轰炸的人，听到有人声称站在他们一边谴责英国的战争行径，这一点让人不安。“不要等到你们饿得头昏眼花的时候。”“黑色”电台“工人的挑战”（Workers' Challenge）的播音员敦促听众起来反抗资本主义战争贩子，“和平趁现在。打铁趁热。一个工人的国家值得为之战斗”。

英国人在这场口水战中针锋相对，征召了从天才记者改行的宣传家塞夫顿 · 德尔默（Sefton Delmer）。他在德国长大，父母是奥地利人。作为 BBC 的德语广播员，德尔默的白色宣传非常尖刻，有对纳粹的口诛笔伐，还有对德军侵略英国时将遭到的猛烈反击的警告。伦敦的秘密宣传委员会编造了一通谣言，再通过国外的特工散播，说英国正在沿海水域覆盖一种易燃物质，将把侵略者烧成灰烬。德尔默强化了那个传言，他宣称：“我燃烧……你燃烧……他燃烧。”之后，形势明确希特勒将不会冒险入侵。1941 年，德尔默作为德语广播电台 GS1（Gustav Siegfried Eins）

策划人转到“黑色”宣传节目。节目虚构了一个人物，名为“酋长”（Der Chef），他反对那些正在毁灭德国的堕落的纳粹分子，这些耸人听闻的广播使GS1成为二战中最成功的黑色宣传节目之一。直到1943年，一阵模拟盖世太保的枪声打哑了酋长，GS1广播从此消失。德尔默还为政治作战处（Political Warfare Executive）指导印刷品形式的黑色宣传，该机构以语言和图像为武器打击敌人的士气，并且启发了战略情报局的类似行动。

煽动者

约瑟夫·戈培尔打响了黑色宣传战的第一枪，但事实最后证明，盟军在削弱德国人士气方面更胜一筹。

"现在，我教你们一个将会很有用的动词。请再次跟我念：

我燃烧；

你燃烧；

他燃烧；

我们燃烧；

你们在燃烧。

他们燃烧。

党卫军上尉也在猛烈燃烧。"

——1941 年年初，塞夫顿·德尔默

不屑一顾

1940 年 7 月，作为 BBC 德语广播员的首秀，塞夫顿·德尔默拒绝了希特勒相当于最后通牒的和平提议。"我们把它还给你，"他说，"砸到你臭哄哄的牙齿上。"德尔默后来播发了右边这条警告，作为给可能入侵英国的德国人的一堂英语课。

大众收音机

1938 年，为纪念戈培尔 10 月 29 日生日，德国人领到免费收音机。这种廉价收音机贴着"大众收音机"（Volksempfänger）的标签，是为在纳粹德国分发而生产的，接收能力有限。收音机上印着警示语："收听敌台是危害德国人民国家安全的罪行。"

Take French laxative — it will keep you on the run

Evening Standard

Late Nighters Final

Black-out To-night · Black-out To-morrow

No. 35,941 · LONDON, SATURDAY, 17. FEBRUARY 1940 · ONE PENNY

Smoke TURKISH TOBACCO — who cares for the British Empire Tobacco any longer

The Massacre of the R.A.F.

Secret session of Parliament demanded

Premier perturbed – one out of ten planes only return. Another Cabinet reshuffle in sight

Despite the Hush-Hush tactics on the part of our defence chiefs the true facts of the air war situation are gradually leaking out. At the Air Ministry a secret report has been prepared which contains the true balance of the war in the air.

Our airforce has not only lost a perturbing number of its most up-to-date bombers and fighters, but a far higher percentage of its crack flyers than has been admitted. The policy of publishing a weekly casualty list containing between two or three score names of the dead and missing will be overhauled completely. It has misled even people of high rank into a far too optimistic attitude *as regards Britains true position.*

Everybody of course is aware of the fact that the German claim of having shot down 36 out of a total of 44 British bombers in that famous air battle over the Bight of Heligoland is perfectly

People ask what has happened to pilot officer so and so, and nobody knows anything at all. He is missing, that is all. *The whole matter is to be the principal* question for the next secret session of the *House of Commons.*

M. P.s who were at first inclined to disbelieve these hair-raising stories have meanwhile come round to regard the present state of affairs as highly disquieting.

In Whitehall there reigns an atmosphere of gloom. Mr. Kingsley Wood, who *is conducting a sort of personal investigation,* feels that he has been misled by certain subordinate quarters. The Prime Minister is said to be rather uneasy.

Apart from the losses of the R. A. F. in action, the numbers of machines and *men "destroyed" in accidents has been very* high. Whereas the normal losses in training were expected not to exceed a certa-

His last Trip to the Front

德国呼叫

德国针对英国的宣传包括“呵呵勋爵”（左）的讽刺广播，及一份伪造的 1940 年 2 月 17 日的《伦敦标准晚报》（*Evening Standard*，上）。报上声称皇家空军遭受重创，实际上它刚刚开始参加战斗。

战争文物 英国黑色艺术大师

许多针对德国军民的黑色宣传采用了印刷而不是广播形式，由政治作战处在塞夫顿·德尔默和设计师埃利克·豪（Ellic Howe）专业指导下秘密制作。对于印刷历史和技术，包括战时德国采用的技术，豪就是一部行走的百科全书。1941 年，他向军事情报局申请适合他专业知识的职位，引起德尔默的关注。“在战时，”豪写道，“印刷机与打字机和笔迹伪造或欺骗技术的结合是一件强大的武器。文件可以到达我们的装甲师或特工无法触及的人或地方。”

很快，豪与德尔默就在一些偏离正道同时非常巧妙的视觉资料项目上合作，其中包括一份令人丧气的传单，它警告受轰炸地区的德国主妇要将被尸体污染的水烧开。特别行动处有时将伪造者从牢里释放出来伪造敌方文件。与他们不同，豪的政治作战处印刷部门没有前科犯。“我的人全是体面人。”他评论说。没有犯罪经历，他们就通过不断试验来磨炼制造赝品或伪造文件的技艺。他们设计的一张将海因里希·希姆莱描绘成德国未来元首的假邮票一开始备受批评，那个党卫军头子看上去像得了皮肤病，“我希望这些瑕疵不会出现在最终的邮票上。”最终，它们成了一名特别行动处特工所称的“完美伪造”，不仅进入纳粹德国，还进入了罗斯福总统的私人邮票收藏。

政治作战处和其他机构印刷的黑色宣传品通过各种手段散发。一些经邮寄或特工转交到达欧洲沦陷区的抵抗组织手里，后者将传单放在德国部队聚集的地方，引发他们的恐惧，刺激他们开小差甚或逃跑。德国国内的散发主要通过飞机或气球空投。这些气球乘着西风从同盟国地区出发，在第三帝国上空放出一捆捆颠覆性资料。德国宣传人员试图反击，美国人则想迎头赶上，但在数量和质量方面，没有哪个轴心国或同盟国可以与豪、德尔默和其他英国黑色艺术大师的视觉资料产出相提并论。

X Ha № 611116

Zweite Reichskleiderkarte

für Herrn

Wohnort

Wohnung

(Mit Tinte auszufüllen)

Die Karte gilt bis 31. August 1941; sie ist nicht übertragbar. Die Karte darf nur zur Befriedigung des Bedarfs des Karteninhabers benutzt werden. Mißbräuchliche Benutzung wird bestraft. Aus dem Zusammenhang der Karte gelöste Kartenteile und Abschnitte sind ungültig.

Auf die Karte können die umstehend genannten Waren bezogen werden. Bei jeder Ware ist angegeben, wieviel Abschnitte von dem Verkäufer vor Aushändigung der Ware von der Karte abgetrennt werden. Beim Bezug von Socken und Strümpfen trennt der Verkäufer außerdem den entsprechenden Bezugsnachweis ab. Der Bezug von Socken und Strümpfen ist auf 6 Paare beschränkt. Davon sind 4 Paare gegen Entwertung der vorgesehenen Abschnitte erhältlich. Zwei weitere Paar Socken oder Strümpfe können nur gegen die 1½fache Anzahl von Abschnitten bezogen werden. Die Abschnitte I—VII sind für den Bezug von Waren vorgesehen, die gegebenenfalls besonders bekanntgemacht werden.

Für bestimmte Stoffe und Fertigwaren sind Sonderregelungen ergangen. Sie können in den Geschäften erfragt werden.

传送系统

由皇家空军在战争初期组建的 M 部队成员正在给气球充氢气，准备为政治作战处将宣传材料投递到德国。这些气球有维持恒定高度的自动阀门，还有根据风速设定为在到达目标地区上空时投放印刷材料的定时引信。

废纸

这张由埃利克·豪制作，被投放到德国的钞票仿制了发给部队的真钞，但背面写着讽刺信息，其中一张写着："我是希特勒的手纸。"

黑色公告

豪所属的印刷组织多才多艺，用纳粹当局偏爱的现代字体印刷令人丧气的通知（上）。它警告，轰炸遇难者正在污染饮用水。他们用传统的德国黑花体印刷最上方悬赏捉拿弗里茨·绍克尔（Fritz Sauckel）的海报。这个纳粹官员管理着条件恶劣的劳工设施。

食品券

政治作战处伪造了配给簿（对页右）和可购买 50 克面包的贴票（对页左），以扰乱日益饥饿的德国人口的战时食品分配。伪造的"元首礼物"配给券（左）供休假士兵使用。

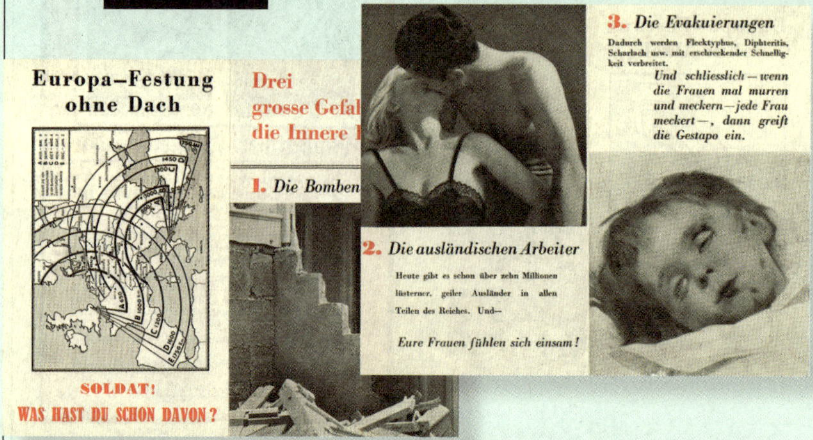

引发恐惧

一张以驻比利时德国占领军为目标的政治作战处传单显示，他们的爱人在后方面临着三种威胁：盟军空袭、可能私会他们孤独的妻子或恋人的外国工人，以及儿童从临危城市向农村营地的转移。这些营地被描绘成疾病的温床。

嗨，希姆莱

伪造的邮票（右）将希姆莱描绘成可能取代希特勒的纳粹头子，他还用枪逼取“冬赈”（Winter Help）慈善资金。另一张出于同样目的伪造的邮票描绘了一个受重伤的士兵（上）。

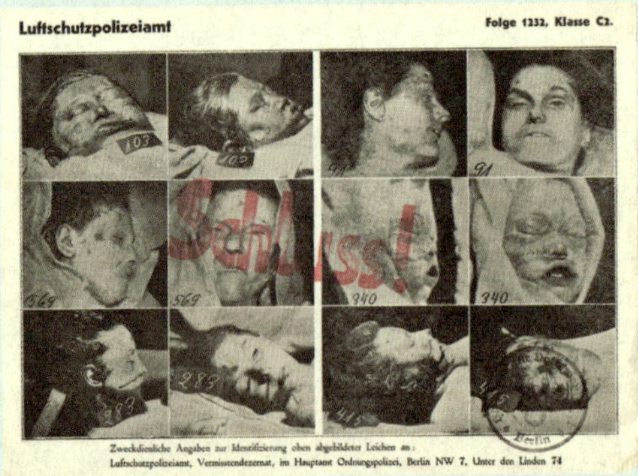

遇难者

这张盖着柏林防空警察（Luftschutzpolizei）印章的黑色宣传海报征求照片上的空袭遇难者身份。政治作战处的许多这类伪造材料上盖着“Schluss!”（结束它！）的印戳。它被认为是一个德国抵抗团体的口号。

预言

豪所在的政治作战处印刷了这本袖珍德语版诺查丹玛斯（Nostradamus）预言。为了反击预言同盟国失败的类似德国宣传，它预言了第三帝国的覆灭。

轰炸飞行

美国空军人员将传单塞进巨大的炮弹壳里（右上）。它们将被装载到重型轰炸机（右）上，投放到德国。这类宣传弹被设计成在地面以上超过 1 英里（约 1.6 千米）处炸开，将它们装载的材料撒向大片区域。

开小差手册

由德尔默设计和豪制作的众多计策之一，这个品牌卷烟纸盒（上）内含10种逃避兵役的方法指南（左），可以被偷偷塞进士兵的衣袋里。

炸开

摄自在德国上空投放宣传弹的飞机，这些宣传弹类似大爆竹，装有引信，被设在6000英尺（约1830米）高度引发小爆炸。爆炸会炸开容器而不会损坏里面的物品。

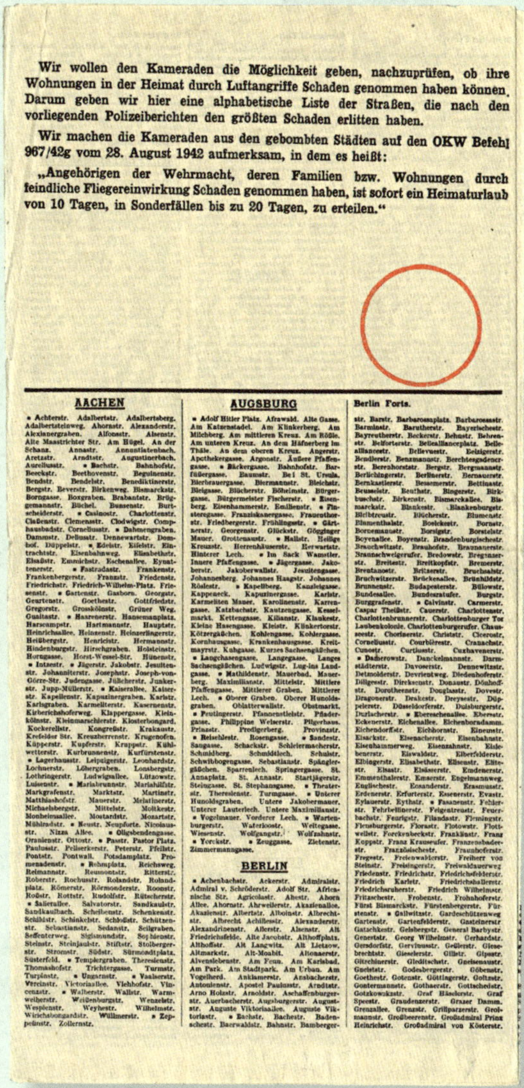

Wir wollen den Kameraden die Möglichkeit geben, nachzuprüfen, ob ihre Wohnungen in der Heimat durch Luftangriffe Schaden genommen haben können. Darum geben wir hier eine alphabetische Liste der Straßen, die nach den vorliegenden Polizeiberichten den größten Schaden erlitten haben.

Wir machen die Kameraden aus den gebombten Städten auf den OKW Befehl 967/42g vom 28. August 1942 aufmerksam, in dem es heißt:

„Angehörigen der Wehrmacht, deren Familien bzw. Wohnungen durch feindliche Fliegereinwirkung Schaden genommen haben, ist sofort ein Heimaturlaub von 10 Tagen, in Sonderfällen bis zu 20 Tagen, zu erteilen."

AACHEN

AUGSBURG

BERLIN

Berlin Forts.

损失报告

根据皇家空军侦察飞行，这张政治作战处传单列出了遭炸弹重创的德国城市内的街道。传单上盖着虚构的德国抵抗团体“红圈”（Red Circle）的标记。这类报告引发了德国士兵的忧虑，一些人当了逃兵，一些人设法请假回去照顾家庭。

余震

这本政治作战处册子声称出自一名纳粹医生，意在灌输对“轰炸休克”的恐惧。这是一种据称会困扰空袭幸存者的神经疾病。它强烈建议病人应隔离并送到疗养院。

战争文物 战略情报局的欧洲行动

二战后来者美国在规划黑色宣传时借鉴英国，由战略情报局心理战部的分支机构实施，它跟随英国政治行动处的步伐。例如，西方士兵电台（Soldatensender West）伪装成一个从英国广播，面向德国部队的德语频道，是战略情报局和政治行动处的合作行动。塞夫顿·德尔默创立了这类以德国部队为目标的广播，它以流行音乐形式为“外表”加以“流言”——旨在策反士兵，反对希特勒支离破碎的战争努力。西方士兵电台广传流言，将许多德国高官与1944年7月暗杀希特勒的图谋联系起来，其实一些人与阴谋无关。

从1944年起，战略情报局心理战部驻意大利特工设计出巧妙的黑色宣传方案。方案包括出版反纳粹的假报纸《新德国报》。这样做的要求很高，但由前记者理查德·李（Richard Lee）和尤金·瓦尔纳（Eugene Warner）领导的队伍得到在意大利的德国战俘的帮助，后者厌倦了纳粹，乐意为这份报纸撰稿。精美的图画和幽默内容由画家索尔·斯坦伯格（Saul Steinberg）提供，这个心理战部特工后来靠《纽约客》（*New Yorker*）上的插图享誉世界。这支队伍花了几周才得到元音变音——一些德语元音如“Führer”的“ü”上两个点的打印键。他们在1944年6月下旬出版了第一期，印数75000份。这份报纸最初针对德占区部队，由特工或抵抗团体分发，但后续刊本到达第三帝国，其中的几千份利用“玉米片行动”中伪造的希特勒邮票，渗透进德国邮政系统。

心理战部另一个黑色宣传项目是“泡菜行动”（Operation Sauerkraut）。它从战俘营招募反纳粹的德国人，让其身穿国防军制服，派到敌后，用谣言和传单煽动不满和开小差。来自虚构的孤独战争妇女联盟（League of Lonely War Women）的信息催促士兵回家，抢在外国劳工之前拥抱她们。这个联盟是捷克斯洛伐克长大的战略情报局特工芭芭拉·劳维尔斯（Barbara Lauwers）下士想出的。她还制作了心理战部的广播，诱使德国人指挥下的成百上千名驻意大利的捷克和斯洛伐克士兵叛逃到盟军一方。

Das Neue Deutschla
"Die Zukunft gehört jenen, die sich auf sie vorbereiten!"
Süddeutsche Ausgabe
DIE DRACHENSAAT
HITLER WILL KEINEN FRI
Die Waffenstillstandsbedingungen, die Hitler ausgeschla
Diese deutsche Zeitung wurde von unseren Truppen im Gebiet von Aachen aufgefunden
DAS LETZTE ATTENTAT
Gerüchte
Erfolg gesichert!

针对希特勒

1944年9月的一期黑色宣传报纸《新德国报》头版标题声称希特勒不会讲和，在一幅名为《最后一次刺杀》（The Last Attempt）的画上，展示了逃过无数次刺杀企图的元首，拿枪指着自己的头。这些报纸最终到达德军部队以及平民手中。

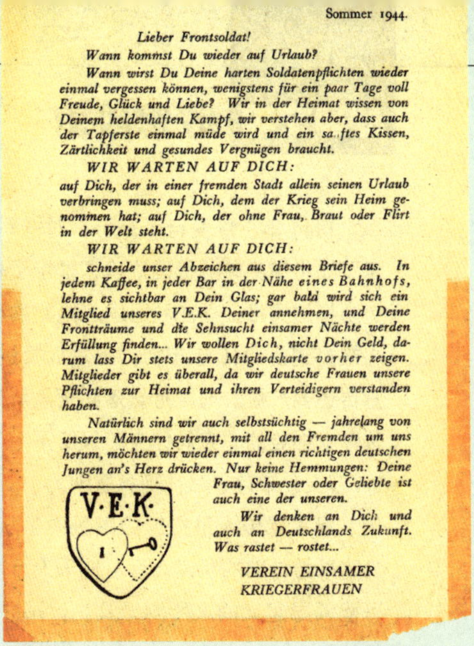
Sommer 1944.

Lieber Frontsoldat!

Wann kommst Du wieder auf Urlaub?

Wann wirst Du Deine harten Soldatenpflichten wieder einmal vergessen können, wenigstens für ein paar Tage voll Freude, Glück und Liebe? Wir in der Heimat wissen von Deinem heldenhaften Kampf, wir verstehen aber, dass auch der Tapferste einmal müde wird und ein sa..ftes Kissen, Zärtlichkeit und gesundes Vergnügen braucht.

WIR WARTEN AUF DICH:

auf Dich, der in einer fremden Stadt allein seinen Urlaub verbringen muss; auf Dich, dem der Krieg sein Heim genommen hat; auf Dich, der ohne Frau, Braut oder Flirt in der Welt steht.

WIR WARTEN AUF DICH:

schneide unser Abzeichen aus diesem Briefe aus. In jedem Kaffee, in jeder Bar in der Nähe eines Bahnhofs, lehne es sichtbar an Dein Glas; gar bald wird sich ein Mitglied unseres V.E.K. Deiner annehmen, und Deine Frontträume und die Sehnsucht einsamer Nächte werden Erfüllung finden... Wir wollen Dich, nicht Dein Geld, darum lass Dir stets unsere Mitgliedskarte vorher zeigen. Mitglieder gibt es überall, da wir deutsche Frauen unsere Pflichten zur Heimat und ihren Verteidigern verstanden haben.

Natürlich sind wir auch selbstsüchtig — jahrelang von unseren Männern getrennt, mit all den Fremden um uns herum, möchten wir wieder einmal einen richtigen deutschen Jungen an's Herz drücken. Nur keine Hemmungen: Deine Frau, Schwester oder Geliebte ist auch eine der unseren.

Wir denken an Dich und auch an Deutschlands Zukunft. Was rastet — rostet...

V·E·K·

VEREIN EINSAMER KRIEGERFRAUEN

孤独的心

芭芭拉·劳维尔斯（上）杜撰了一篇孤独战争妇女联盟给德国士兵的呼吁传单（右）。写道："我们在等你们。"它向回家并展示联盟标记（传单左下）的人承诺，"你们孤独夜晚的渴望将得到满足"。

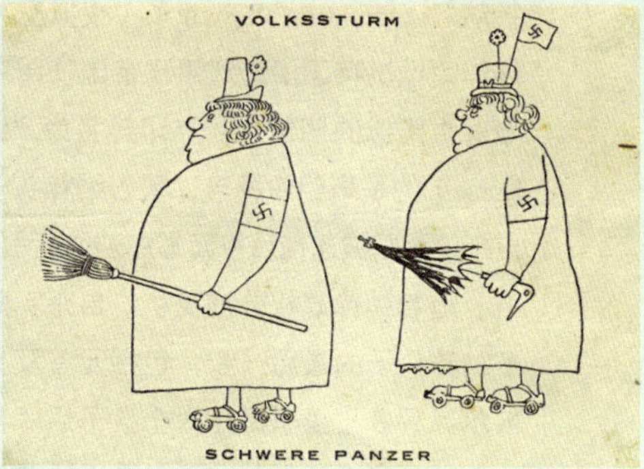

重装甲

这张明信片由索尔·斯坦伯格绘制，被用于在"泡菜行动"中分发给德国部队。它在大字标题"重装甲"（Schwere Panzer）上方展示了两名穿着溜冰鞋的妇女，以此嘲讽"国民冲锋队"（Volkssturm）。1944年后期，为补充德军在战斗中的巨大损失，希特勒授权成立了这支人民武装。

致命标记

许多旨在让德国人胆寒及唆使逃兵的形象引发了对死亡的恐惧，包括上方钉在"卐"字上的士兵和下方的贴画。它们分别描绘了一名哨兵的骨架阴影、希特勒的骷髅和骨头、一个题为"恐惧的力量"的幽灵人物和标为"罪犯"希特勒的恐怖形象。

战争文物 收紧绞索

1944 年 9 月发行了一份针对德军部队的同盟国黑色宣传报纸，上面的地图显示了即将被突破的德国边境，预示了战争末期等待德国的可怕命运。希特勒试图避免那样的灾难，在比利时发起绝望的反击，但到当年年底，他的部队在突出部战役中被打退。1945 年年初，盟军加紧进攻，德军面临的形势甚至比针对他们的黑色宣传还要严峻。与 2 月份落到德累斯顿的燃烧弹的可怕影响相比，政治作战处早先传单上描绘的“轰炸休克”只能算毛毛雨。那次燃烧弹空袭引发风暴性大火，烧死 3.5 万人，幸存者精神受到重创。

盟军宣传人员描绘的图景中，从未实现的是德国人的反纳粹起义。1944 年 7 月暗杀希特勒的阴谋之后，成千上万真正或涉嫌推翻希特勒政权的敌人被处死，有可能领导起义的人所剩无几。但那并没有阻止特别行动处和政治作战处在“假发行动”（Operation Periwig）中模拟反对纳粹政权的德国地下运动，其中包括将德国战俘作为抵抗特工渗透到第三帝国使阴谋增加可信度。豪的印刷部门制作了逾 2000 张与对页类似的明信片，上印着名为“红马”（Red Horse）的军事组织标志，警告纳粹头子自己上吊自杀，否则被逮捕后将面临痛苦的死亡。

随着纳粹政权分崩离析，自杀实际上成了许多纳粹头子的最后一步，包括元首及其继任者戈培尔。后者与妻子毒死六个孩子后服毒自杀，只比希特勒多活了不到一天。盟军的宣传行动中满是歪曲之词，但都基于一个基本真相——纳粹头子正驱使德国走向毁灭，到头来，曾经的谎言大师希特勒和戈培尔对此竟无言以对。

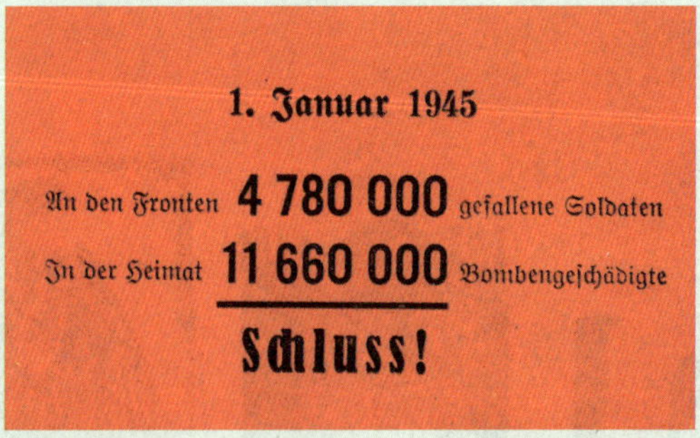

Nr. 145, Freitag, 8. September 1944

NACHRICHTEN FÜR DIE TRU...

USA-Truppen strömen zur S...

Nancy und Teile von Metz von Deutschen zurückerobert

Die französische Festung Nancy ist wieder in deutscher Hand. Auch Teile von Metz haben die deutschen Truppen zurückerobert. Die Stadtteile von Metz auf dem Westufer der Mosel sind aber weiter in der Hand der Amerikaner.

Um den amerikanischen Brückenkopf über die Mosel bei Pont à Mousson wird erbittert gekämpft.

Sowjet-Vorstoss g... Ostpreussens Südg...

Im Mittelabschnitt der Ostfront setzen die Sow... am Narew-Abschnitt fort und kommen der Südgr... immer näher.

Rimini soll gehalten werden

Gesandter v. Blücher verlässt Helsinki

Dieckhoff geht ins FHQ

替代新闻

政治作战处和战略情报局合作出品的黑色宣传出版物《部队新闻报》（*Nachrichten für die Truppe*）吸引了不相信纳粹新闻报道的德国人。印着抵抗口号“结束它！”的政治作战处贴纸（上），通过比较德国阵亡数（上部数字）与平民惊人的高死亡率（底部数字），充分利用了这种怀疑。

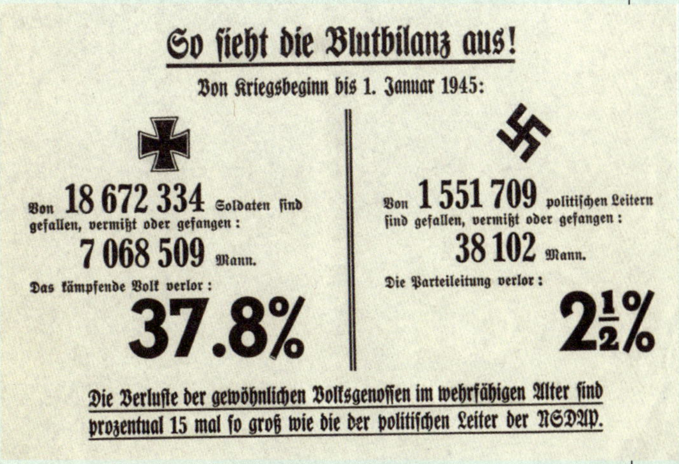

So sieht die Blutbilanz aus!

Von Kriegsbeginn bis 1. Januar 1945:

Von 18 672 334 Soldaten sind gefallen, vermißt oder gefangen: 7 068 509 Mann.

Das kämpfende Volk verlor: 37.8%

Von 1 551 709 politischen Leitern sind gefallen, vermißt oder gefangen: 38 102 Mann.

Die Parteileitung verlor: 2½%

Die Verluste der gewöhnlichen Volksgenossen im wehrfähigen Alter sind prozentual 15 mal so groß wie die der politischen Leiter der NSDAP.

不成比例的损失

1945 年 1 月 1 日的一张关于德国伤亡的政治作战处贴纸，试图分化民众和负有战争责任的统治党，贴纸表明以百分比计，德国士兵的损失（左部数字）是纳粹官员（右部数字）的 15 倍。

Achtung, Pferd!

Ein primitives Tierbild aus ein paar einfachen Strichen, das aussieht wie ein Pferd, sieht man jetzt in der Reichshauptstadt und zahlreichen anderen Städten des Reichs mit Kreide oder Rötel auf zahlreichen Häuserwänden in Treppenhäusern, Luftschutzbunkern und auf Wohnungstüren aufgezeichnet.

Auch eine Anzahl von Parteibeamten hat Drohbriefe mit dem Pferdezeichen anstelle einer Unterschrift erhalten.

危险的涂鸦

这纸通告出现在 1945 年 2 月的《部队新闻报》上，称与这匹马类似的神秘图形正出现在柏林和其他德国城市的墙上，以及出现在给纳粹官员的威胁信上。那些声称对这些图形负责的人被称作“红马”组织。

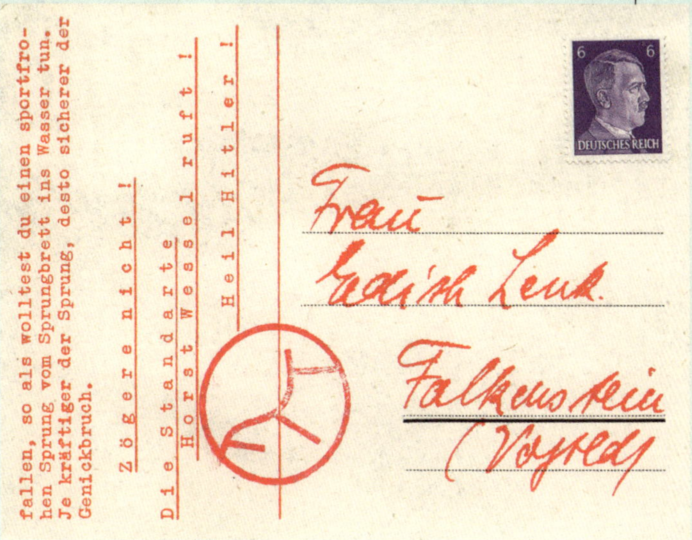

死亡威胁

这张有“红马”标志的明信片是为“假发行动”印刷的众多明信片之一。它指导接收者如何自缢，以便“免除自己不必要的痛苦”。类似这种可疑明信片很可能在到达目的地之前就被德国邮政官员截获，但这次行动的目的是警示当局，使他们浪费精力追捕一个虚构的抵抗团体。

夺岛作战

美国海军陆战队乘履带登陆车登上天宁岛（Tinian），1944 年 8 月，他们从日军手中夺取该岛。一年后，B-29 轰炸机从天宁岛起飞，在日本投下了这场战争中的终级秘密武器——原子弹。

第六章 太平洋战场零点时刻·捍卫机密

1943 年 4 月，物理学家罗伯特 · 奥本海默（J. Robert Oppenheimer）来到新墨西哥州，负责洛斯阿拉莫斯一所在建政府实验室，成为“曼哈顿计划”（Manhattan Project）的关键人物。洛斯阿拉莫斯地处圣菲市西北山区，位置偏僻，“曼哈顿计划”是一次规模宏大的行动，旨在打造有能力即刻改变甚至结束战争进程的原子弹。这是有史以来最大的秘密武器项目，对美国国家安全来说，很少有人比 39 岁的奥本海默更重要，但他尚未获得安全许可，还被联邦调查局和美国陆军情报部（G–2）怀疑与一个间谍网有联系。该间谍网不是由德国或日本控制，而是由美国盟友苏联控制。一名驻扎在洛斯阿拉莫斯的陆军情报部军官在书面材料中，指责奥本海默“在苏联图谋通过间谍活动获取对美国安全至关重要的高度机密情报中扮演了重要角色”。

对奥本海默的指责源自一些事实：几个与其关系密切的人，包括他弟弟弗兰克（Frank）和妻子基蒂（Kitty Oppenheimer），曾经或现在是共产党员。奥本海默否认曾加入共产党，但 20 世纪 30 年代后期，在加州大学任教时，他支持过的活动让他经常接触到共产党人或同情共产党的人，包括亚伯拉罕 · 林肯纵队（Abraham Lincoln Brigade）成员。后者违反美国《中立法案》（Neutrality Acts），在西班牙与希特勒和墨索里尼支持的独裁者弗朗西斯科 · 佛朗哥作战。与那些战士一样，奥本海默痛恨各种形式的法西斯主义。他评论道：“我对犹太人在德国的遭遇一直怀着难以压抑的愤怒。”他还帮助那里的犹太亲戚和犹太科学家同行逃离纳粹政权，来美国定居。

1940 年，在伯克利出席为西班牙内战难民举办的募捐活动时，奥本海默遇到亚伯拉罕 · 林肯纵队一个老兵，共产党人史蒂夫 · 纳尔逊

禁止入内

洛斯阿拉莫斯入口的标志，上面并未显示新墨西哥州这座戒备森严的设施内项目的性质。1943 年，世界一些顶级科学家开始在那里设计原子弹。项目负责人是物理学家罗伯特·奥本海默（对页），他在获得安全许可前经过了漫长的调查。

姓名：罗伯特·奥本海默
职业：物理学家
任务：释放原子能

（Steve Nelson）。他们发现除了反对佛朗哥和希特勒外，两人还有许多共同点，因为纳尔逊是乔·达莱（Joe Dallet）的密友和同志，死在西班牙战场的达莱是基蒂·奥本海默的前夫。纳尔逊不仅是共产党当地分支的主席，还是苏联秘密特工，向苏联驻旧金山领事馆的情报官彼得·伊万诺夫（Peter Ivanov）报告。联邦调查局怀疑纳尔逊是间谍，窃听了他的电话，获得了将他与奥本海默及其加州大学伯克利分校几个同事联系起来的证据。那些人包括在伯克利分校放射实验室（Radiation Laboratory）奥本海默指导过工作的研究生，对“曼哈顿计划”极为重要的研究就在那里进行。大约在奥本海默被选中领导洛斯阿拉莫斯的核武器研究前后，联邦调查局监听到一个电话，纳尔逊在电话里称奥本海默曾被看成“红色”科学家，但现在“过于紧张”，帮不到共产主义者什么忙，因为他为政府工作，希望“忘记过去”。

此类陈述加深了联邦调查局对奥本海默的担忧，陆军情报部在西海岸的反谍报头子鲍里斯·帕什（Boris Pash）中校也和他们一样心怀疑虑。帕什是俄裔美国人，生于旧金山，在1917年布尔什维

大事记

1942年1月　罗斯福总统批准了制造原子弹的绝密“曼哈顿计划”。

1942年4月　威廉·多诺万创建了第101特遣队。它将在中缅印战区为战略情报局实施针对日军的隐蔽行动。

1943年4月　核武器科学研究在新墨西哥州的洛斯阿拉莫斯启动。

1944年3—4月　继任山本五十六的联合舰队司令古贺峰一在菲律宾宿务岛外坠机丧生，他击退美国太平洋舰队的秘密Z计划落到美国人手里。

1944年7—8月　美军夺取西太平洋的塞班岛和天宁岛，以岛上修建的机场为基地，将日本纳入战略轰炸机的打击范围。

1945年7月　在洛斯阿拉莫斯研制的原子弹在新墨西哥州“三位一体核试”测试场测试成功。

1945年8月　核武器给广岛和长崎造成巨大破坏后，日本无条件投降。

1949年8月　得益于核间谍的帮助，苏联成功试爆研制的原子弹，冷战加剧。

“洛斯阿拉莫斯的惊人成功源自领导者奥本海默的才华、热情和魅力。”

——洛斯阿拉莫斯物理学家爱德华·泰勒

克革命之后那场震动俄国的内战中与红军打过仗，是狂热的反共分子，一心想着追捕苏联特工。他数次审问奥本海默，强迫他交代一次骇人事件的细节。事件发生在 1943 年年初，奥本海默启程赴洛斯阿拉莫斯前不久，地点在他伯克利的家中。当时加州大学伯克利分校的另一名教授告诉他，该地区一个叫乔治 · 埃尔滕顿（George Eltenton）的英国化学家准备将“技术信息传给苏联科学家”。和纳尔逊一样，埃尔滕顿也与苏联领事馆的伊万诺夫有联系。奥本海默担心教授接下来会要求他泄露核秘密，便打断了教授，说埃尔滕顿的提议是背叛。面对帕什的提问，奥本海默拒绝说出教授的名字或指认找他索取情报的科学家。帕什将他拒绝提供姓名的做法和对其他问题的推托视为证据，证明他不值得信任，不应得到安全许可，应剥夺他在洛斯阿拉莫斯的主任职务。

一个更高级的军官保住了奥本海默的职位。莱斯利 · 格罗夫斯（Leslie Groves）准将是“曼哈顿计划”负责人，他最大的关切是洛斯阿拉莫斯的保密问题。格罗夫斯选择奥本海默领导洛斯阿拉莫斯的研究工作，相信他独自一人就能协调那些自尊心膨胀而容易受伤的聪明科学家的行动，攻克制造原子弹的理论和技术难题。爱德华 · 泰勒（Edward Teller）就是一个易怒的科学家，后与奥本海默闹翻。他解释为什么奥本海默独独适合这项历史性任务 :“整个战争时期，事无巨细，奥比（奥本海默昵称）知道洛斯阿拉莫斯实验室每个角落发生的事。他在分析人的问题和技术问题上都富有洞察力……他知道如何组织、哄骗、迎合、安抚——如何不着痕迹地实施铁腕领导……洛斯阿拉莫斯的惊人成功源自领导者奥本海默的才华、热情和魅力。”

格罗夫斯将军认识到那些使奥本海默对“曼哈顿计划”不可或缺的罕见优点，相信他自己在洛斯阿拉莫斯的保密军官约翰 · 兰斯代尔（John Lansdale）上尉的判断。兰斯代尔将共产主义者定义为忠于苏联而非美国的人，认为奥本海默在当时和过去都不是这样的人。确实，奥本海默热爱美国。他的朋友和同事拥护被某些人认为反美的政治观点，言论自由使他不愿向审讯者透露他们的名字。他最终指认，那个在伯克利与他谈论将“技术信息”分享给苏联人的教授是法国学者哈康·舍瓦利耶（Haakon Chevalier）——一个公开的共产主义者。但他是在格罗夫斯推翻了鲍里斯·帕什的决定，下令授予奥本海默安全许可之后，才在将军的坚持下透露的。

分裂原子

格罗夫斯解脱了奥本海默，后者现在可以放手执行一项宏大的科学任务——释放原子的能量。一种核粒子的发现使这一壮举成为可能。20 世纪 20 年代，他在大学学习物理学时还不知道存在这样的粒子。那时，原子被认为由一个带正电的质子核组成，更小的电子带负电围绕其运行，如微型行星一般。核物理学先驱欧内斯特·卢瑟福（Ernest Rutherford）提出了那个模型，推测可能有一个额外粒子增加了原子核质量。中子质量大致与质子相当，证实其存在的任务还有待他在牛津大学卡文迪什实验室（Cavendish Laboratory）的助理詹姆斯·查德威克（James Chadwick）完成。查德威克后来参加了“曼哈顿计划”，他在 1932 年的发现提高了用中子轰击来分裂原子的可能性，因为中子不带电荷，不会被原子核内的质子排斥。匈牙利出生的物理学家利奥·西拉德（Leo Szilard）是最初认识到这个发现可能会带来强大新武器的科学家之一。西拉德回忆，查德威克的发现公布后不久，他认识到“如果我们可以找到一种元素，它可以被中子分裂，并且在吸收一个中子时释放出两个中子”，结果可能是核链式反应，一次释放出粉碎性巨大能量。希特勒上台前，西拉德曾在德国与阿尔伯特·爱因斯坦（Albert Einstein）一起研究，后者著名的质能方程“$E = mc^2$”（能量等于质量

洛斯阿拉莫斯的安全

就公众而言，洛斯阿拉莫斯并不存在。地图上没有它，生活在那里的人没有地址，只有一个邮政信箱。外部一道围墙围绕着这处设施，内部围墙将居住区与设计原子弹的办公室和实验室分割开来。所有入内者佩戴贴有照片的身份牌，用颜色标识他们可以接触多少内容。佩戴白牌的人有最高权限，可以接触项目及其涉密信息，但显示在下面两张身份牌上的莱斯利·格罗夫斯和罗伯特·奥本海默对权限级别有不同看法。格罗夫斯希望分隔各个项目，只有严格限制的少数人知道那里进行的一切，这些人可以被置于严密监视下，如奥本海默的电话就受到窃听。奥本海默坚持认为顶级科学家之间关于不同项目的交流必不可少，最终赢得了这场争论。

洛斯阿拉莫斯的安全措施非常严格，但并非无懈可击。如果所有曾与共产主义者有联系的人都被禁止在那里工作，“曼哈顿计划”将失去奥本海默等杰出物理学家的服务。结果，几个构成真正安全威胁的科学家被吸纳，包括 19 岁的神童西奥多·霍尔。到达洛斯阿拉莫斯后不久，他开始将核秘密泄露给苏联特工。1944 年，他拿到白色身份牌。此外，一些敏感信息还泄露在出版物上，尤其是克利夫兰市一家报纸 1944 年 3 月的专栏文章将洛斯阿拉莫斯说成一座“神秘的城市”，正在“第二个爱因斯坦”奥本海默的领导下研究秘密武器。格罗夫斯火冒三丈，准备征召那个专栏作家入伍，派到太平洋去打仗，直到发现作者已经 60 岁才作罢。

Albert Einstein
Old Grove Rd.
Nassau Point
Peconic, Long Island

August 2nd, 1939

F.D. Roosevelt,
President of the United States,
White House
Washington, D.C.

Sir:

Some recent work by E.Fermi and L. Szilard, which has been communicated to me in manuscript, leads me to expect that the element uranium may be turned into a new and important source of energy in the immediate future. Certain aspects of the situation which has arisen seem to call for watchfulness and, if necessary, quick action on the part of the Administration. I believe therefore that it is my duty to bring to your attention the following facts and recommendations:

In the course of the last four months it has been made probable - through the work of Joliot in France as well as Fermi and Szilard in America - that it may become possible to set up a nuclear chain reaction in a large mass of uranium,by which vast amounts of power and large quantities of new radium-like elements would be generated. Now it appears almost certain that this could be achieved in the immediate future.

This new phenomenon would also lead to the construction of bombs, and it is conceivable - though much less certain - that extremely powerful bombs of a new type may thus be constructed. A single bomb of this type, carried by boat and exploded in a port, might very well destroy the whole port together with some of the surrounding territory. However, such bombs might very well prove to be too heavy for transportation by air.

-2-

The United States has only very poor ores of uranium in moderate quantities. There is some good ore in Canada and the former Czechoslovakia, while the most important source of uranium is Belgian Congo.

In view of this situation you may think it desirable to have some permanent contact maintained between the Administration and the group of physicists working on chain reactions in America. One possible way of achieving this might be for you to entrust with this task a person who has your confidence and who could perhaps serve in an inofficial capacity. His task might comprise the following:

a) to approach Government Departments, keep them informed of the further development, and put forward recommendations for Government action, giving particular attention to the problem of securing a supply of uranium ore for the United States;

b) to speed up the experimental work,which is at present being carried on within the limits of the budgets of University laboratories, by providing funds, if such funds be required, through his contacts with private persons who are willing to make contributions for this cause, and perhaps also by obtaining the co-operation of industrial laboratories which have the necessary equipment.

I understand that Germany has actually stopped the sale of uranium from the Czechoslovakian mines which she has taken over. That she should have taken such early action might perhaps be understood on the ground that the son of the German Under-Secretary of State, von Weizsäcker, is attached to the Kaiser-Wilhelm-Institut in Berlin where some of the American work on uranium is now being repeated.

Yours very truly,

(Albert Einstein)

核警示

上图是物理学家利奥·西拉德（右下）1939 年 8 月写给罗斯福总统的信。起草时，西拉德找他著名的同事阿尔伯特·爱因斯坦（左）帮忙。有爱因斯坦签名的信警告总统，以铀为燃料制造原子弹将很快成为可能，提请总统采取行动来推动美国的核研究，获得高纯度铀的供应，最近德国通过占领捷克斯洛伐克获得了铀。虽然信上声称原子弹“对空投而言也许太重了”，但于 1944 年服役的 B-29“超级堡垒”（Superfortress）可以投放洛斯阿拉莫斯制造的第一批核武器。

乘以光速的平方）表明，一颗经历核裂变（原子的分裂）的炸弹可以释放出足以毁灭一大片地区的能量。

意大利物理学家恩里科·费米（Enrico Fermi）推进了查德威克的发现，将各种元素暴露在发射的中子面前。当费米用中子轰击铀时，他观察到“强烈效应”，远超铀缓慢衰变时自然释放的放射性。1938 年，费米及其罗马大学（University of Rome）团队正处在核物理学最前沿，当时墨索里尼向希特勒靠拢，发布宣言称“犹太人不属于意大利民族”。费米妻子是犹太人，当年晚些时候，费米离开意大利，前往斯德哥尔摩接受诺贝尔物理学奖，他们一家获准在美国政治避难，他在那里继续研究。包括爱因斯坦、西拉德和爱德华·泰勒在内的科学精英在美国找到避难所，逃脱了轴心国独裁者及其合作者邪恶的反犹政策，费米也是其中之一。

纳粹德国虽然赶走了这些杰出人物，但也留下不少天才科学家，其中包括奥托·哈恩（Otto Hahn）和弗里茨·斯特拉斯曼（Fritz Strassmann）。1939 年年初，他们宣布通过采用与费米类似的方法分裂铀核，实现裂变。莉泽·迈特纳（Lise Meitner）及其外甥奥托·弗里施（Otto Frisch），这两个逃出第三帝国的前同事分析了他们的发现，证实其突破。（弗里施后来为“曼哈顿计划”做出了贡献，但迈特纳拒绝参加，说她“不会与炸弹扯上关系”。）裂变已在德国实现的消息吓坏了西拉德，当时他正在曼哈顿的哥伦比亚大学与费米等科学家做铀实验，担忧希特勒获得原子弹后的可怕后果。西拉德求助爱因斯坦，后者签署了一封向罗斯福总统反映他们共同关切的信。该信由为罗斯福工作的著名经济学家亚历山大·萨克斯（Alexander Sachs）送交白宫。信中称，“在大质量的铀元素内引发链式反应不久将成为可能”，其结果将是制造出一种威力足以摧毁一座城市的炸弹。爱因斯坦警告道，德国最近控制了捷克斯洛伐克的铀矿，他催促采取行政措施来确保美国的高质量铀矿

设计师

“曼哈顿计划”的三名顶级物理学家。匈牙利护照上的爱德华·泰勒（左上）与奥本海默共事，后设计出氢弹。恩里科·费米（右上）实现了第一次可控核裂变链式反应。欧内斯特·劳伦斯（左）发明了回旋加速器，将之用于铀提纯。

秘城橡树岭的生活

1942 年，作为“曼哈顿计划”负责人的首批正式行动之一，格罗夫斯将军征用了田纳西州东部的克林奇河（Clinch River）沿线 5.9 万英亩（约 240 平方千米）人烟稀少的土地。当局迁走住在那片新政府保留地边界内的家庭，启动了建设克林顿工程厂（Clinton Engineer Works，CEW）的庞大项目。它将使用名为回旋加速器的离心机和其他方法加工铀，生产铀 –235 同位素作为原子弹燃料。根据计划，1.3 万名工人及其家庭将住在一个名为橡树岭的镇上。但到 1945 年，橡树岭成为田纳西州第七大城市，拥有 7.5 万人口，它的绝密设施消耗了美国总发电量的近 15%。

二战期间，很少有人确切知道橡树岭生产什么。一个来访者问镇上一个男孩：“你知不知道他们在造什么？”“糖浆。”他答道。接受培训的人员只被告知他们在参与战争生产。那些因为工作关系而对项目性质可能有所察觉的人受到严密监视，一名女性在提取铀 –235 的工厂担任经理秘书，被要求接受数次测谎仪测试。最能说明问题的莫过于她老板的一句简单提问，他在战争后期问她，是否知道他们在做什么。“我想我们在造一种炸弹，”她答道，“但我不知道什么类型。”他一言不发地走开了。

埃德 · 韦斯科特（Ed Westcott）是战争期间唯一获准拍摄橡树岭的摄影师。这里选取的几幅照片展示了一个在某些方面很平常的社区付出了非凡的努力。它是如此复杂，以至于从 1943 年开始建设起，用时近两年才造出投到广岛的第一颗原子弹需要的铀 –235。直到那时，橡树岭的许多人才意识到，他们的秘密行动为一种结束战争及改变世界的武器提供了燃料。

连线

在橡树岭出于保密目的而进行的测谎仪测试。

各司其职

这座秘密城市里的维修工（左上）只知道自己在确保复杂的机器运转。与他们一样，操作回旋加速器的妇女（上）也没意识到，这些粒子加速器正在生产原子弹的燃料。

争分夺秒

许多地方都有类似上方这幅于 1944 年年初立在橡树岭的标语牌。它们激励美国战备工作者提高效率，但时间最紧迫的地方莫过于旨在缩短战争的“曼哈顿计划”工厂。

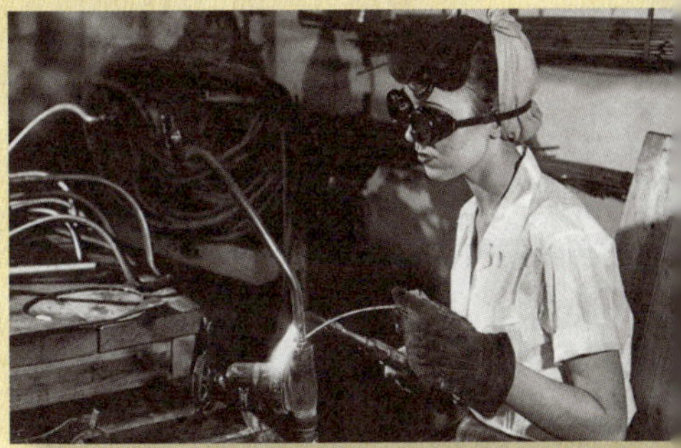

焊工

女性焊工构成了橡树岭战时的主要劳动力。

城市扩张

随着秘密城市的扩张，供工人及其家庭居住的预制房屋如雨后春笋般冒出来。

漫画调剂

橡树岭的人口爆炸为出售连环漫画的男孩带来了顾客。

石得到充足供应，以支持美国的核研发。萨克斯自己也做了长篇说明来支持这封信，但罗斯福不需要说服，直接切中问题的核心。“亚历克斯（亚历山大的昵称），”他说，“你想追求的就是不让纳粹把我们炸上天。”

一开始，美国政府将推动铀应用的原子研究作为普通项目，美国参战后，开始全面努力制造原子弹。1942 年 1 月，罗斯福批准了“曼哈顿计划”。该计划由美国陆军工程兵团（Corps of Engineers）及其最有成就、进取心十足的军官格罗夫斯将军管理。他的助手肯尼思 · 尼科尔斯（Kenneth Nichols）形容他是“我一生见过的最大混蛋，不过也是最有能力的人物之一……他对自己的决定充满信心，在如何处理和解决问题方面毫不留情”。格罗夫斯负责项目时，科学家已经确定只有一小部分铀——铀 –235 同位素——极易裂变，有能力在核分裂时维持爆炸性链式反应。天然铀主要由铀 –238（数字表明了它们的原子量，即原子核中质子和中子的总量）构成，他们尝试了几种从中分离出铀 –235 的方法。格罗夫斯投入最大资源的分离技术由伯克利放射实验室主任及回旋加速器设计者欧内斯特 · 劳伦斯（Ernest Lawrence）发明。回旋加速器用电磁体加速和激励核粒子，劳伦斯设计了一种类似铀同位素分离器的加速器，电磁体在加速器内推动更重的铀 –238 达到更高速度，留下的少量更轻的铀 –235 即可收集起来。他们在田纳西州橡树岭制造了上千台铀同位素分离器。橡树岭是专用于“曼哈顿计划”的庞大工厂，保密非常严格，战争期间在那里工作的 1.3 万人中，很少有人知道他们正在为核武器制造燃料。

“意大利航海家踏上了新大陆。”

——芝加哥大学冶金实验室主任亚瑟 · 康普顿评论恩里科 · 费米的核裂变可控链式反应

此时，费米及其同事已经加入“曼哈顿计划”，搬到了芝加哥大学冶金实验室（Metallurgical Laboratory），他们在那里设计了小型实验反应堆。1942 年后期，它首次制造出在铀的临界质量以内——足以维持链式反应——发生的核裂变可控链式反应。实验室主任亚瑟 · 康普顿（Arthur Compton）自豪地报告："意大利航海家踏上了新大陆。"可控链式反应意味着，有朝一日，这样的反应堆也许可以为和平目的产生核能。但它也可用于将铀转化为钚。这种人造新元素的同位素钚–239甚至比铀–235更容易裂变。制造钚同位素相当危险，因为大型反应堆在裂变期间产生大量热量，除非得到冷却，否则它们可能熔化并释放出致命的放射性粒子。格罗夫斯选定了华盛顿州汉福德市的一处偏僻地点，附近的哥伦比亚河提供了冷却反应堆的水和控制它们的水力发电。汉福德和附近小镇怀特布拉夫斯的居民提前30天得到撤离该地区的通知，只被告知这片土地被征用于不明战争工作。

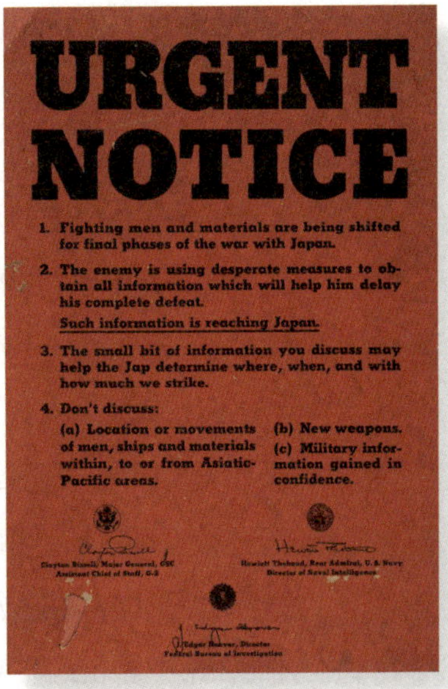

保持沉默

这张海报发布于1945年，由联邦调查局局长埃德加 · 胡佛和陆军情报部及海军情报处负责指挥官签署。随着对日战争进入"最后阶段"，它警告战备工人和军事人员不要讨论新武器或其他敏感军事信息。

在洛斯阿拉莫斯，为了一个目标，奥本海默将有史以来最密集的科学天才聚集在一起。他们的工作围绕两种炸弹的设计进行，一种以铀–235为燃料，另一种是钚–239。奥本海默及其天才们面临着巨大的技术挑战，担心德国科学家也许会赶在他们之前制造出原子弹，这样的警告来自物理学家尼尔斯 · 玻尔（Niels Bohr）。1943年，盖世太保准备抓捕德占丹麦的犹太人时，他从那里逃到英国。玻尔告诉英国当局，他的前学生沃纳 · 海森堡（Werner Heisenberg）现在负责德国的原子武器项目，正设法开发以重水为减速剂的核反应堆。减速剂延缓中子的速度，让中子可以被大质量铀核的引力场捕获，引发链式反应。费米采用石墨作为减速剂，但重水这种非天然存在的化合物用在核反应堆里可能会更好，核反应堆可以为原子弹生产燃料。第一个大规模制造重水的工厂位于挪威韦莫克镇

（Vemork），德国人占领挪威后，得到那家工厂。1943 年 2 月，英国人派出六名挪威难民，发起一次大胆的突击行动，让工厂瘫痪了几个月。时隔一年，韦莫克的生产恢复后，另一支突击队击沉一艘渡船，船上装着一桶桶运往德国的重水。

那次破坏进一步妨碍了海森堡造出原子弹的努力，在这方面，他从未接近过成功。到 1944 年，德国遭到毁灭性战略轰炸，拨不出多少精英科学家、熟练工人和工业资源给“曼哈顿计划”那样的秘密武器项目。“曼哈顿计划”花费超过 20 亿美元，高峰时期雇用了逾 13 万人。实际上，“曼哈顿计划”相当复杂艰巨，在德国遭到进攻和战败前，美国可能用不上原子弹。另一方面，日本是个不经历一场苦战就难以制服的岛国，可能在第一颗核武器部署时依然负隅顽抗。这向一些参与“曼哈顿计划”的人提出了一个道德难题，有些人认为，如果他们制造的可怕武器被用于结束希特勒的恐怖统治，他们的工作是正当的。一些人会质疑投下原子弹来迫使日本无条件投降是否正当。他们担心在一场争夺全球霸主的新斗争悬在美国和苏联之间时，这样做会树立一个可怕的先例。此时苏联间谍正在设法窃取美国的核秘密。正在洛斯阿拉莫斯开发的原子武器是礼物还是祸根？作为礼物，它将给这场战争带来满意结果并阻止未来的战争；作为祸根，它可能在下一场大战中摧毁文明。一直以来，奥本海默都受到这个问题的困扰，并且纠缠在对他的忠诚旷日持久的怀疑中。二战期间，那份怀疑似乎暂时蛰伏，却在随后针锋相对的冷战期间又浮出水面。

亚洲的隐蔽行动

就在洛斯阿拉莫斯的科学家用先进技术开创革命性战争纪元之际，盟军正忙于一场针对日军的原始战争。在这里，现代战争规则经常让位于古老的丛林法则。太平洋战争初期，科学和秘密情报方面的突破发挥了重要作用。密码分析人员破译了日本密码，决胜中途岛，打死山本五十六海军大将，帮助美军从珍珠港的灾难性攻击中恢复了元气。但是将日本士兵从众多太平洋岛屿和他们占领的亚洲国家赶走却要靠蛮力。隐蔽行动在战斗中具有重要地位，但从事者得做好双脚深陷泥潭和双手沾满鲜血的准备。没有哪里的战斗比缅甸战场更残酷、更原始。1942年，日军占领缅甸，死死守住这个插在中国和英国统治的印度之间的国家。在中国，美国史迪威中将正在帮助中国军队与日本侵略者作战。争夺的焦点是缅甸北部的密支那（Myitkyina），这是日军控制的一座重要机场和铁路站所在地。盟军试图收复该地区，恢复通往中国的滇缅公路，此公路作为中国军队补给线遭到日军疯狂破坏。

耍蛇人

正如摆弄毒蛇的照片显示，卡尔·艾夫勒是个胆大妄为的家伙。但作为第101特遣队指挥官，他拒绝任何看似“喜欢制造麻烦或追逐名誉”的志愿者。在缅甸的隐蔽行动期间发生的意外让他落下了晕眩病，一只耳朵失聪。1943年后期，多诺万用威廉·皮尔斯上校取代了他的指挥官位置。

“我只想听到丛林里传来的隆隆声。”

——史迪威中将对领导深入缅甸敌后的战略情报局第101特遣队的卡尔·艾夫勒上尉说

缅甸北部地处偏远，丛林浓密，战机、坦克和大炮形式的现代武器难有用武之地。除了来自敌人的枪击、刀砍、刺刀外，身陷那里的步兵还面临着无数危险，包括遭遇吸血的蚂蟥、吃人的老虎、毒蛇和成群传播疟疾等疾病的蚊子。纵横交错的羊肠小道夹在茂密的丛林间，成为残忍的陷阱、伏击和其他游击战形式的理想舞台。威廉·多诺万看到了机会，将战略情报局特工投入亚洲战场，并将任务交

长臂

战略情报局文森特·柯尔中尉站在一名克钦部落男子旁边。他招募和武装了成百上千名克钦武士与楔入中印之间的缅北日军作战。得到新生力量支援，第 101 特遣队帮助盟军于 1944 年占领密支那，确保缅甸与利多公路（Ledo Roads）作为中国军队补给线。

给了卡尔·艾夫勒（Carl Eifler）上尉。他的部队被命名为第 101 特遣队（Detachment 101）。250 磅（约 113 千克）的艾夫勒长得像一头强悍的熊，曾在史迪威手下工作，他说服怀疑隐蔽行动的“刻薄乔”（Vinegar Joe，史迪威绰号），让特遣队到缅甸敌后搞破坏。史迪威告诉他：“我只想听到丛林里传来的隆隆声。”

艾夫勒在印度纳济拉（Nazira）设立营地。他的二十几名战略情报局特工是为这次冒险行动从美军挑选的。“我们希望战士们不多考虑，自愿参与。”他回忆说，“他们被告知将可能签署生死状。”在印度的缅甸难民同情英国人及其美国盟友，艾夫勒将他们扩充进特遣队。但他招募的最厉害的特工是克钦部落武士，他们生活在缅甸北部，反抗日本侵略者及其盟友掸族（Shan）部落，后者是克钦族的老对头。1943 年，艾夫勒派文森特·柯尔（Vincent Curl）在密支那附近的克钦族人中建立基地，收集附近日军的情报，破坏其使用的道路桥梁，帮助营救坠机的盟军飞行员。“文森特·柯尔可以控制蛇。”一名战友回忆道，“就我所

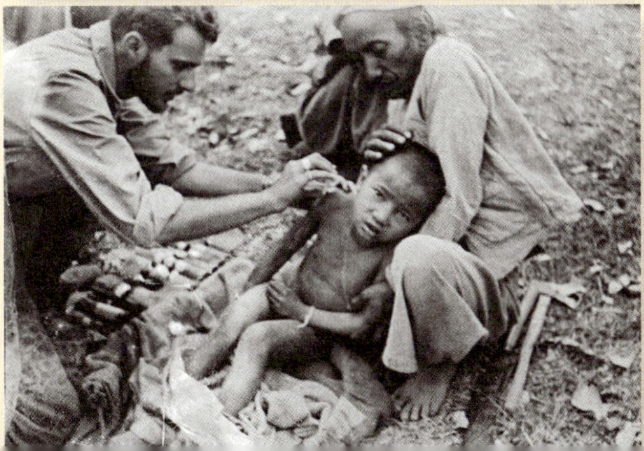

战略情报局在行动

近距离看第 101 特遣队和克钦族战士如何在缅甸与美国飞行员和英军合力反击日本军队。照片分别是：一群围在摄影师周围的好奇村民；运输补给的大象；一支行军中的战略情报局和克钦突击队员混合部队；男子和宠物猴；猎人将打死的老虎抬回营地；为村民治病。

见，只要他一走进克钦族村庄，马上就会吸引一大批克钦族孩子围着他说说笑笑……文森特·柯尔是美国在缅甸的秘密武器。”

设立基地后不久，柯尔听说一个叫津陶瑙（Zhing Htaw Naw，音）的克钦族酋长正从偏远的山区据点对日军发起游击战。柯尔出发前去与他会面，在一趟漫长艰难的旅程终点却被告知，津陶瑙身患重病，不能被打扰。柯尔声称，“我可以治好他”，但他也不知道津陶瑙患有何病，他带的药能不能救酋长的命。如果他死了，柯尔也许被责备。发现酋长得了疟疾，他松了一口气，用奎宁为其治疗。酋长的发热退去后，同意与战略情报局共同对付日本人。接下来几个月里，战略情报局给近千名克钦族武士提供了武器。他们的传统武器是矛和吹箭，但也能娴熟使用枪支，包括古老的前装式枪。艾夫勒弄来这些武器，这样他们可以用“废旧汽车的螺栓螺母当弹药”。

日军与克钦族武士间的斗争非常残酷。“大部分克钦人住在难以到达的山岭上，”第 101 特遣队老兵理查德·邓洛普（Richard Dunlop）写道，“但谷底有几座村庄，容易受到日军攻击。”按邓洛普的说法，敌对的掸族部落的人建议宪兵队军官，“通过残忍攻击低地村庄的来吓唬克钦族山地武士，迫使他们求和。纵火、强奸和对男孩的残害将胁迫克钦人投降”。然而，常规部队根据宪兵队的命令执行了这些残酷袭击，彻底激怒了克钦武士，后者经常折磨和打死落到他们手里的日军士兵。战略情报局特工基本无力阻止这类复仇举动，同样，一些在缅甸的美国人也认为敌人不值得怜悯。“可以理解，我们一些游击队对日本部队的敌意很深。”理查德·莫尔斯（Richard Morse）回忆道。战略情报局的威廉·皮尔斯（William Peers）上校是艾夫勒的继任者，莫尔斯是上校的手下。“一次，事情过了火。我们从战场上的电台得知，士兵将炸药绑在俘虏身上，把他炸死了。”皮尔斯得知后，让肇事者受到军法审判，发信息“给所有战场上的部队，重申了关于

丛林战

第 101 特遣队及其部落盟友的作战行动照片包括：一名机枪手在飞机上摆拍；盟军巡逻队列队穿过丛林；指导围在桌旁的克钦人使用武器；偷拍站在坠毁飞机残骸中的日军士兵；克钦族武士蹲在死去的敌人旁边；关在笼子里的日本战俘。

俘虏的战争规则并警告道，任何违反规则的人都将立即受到处罚”。皮尔斯因为维护战争规则而出名，多年后，他被选中领导调查越南美莱村屠杀（My Lai Massacre）的委员会。

总计约 1 万名克钦族武士发起了对驻缅日军的游击战。与第 101 特遣队一起，他们赶走了近 1 万平方英里（约 2.6 万平方千米）缅甸领土上的日军部队，为 1944 年 8 月史迪威部队进攻缅甸并占领密支那创造了条件。与此同时，战略情报局心理战部驻印度新德里分支正竭尽全力欺骗日军驻缅甸部队及其国内的家庭成员，瓦解他们的士气。这是伊丽莎白（贝蒂）· 麦金托什（Elizabeth “Betty” McIntosh）的第一个任务。这个 29 岁的记者出生在夏威夷，学习了日语。1943 年，战略情报局招募她在亚洲设计和散布黑色宣传——这些宣传表面上来自日本，但却是虚构的，意在迷惑敌人。新德里的同事中有她在夏威夷认识的日裔美国人。她和这些同事首先修改了一大包日本士兵在最近一场战役之前写给家中的明信片。日军在那场战役中战败，他们的通信落入盟军手里。战略情报局的队伍不留痕迹地擦除了原来的信息，代之以与日本官方宣传相反的悲观失望的词句。日本官方的说法永远是部队在压力下牢牢坚守并且必将胜利。麦金托什接着请皮尔斯上校让克钦人偷偷将邮包塞进一辆日本邮车。“任务完成。”皮尔斯几天后通知她，“有充足的理由相信材料将到达目标。”

1944 年 7 月，因为日本帝国军队在亚洲和太平洋战场遭遇重大挫折，东条英机将军辞去日本首相职务。在这之后，麦金托什继续执行一次更宏大的欺骗行动。她想到，内外交困的驻缅甸日本军官也许不清楚，东京的新政权会不会继续坚持要求身处绝境的士兵战斗至死。“东条英机掌权时，”她指出，“日本部队被灌输了投降是耻辱的狂热思想……如果投降后被俘，日本士兵会受到惩罚，或被枪毙或被逐出日本。”麦金托什及其团队伪造了一份东京发给缅甸仰光日军司令部的命

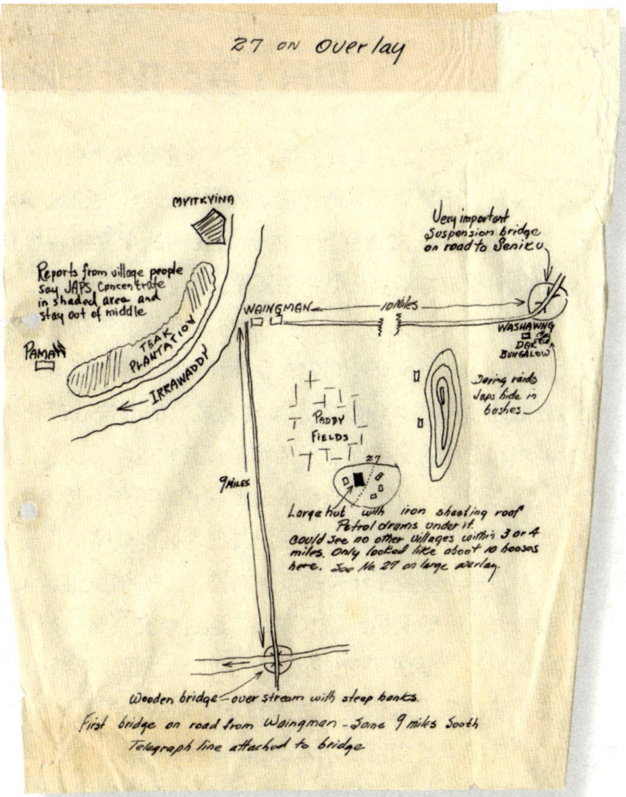

战略情报局地图

根据对日军动向的密切观察，第101特遣队绘制出密支那附近争议区域的地图。右图“非常重要的吊桥”旁边的一条批注称，“袭击期间，日军躲在丛林里”。此类地图被用于计划在缅甸的作战，副本被提交给战略情报局总部。

令，声称如果部队弹药用光或“战斗兵力对比少到无望”，为了在战后“保存日本人力”，他们可以投降。第101特遣队再次伸出援手，派克钦族武士打死敌军通信员，将伪造的文件塞进邮袋。后来邮袋被日本部队找回。为了确保假命令得到广泛传播，它被复制并在日军占领区上空空投了几千份。这类黑色宣传的效果很难估计，但第101特遣队的军官后来告诉麦金托什：“他们相信，伪造对日本士兵的抵抗意志产生了直接影响，尤其是在缅甸战场的战斗临近结束之际。”

她后来被派到中国，与其他战略情报局女特工飞越喜马拉雅山“驼峰”，其中包括为战略情报局处理涉密文件的朱丽亚·麦克威廉斯

贝蒂·麦金托什的秘密世界

1941 年 12 月 7 日上午，日本袭击珍珠港时，26 岁的贝蒂·麦金托什在故乡夏威夷是一个事业有成的记者。她学过日语，长期以来梦想着在日本生活工作。这个梦想消失在一支遭受重创的美国舰队的烟雾中。她虽然拿到记者证，可以作为战地记者报道切斯特·尼米兹海军上将的太平洋战区，但很快被转到华盛顿特区，在那里撰写关于妇女问题的“后方”专栏，还获准经常采访第一夫人埃莉诺·罗斯福（Eleanor Roosevelt）。麦金托什依然希望成为驻外记者，不过她的外派机会却来自战略情报局。1943 年，该局新成立的心理战部分支机构招募她。她学的是追求真相和透明的记者专业，但新职责要求她学习通过黑色宣传来欺骗、瓦解和扰乱敌人。在她而言，那意味着编造欺骗性的信件、传单和广播稿。这些广播假装来自日本或日占区，但实际来自亚洲其他地区的战略情报局电台。

贝蒂·麦金托什先被派到新德里，在那里组建和运行新的心理战部工作室。她起步时没有印刷机、墨水和纸，通过结交英国同行，用她的香烟配给做交换使用他们的材料，解决了这些问题。很快，心理战部新德里分支就开始制作传单，散布苏军正准备涌过边境，进入日本占领的中国东北的传言；撰写描绘日本本土诸岛凄惨景象的广播稿；实施旨在瓦解日益孤立、饥饿和恐惧的日本士兵的各种方案，后者在 1944 这一年正穿过缅甸的丛林后撤。到 1945 年春，她奉命飞越喜马拉雅山“驼峰”到中国昆明时，已经成为掌管整个中缅印战区心理战部的负责人。战争余下的时间里，她在昆明练习技艺，最终在战略情报局的“解救行动”（Mercy Missions）中发挥了作用。那次行动的任务是在战争结束之际从日本战俘营内解救盟军战俘。

心理战部团队

战争结束时，贝蒂·麦金托什在中国昆明的战略情报局心理战部印刷厂门前与两名同事合影。广岛和长崎被轰炸后不久，一场洪水淹没了这所印刷厂。

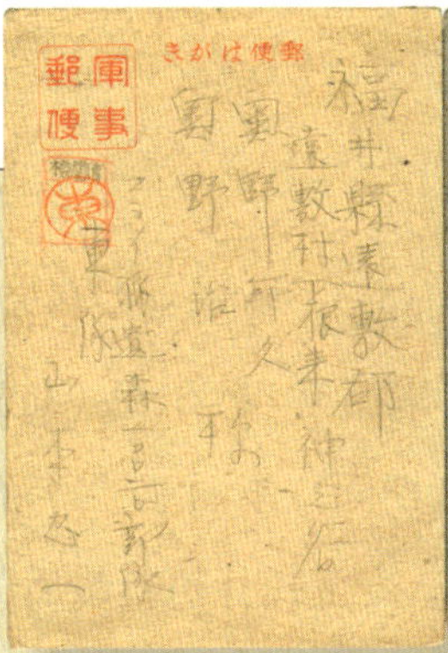

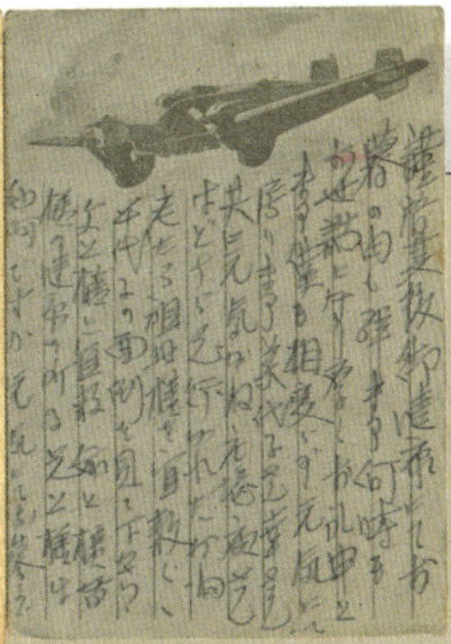

伪造函件

新德里的麦金托什团队伪造了签发给与日军勾结的部落头领的证明（左），在证明上溅上血，警告勾结分子将以血还血。右图是日本士兵写回家，但被麦金托什团队替换过的众多明信片之一，其中描述了士气低落的驻缅日军。

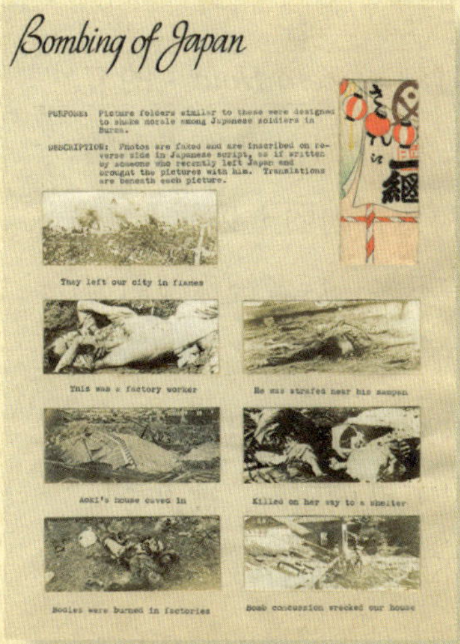
Bombing of Japan

PURPOSE: Picture folders similar to these were designed to shake morale among Japanese soldiers in Burma.

DESCRIPTION: Photos are faked and are inscribed on reverse side in Japanese script, as if written by someone who recently left Japan and brought the pictures with him. Translations are beneath each picture.

They left our city in flames

This was a factory worker

He was strafed near his sampan

Aoki's house caved in

Killed on her way to a shelter

Bodies were burned in factories

Bomb concussion wrecked our house

轰炸破坏

这些有英文说明的照片是伪造的。它们背面的日文描写了日本遭到狂轰滥炸的惨状，目的是让焦虑的日本士兵相信，在美军轰炸机轰炸日本城市时，他们的政府隐瞒了国内家人面临的可怕形势的真相。

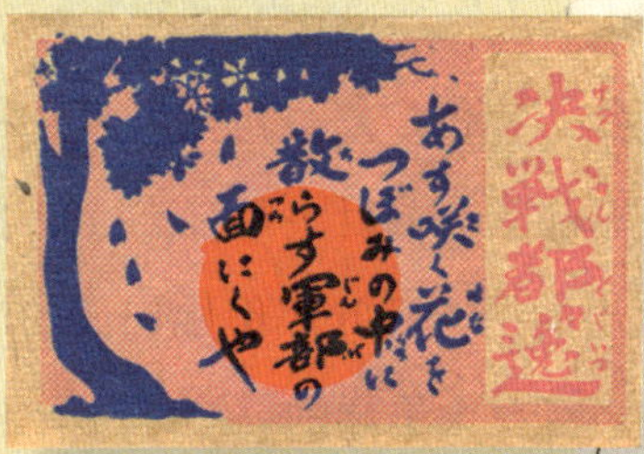

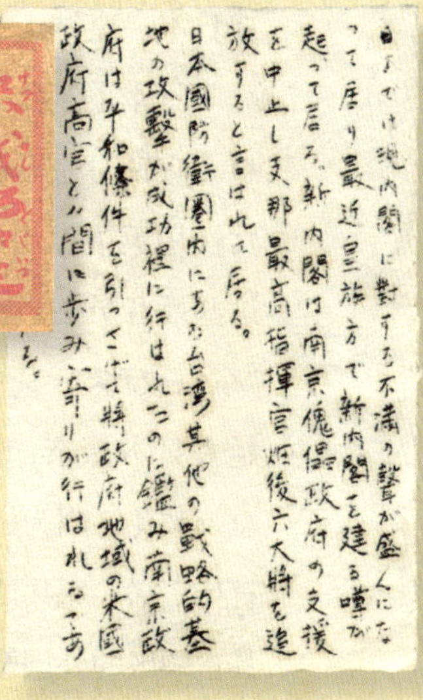

火柴盒信息

右边这张便条写在薄纸上，塞在假的日本封面的火柴盒里（上）。它警告在中国台湾的日军，无法抵御美军的进攻。

承诺与威胁

这些传单针对饥肠辘辘的日本士兵，它承诺，如果向美军投降，他们将会吃饱（下左）；同时警告道，缅甸游击队员会打死他们，将尸体留在丛林里任其腐烂（下右）。

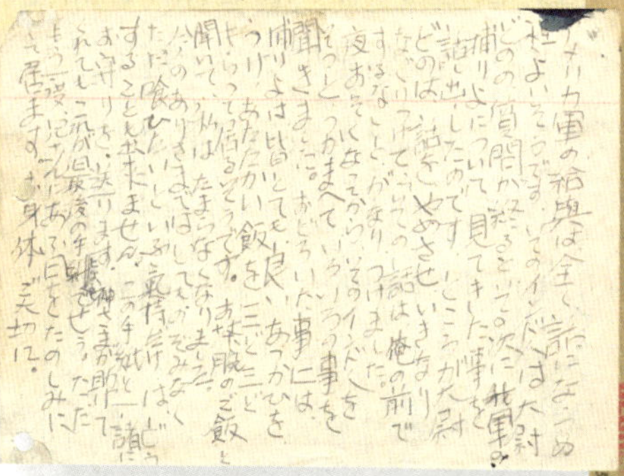

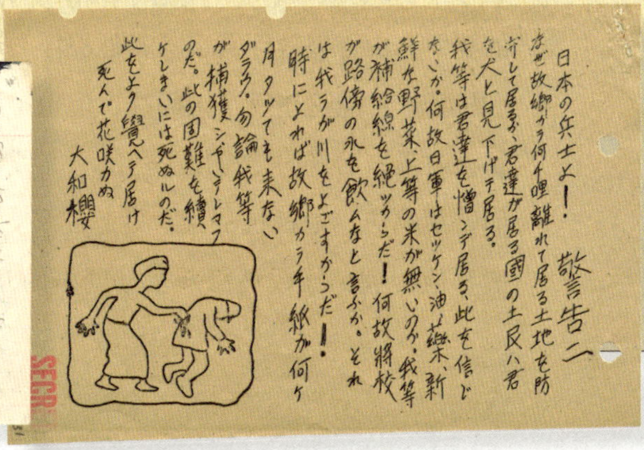
警告二

日本の兵士よ！

なぜ故郷から何千哩離れて居る土地を防衛して居るか。君達が居る國の土民ハ君を犬と見下げテ居る。

我等は君達を憎んデ居る。此を信じないか。何故日軍はセッケン、油、薬、新鮮な野菜、上等の米が無いのか。我等が補給線を絶ッからだ！何故将校が路傍の水を飲むなと言ふか。それは我ラが川をよごすからだ！

時によれば故郷カラ手紙が何ヶ月タッても来ないダラウ。勿論我等が捕獲シテしまフのだ。此の困難を續ケしまいには死ぬルのだ。

此をよク覺へテ居け

死んで花咲カぬ

大和櫻

(Julia McWilliams)，她后来与该局同事保罗 · 蔡尔德（Paul Child）结婚，成为名厨朱丽亚 · 蔡尔德（Julia Child）。麦金托什回忆，在那次备受折磨的飞行期间，朱丽亚“冷静地读着书，我们所有其他人则在等死”。1945 年，麦金托什执行最后的任务，为心理战部对日广播撰写广播稿，她和同事为日本民众编造了声称来自一个中国隐士预言家的可怕预言，其中一条碰巧准确得可怕。这条广播在“曼哈顿计划”接近其爆炸性结局的 1945 年播放，其声称，“一场大毁灭将在 8 月第一周某日落在日本一座城市头上”。

日本也制作了宣传广播，包括名为《零点时刻》(*Zero Hour*)的节目。它针对盟军部队，节目主要有流行音乐，夹杂着听上去善解人意的女性用英语发出的诱人呼吁，但她们读的广播稿意在削弱士兵的士气。这些播音员的声音在太平洋的美军部队听来都差不多，后者统称她们为“东京玫瑰”。其中户栗郁子（Iva Toguri）是日裔美国人。战争爆发时，她去日本探亲，被困在那里。后来，她在美国被判叛国罪，但最终得到总统赦免，因为她和其他人是在某些情况下迫于宪兵队的压力，被迫参与宣传广播。宪兵队有权抓捕、折磨和处决间谍、不服从的战俘或在日本及其占领区的外国嫌疑人。宪兵队还强迫朝鲜等亚洲其他沦陷区的妇女充当慰安妇。

虽然有宪兵队监视战俘营，一些盟军战俘依然组成了秘密网络，建立了与外界的联系。澳大利亚陆军通信兵部队（Australian Army Signal Corps）的莱昂内尔 · 马修斯（Lionel Matthews）上尉被关押在臭名昭著的婆罗洲山打根战俘营，与其他战俘一起，被迫为日本人修建军用公路和机场。虽然这违反了国际法，但也帮助与外界同情他们的平民建立了秘密联系，后者向之提供了药品、无线电部件和自己隐藏的轻武器。他们希望响应当地抵抗战士，发起起义。但宪兵队抓住其中一个合作者，撬开他的嘴，导致马修斯及其网络的几名成员被抓获。马修斯遭到拷打，但拒绝透露其他参与行动的战俘或平民的名字，1944 年 3 月，他被枪杀——这是宪兵队对军事惯例的罕见认可。自那以后，山打根的条件开始恶化。1944 年，盟军接近婆罗洲时，约 2000 名虚弱的战俘撤离该战俘营，经过一场死亡行军被带到岛内腹地。许多人倒毙途中，一些人赶不上队伍，被看守打死。只有六名澳大利亚逃亡者通过了这场考验，得以幸存。

缴获日本Z计划

对日军占领的抵抗在菲律宾遍地开花。那里的游击队长期抵抗外国统治，先与西班牙殖民者作战，后又反抗于 1898 年从西班牙手中夺得群岛的美国部队。到日军于 1941 年 12 月到来时，菲律宾人已经得到美国人承诺其五年内获得独立，他们偏向于相信美国人，而非日本人。虽然后者装成“解放者”，但行事像一个外来殖民者，用武力强加其意志。当大部分美国和菲律宾士兵随麦克阿瑟将军撤到巴丹半岛，最终向日军投降时，一部分人逃到吕宋岛、棉兰老岛、莱特岛或其他菲律宾小岛的偏远地区反抗占领者。对日本部队和设施的袭击遭到疯狂报复。撤退到澳大利亚的麦克阿瑟用电台与在群岛上坚守的军官保持通信，敦促他们专注于收集关于日军兵力和动向的情报，直到他的部队重回菲律宾。那时，他的回归将激发抵抗战士的起义。1944 年春，麦克阿瑟准备如约光复之际，菲美抵抗网络的成员缴获了古贺峰一海军大将的战略计划，获得了自一年前击落山本座机以来，太平洋战场上最惊人的情报收获。

山本五十六殒命后，古贺峰一继任日本联合舰队司令，基地设在菲律宾以东约 500 英里（约 800 千米）的帕劳。到 1944 年 3 月，这支伤痕累累的舰队承受着飞速扩张的美国太平洋舰队的巨大压力。太平洋的

不放弃希望

1943年4月，山本五十六死后，古贺峰一海军大将成为联合舰队司令。他起草了Z计划，提出将美国太平洋舰队诱入一个暴露位置，日军可以在那里决战将之打败。虽然美国海军在太平洋集结了大量兵力，日军指挥官依然将希望保持到战争后期。

日军现在退守一条从帕劳向西北到马里亚纳群岛及更远的火山列岛（Volcano Islands，包括日本本土四岛正南方的硫磺岛）的防线。古贺峰一准备孤注一掷，发起一次海军战役，指望扭转战局，挽救日本帝国的残余力量。一直以来，赢得这样一场决定性战役就是日本海军将领的最大野心，山本五十六就曾想赢得中途岛胜利，结果遭到惨败。现在，古贺峰一希望用一支获胜机会比山本五十六更渺茫的舰队改变战争进程。3月8日，他从停泊在帕劳的旗舰“武藏”号上发布密令，列出了名为“Z计划”（Plan Z）的取胜规划。它不是一份具体的战役计划，因为它涉及对太平洋舰队下一场大推进的反应，这场推进可以发生在他的防线各个地点。在推进发生时，他提议引诱美军航母来追逐，将它们引入日本陆基战机航程之内。那时这些飞机将联合航母和联合舰队其他军舰全面出击，意图赶走太平洋舰队，守住日本的“最后防线”。

3月下旬，一支美军航母特混舰队轰炸机袭击了帕劳。这不是古贺峰一期待的大推进，但这场猛烈空袭重创了他的超级战列舰“武藏”号，击沉十几条船，摧毁了150架飞机。3月31日，他与参谋部启程赴不易受攻击的新基地菲律宾达沃（Davao）。与山本五十六一年前那次送命的飞行做法一样，古贺峰一安排他的几名高层军官分乘不同飞机来降低一窝端的风险，参谋长福留繁（Shigeru Fukudome）海军少将也在其中。这一次，

“谁敢说，我们的舰队没机会在决战中扭转战局？”

——1944年10月，栗田健男海军中将

除掉联合舰队司令官的不是敌军炮火，而是恶劣天气。古贺峰一的飞机遭遇强热带风暴，消失得无影无踪。福留繁的飞机绕开了风暴最强的区域，但燃料耗尽，尝试夜间在菲律宾宿务岛迫降时坠毁在海上。福留繁游出飞机残骸，差点淹死，后与另外十个幸存者被渔民救起。让他大惊失色的是，这时游击队将他们作为俘虏抓走。这对任何日本士兵来说都是可悲的命运，对高层军官而言更是莫大耻辱。他以为交托给他的秘密文件——Z 计划和一份日本军舰和海军战机在行动开始前部署情况的命令，已经在坠机时丢失，不会落入敌手。但文件没有遗失，因为装文件的皮包保存在一只木盒里，盒子漂到岸上。抵抗组织成员发现了盒子，为防止日本士兵找回文件，便将它们藏了起来。

游击队将俘虏带到宿务岛由詹姆斯·库钦（James Cushing）中校领导的偏远营地。库钦是美国采矿工程师，在日军入侵菲律宾时加入美国陆军。库钦的妻子是菲律宾人，他与当地官员和村民关系密切，其中许多人随他一起入伍。在营地一名医生给福留繁治疗坠机时受的伤后，库钦审讯了这个会说英语的海军少将。他隐瞒不了自己是高级军官和其他俘虏都服从他的事实，但给了假名字和军衔来糊弄库钦。与此同时，日军部队正在疯狂地搜寻坠机幸存者和秘密文件。俘虏到达库钦的营地后不久，那些文件就转到他手里。宪兵队军官抓捕和审讯了宿务岛上的嫌疑人，其中一些被处死；日军扣留了人质，点火烧了拒绝合作者的房子。为避免民众遭到更多报复，库钦将俘虏交给了宿务岛的敌军指挥官。“日军俘虏太烫手，我们拿不住。”他通过电台告诉麦克阿瑟在澳大利亚的司令部，“我提出交还俘虏的条件是平民以后不再受到骚扰。”只有库钦和那些向他报告的人知道文件在坠机时保存下来，他留下文件，偷偷交给内格罗斯岛（Negros）上承受日军压力较少的上级军官埃德温·安德鲁斯（Edwin Andrews）中校。

5 月 11 日，美国潜艇“马鲹”号（*Crevalle*）在内格罗斯岛外浮上

被俘

福留繁海军少将与家人合影（下）。1944年3月31日，古贺峰一海军大将因座机遭遇风暴坠毁而丧生。乘另一架飞机的福留繁活了下来，但他乘坐的与左图类似的水上飞机在菲律宾宿务岛外迫降后，亲美的菲律宾人将其俘虏。飞机上的Z计划装在盒子里，被冲到坠机地点附近的海岸上，落到美国情报官手里。

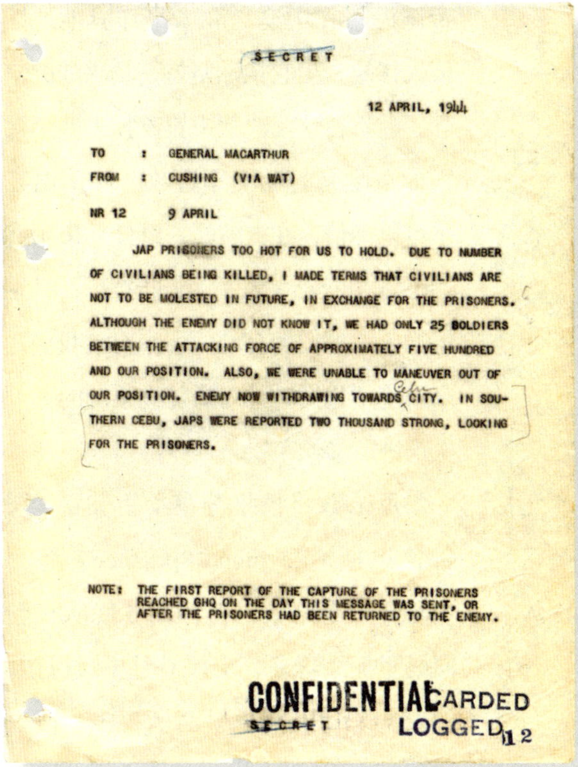

SECRET

12 APRIL, 1944

TO : GENERAL MACARTHUR
FROM : CUSHING (VIA WAT)

NR 12 9 APRIL

JAP PRISONERS TOO HOT FOR US TO HOLD. DUE TO NUMBER OF CIVILIANS BEING KILLED, I MADE TERMS THAT CIVILIANS ARE NOT TO BE MOLESTED IN FUTURE, IN EXCHANGE FOR THE PRISONERS. ALTHOUGH THE ENEMY DID NOT KNOW IT, WE HAD ONLY 25 SOLDIERS BETWEEN THE ATTACKING FORCE OF APPROXIMATELY FIVE HUNDRED AND OUR POSITION. ALSO, WE WERE UNABLE TO MANEUVER OUT OF OUR POSITION. ENEMY NOW WITHDRAWING TOWARDS Cebu CITY. IN SOUTHERN CEBU, JAPS WERE REPORTED TWO THOUSAND STRONG, LOOKING FOR THE PRISONERS.

NOTE: THE FIRST REPORT OF THE CAPTURE OF THE PRISONERS REACHED GHQ ON THE DAY THIS MESSAGE WAS SENT, OR AFTER THE PRISONERS HAD BEEN RETURNED TO THE ENEMY.

CONFIDENTIAL
SECRET
[F]ARDED
LOGGED 12

烫手山芋

美国陆军詹姆斯·库钦中校与菲律宾游击队一起藏在宿务岛，他接管了福留繁海军少将和其他俘虏。后来，库钦发电报给麦克阿瑟将军司令部（左），他屈于日军报复平民的压力，释放了俘虏。司令部的情报官员痛失审讯福留繁的机会，但库钦转来的Z计划让他们大喜过望。

> “国家都灭亡了，舰队还完好无损，岂不是莫大的耻辱？”
> ——栗田健男海军中将在莱特湾海战前说道

水面，接走40名前往澳大利亚的美国难民和一只小包裹。麦克阿瑟的情报官收到包裹，里面的内容让他们大吃一惊。这份奖品是“联合舰队第73号密令”（Secret Combined Fleet Order No. 73），红色封面上写着字母“Z”。文件中，已故的联合舰队司令官古贺峰一海军大将保证，通过以“我们所有部队集合起来的最大力量来迎战和摧毁敌人”，“保持我们对重要区域的控制”。那份命令和从宿务岛外坠毁飞机上打捞出的其他文件副本到达埃德温·莱顿手中，他是尼米兹海军上将在檀香山的情报首脑，埃德温向上司提醒了文件的重要性。虽然过去两年来，日本

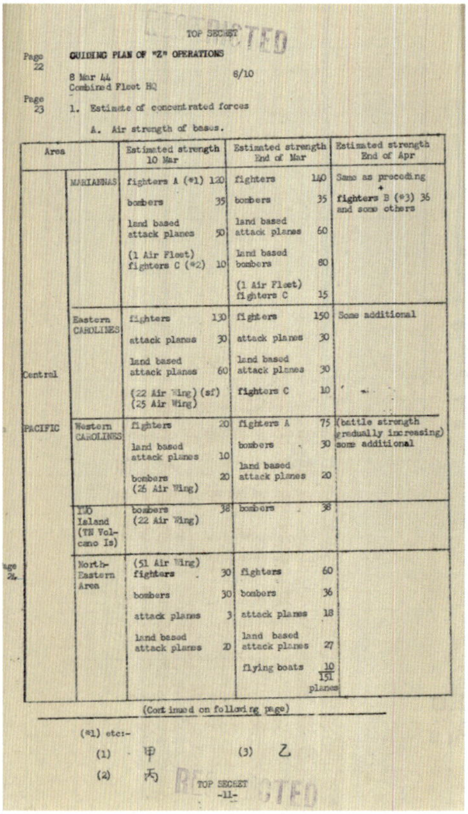

RESTRICTED

TOP SECRET

Page 22

GUIDING PLAN OF "Z" OPERATIONS

8 Mar 44 8/10
Combined Fleet HQ

Page 23

1. Estimate of concentrated forces

A. Air strength of bases.

Area		Estimated strength 10 Mar	Estimated strength End of Mar	Estimated strength End of Apr
Central PACIFIC	MARIANNAS	fighters A (*1) 120 bombers 35 land based attack planes 50 (1 Air Fleet) fighters C (*2) 10	fighters 140 bombers 35 land based attack planes 60 land based bombers 80 (1 Air Fleet) fighters C 15	Same as preceding + fighters B (*3) 36 and some others
	Eastern CAROLINES	fighters 130 attack planes 30 land based attack planes 60 (22 Air Wing) (sf) (25 Air Wing)	fighters 150 attack planes 30 land based attack planes 30 fighters C 10	Some additional
	Western CAROLINES	fighters 20 land based attack planes 10 bombers 20 (26 Air Wing)	fighters A 75 bombers 30 land based attack planes 20	(battle strength gradually increasing) some additional
	IWO Island (TN Volcano Is)	bombers 38 (22 Air Wing)	bombers 38	
	North-Eastern Area	(51 Air Wing) fighters 30 bombers 30 attack planes 3 land based attack planes 20	fighters 60 bombers 36 attack planes 18 land based attack planes 27 flying boats 10 151 planes	

Page 24

(Continued on following page)

(*1) etc:-

(1) 甲 (3) 乙

(2) 丙

RESTRICTED

TOP SECRET
-11-

空军兵力

缴获Z计划不仅让美国海军指挥官洞察了日本战略思想，而且提供了太平洋上敌军基地的空军兵力细节。

帝国海军在中途岛和太平洋其他地区损失惨重，但它依然坚持一场决战的信念。它将在这场决战中冒着损失残余兵力的危险来打败美军进攻。埃德温几乎可以确信，在古贺峰一继任丰田副武（Soemu Toyoda）海军大将指挥下，日军将投入“他们拥有的一切来对抗我们”，来回应“我们对其岛屿防御系统的下一次推进”。

尼米兹将情报分享给雷蒙德·斯普鲁恩斯（Raymond Spruance）海军中将，后者强大的美国第5舰队正驶向马里亚纳群岛，支援6月14日打响的对塞班岛的大规模两栖攻击。斯普鲁恩斯预测到丰田副武会激烈挑战，将马克·米切尔海军少将指挥的航母特混舰队派到马里亚纳群岛以西，防备从菲律宾驶来的日本航母。他警告米切尔不要受诱使追击敌军。按Z计划的设想，这样的追击也许会让他暴露在日本陆基战机面前。米切尔现在的飞行员比日本对手更加训练有素，装备精良。米切尔对他们充满信心，他孤军突进，在对抗丰田副武派出的打击舰队的战役中获胜。丰田的舰队太过分散，无法如愿在马里亚纳群岛外集结。这场菲律宾海海战（Battle of the Philippine Sea）非但远远未达到他追求的决定性胜利，反而成为联合舰队的另一次惨败。这场战役被欢呼的美军称作“马里亚纳火鸡大猎杀”，联合舰队损失了三艘航母和近300架战机。因未尽全力给敌军造成更大伤害，斯普鲁恩

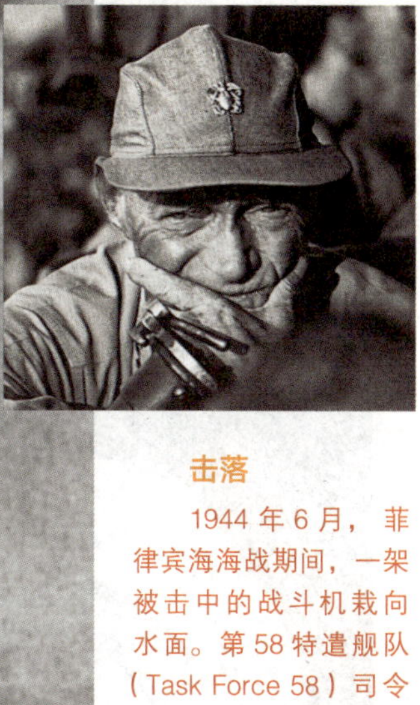

击落

1944 年 6 月，菲律宾海海战期间，一架被击中的战斗机栽向水面。第 58 特遣舰队（Task Force 58）司令马克·米切尔海军少将正在掩护登陆塞班岛的美军部队，雷蒙德·斯普鲁恩斯海军中将了解 Z 计划，敦促前者避免发起攻击。6 月 19 日，米切尔的舰载战斗机与日本第 1 打击舰队的战机遭遇，300 架日本战机在这场“马里亚纳火鸡大猎杀”中被击落。

美国原住民密语者

二战期间，激烈作战中的无线电信息经常由战斗人员用明语发送，因为他们没有时间或手段来使用密码机或密码本。这种做法将他们的信息暴露在懂己方语言的敌方监听员面前，这种情况促成了会说生僻语言的通信员的使用。为此目的，美国陆军和海军陆战队从纳瓦霍（Navajo）、霍皮（Hopi）、科曼切（Comanche）和乔克托（Choctaw）等印第安部落招募了成百上千名美国原住民。他们有时用部落语言通信，但为了额外的保密，他们发展出暗语来挫败任何知道他们语言的敌人。因为德国和日本学者在战前研究过美国印第安语言，这种可能性也无法排除。“D 日”当天，科曼切密语者在诺曼底登陆，为部队确保无线电通信的安全。

逾 350 名纳瓦霍密语者在太平洋的海军陆战队服役。他们使用一种自己设计

的系统，包括用暗语词代表字母表中各个字母。例如，“C”加密成表示“cat”（猫）的纳瓦霍语词，“D”加密成他们表示“dog”（狗）的词。另外，他们还有表示常用军事词汇的暗语词，如他们将“坦克”加密成表示“turtle”（龟）的纳瓦霍词语。很快，他们掌握了这种暗语，交流起来速度飞快，因为丰富的口语传统让他们拥有灵巧的舌头和敏锐的记忆。“对我们来说，什么事都靠记忆。”纳瓦霍族密语者卡尔·戈曼（Carl Gorman）说道，“我们的歌曲、祷词、故事全都是祖父传给父亲，父亲传给儿子。”他们还依靠部落传统的勇敢精神，在塞班岛、硫磺岛等激烈争夺的太平洋岛屿上的火力下镇定自若。他们的服务在那些地方不可或缺，通信军官称，如果没有他们，“海军陆战队永远拿不下硫磺岛”。

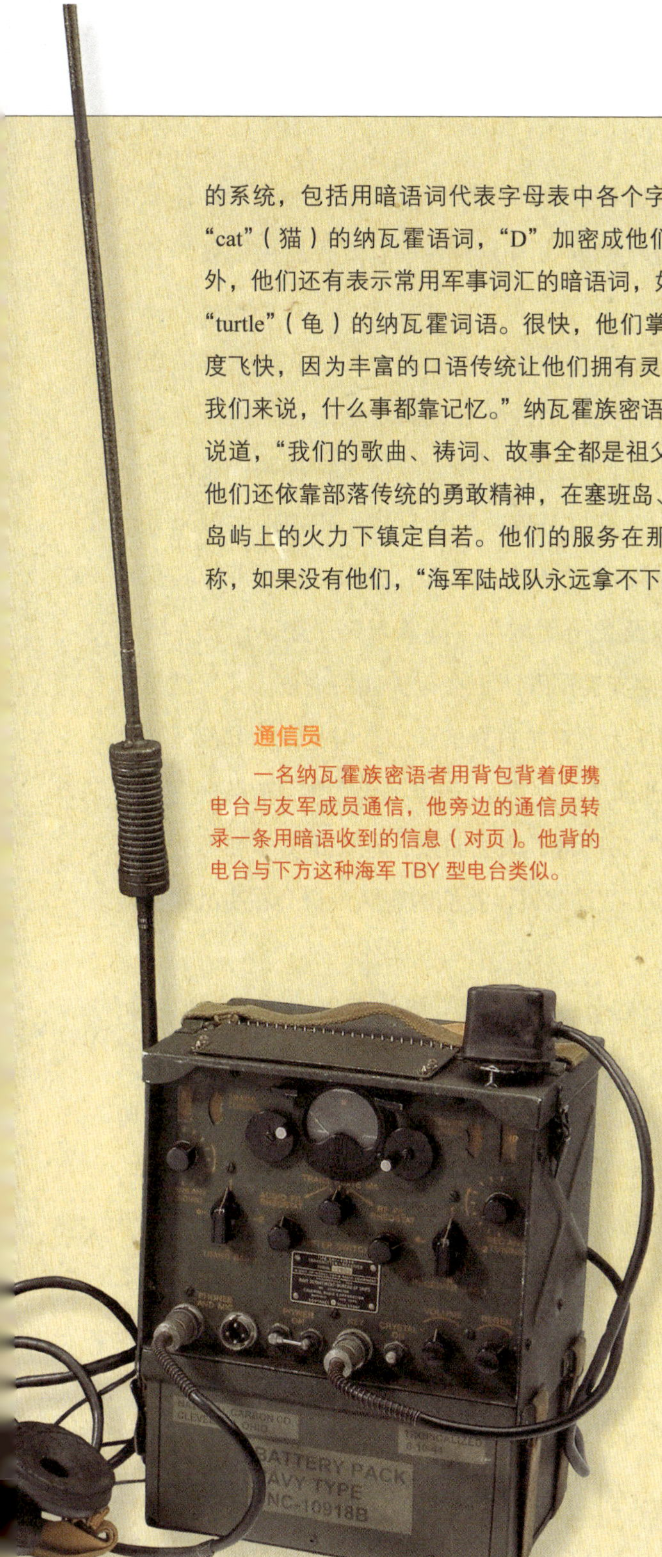

通信员

一名纳瓦霍族密语者用背包背着便携电台与友军成员通信，他旁边的通信员转录一条用暗语收到的信息（对页）。他背的电台与下方这种海军 TBY 型电台类似。

奖章

因在海外履行危险职责，密语者获得作战服务奖章。

斯备受批评，但他收到的情报提醒他谨慎行事，而且他的首要任务是掩护对塞班岛的进攻。进攻的成功为美国陆军航空兵提供了轰炸日本的基地。

日军大败之后，丰田副武及其指挥官将 Z 计划确立的决战信念降格为一次垂死挣扎，通过必要时牺牲联合舰队来维护他们的荣誉。栗田健男海军中将评论道，他们沉迷在一种与“神风特攻队”飞行员一般无二的“自杀精神”中。神风特攻队员通过将飞机撞向敌舰来寻求“光荣之死”。1944 年 10 月，栗田健男得到艰巨任务，连通菲律宾莱特岛附近危机四伏的海峡以及袭击美国第 3 舰队与第 7 舰队。麦克阿瑟的部队即将登陆莱特岛，两支美国舰队正在掩护这场进攻。栗田健男知道已被大大削弱的联合舰队无力对抗这样的强敌，但他认为其部队必须为日本战斗到最后一刻。他问手下军官：“国家都灭亡了，舰队还完好无损，岂不是莫大的耻辱？”为防他们失去希望，他又重复了在形势恶化时帮助他们坚持战斗的老调：“谁敢说，我们的舰队没机会在决战中扭转战局？”

莱特湾海战（Battle of Leyte Gulf）双方势均力敌，但到它结束时，日本联合舰队已经所剩无几。丰田副武已经无力阻止敌人收复菲律宾及逼近日本本土四岛。特种作战，包括战略情报局蛙人的大胆突袭，为盟军的推进做出了贡献。攻击打响前，他们侦察了一些日军占领的岛屿，用炸药清除供登陆艇穿过珊瑚礁的通道。缴获的日军地图和潜艇的测量航行帮助登陆部队画出敌占区地图，纳瓦霍族破译员为作战部队提供了日军无法破译的无线电通信。然而，当美军于 1945 年 2 月冲向日军顽强防守的硫磺岛及两个月后进攻冲绳岛时，所有的计策都不能免除他们面对血腥激战和惨重伤亡。据估计，从这些代价高昂的胜利来看，如果日本坚持抵抗，很有可能美军的伤亡达到 100 万。即使对东京和其他日本城市进行杀死数十上百万平民的燃烧弹轰炸也没有迫使裕仁天皇及其内阁接受投降的苦果。美国海军陆战队和前期在太平洋浴血作战中幸存的士兵，祈祷着无须进攻日本本土就取得胜利，殊不知一件威力无穷的武器即将在新墨西哥州测试。

耀眼眩目的核爆黎明

德国于 1945 年 5 月战败，在洛斯阿拉莫斯，奥本海默领导的科学家已经从橡树岭和汉福德的工厂获得制造两种原子弹的足够燃料。一种含铀 –235，另一种含钚 –239。外号“小男孩”（Little Boy）的铀弹由枪式装置引爆，将铀 –235 注入更大量的铀同位素中，制造出爆炸性的超临界质量。这种方法对钚弹无效，因为钚 –239 同位素自发裂变的速度极快，没有枪能够以足够快的速度让它达到临界质量而不使炸弹失效。科学家们制造出“胖子”（Fat Man），解决了洛斯阿拉莫斯面临的最大技术挑战。“胖子”是一颗圆形炸弹，钚 –239 在核心，四周围着炸药。炸药的排布方式使它们通过内爆，将钚瞬间压缩到超临界质量。内爆技术将通过在新墨西哥州南部沙漠中的“三位一体核试”（Trinity）测试场引爆这种原子弹来检验。

战争还没有立即结束的迹象，科学家和官员们私下争论着该不该对日本使用原子弹，如果应该，又该在哪里使用。洛斯阿拉莫斯的工作极为紧张艰巨，那些参与制造第一批核武器的人中，很少有人有时间思考行动的后果。尼尔斯·玻尔是第一批思考为破坏目的释放出原子能对世界可能意味着什么的科学家之一。他没有参加“曼哈顿计划”，但造访了洛斯阿拉莫斯，与奥本海默等人分享了观点。他认为，正在开发的新武器对人类是诅咒还是祝福，取决于世界主要大国是否认识到核

> “（科学家）对日本人的心理知道多少？他们凭什么判断结束战争的方式？”
>
> ——罗伯特·奥本海默

硫磺岛

美军进攻期间，海军陆战队员匍匐在地上。1945 年 2 月 23 日，美国海军陆战队将旗帜插到背景里的折钵山（Mount Suribachi）山顶之后，这场进攻持续了一个月。随着美军接近日本，这里和其他地方的重大伤亡支持了投放原子弹的军事理由。

战争没有赢家，从而选择合作而非争夺霸权。玻尔认为，就防备苏联而言，围绕“曼哈顿计划”的保密毫无意义，达不到目的。“认为苏联人做不到别人能做到的，这非常荒谬。”他后来说道，科学家之间“永远没有任何关于核能的秘密”。

英美两国对“曼哈顿计划”的成功做出了相当大的贡献。1944 年，玻尔见到丘吉尔首相，力主英美将正在研发的原子弹消息告知苏联盟友，与其合作控制这些武器，避免军备竞赛。但丘吉尔无意与斯大林分享核秘密，认为这种提议几近于叛国。“应该将玻尔关押，”丘吉尔事后评论道，“或者无论如何也要让他明白，他已经走到不可饶恕的重罪边缘。”玻尔后来见到罗斯福总统，总统对他表示赞同，但在新武器可以部署前对“曼哈顿计划”保密的必要性方面，他与丘吉尔看法一样。这些保密如此严格，以至于 1945 年 4 月 12 日，副总统哈里·杜鲁门在罗斯福死后宣誓就任三军司令时，对原子弹还一无所知。一战期间，杜鲁门曾在法国的美国远征军（American Expeditionary Force）任连队指挥官，他对新武器的看法与格罗夫斯将军和其他“曼哈顿计划”的主要军官一样。作为一项重大军事资产，它应该尽可能久地不为苏联和战后其他潜在对手所获，应该用于迫使日本投降，挽救美国士兵的生命。

杜鲁门确信，投放原子弹是由军事必要决定的，但并非所有华盛顿的高官都那样确信。1941 年，战争来临前，陆军部长亨利·史汀生对日本采取了强硬路线，但对东京和其他日本城市发起燃烧弹轰炸让他大为震惊。他担心，使用一种可怕的新武器来升级这场屠杀也许会损害美国“公平竞争和人道主义”的声誉，让美国在战争结束后更难维持和平。然而，史汀生唯一能做的是从潜在核毁灭目标的短名单上划去日本历史和文化中心京都，将另一座没受到轰炸的城市广岛移到名单顶部。史汀生和奥本海默都在绝密的目标委员会（Target Committee）任职。按该委员会的说法，广岛“的规模，其城市大部分可以被大规模毁坏。它附近几座小山很可能产生聚焦效应，将大大增加爆炸损害”。

一些帮助造出第一批原子弹的人不希望它们落向任何日本目标。利奥·西拉德在参与“曼哈顿计划”的科学家中传递一份请愿书，请他们声明“他们基于道德理由反对在战争当前阶段使用原子弹……美国人民没有意识到我们面临的选择，这一事实增加了我们在这件事上的责任”。西拉德还组织了一个科学委员会，其签发的秘密报告敦促当着国际见证人的面测试原子弹，来展示它的破坏力，给日本人一个在目标被炸之前投降的机会。奥本海默没有支持那份被政府驳回的呼吁，他对一次展

没落行动：进攻日本本土的秘密计划

1945 年年初，准备进攻日本的“没落行动”（Operation Downfall）计划正在秘密制订时，参与计划的许多人还不知道，另一场极大影响到对日战争的行动——“曼哈顿计划”，隐藏在更深的秘密之下。一些高层指挥官知道美国科学家在研究一种威力可能极为强大的炸弹，但还没人知道它可不可行或何时可以就绪。“没落行动”背后隐含的假设是，进攻是打败日本的唯一可靠方法。一些指挥官支持推迟进攻，看看日本会不会屈服于持续的战略轰炸。1945 年 3 月初，轰炸在东京引发可怕的风暴性大火，逾 8 万人丧生。但是 5 月，参谋长联席会议决定，继续推进“没落行动”的计划。行动将包括两场大规模两栖进攻，第一场进攻代号“奥林匹克行动”（Operation Olympic），计划于 1945 年后期打响。该行动包括使用冲绳岛（美军于 6 月以极大代价攻占）作为前进基地，进攻日本本土最南端的九州岛。反过来，九州将作为“小王冠行动”（Operation Coronet）的集结区，这是 1946 年春对日本主岛本州岛和东京的进攻。

这些进攻的规模甚至超过了“霸王行动”。最初登陆诺曼底的有 12 个师，相比之下，14 个师将在第一波登上九州岛，25 个师将涌向本州岛。日本正准备以极端措施来迎接那场进攻，包括投入全部残余日本战机（总数超过 1 万架）发动自杀式攻击，目标是在美国运兵船到达岸边前击沉它们。他们为裕仁天皇和帝国参谋部准备了防弹地下司令部，将平民组织成卫国部队。这支队伍由所有不在现役的 15—60 岁男性和所有 17—40 岁女性组成，装备的是从老式火器到竹枪的原始武器。对

要求投降

1945 年，空投到日本的一份美国传单，记载了杜鲁门总统用日文发出的信息。它声称，无条件投降并不意味着“对日本民族的毁灭或奴役”。

“没落行动”的伤亡估计千差万别，但关于美军伤亡的预估数字超过了 100 万，在平民参战的情况下日本伤亡的估计为几百万。

“没落行动”的最终决定权归新任三军总司令哈里 · 杜鲁门。他在罗斯福 4 月去世后任职。6 月 18 日，杜鲁门及其顾问与参谋长联席会议在白宫开会讨论这次行动。大部分参谋长赞成计划中的进攻，但负责海军的威廉 · 莱希（William Leahy）海军上将反对，认为不值得为了获得日本的无条件投降而招致巨大损失，那个要求“只会让日本人更绝望，从而增加我们的伤亡数字”。杜鲁门尚不准备放弃无条件投降的要求，但他倾向于同意助理战争部长（Assistant Secretary of War）约翰 · 麦克洛伊（John McCloy）的观点：“如果我们不去探索其他结束这场战争的方法，只想靠传统的进攻和登陆，那我们该让人检查检查我们的脑子。”麦克洛伊提议发出信息，如果日本领导人投降，将向他们提供保证；如果拒绝，就拿美国即将通过“曼哈顿计划”获得的新武器来威胁他们。杜鲁门同意在声明中包含一份承诺，说如果日本投降，美国占领军将在日本建立“倾向和平和负责任的政府”后立即离开，但驳回了允许裕仁天皇作为“君主立宪政府”首脑留在台上的词句，许多美国人认为他应为战争负责。

7 月 26 日，同盟国领导人在他们占领的德国发布《波茨坦公告》。公告以严厉的警告结束，没有提及美国人新拥有的可怕武器：“吾人通告日本政府立即宣布所有日本武装部队无条件投降……除此一途，日本即将迅速完全毁灭。”当日本拒绝屈服时，杜鲁门感觉他别无选择，只能批准使用原子弹。它也许会结束战争而无须采取“没落行动”——一场对美军是恐怖，对日本是灾难的进攻。

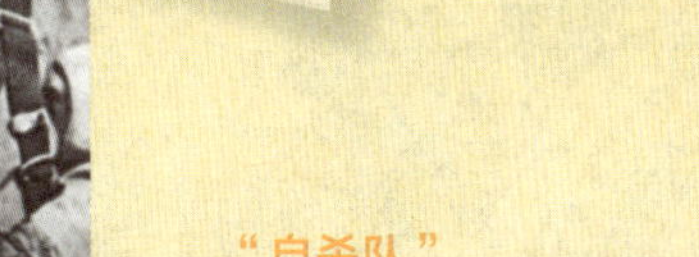

“自杀队”

自愿驾机飞向美国军舰的神风特攻队飞行员的照片。神风特攻队员造成盟军近 1 万人伤亡，如果日本遭到进攻，他们带来的伤亡还要高得多。

“胖子”和“小男孩”

两颗于1945年8月投向日本的原子弹组装后的照片——以田纳西州橡树岭生产的铀-235为燃料的“小男孩”（左）和以华盛顿汉福德生产的钚-239为燃料的“胖子”（下）。7月16日，引爆钚弹的内爆法在新墨西哥州的“三位一体核试”测试场测试，之后“胖子”在天宁岛组装完成。下面这张在岛上拍摄的照片展示了装在车上的原子弹。

示即能促使日本屈服表示怀疑，认为参与战争的军官比设计原子弹的科学家更有资格决定如何使用它们。“科学家对日本人的心理知道多少？”他问道，“他们凭什么判断结束战争的方式？”奥本海默倾向于将使用原子弹对付日本的决定事先通知苏联，但他知道，那阻止不了军备竞赛。苏联不遗余力地窃取核秘密的行动表明，竞赛已经开始。

“突然一道强烈的闪光，我见过的最明亮的光，甚至我认为没人见过更明亮的。它爆炸，冲击，直钻透你的身体。”

——7月16日黎明前，与洛斯阿拉莫斯其他科学家聚集在“三位一体核试”测试场观察第一颗钚弹测试的物理学家伊西多·拉比

7月16日拂晓前，洛斯阿拉莫斯的科学家聚集在“三位一体核试”测试场，从远处观察钚弹测试。此时杜鲁门正准备在盟军占领的德国波茨坦会见斯大林和丘吉尔。“突然一道强烈的闪光，”物理学家伊西多·拉比（Isidor I. Rabi）写道，“我见过的最明亮的光，甚至我认为没人见过更明亮的。它爆炸、冲击，直钻透你的身体。”奥本海默和身边诸人的最初反应是惊讶于他们取得的成就，继之以一种不祥的预感。“一些人声称当时对人类的未来产生了怀疑，”诺里斯·布拉德伯里（Norris Bradbury）回忆道，“但我没有。我们在打仗，这该死的玩意有用。”他后来成为奥本海默的继任者，接管了阿拉莫斯实验室。杜鲁门从一封送到波茨坦的加密电报中得知测试获得成功：“今晨手术。诊断未完，但结果似可满意，已超预期……格罗夫斯医生很满意。”随后，杜鲁门将美国的新战略武器告知苏联领导人。“我若无其事地向斯大林提起，说我们有了一件破坏力非同寻常的武器。”杜鲁门说，“苏联领导人没表现出特别的兴趣，只是说，他很高兴听到这消息，希望我们会‘好好用它对付日本人’。”实际上，斯大林已经知道“曼哈顿计划”，并得益于洛斯阿拉莫斯间谍的披露，开始了苏联的核武器项目。然而，直到二战结束以后，这些间谍才暴露。

不稳定同盟

在 1945 年那场预示冷战剑拔弩张的波茨坦会议上，丘吉尔、杜鲁门和斯大林握手拍照。会议进行中，杜鲁门得知“三位一体核试”测试场那次黎明前的原子弹测试获得成功，测试带来眩目的爆炸（下）。接着他将新武器的消息告诉了斯大林，但美苏间一场核竞赛已经拉开帷幕，并将在随后的岁月里愈演愈烈。

这场战争毁灭性结局的舞台已经搭好。7 月 26 日，《波茨坦公告》（Potsdam Declaration）发布，敦促日本无条件投降，不然将面临“迅速而完全的毁灭”。杜鲁门拒绝了允许裕仁天皇保留日本最高统治者地位的条件，首相铃木贯太郎不愿屈服，对公告未予理睬。两次眩目的原子爆炸最终迫使裕仁投降，第一次一颗铀弹于 8 月 6 日释放，摧毁了广岛；第二次一颗钚弹于三天后引发，震碎了长崎。两次爆炸逾 15 万人丧生，还有数十万人被放射性沉降物污染，后来因此死亡。科学家尚未预料到可怕的后果，格罗夫斯等军官将对幸存者放射性疾病的最初描述斥为日本人的宣传。然而战争结束后，负责保守秘密或隐瞒灾难的当局受到那些希望揭示真相的人质疑。其中记者约翰 · 赫西（John Hersey）揭露了核战争对广岛人民的可怕影响。赫西令人不安的描述与格罗夫斯将军的保证背道而驰。当放射疾病再也无法被否认时，将军在参议院委员会上作证，说医生告诉他那是“一种非常舒服的死法”。

旷日持久的秘密战争

1945 年 8 月，广岛和长崎的原子弹爆炸将有史以来代价最高昂的战争引入一个发人深省的结局。民众走上街头庆祝，但欢庆转瞬即逝。正如评论员爱德华 · 默罗（Edward R. Murrow）评论道：“很少有一场战争在这样的不确定感和恐惧感中结束，或结束于这样的认识：前路茫茫，生存没有保障。”对未来的担心莫过于洛斯阿拉莫斯一地，那里的科学家知道，威力远超对日本投放的那些原子弹的核武器也许会很快开发出来。爱德华 · 泰勒正在加紧研究所谓的“超级”炸弹，这种热核装置将使用核裂变生成的高温来制造核聚变，将氢原子聚合成氦，在此过程中释放出巨大能量。这样的氢弹能引发强度可达惊人的 1 亿吨 TNT 当量的爆炸。相比之下，炸毁广岛那颗原子弹的当量只有 12500 吨。

两巨头在测试场

“三位一体核试”的测试之后，罗伯特·奥本海默和莱斯利·格罗夫斯站在残骸中。“战争结束了。”一名观看了爆炸的军官宣称。对此格罗夫斯将军答道：“对，在我们对日本投下两颗炸弹后。”

“今晨手术。诊断未完，但结果似可满意，已超预期……格罗夫斯医生很满意。”

——关于原子弹成功测试的电报发给在波茨坦的杜鲁门

欧内斯特·劳伦斯曾经强烈支持原子弹的战争应用，努力保守“曼哈顿计划”的秘密。现在，就连他这样的物理学家也赞同国际间共同努力控制核武器的扩散，包括与守口如瓶的苏联合作。“我毫不怀疑，”劳伦斯写道，“了解苏联当前情况的最佳信息渠道是鼓励科学与科学家的自由交流。”奥本海默前往华盛顿，促请总统及其顾问不要通过参与核军备竞赛，而是通过寻求与苏联和其他潜在核大国达成协议来防止毁灭性战争，确保美国免遭攻击。但苏联不再是美国的盟友，而且美国政府中很少有人愿意信任斯大林。1945 年 12 月，美国驻莫斯科大使馆一个随员的报告证实了华盛顿许多人已经怀疑的事实，即“苏联正在努力获得原子弹”，并且在这件事上不遗余力。那份情报非但没有鼓励美国官员与苏联谈判，反而让他们更坚定了领先苏联和严格保守核秘密的决心。奥本海默个人吁请杜鲁门寻求对原子武器的国际控制，这些武器也许要比落到广岛和长崎的更加致命，但他的呼吁毫无成效。他提到那些轰炸：“总统先生，我感觉自己双手沾满鲜血。”杜鲁门生硬地回答说，血“在我手上……让我来操心那个”。

奥本海默等科学家试图打破核武器的秘密，鼓励对话。然而他们的努力成为泡影，因为这场秘密战争没有随着德国和日本的失败而结束，反而随着国际联盟变幻而愈加壁垒森严。这场秘密战争不仅在同盟国和轴心国间打响，也发生在英美和苏联间，后两者仅仅因为反对希特勒而联合起来，毫无信任可言。早在二战结束前很久，那场后称为“冷战”的战争就已经打得热火朝天。

> “苏联正在努力获得原子弹。”
> ——1945 年 12 月美国驻莫斯科大使馆一名随员的报告

当时苏联努力通过间谍活动来获取华盛顿和伦敦领导人拒绝透露给莫斯科斯大林政权的国家秘密。苏联特工渗透了“曼哈顿计划”，帮助苏联造出原子弹并于 1949 年 8 月测试成功。这件事的曝光大大加剧了冷战以及美国“红色恐慌”（Red Scare）的反共浪潮。到那时，美国陆军情报部反情报官员在通信情报处密码分析员帮助下，得知了核间谍活动，后者破译了苏联驻美特工发给莫斯科电报的密码。代号“维诺那计划”（Venona Project）的密码项目始于 1943 年，三年后取得第一批破译，揭示了逾 300 名充当苏联间谍的美国人的存在，其中许多人在政府的敏感职位上，一些人在洛斯阿拉莫斯研制第一批核武器期间可以进入那里。

物理学家西奥多·霍尔（Theodore Hall）是洛斯阿拉莫斯的间谍之一。1944 年，19 岁的霍尔来到洛斯阿拉莫斯，成为研究原子弹的最年轻科学家。他从未受到指控，因为政府无法在不采用绝密的“维诺那计划”破译内容作为证据的情况下起诉他。但在另一个间谍案中，联邦调查局将“维诺那计划”情报秘密分享给英国当局，1950 年 2 月，后者据此逮捕了物理学家克劳斯·富克斯（Klaus Fuchs）。富克斯在德国加入共产党，后逃脱纳粹政权，移居英国，在那里从事核研究，后被派去参与洛斯阿拉莫斯的“曼哈顿计划”。他提供了钚弹和氢弹的设计细节，在向苏联泄露的核武器情报的重要性方面，无人可与他相提并论。但最严厉的刑罚既没有判给富克斯，他的刑期仅 9 年；也没判给其在美国的信使哈里·戈尔德（Harry Gold）或戈尔德揭露的洛斯阿拉莫斯工程师戴维·格林格拉斯（David Greenglass），而是两名在纽约受指控的间谍。在格林格拉斯作证指控姐姐埃塞尔·罗森堡（Ethel Rosenberg）和姐夫朱利叶斯·罗森堡（Julius Rosenberg）之后，两人被定罪处决。她的判决长期备受争议，但提交法庭的证据

轰炸广岛

1945 年 5 月，包含 B–29 轰炸机飞行员、机组人员、地勤人员、军械专家和其他人员的名为第 509 混成大队（509th Composite Group）的精英部队在犹他州一处秘密空军基地完成了训练，飞往天宁岛。选中天宁岛是因为飞机跑道很长，可供携带超重负载的 B–29 轰炸机起飞。该大队只有正副队长保罗 · 蒂贝茨（Paul Tibbets）上校和查尔斯 · 斯威尼（Charles Sweeney）少校知道任务是将原子弹投向日本。他们在天宁岛占用了一个院子，没有窗户，有空调，坐落在有武装卫兵巡逻的围墙后。“我们有崭新的飞机，得到最好的待遇。”其中一人回忆。他还说，在天宁岛上其他飞行员看来，“我们似乎没在为结束战争做任何事”。

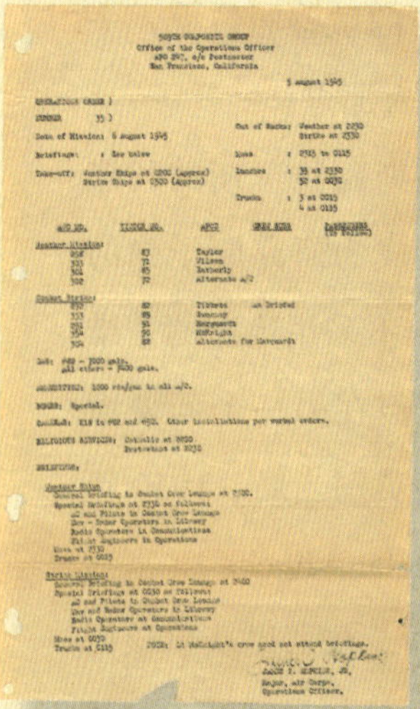

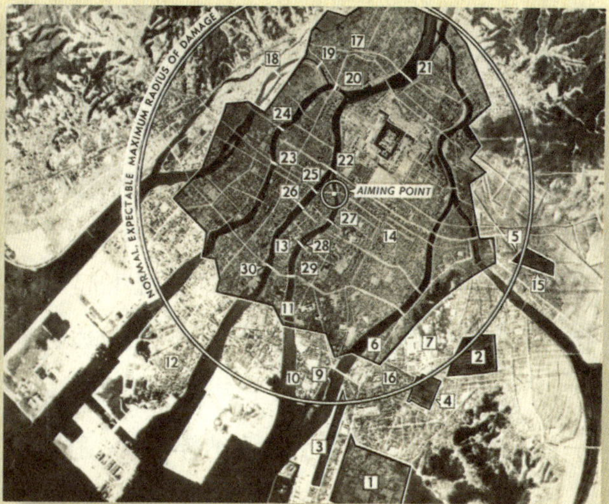

倒计时

保罗 · 蒂贝茨上校站在“埃诺拉 · 盖伊”号（*Enola Gay*）旁的机组成员中央。8 月 6 日，他驾驶这架 B–29 轰炸机飞向广岛。左上的秘密日程表列出了 8 月 5 日晚的战前动员和宗教仪式时间，以及执飞天候侦察飞机和跟随“埃诺拉 · 盖伊”号记录此次事件并进行科学测试的 B–29 轰炸机的飞行员姓名。上方航空照片显示了广岛的投弹瞄准点。

1945 年 8 月 6 日凌晨 2 点 45 分，蒂贝茨驾驶“埃诺拉 · 盖伊”号（以其母亲名字命名的 B–29 轰炸机）滑过跑道，在飞机恰好到达跑道尽头时起飞升空。它的弹舱里载着 9000 磅（约 4.9 吨）的“小男孩”。几小时前，机组在作战动员会上得知，他们将投放史上最具毁灭性的武器，为了避免飞机可能在天宁岛坠毁带来的灾难，它将在起飞后装上起爆装置。飞了几小时后，天候飞机通知蒂贝茨，说他们的首要目标广岛上空天气晴朗。“小男孩”于广岛时间上午 8 点 15 分从 31000 英尺（约 9450 千米）高度投下，49 秒后在城市上空 2000 英尺（约 610 米）爆炸。这个高度造成的损害最大。蒂贝茨做了一次剧烈的俯冲转向，加速离开广岛，逃开强烈的冲击波，但飞机依然受到震动。他回望广岛，只看到一块蘑菇云，“翻滚，快速增长，可怕而且高得惊人”。如果有人对他们所做的还有任何怀疑，也被蒂贝茨打消了。“伙计们，”他告诉机组人员，“你们刚刚投下第一颗原子弹。”

零点时刻

左边这只钟停在原子弹爆炸发生的上午 8 点 16 分。爆炸夷平了广岛市中心几乎全部建筑，生成一道高耸的蘑菇云。许多幸存者像右下方的妇女一样被烧伤或后来死于放射性疾病。

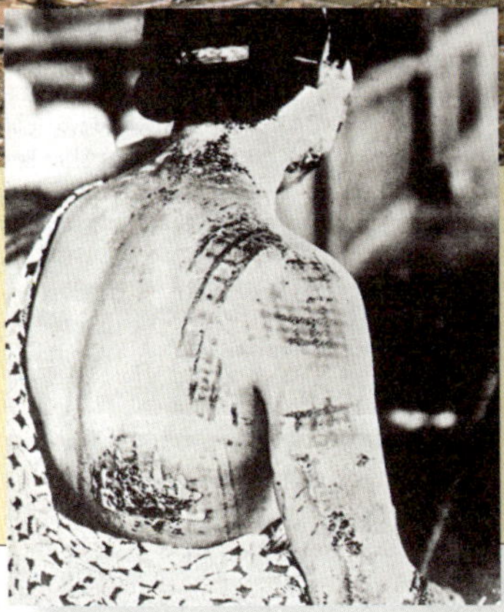

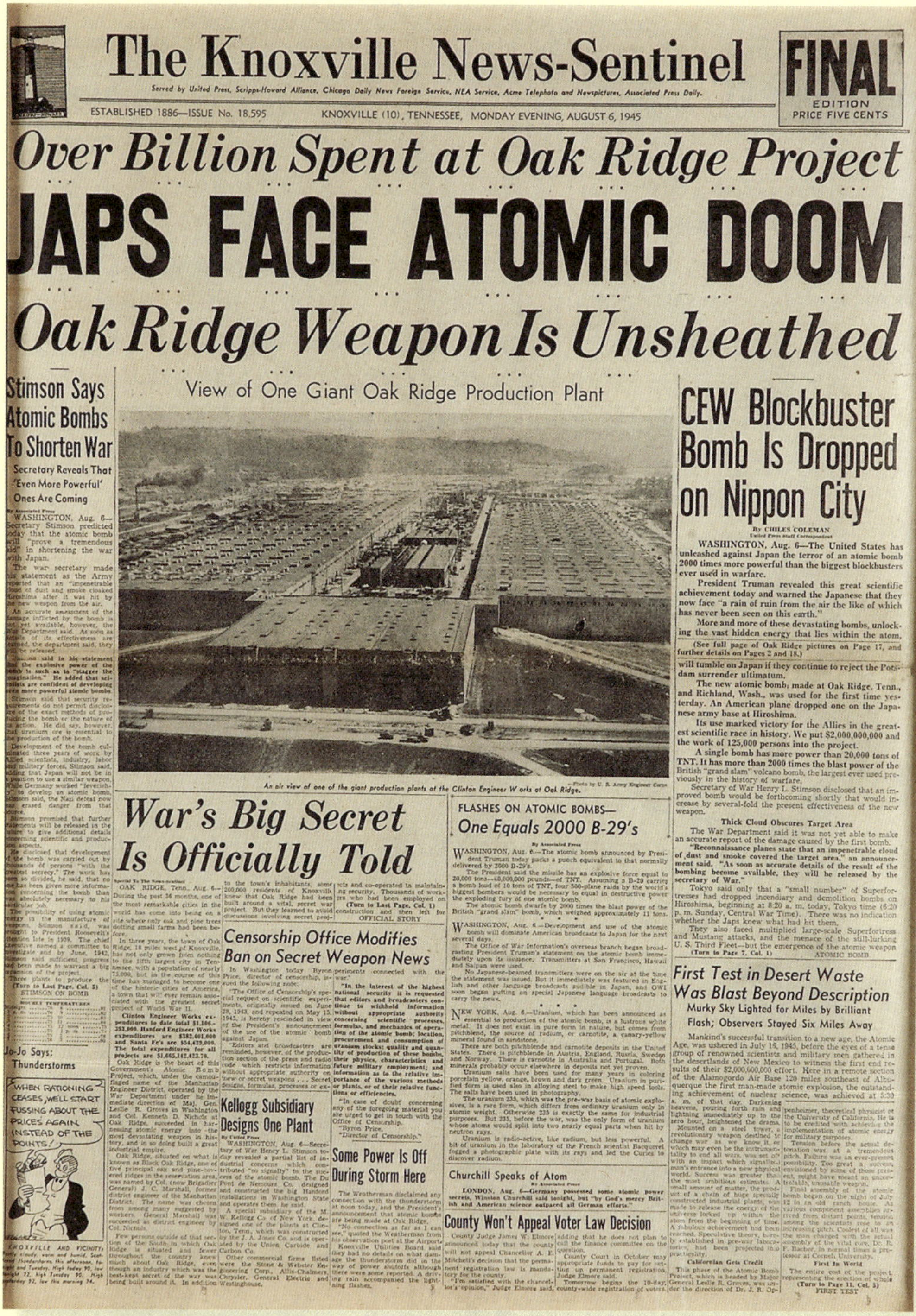

The Knoxville News-Sentinel

Served by United Press, Scripps-Howard Alliance, Chicago Daily News Foreign Service, NEA Service, Acme Telephoto and Newspictures, Associated Press Daily.

FINAL EDITION PRICE FIVE CENTS

ESTABLISHED 1886—ISSUE No. 18,595 KNOXVILLE (10), TENNESSEE, MONDAY EVENING, AUGUST 6, 1945

Over Billion Spent at Oak Ridge Project

JAPS FACE ATOMIC DOOM

Oak Ridge Weapon Is Unsheathed

Stimson Says Atomic Bombs To Shorten War

Secretary Reveals That 'Even More Powerful' Ones Are Coming

View of One Giant Oak Ridge Production Plant

An air view of one of the giant production plants at the Clinton Engineer Works at Oak Ridge.

CEW Blockbuster Bomb Is Dropped on Nippon City

By CHILES COLEMAN

WASHINGTON, Aug. 6—The United States has unleashed against Japan the terror of an atomic bomb 2000 times more powerful than the biggest blockbusters ever used in warfare.

President Truman revealed this great scientific achievement today and warned the Japanese that they now face "a rain of ruin from the air the like of which has never been seen on this earth."

More and more of these devastating bombs, unlocking the vast hidden energy that lies within the atom, will tumble on Japan if they continue to reject the Potsdam surrender ultimatum.

The new atomic bomb, made at Oak Ridge, Tenn., and Richland, Wash., was used for the first time yesterday. An American plane dropped one on the Japanese army base at Hiroshima.

Its use marked victory for the Allies in the greatest scientific race in history. We put $2,000,000,000 and the work of 125,000 persons into the project.

A single bomb has more power than 20,000 tons of TNT. It has more than 2000 times the blast power of the British "grand slam" volcano bomb, the largest ever used previously in the history of warfare.

War's Big Secret Is Officially Told

FLASHES ON ATOMIC BOMBS— *One Equals 2000 B-29's*

Censorship Office Modifies Ban on Secret Weapon News

Kellogg Subsidiary Designs One Plant

Some Power Is Off During Storm Here

Churchill Speaks of Atom

County Won't Appeal Voter Law Decision

First Test in Desert Waste Was Blast Beyond Description

Murky Sky Lighted for Miles by Brilliant Flash; Observers Stayed Six Miles Away

Jo-Jo Says: Thunderstorms

披露

围绕"曼哈顿计划"数年的神秘面纱在广岛遭原子弹轰炸之后被揭开。8月6日，诺克斯维尔一家报纸将爆炸与附近的橡树岭和生产原子弹燃料的克林顿工程厂联系起来。正如报上的一段大字标题称，"这场战争的最大秘密已经正式公开"。

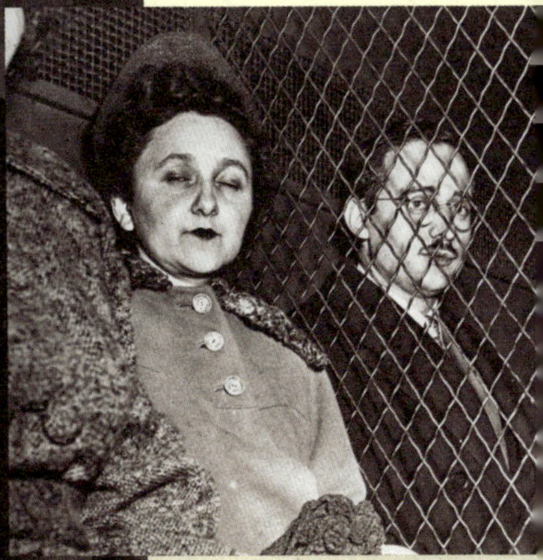

核间谍

物理学家克劳斯·富克斯的洛斯阿拉莫斯身份牌上的照片（右上）。他是前德国共产党员，后成为英国公民，因为将核秘密泄露给苏联，1950 年年初被捕。这导致戴维·格林格拉斯于 1950 年 6 月被捕，罪名为在洛斯阿拉莫斯任机械师时为苏联刺探情报。格林格拉斯接着又指证了姐姐埃塞尔·罗森堡和姐夫朱利叶斯·罗森堡。1953 年，这对夫妇被定罪处决。

和几十年后解密的“维诺那计划”副本表明，朱利叶斯·罗森堡的罪名是将从格林格拉斯和其他间谍那里得到的秘密转给苏联情报官员。许多美国人将对罗森堡夫妇的审判和处决视为“红色恐慌”有充分根据的证据，但一些人将审判视作一场在必要性驱动下的“政治迫害”，因为需要将核武器的可怕扩散归咎于这一点，长期以来科学家们一直怀疑核武器能否被美国保密且垄断。

不仅在间谍活动，而且在隐蔽行动方面，冷战都是二战的延伸。1947 年，作为战略情报局的继承者，中央情报局成立，它与继承内务人民委员部的苏联对手克格勃大规模实施了这些隐蔽行动。冷战期间，艾伦·杜勒斯、威廉·凯西（William Casey）等前战略情报局重要人物出任中央情报局局长。他们追随战略情报局局长威廉·多诺万的步伐，将情报搜集和分析与瓦解、干扰和颠覆敌人的进攻性活动结合起来。这里的敌人是一个宽泛的概念，包括任何支持共产主义或可能援助苏联的外国政党或政府。1949 年，毛泽东的军队打败了蒋介石的国民党军队，建立了中华人民共和国。同一年，中央情报局支持了英国军情六处推翻阿尔巴尼亚共产主义政府的行动。行动因一边为克格勃服务，一边爬上军情六处反情报负责人位置的金·菲尔比而受挫。他与唐纳德·麦克莱恩（Donald Maclean）、盖伊·伯吉斯（Guy Burgess）和安东尼·布伦特（Anthony Blunt）这三个苏联间谍在剑桥大学时是朋友，他们将无数英美秘密和隐蔽行动透露给莫斯科。有时，对相关特工产生致命的结果。

随着二战让位于冷战，美国招募了无数德国科学家和间谍为他们服务，其中一些人是犯下战争罪行但被免除指控的狂热纳粹分子。杜鲁门总统发布命令，批准“回形针行动”（Project Paperclip，招募德国科学家的行动代号），将任何曾经的“纳粹党员及纳粹暴行的实质参与者，或纳粹军国主义的积极支持者”排除在外。如果严格执行，它将排除掉许多后来实际为美国工作的人，包括曾加入纳粹党和党卫军的韦尔纳·冯·布劳恩。党卫军强迫集中营犯人劳动以持续布劳恩 V–2 弹道导弹项目。“回形针行动”负责人认为，通过禁止冯·布劳恩这样的德国人来“殴打纳粹这匹死马”没有意义。如果美国不利用这些有战略技能的人，他们很可能为苏联所用。德国科学家的记录中，与纳粹历史有关的内容被删除或者做了缓和处理，这样他们就可能移民美国。一个臭名昭著的例子是阿图尔·鲁道夫（Arthur Rudolph），他监管中央工厂—朵拉集中营犯人生产 V–2 导弹，战争结束时被美军审讯员评估为“100% 纳粹，危险类型，安全威胁……建议关押”。但他后来被判定有资格列入“回形针行动”，因为据说“他的记录里没有内容表明他是战争罪犯、狂热纳粹或其他反面情形”。冯·布劳恩、鲁道夫等获准进入美国的德国科学家，设计了可以将载人飞船或间谍卫星送入轨道的火箭，或开发出装备核弹头的洲际弹道导弹，在与苏联的“太空竞赛”中发挥了巨大作用，后者同样雇用了前纳粹科学家。

其他前纳粹分子最后跑去为中央情报局或美国陆军反谍部队（Counter Intelligence Corps，CIC）服务。为了避免与陆军情报部的国内反谍活动重叠，陆军反谍部队领到海外行动的任务。1947 年，陆军反谍部队招募前盖世太保军官克劳斯·巴比为他们服务。臭名昭著的“里昂屠夫”造成了法国抵抗领导人让·穆兰和其他许多党卫军目标的死亡。巴比向陆军反谍部队提供了盖世太保在法国的线人和共产党基层组织的信息。作为回报，在法国当局开始追捕他时，他免于战争罪行起诉，得到了逃往南美的安全路线。（直到 20 世纪 80 年代，他才在法国受审，1991 年死在法国监狱。）虽然中央情报局与巴比没有直接联系，但许多前党卫军军官加入了中央情报局支持的格伦组织（Gehlen Organization），负责该组织的莱因哈德·格伦（Reinhard Gehlen）是二战

> “很少甚至没有一场战争在这样的不确定感和恐惧感中结束，或结束于这样的认识：前路茫茫，生存也没有保障。”
>
> ——评论员爱德华·默罗

苏联“鼹鼠”

1949 年，金 · 菲尔比任职英国驻华盛顿的情报主管，能接触到美国的最高机密。那项任命不仅是菲尔比，也是克格勃的意外收获。在军情六处当间谍首脑时，他秘密为克格勃工作，向莫斯科出卖了许多间谍。菲尔比和另外几名苏联“鼹鼠”曾是剑桥大学的精英年轻学者，从那时起就是朋友。这个小组包括军情五处的战时反谍军官安东尼 · 布伦特和能接触到国家秘密的两名外交部官员——唐纳德 · 麦克莱恩和盖伊 · 伯吉斯（下）。麦克莱恩曾在华盛顿任职，后回到伦敦，伯吉斯住在菲尔比家的地下室。在菲尔比得到“维诺那计划”的译文时，他们互相交织的阴谋开始败露。译文提到以化名出现的麦克莱恩是苏联间谍，于 1948 年离开华盛顿，此前泄露过美国核秘密。菲尔比派伯吉斯去警告麦克莱恩，后者于 1951 年与伯吉斯一起逃到莫斯科。随后菲尔比因为与叛逃者的关系受到怀疑，从军情六处辞职，1963 年，他也逃到莫斯科。一年后，布伦特在获得赦免后招供。虽然这些剑桥间谍带来了巨大损害，但没有一人受到指控，即使违反了英国法律，他们维持了英国统治阶级的特权身份。

代号：希克斯（HICKS）
服务国：苏联
针对国：英国、美国

代号：斯坦利（STANLEY）
服务国：苏联
针对国：英国、美国

第三人

1955 年，金·菲尔比与叛逃的盖伊·伯吉斯和唐纳德·麦克莱恩有联系的消息传出，导致了对他是该间谍网第三人的指控，之后他面临着伦敦媒体的关注。那一年，他被宣布无罪，但后来一个苏联叛逃人员的揭露迫使他到莫斯科避难。上页图是 1951 年逃到苏联后的伯吉斯在黑海边休憩。菲尔比和伯吉斯都有无数风流韵事。

代号：荷马（HOMER）
服务国：苏联
针对国：英国、美国

脆弱的联系

唐纳德·麦克莱恩是该间谍网第一个受到怀疑的，当时破译文件显示，特工荷马（其克格勃代号）泄露的秘密只有作为驻华盛顿外交官的麦克莱恩能接触到。

代号：约翰逊（JOHNSON）
服务国：苏联
针对国：英国、美国

学者及间谍

因免于起诉，安东尼·布伦特继续当他的知名艺术史学家，直到 1979 年才暴露。当时玛格丽特·撒切尔首相发现他是间谍网的第四人。

改换门庭

1945 年 5 月 2 日，因为汽车事故左臂绑着石膏的韦尔纳·冯·布劳恩和其他德国火箭科学家向美军占领部队投降。“回形针行动”的负责人员本来不应该招募曾为积极纳粹分子或军国主义分子的德国科学家去美国工作，但他们为冯·布劳恩等可能帮助美国在冷战中占上风的人破了例。

期间德国情报头子，了解大量关于苏联军事和保密行动的情况。二战结束后，他将这些信息提供给艾伦·杜勒斯。格伦的间谍在壁垒分明的战后德国与苏联特工斗法，后者的行列中也有前纳粹分子，其中一些渗透进格伦组织。格伦组织后来成为联邦德国的官方情报机构。联邦德国与民主德国边境的紧张关系差点将冷战变成热战。

冷战期间，一些前敌人被招为盟友，协助美国对抗共产主义，另一些在二战期间被誉为英雄的人则笼罩在怀疑的阴云下。卸任洛斯阿拉莫斯实验室主任后，奥本海默成为原子能委员会（Atomic Energy Commission，AEC）总顾问委员会（General Advisory Committee）主席。1949 年，总顾问委员会提议一个反对研制氢弹的紧急计划，一份由奥本海默与几位核科学家签名的报告将氢弹描述为“大屠杀武器”。当时揭露纳粹政权大屠杀的真相言犹在耳，令人深感不安，他们无法认同这样一个武器项目，它将使国家核武库的破坏力呈指数级增强，使美国致力于战略性“灭绝平民人口政策”。

总顾问委员会的建议吓坏了爱德华·泰勒和那些支持他研制氢弹的人，其中也包括刘易斯·斯特劳斯（Lewis Strauss）。后者是原子能委员会的重要成员，后来成为该委员会主席。斯特劳斯促请总统不要放弃“有理由相信敌人可能会拥有的任何武器”。1950年年初，杜鲁门披露了泰勒之前秘密项目的存在，指示原子能委员会继续研究“所有形式的原子武器，包括所谓的氢弹或超级炸弹”，为项目开了绿灯。斯特劳斯、泰勒等人认为，这些武器对国家安全不可或缺。奥本海默面对他们越来越大的压力，1952年，他心灰意冷，退出总顾问委员会。

> “若无争论和批评，智慧无法彰显，甚至连真相都无法确定。”
> ——罗伯特·奥本海默谈为什么研制新的大规模杀伤性武器这类重大决策不应基于保密的事实做出

1953年，斯特劳斯接掌原子能委员会，他决定切断依然担任委员会顾问的奥本海默与核政策的一切联系。斯特劳斯本可以等到奥本海默的安全许可于1954年6月到期，但他终止了那份许可，并将奥本海默置于监视下，为听证会做准备，来确定这个被誉为“原子弹之父”的人是否构成安全风险。1943年，奥本海默首次接受调查，1947年更新安全许可时，再次通过审查。听证会没有找到什么新内容，但时代已经变了，一些曾经狂热崇拜他的人现在对他能否保守国家秘密产生了怀疑。泰勒作证说他“认为”奥本海默忠于美国，但如果“这个国家的重要利益”不在其手里，他将感觉更安全。1954年5月，主持听证会的三名官员中，有两名裁定宣布他构成安全风险，第三名持异议，指出所有人对奥本海默的忠诚都没有异议，因此，拒绝给予他之前已经获得过的许可“不该是一个自由国家采取的步骤”。

与德国和日本那场大战将美国史无前例地团结起来不同，冷战割裂了美国，助长了类似奥本海默及其对头间的那种激烈分歧。他们都深知，与二战期间一样，保密对保护国家安全常常是必要的。但奥本海默

重新得宠

韦尔纳·冯·布劳恩是美国赢得对苏“太空竞赛”行动中的主要人物。图为 1962 年，他（中）领着约翰·肯尼迪总统（左）和林登·约翰逊（Lyndon B. Johnson，右）副总统参观亚拉巴马州亨茨维尔市的马歇尔航天飞行中心（Marshall Space Flight Center）。冯·布劳恩在那里设计出背景中的“土星”C–1（Saturn C–1）推进火箭。他对美国航天项目的贡献超越了战时作为希特勒的 V–2 复仇导弹设计师发挥的作用，1977 年，他获得美国国家科学奖章（National Medal of Science）。

警告要提防一场无休止的秘密战争，提防与美国未来和世界福祉有关的事务决定于“紧闭的门后”。他评论道，当研制新的大规模杀伤性武器的决策“基于保密的事实”做出时，这种情况“非常危险。倒不是因为必须促成或做出决策的人缺乏智慧，而是因为若无争论和批评，智慧无法彰显，甚至连真相都无法确定”。奥本海默的听证会结果引来相当多争论与批评，但他从未恢复在政府内的受信任地位。二战结束时，很少有人能想象，韦尔纳·冯·布劳恩的火箭将恐怖带给伦敦和安特卫普，但他会因为后来对美国科学的贡献获得奖章，而罗伯特·奥本海默为了取得对日本的胜利，做到了一个平民能做到的极致，到头来会被禁止为祖国服务。

参考文献

Budiansky, Stephen. *Battle of Wits: The Complete Story of Codebreaking in World War II.* New York: Touchstone, 2002.

Center for the Study of Intelligence. *Official OSS Exhibition Catalogue.* Washington, D.C.: Central Intelligence Agency. www. cia.gov/library/publications/intelligence-history/oss-catalogue/index.html.

Coon, Carleton S. *A North Africa Story: The Anthropologist as OSS Agent, 1941–1943.* Ipswich, Mass.: Gambit, 1980.

Crowdy, Terry. *Deceiving Hitler: Double Cross and Deception in World War II.* Oxford, U.K.: Osprey Publishing, 2008.

Davis, Donald *A. Lightning Strike: The Secret Mission to Kill Admiral Yamamoto and Avenge Pearl Harbor.* New York: St. Martin's Press, 2005.

Helm, Sarah. *A Life in Secrets: Vera Atkins and the Missing Agents of WWII.* New York: Nan A. Talese, 2005.

Herken, Gregg. *Brotherhood of the Bomb: The Tangled Lives and Loyalties of Robert Oppenheimer, Ernest Lawrence, and Edward Teller.* New York: Henry Holt, 2002.

Hodges, Andrew. *Alan Turing: The Enigma.* Princeton: Princeton University Press, 2014.

Jones, Nigel. *Countdown to Valkyrie: The July Plot to Assassinate Hitler.* London: Frontline Books, 2008.

Layton, Rear Admiral Edwin T., with Captain Roger Pineau and John Costello. *"And*

I Was There": Pearl Harbor and Midway—Breaking the Secrets. Annapolis, Md.: Naval Institute Press, 1985.

Macintyre, Ben. *Double Cross: The True Story of the D-Day Spies.* New York: Broadway Books, 2012.

MacDonald, C. A. *The Killing of SS Obergruppenführer Reinhard Heydrich, 27 May 1942.* New York: Free Press, 1989.

McIntosh, Elizabeth P. *Sisterhood of Spies: The Women of the OSS.* Annapolis, Md.: Naval Institute Press, 1998.

Nelson, Anne. *Red Orchestra: The Story of the Berlin Underground and the Circle of Friends Who Resisted Hitler.* New York: Random House, 2009.

Persico, Joseph. *Roosevelt's Secret War: FDR and World War II Espionage.* New York: Random House, 2002.

Rendell, Kenneth W. *Politics, War, and Personality: Fifty Iconic World War II Documents That Changed the World.* Atlanta: Whitman Publishing, 2013.

______. *World War II: Saving the Reality: A Collector's Vault.* Atlanta: Whitman Publishing, 2009.

Rhodes, Richard. *The Making of the Atomic Bomb.* New York: Simon and Schuster, 1986.

Richards, Lee. *The Black Art: British Clandestine Psychological Warfare Against the Third Reich.* Peacehaven, U.K., www.psywar.org, 2010.

Russell, Francis. *The Secret War.* Alexandria, Va.: Time-Life Books, 1981.

Smyth, Denis. *Deathly Deception: The Real Story of Operation Mincemeat.* New York: Oxford University Press, 2010.

Snyder, Timothy. *Bloodlands: Europe Between Hitler and Stalin.* New York: Basic Books, 2010.

Time-Life Books, eds. *World War II: War in the Shadows.* Alexandria, Va.: Time-Life Books, 2000.

Waller, Douglas. *Wild Bill Donovan: The Spymaster Who Created the OSS and Modern American Espionage.* New York: Free Press, 2012.

Whymant, Robert. *Stalin's Spy: Richard Sorge and the Tokyo Espionage Ring.* New York: I. B. Tauris, 1996.

致谢

创作一本《情报战图文史》这样的书需要想象力和一支不懈追求卓越的天才队伍。幸运的是，国家地理学会高级副总裁兼总编莉萨·托马斯（Lisa Thomas）从一开始就理解秘密战概念的力量，五年多来一直在支持它。感谢我的核心创作团队：作者史蒂芬·希斯洛普，他的出色研究和写作让本书与众不同；军事史学家、作家哈里斯·安德鲁斯，他的渊博知识和叙事技巧永远让我惊讶；美术指导卡萝尔·法勒·诺顿（Carol Farrar Norton），一位创作永恒插图书籍的真正艺术家；插图研究员乌利亚纳·巴扎尔（Uliana Bazar）承担了查找出现在本书中的逾 700 幅图片的高分辨率文件的艰巨任务。

感谢我们的顾问委员会：波士顿二战博物馆创办人兼执行董事肯尼思·伦德尔，这位伟大的合作者慷慨地向我们敞开了他的收藏，让我们采用了逾 240 件秘密武器、文件和器材；心理战和黑色宣传方面的世界顶级专家李·理查兹（Lee Richards）；研究太平洋战场隐蔽行动的专家安·托德（Ann Todd）。另外，中央情报局博物馆（CIA Museum）馆长托尼·希利（Toni Hiley）帮我们整合了战略情报局文章；国家密码学博物馆（National Cryptologic Museum）的勒内·斯坦（Rene Stein）指导我们找到一些非常罕见的密码破译材料；国家档案馆（National Archives）的蒂姆·嫩宁格（Tim Nenninger）和理查德·波伊泽（Richard Peuser）指引我们找到绝密的破译及之前未出版过的照片和地图。

在国家地理学会图书部，高级编辑项目经理苏珊·斯特雷特（Susan Straight）

从头到尾指导了项目，提供了莫大帮助；摄影指导苏珊·布莱尔（Susan Blair）与梅雷迪斯·威尔科克斯（Meredith Wilcox）和帕特里克·巴格利（Patrick Bagley）在所有与摄影有关的事项上提供了巨大支持；格雷戈里·尤季昂斯基（Gregory Ugiansky）承担了地图研究和制作工作。

最后，我要感谢我的家人，在这段令人难以置信的历程中给予我支持和鼓励的莎琳（Sharyn）、乔希（Josh）、莉萨（Lisa）、刘易斯（Lewis）和朱利叶斯（Julius）。

顾问委员会

哈里斯·安德鲁斯（Harris J. Andrews）

历史学家、咨询师，专业研究美国和世界军事史及物质文化。他是美国陆军国家博物馆项目（National Museum of the United States Army Project）的历史学家及收藏顾问。筹建中的博物馆内容涵盖了 4 个世纪的美国军事生活和历史。他是《国家地理》（National Geographic）的《见证：第二次世界大战》（*Eyewitness to World War II*，2012）和《南北战争地图集》（*Atlas of the Civil War*，2009）的顾问与合著作者。他长期担任《时代·生活丛书》（Time-Life Books）军事地图、武器和装备方面的作者、编辑和顾问，为该公司巨著《二战》（*World War II*）系列和无数关于美国南北战争（Civil War）的图书撰稿。

肯尼思·伦德尔

波士顿二战博物馆的创办人及执行董事。该馆拥有全世界收藏范围最广的与二战起源、过程和后果有关的物品原件和文件。他的收藏始于 1959 年，当时还没人建立类似的私人或公共收藏。2000 年，他将现在这幢建筑开放为私人博物馆，2013 年作为非营利博物馆向公众开放。它独特的展品和档案讲述了二战后方和前线战场的人类故事。他是《武器与智慧：二战中的宣传与心理战》（*With Weapons and Wits: Propaganda and Psychological Warfare in World War II*，1990）、《二战：保存历史》（*World War II: Saving the Reality*，2009）、《政治、战争和人物：改变世界的五十份二战代表性文件》（*Politics, War, and Personality: Fifty Iconic World War II*

Documents That Changed the World，2013）和《反犹势力 1919—1939：通往大屠杀之路》（*The Power of Anti-Semitism, 1919–1939: The March to the Holocaust*，2013）的作者，还写作了《伪造历史：发现伪造的信件与文件》（*Forging History: The Detection of Fake Letters and Documents*，1994）和《活生生的历史》（*History Comes to Life*，1995）两本关于历史文件的参考书。

李·理查兹

军事史学家、研究员、作者及兼职播音员，专门研究心理战和宣传战历史，是 psywar. org 网站创办人和负责人，曾任心理战学会（PsyWar Society）季刊《落叶》（*The Falling Leaf*）编辑。他的《巫术》（*The Black Art*，2010）一书记录了英国政治作战处（Political Warfare Executive，PWE）炮制的隐蔽宣传材料在二战中的使用。他还是《战争耳语：二战地下宣传与谣言传播》（*Whispers of War: Underground Propaganda Rumour-Mongering in the Second World War*，2010）一书作者，也为 BBC 和历史频道（History Channel）播出的几套电视节目撰稿。

安·托德

得克萨斯大学历史学博士，曾任海军陆战队国家博物馆（National Museum of the Marine Corps）历史学家，对二战老兵做过大规模口述史采访。她是《战略情报局勒索行动：一个女人对日本帝国陆军的秘密战争》（*OSS Operation Black Mail: One Woman's Covert War Against the Imperial Japanese Army*，由美国海军学会出版社出版）的作者。她在美国海岸警卫队（Coast Guard）任职，目前正研究海军陆战队和海岸警卫队与战略情报局合作在中缅印战区执行的行动。

译名对照表

人名

Abraham Pierre Luteyn 亚伯拉罕 · 皮埃尔 · 吕特延
Adam Kuckhoff 亚当 · 库克霍夫
Agnes Meyer Driscoll 艾格尼斯 · 迈耶 · 德里斯科尔
Airey Neave 艾雷 · 尼夫
Alan Turing 艾伦 · 图灵
Alastair Denniston 阿拉斯泰尔 · 丹尼斯顿
Albert Einstein 阿尔伯特 · 爱因斯坦
Albert Kesselring 阿尔贝特 · 凯塞林
Albert Michael Sinclair 艾伯特 · 迈克尔 · 辛克莱
Albert-Marie Guérisse 艾伯特 – 马里 · 格里斯
Alexander Foote 亚历山大 · 富特
Alexander Korotkov 亚历山大 · 科罗特科夫
Alexander Sachs 亚历山大 · 萨克斯
Alfred Jodl 阿尔弗雷德 · 约德尔
Alfred Naujocks 阿尔弗雷德 · 瑙约克斯
Alfred Stern 阿尔弗雷德 · 斯特恩
Alfred von Tirpitz 阿尔弗雷德 · 冯 · 提尔皮茨
Allen Dulles 艾伦 · 杜勒斯
Amy Thorpe Pack 埃米 · 索普 · 帕克
Anatoli Gourevitch 阿纳托利 · 古雷维奇
André Pérodeau 安德烈 · 佩罗多
Andrée ‘Dédée’ de Jongh 安德烈（德迪）· 德荣
Andrée Borrel 安德烈 · 博雷尔
Andrew Cunningham 安德鲁 · 坎宁安
Anthony Blunt 安东尼 · 布伦特
Anthony Fasson 安东尼 · 法森
Anton Dostler 安东 · 多斯特勒
Antonio Basso 安东尼奥 · 巴索
Anwar el-Sadat 安瓦尔 · 萨达特
Archibald Nye 阿奇博尔德 · 奈
Arthur Compton 亚瑟 · 康普顿
Arthur Jibilian 亚瑟 · 吉比林
Arthur Owens 亚瑟 · 欧文斯
Arthur Pack 亚瑟 · 帕克
Arthur Rudolph 阿图尔 · 鲁道夫
Arthur Scherbius 亚瑟 · 谢尔比乌斯
Arvid Harnack 阿尔维德 · 哈纳克
Avraham Neyer 亚伯拉罕 · 奈尔
Barbara Lauwers 芭芭拉 · 劳维尔斯
Benito Mussolini 贝尼托 · 墨索里尼
Bernard “Monty” Montgomery 伯纳德 · 蒙哥马利
Bernard Julius Otto Kuehn 伯纳德 · 尤利乌斯 · 奥托 · 屈恩
Bernard Montgomery 伯纳德 · 蒙哥马利
Biagio Max Corvo 比亚吉奥 · 马克斯 · 科尔沃
Bonner Frank Fellers 邦纳 · 弗兰克 · 费勒斯
Boris Pash 鲍里斯 · 帕什
Boris Vinogradov 鲍里斯 · 维诺格拉多夫
Carl Eifler 卡尔 · 艾夫勒
Carl Friedrich Goerdeler 卡尔 · 弗里德里希 · 格德勒
Carl Gorman 卡尔 · 戈曼
Carl Norden 卡尔 · 诺顿
Carl Ristine 卡尔 · 里斯坦
Carl Zeiss 卡尔 · 蔡司
Carl-Albrecht Oberg 卡尔 – 阿尔布雷希特 · 奥贝格
Carleton Coon 卡尔顿 · 库恩
Charles Breijer 查尔斯 · 布雷耶
Charles Brousse 夏尔 · 布鲁斯
Charles Cholmondeley 查尔斯 · 乔姆利
Charles de Gaulle 夏尔 · 戴高乐
Charles Delestraint 夏尔 · 德莱斯特兰
Charles Lindbergh 查尔斯 · 林德伯格
Charles Mast 夏尔 · 马斯特
Charles Sweeney 查尔斯 · 斯威尼
Chester Nimitz 切斯特 · 尼米兹
Christian Pineau 克里斯蒂安 · 皮诺
Christine Granville 克里斯蒂娜 · 格兰维尔
Christoph Probst 克里斯托弗 · 普罗布斯特
Chuichi Nagumo 南云忠一
Claus von Stauffenberg 克劳斯 · 冯 · 施陶芬贝格
Clayton Hutton 克莱顿 · 赫顿
Colin Grazier 柯林 · 格雷吉尔
Cordell Hull 科德尔 · 赫尔
David Balme 戴维 · 巴姆
David Greenglass 戴维 · 格林格拉斯
David Scherr 戴维 · 谢尔
Diane Heckler 迪亚娜 · 埃克莱
Dietrich Bonhoeffer 迪特里希 · 朋霍费尔

Dillwyn "Dilly" Knox 迪尔温（迪利）· 诺克斯
Dirk Klop 迪尔克 · 克洛普
Dominic Bruce 多米尼克 · 布鲁斯
Donald Kennedy 唐纳德 · 肯尼迪
Donald Maclean 唐纳德 · 麦克莱恩
Douglas MacArthur 道格拉斯 · 麦克阿瑟
Draza Mihailovic 德拉查 · 米哈伊洛维奇
Dudley Clarke 达德利 · 克拉克
Dusko Popov 达斯科 · 波波夫
Earl Warren 厄尔 · 沃伦
Ed Westcott 埃德 · 韦斯科特
Edvard Benes 爱德华 · 贝奈斯
Edward Kerling 爱德华 · 克林
Edward R. Murrow 爱德华 · 默罗
Edwin Andrews 埃德温 · 安德鲁斯
Edwin Layton 埃德温 · 莱顿
Eileen Nearne 艾琳 · 尼恩
Elaine Plewman 埃莱娜 · 普洛曼
Eleanor Roosevelt 埃莉诺 · 罗斯福
Elizabeth "Betty" McIntosh 伊丽莎白（贝蒂）· 麦金托什
Ellic Howe 埃利克 · 豪
Elvira Chaudoir 埃尔薇拉 · 肖杜瓦
Emil Hacha 埃米尔 · 哈查
Emile Kliemann 埃米尔 · 克利曼
Emperor Hirohito 裕仁天皇
Enrico Fermi 恩里科 · 费米
Erhard Maertens 埃哈德 · 梅尔滕斯
Eric Feldt 埃里克 · 费尔特
Eric Sykes 埃里克 · 赛克斯
Ernest Lawrence 欧内斯特 · 劳伦斯
Ernst "Putzi" Hanfstaengl 恩斯特 · "普奇" · 汉夫施滕格尔
Ernst Burger 恩斯特 · 布格尔
Ernst Röhm 恩斯特 · 罗姆
Ernst Slain 恩斯特 · 斯莱恩
Erwin Rommel 埃尔温 · 隆美尔
Erwin von Witzleben 埃尔温 · 冯 · 维茨莱本
Ethel Rosenberg 埃塞尔 · 罗森堡
Eugen Ott 尤金 · 奥特
Eugene Warner 尤金 · 瓦尔纳
Ewen Montagu 埃文 · 蒙塔古
F. Ashton "Snowy" Rhoades F. 阿什顿（斯诺伊）· 罗兹
F. H. Hinsley F. H. 欣斯利
Francis André 弗朗西斯 · 安德烈
Francis Biddle 弗朗西斯 · 比德尔
Francis Harry Hinsley 弗朗西斯 · 哈里 · 欣斯利
Francis Haselden 弗朗西斯 · 哈兹尔登
Francis Suttill 弗朗西斯 · 苏蒂尔
Frank Birch 弗兰克 · 伯奇
Frantisek Moravec 弗朗齐歇克 · 莫拉韦茨
Fréderic de Jongh 弗雷德里克 · 德荣
Frederick "Fritz" Duquesne 弗雷德里克（弗里茨）· 迪凯纳
Friedl Gartner 弗里德尔 · 加特纳
Friedrich Fromm 弗里德里希 · 弗洛姆
Friedrich Krummacher 弗里德里希 · 克鲁马赫尔
Fritz Kolbe 弗里茨 · 科尔贝
Fritz Rothenberger 弗里茨 · 罗滕贝格尔
Fritz Sauckel 弗里茨 · 绍克尔
Fritz Strassmann 弗里茨 · 斯特拉斯曼
Georg von Bismarck 格奥尔格 · 冯 · 俾斯麦
George Earle 乔治 · 厄尔
George Eltenton 乔治 · 埃尔滕顿
George Kenney 乔治 · 肯尼
George Musulin 乔治 · 穆苏林
Georges Blind 乔治 · 布兰
Gilbert Norman 吉尔伯特 · 诺曼
Glyndwr Michael 格林杜尔 · 迈克尔
Gordon Browne 戈登 · 布朗
Gordon Welchman 戈登 · 韦尔什曼
Gösta Caroli 格斯塔 · 卡罗利
Greta Kuckhoff 格蕾塔 · 库克霍夫
Gunther Billings 巩特尔 · 比林斯
Gustav von Wietersheim 古斯塔夫 · 冯 · 维特斯海姆
Gustave Bertrand 古斯塔夫 · 贝特朗
Guy Burgess 盖伊 · 伯吉斯
Guy Liddell 盖伊 · 利德尔
Gwido Langer 格威多 · 兰格
Haakon Chevalier 哈康 · 舍瓦利耶
Hans Coppi 汉斯 · 科皮
Hans Ferdinand Mayer 汉斯 · 费迪南德 · 迈尔
Hans Gisevius 汉斯 · 吉泽菲乌斯
Hans Josef Kieffer 汉斯 · 约瑟夫 · 基弗
Hans Kammler 汉斯 · 卡姆勒
Hans Oster 汉斯 · 奥斯特
Hans Scholl 汉斯 · 朔尔
Hans von Dohnanyi 汉斯 · 冯 · 多纳尼
Hans-Gerd Sandstede 汉斯 – 格尔德 · 赞德施泰德
Hans-Jürgen von Arnim 汉斯 – 于尔根 · 冯 · 阿尼姆
Hans-Thilo Schmidt 汉斯 – 提罗 · 施密特
Harold Alexander 哈罗德 · 亚历山大
Harold Stark 哈罗德 · 斯塔克
Harro Schulze-Boysen 哈罗 · 舒尔策 – 博伊森
Harry Gold 哈里 · 戈尔德
Harry Piepe 哈里 · 皮佩
Hastings Ismay 黑斯廷斯 · 伊斯梅
Hector Boyes 赫克托 · 博伊斯
Heinrich Himmler 海因里希 · 希姆莱
Heinz Brandt 海因茨 · 勃兰特
Heinz Guderian 海因茨 · 古德里安
Hekmat Fahmy 希克马特 · 法赫米
Henning von Tresckow 亨宁 · 冯 · 特雷斯科
Henri Aubry 亨利 · 奥布里
Henri Déricourt 亨利 · 德里古
Henri Frenay 亨利 · 弗勒奈
Henri Smith-Hutton 亨利 · 史密斯 – 赫顿
Henri Talboom 亨利 · 塔尔博姆
Henry Erlanger 亨利 · 厄兰格
Henry Hyde 亨利 · 海德
Henryk Zygalski 亨里克 · 佐加尔斯基
Herbert Haupt 赫伯特 · 豪普特
Herbert Wichmann 赫伯特 · 维希曼
Hermann Giskes 赫尔曼 · 吉斯克斯
Hermann Lang 赫尔曼 · 朗
Hermann Neubauer 赫尔曼 · 诺伊鲍尔
Hideki Tojo 东条英机
Hiroshi Oshima 大岛浩
Hubert Lauwers 休伯特 · 劳维尔斯
Hugh Alexander 休 · 亚历山大
Hugo Bleicher 胡戈 · 布莱歇尔
Husband E. Kimmel 赫斯本德 · 基梅尔
Hussein Gaafar 侯赛因 · 加法尔
Ian Fleming 伊恩 · 弗莱明
Ian Garrow 伊恩 · 加罗
Isidor I. Rabi 伊西多 · 拉比
Isoroku Yamamoto 山本五十六
Iva Toguri 户栗郁子

J. Robert Oppenheimer 罗伯特 · 奥本海默
Jacob Vouza 雅各布 · 武扎
Jacques Abtey 雅克 · 阿泰
Jacques de Roquefort 雅克 · 德 · 罗克福
James Chadwick 詹姆斯 · 查德威克
James Cushing 詹姆斯 · 库钦
James Doolittle 詹姆斯 · 杜立特
Jan Karski 扬 · 卡斯基
Jan Kubis 扬 · 库比斯
Jean Darlan 让 · 达尔朗
Jean Moulin 让 · 穆兰
Jerzy Rozycki 杰尔兹 · 罗佐基
Joachim von Ribbentrop 约阿希姆 · 冯 · 里宾特洛甫
Joan Clarke 琼 · 克拉克
Joe Dallet 乔 · 达莱
Johann Georg Elser 约翰 · 格奥尔格 · 埃尔泽
Johann Jebsen 约翰 · 耶布森
Johannes Bogaard 约翰内斯 · 博高
Johannes Eppler 约翰内斯 · 埃普勒尔
John Bevan 约翰 · 贝文
John Cairncross 约翰 · 凯恩克罗斯
John Cullen 约翰 · 卡伦
John Godfrey 约翰 · 戈德弗雷
John Hersey 约翰 · 赫西
John Hiltman 约翰 · 希尔曼
John Lansdale 约翰 · 兰斯代尔
John Masterman 约翰 · 马斯特曼
John McCloy 约翰 · 麦克洛伊
John Mitchell 约翰 · 米切尔
José Rudolf Waldberg 约塞 · 鲁道夫 · 沃尔伯格
Josef Klein 约瑟夫 · 克莱恩
Josef Valcik 约瑟夫 · 瓦尔齐克
Joseph Finnegan 约瑟夫 · 芬尼根
Joseph Goebbels 约瑟夫 · 戈培尔
Joseph Grew 约瑟夫 · 格鲁
Joseph Kennedy 约瑟夫 · 肯尼迪
Joseph Newman 约瑟夫 · 纽曼
Joseph Rochefort 约瑟夫 · 罗彻福特
Joseph Vaghi 约瑟夫 · 瓦吉
Josephine Baker 约瑟芬 · 贝克
Josip Broz 约瑟普 · 布罗兹
Jozef Gabcik 约瑟夫 · 加布齐克
Juan Pujol García 胡安 · 普霍尔 · 加西亚
Julia Child 朱丽亚 · 蔡尔德
Julia McWilliams 朱丽亚 · 麦克威廉斯
Julius Rosenberg 朱利叶斯 · 罗森堡
Jürgen Stroop 于尔根 · 斯特罗普
Kaiser Wilhelm II 威廉二世
Karel Curda 卡雷尔 · 库尔达
Karl Ritter 卡尔 · 里特尔
Karl-Erich Kühlenthal 卡尔 – 埃里希 · 屈伦塔尔
Kenneth Nichols 肯尼思 · 尼科尔斯
Kenneth Strong 肯尼思 · 斯特朗
Kichisaburo Nomura 野村吉三郎
Kim Philby 金 · 菲尔比
Klaus Barbie 克劳斯 · 巴比
Konstantin von Neurath 康斯坦丁 · 冯 · 诺伊拉特
Kurt von Lersner 库尔特 · 冯 · 莱斯纳
Kyoji Tominaga 富永恭次
Ladislav Vanek 拉吉斯拉夫 · 瓦涅克
Laszlo Almasy 拉斯洛 · 奥尔马希
Leigh Vial 利 · 维亚尔
Leo de Hartog 利奥 · 德哈尔托赫
Leo Szilard 利奥 · 西拉德
Leopold Trepper 利奥波德 · 特雷佩尔
Leslie Groves 莱斯利 · 格罗夫斯
Leslie Wood 莱斯利 · 伍德
Lewis Strauss 刘易斯 · 斯特劳斯
Lionel Matthews 莱昂内尔 · 马修斯
Lise Meitner 莉泽 · 迈特纳
Louis Mountbatten 路易斯 · 蒙巴顿
Louis Rivet 路易斯 · 里韦
Ludovico von Karsthoff 卢多维科 · 冯 · 卡斯托夫
Ludwig Beck 路德维希 · 贝克
Lyndon B. Johnson 林登 · 约翰逊
M. E. Clifton James M. E. 克利夫顿 · 詹姆斯
Madeleine Damerment 马德莱娜 · 达默蒙
Marc Mitscher 马克 · 米切尔
Marcel Vandenberghe 马塞尔 · 范登贝格
Maria Wölk 玛丽亚 · 韦尔克
Marian Rejewski 马里安 · 雷耶夫斯基
Mario Marret 马里奥 · 马雷
Mark Clark 马克 · 克拉克
Marlene Dietrich 玛琳 · 黛德丽
Martha Dodd 玛莎 · 多德
Martin Clemens 马丁 · 克莱门斯
Mary Sherer 玛丽 · 谢勒
Mathilde Carré 玛蒂尔德 · 卡雷
Matome Ugaki 宇恒缠
Maurice Buckmaster 莫里斯 · 巴克马斯特
Mavis Lever 梅维丝 · 利弗
Michael Creswell 迈克尔 · 克雷斯韦尔
Michael Formichelli 迈克尔 · 福尔米凯利
Mike Rajacich 迈克 · 拉亚契奇
Mikhail Gorbachev 米哈伊尔 · 戈尔巴乔夫
Mikhail Makarov 米哈伊尔 · 马卡罗夫
Mitsusada Yoshikawa 吉河光贞
Myron Cramer 迈伦 · 克拉默
Nagao Kita 喜多长雄
Nancy Wake 南希 · 韦克
Nathalie “Lily” Sergueiew 娜塔丽 · “莉莉” · 谢尔盖耶夫
Nick Lalich 尼克 · 拉利奇
Nikolaus Ritter 尼古拉斯 · 里特尔
Noor Inayat Khan 努尔 · 艾娜雅特 · 汗
Norman Crockatt 诺曼 · 克罗卡特
Norris Bradbury 诺里斯 · 布拉德伯里
Odette Sansom 奥黛特 · 桑瑟姆
Osami Nagano 永野修身
Otto Frisch 奥托 · 弗里施
Otto Hahn 奥托 · 哈恩
Otto Skorzeny 奥托 · 斯科尔兹内
Owen O’Malley 欧文 · 奥马利
P. S. Milner- Barry P. S. 米尔纳 - 巴里
Paul Mason 保罗 · 梅森
Paul Thümmel 保罗 · 蒂默尔
Paul Tibbets 保罗 · 蒂贝茨
Peter Harratt 彼得 · 哈拉特
Peter Ivanov 彼得 · 伊万诺夫
Peter Monkaster 彼得 · 蒙卡斯特
Peter Twinn 彼得 · 特温
Philippe Pétain 菲利普 · 贝当
Pierre de Vomécourt 皮埃尔 · 德沃莫古
Pierre Laval 皮埃尔 · 拉伐尔
Pietro Badoglio 彼得罗 · 巴多格利奥
Raymond Spruance 雷蒙德 · 斯普鲁恩斯
Reginald Jones 雷金纳德 · 琼斯
Reinhard Gehlen 莱因哈德 · 格伦
Reinhard Heydrich 莱因哈德 · 海德里希

Reinhold Eggers 莱因霍尔德 · 埃格斯
René Bousquet 勒内 · 布斯凯
René Hardy 勒内 · 哈迪
Rex Barber 雷克斯 · 巴博
Richard Dunlop 理查德 · 邓洛普
Richard Henry Stevens 理查德 · 亨利 · 史蒂文斯
Richard Lee 理查德 · 李
Richard Morse 理查德 · 莫尔斯
Richard Quirin 理查德 · 奎林
Richard Sorge 理查德 · 佐尔格
Rita Arnaud 丽塔 · 阿诺
Robert Capa 罗伯特 · 卡帕
Robert Kehoe 罗伯特 · 基欧
Robert Lelong 罗伯特 · 勒隆
Robert Murphy 罗伯特 · 墨菲
Robin Stephens 罗宾 · 斯蒂芬森
Rodolphe Lemoine 鲁道夫 · 勒穆瓦纳
Roger Hesketh 罗杰 · 赫斯基斯
Roman Garby-Czerniawski 罗曼 · 加尔比 – 切尔尼亚夫斯基
Rudolf Hess 鲁道夫 · 赫斯
Rudolf Rössler 鲁道夫 · 勒斯勒尔
Ruth Kasai 罗斯 · 笠井
Saul Steinberg 索尔 · 斯坦伯格
Serge Obolensky 谢尔盖 · 奥博连斯基
Sherman Kent 舍尔曼 · 肯特
Shigeru Fukudome 福留繁
Sigismund Payne Best 西格斯蒙德 · 潘恩 · 贝斯特
Simone Simon 西蒙妮 · 西蒙
Soemu Toyoda 丰田副武
Sophie Poznanska 苏菲 · 波兹南斯卡
Stanley Lovell 斯坦利 · 洛弗尔
Steve Nelson 史蒂夫 · 纳尔逊
Stewart Menzies 斯图尔特 · 孟席斯
Suguru Suzuki 铃木英
Susie Ruth 祖西 · 鲁特
Takeo Yoshikawa 吉川猛夫
Theodor Eicke 西奥多 · 埃克
Theodor Geisel 西奥多 · 盖泽尔
Theodore Hall 西奥多 · 霍尔
Thomas Argyll "Tar" Robertson 托马斯 · 阿盖尔 · "塔尔" · 罗伯逊
Thomas Lanphie 托马斯 · 兰菲尔
Tommy Brown 汤米 · 布朗
Tommy Flowers 汤米 · 弗劳尔斯
Vera Atkins 薇拉 · 阿特金斯
Victoire " Paddy" Ridsdale 维多利亚 · "帕迪" · 里兹代尔
Vincent Curl 文森特 · 柯尔
Vincent Russo 文森特 · 拉索
Vincent Sierra 文森特 · 谢拉
Violette Szabo 维奥莱特 · 绍博
Virginia Hall 弗吉尼亚 · 霍尔
Vladimir Peniakoff 弗拉基米尔 · 佩尼科夫
Vyacheslav Molotov 维亚切斯拉夫 · 莫洛托夫
W. J. " Jack" Read W. J. 杰克 · 里德
W. Jasper Holmes W. 贾斯珀 · 霍姆斯
Walter Kappe 瓦尔特 · 卡佩
Walter Langer 沃尔特 · 兰格
Walter Lippmann 沃尔特 · 利普曼
Walter Schellenberg 瓦尔特 · 舒伦堡
Walter Short 沃尔特 · 肖特
Walter Warlimont 瓦尔特 · 瓦尔利蒙特
Walter Winchell 沃尔特 · 温切尔
Walter Zapp 瓦尔特 · 扎普
Weimer Pursell 魏玛 · 珀塞尔
Werner Heisenberg 沃纳 · 海森堡
Werner Thiel 沃纳 · 泰尔
Werner von Haeften 维尔纳 · 冯 · 黑夫滕
Wernher von Braun 韦尔纳 · 冯 · 布劳恩
Wilhelm Canaris 威廉 · 卡纳里斯
William Casey 威廉 · 凯西
William Colby 威廉 · 科尔比
William de Lisle 威廉 · 德利尔
William Dodd 威廉 · 多德
William Dodd, Jr. 小威廉 · 多德
William Donovan 威廉 · 多诺万
William Eddy 威廉 · 埃迪
William Fairbairn 威廉 · 费尔贝恩
William Friedman 威廉 · 弗里德曼
William Harten, Jr. 小威廉 · 哈尔藤
William Langer 威廉 · 兰格
William Leahy 威廉 · 莱希
William Martin 威廉 · 马丁
William Peers 威廉 · 皮尔斯
William Sebold 威廉 · 泽博尔德
William Stephenson 威廉 · 斯蒂芬森
William Tutte 威廉 · 图特
Wulf Schmidt 伍尔夫 · 施密特
Yolande Beekman 约兰德 · 比克曼
Yvonne Cormeau 伊冯娜 · 科尔莫
Zhing Htaw Naw 津陶瑙

战役与军事行动

America First Movement 美国优先运动
Apache War 阿帕切战争
Battle of Britain 不列颠空战
Battle of Cape Matapan 马塔潘角海战
Battle of Leyte Gulf 莱特湾海战
Battle of Stalingrad 斯大林格勒战役
Battle of the Atlantic 大西洋海战
Battle of the Bulge 突出部战役
Battle of the Coral Sea 珊瑚海海战
Battle of the Philippine Sea 菲律宾海海战
Climb Mount Niitaka 登新高山
Final Solution 最终解决方案
Kristallnacht 水晶之夜
Manhattan Project 曼哈顿计划
Mercy Missions 解救行动
Naval Battle of Guadalcana 瓜岛海战
Night of the Long Knives 长刀之夜
Operation Anthropoid 类人猿行动
Operation Barbarossa 巴巴罗萨行动
Operation Bernhard 伯恩哈德行动
Operation Bodyguard 保镖行动
Operation Condor 神鹰行动
Operation Cornflakes 玉米片行动
Operation Coronet 小王冠行动
Operation Downfall 没落行动
Operation Drumbeat 击鼓行动
Operation Fortitude North 坚忍北方行动
Operation Fortitude South 坚忍南方行动
Operation Goldeneye 金眼行动
Operation Halyard 升降索行动
Operation Husky 哈士奇行动
Operation I-Go 伊号作战
Operation Jedburgh 杰德堡行动

Operation Lena 莱纳行动
Operation Mincemeat 肉馅行动
Operation North Pole 北极行动
Operation Overlord 霸王行动
Operation Pastorius 牧师行动
Operation Penny Farthing 自行车行动
Operation Periwig 假发行动
Operation Ruthless 无情行动
Operation Torch 火炬行动
Operation Tracer 追踪者行动
Operation Valkyrie 瓦尔基里行动
Phoney War 虚假战争
Project Paperclip 回形针行动
Shetland Bus Operation 设得兰巴士行动

其他

14th Naval District（美国）海军第 14 军区
15th American Army Air Force 美国陆军第 15 航空队
1st Panzer Division 第 1 装甲师
21st Army Group 第 21 集团军群
339th Fighter Group 第 339 战斗机大队
509th Composite Group 第 509 混成大队
801st Bombardment Group 第 801 轰炸机大队
A Force A 部队
actionable intelligence 可行动情报
Air Ministry 德国航空部
American Expeditionary Force 美国远征军
Army Group Center 中央集团军群
Assistant Secretary of War 助理战争部长
Atlantic Wall 大西洋壁垒
Atomic Energy Commission 原子能委员会
Augusta“奥古斯塔”号巡洋舰
Australian Army Signal Corps 澳大利亚陆军通信兵部队
Bataan Death March 巴丹死亡行军
Battleship Row 碇泊区
Black Chamber 黑室
Bletchley Park 布莱奇利庄园
Bombe 炸弹密码机
British Foreign Office 英国外交部
British Office of Naval Intelligence 英国海军情报局
British Security Coordination Office 英国安全协调办公室
British Solomon Islands Protectorate Defence Force 英属所罗门群岛保护领地国防部队
Bulldog“斗牛犬”号驱逐舰
Bushido 武士道
Byron D. Benson“拜伦 · D. 本森”号邮轮
California“加利福尼亚”号战列舰
call signal 呼号
Camp 020 020 营地
Camp O’Donnell 奥唐奈军营
Catalina “卡特琳娜”水上飞机
Cavendish Laboratory 牛津大学卡文迪什实验室
Chariots “战车”鱼雷
Cipher Bureau 波兰密码局
cipher table 暗码表
Civil Air Patrol 民航巡逻组织
Clam “蚌”引爆器
Coastwatcher 海岸观察哨
Combat “战斗”抵抗组织
Combined Operations 联合作战
Comet Line 彗星线路
Congressional Country Club 国会乡村俱乐部
Controlling Section 伦敦控制委员会
Coordinator of Information 情报协调官
Corps of Engineers 美国陆军工程兵团
Counter Intelligence Corps 美国陆军反谍部队
Crevalle“马鲹”号潜艇
crib room 可能词室
Croix de Guerre 英勇十字勋章
Cross of Lorraine 洛林十字
Crusades 十字军东征
Cyclops“独眼巨人”号商船
Das Neue Deutschland《新德国报》
Department for War Maps and Surveys 战争地图与测量部
Der Gegner《反对者》期刊
Detachment 101 第 101 特遣队
Deuxième Bureau 法国情报机构二处
diagonal board 对角接线盘
Directorate of Military Intelligence 英国军事情报局
Distinguished Flying Cross 飞行十字勋章
Distinguished Service Cross 杰出服役十字勋章
Dixie Arrow“迪克西之箭”号邮轮
Dolphin “海豚”水上飞机
Dornier Do 17 “道尼尔”Do-17 轰炸机
Double Cross 双面间谍系统
Dungeon 地牢
Einsatzgruppen 别动队
enciphered code group 加密代码组
Enigma 恩尼格玛密码机
Enola Gay “埃诺拉 · 盖伊”号轰炸机
Enterprise“企业”号航母
Evening Standard《伦敦标准晚报》
Fat Man 胖子
Festung Europa 欧洲堡垒
Fifth Army Air Force 美国陆军第 5 航空队
fifth columnists 第五纵队
First Aid Nursing Yeomanry 急救护士队
First Army Air Force（美国）陆军第 1 航空队
First Lord of the Admiralty 海军大臣
First U. S. Army Group 美国第 1 集团军群
Flagship 旗舰
Foreign Ministry 日本外务省
Free French 自由法国
G–2 美国陆军情报部
General Service Intelligence 英国通用情报处
Government Code and Cypher School 政府密码学校
Great Synagogue of Warsaw 华沙大犹太会堂
Griffin“格里芬”号驱逐舰
GRU 格勒乌
Guy Fawkes Day 盖伊 · 福克斯日
Heer 德国陆军
Helena“海伦娜”号巡洋舰
High Standard Firearms 高标武器公司
Hiryu“飞龙”号航母
Hitler Youth 希特勒青年团
Hornet“大黄蜂”号航母
Imperial General Staff 大英帝国总参谋部
Indicator 指示
Iron Guard 罗马尼亚铁卫团
Jane’s Fighting Ships《简氏舰船年鉴》
Joint Chiefs of Staff 参谋长联席会议
judge advocate general 军法署长
Juifs de France《法国犹太人报》
Kaga“加贺”号航母

Kaiten“回天”鱼雷
Knickebein 弯腿
Kriegsmarine 德国海军
Kulturfilm 文化电影
La France Libre《自由法国报》
La Résistance Ouvrière《工人抵抗报》
League of Lonely War Women 孤独战争妇女联盟
Legion of Honour 军团勋章
Lexington“列克星敦”号航母
Little Boy 小男孩
Luftwaffe 德国空军
Luftwaffe 德国空军
Lysander“莱桑德”单发动机飞机
Magic“魔术”情报
Maiale“猪”鱼雷
Mann Act《曼恩法案》
Maquisards 马基
Marshall Space Flight Center 马歇尔航天飞行中心
Medal of Honor 荣誉勋章
Mediterranean Fleet 地中海舰队
Member of（the Order of）the British Empire 大英帝国勋章
Metallurgical Laboratory 芝加哥大学冶金实验室
Metro-Goldwyn- Mayer 米高梅电影公司
MI5（英国）军情五处
MI6（英国）军情六处
MI9 军情九处
Mikuma“三隈”号巡洋舰
Mitsubishi Zero 三菱“零式”战斗机
Morale Operations（战略情报局）心理战部
Morse code 莫尔斯电码
National Medal of Science 美国国家科学奖章
National Resistance Council 全国抵抗运动委员会
Navy Day 海军节
Neutrality Acts《中立法案》
New York Herald Tribune《纽约先驱论坛报》
New York Post《纽约邮报》
Norden bombsight 诺顿轰炸瞄准器
O'Leary Line 奥利里线路
Office of Coordinator of Information 情报协调局
Office of Naval Intelligence 海军情报处
Office of Strategic Services 战略情报局
Office of War Information 战争情报局
OP-20-G 通信保密科
Order of the Red Banner 苏联红旗勋章
Oslo Report 奥斯陆报告
P-38 Lightning P–38“闪电”战斗机
Pact of Steel《钢铁条约》
Pennsylvania Sun“宾夕法尼亚太阳”号邮轮
Petard 英国“炸药包”号驱逐舰
Polish Home Army 波兰国家军
Political Warfare Executive 政治作战处
Potsdam Declaration《波茨坦公告》
Prosper“繁荣”网络
Purple 紫密
RAF Coastal Command 皇家空军海防总队
Rafaela“拉斐拉”号油轮
Red Orchestra 红色乐队
Red 红密
Reich Protector of Bohemia and Moravia 波希米亚和摩拉维亚保护国总督
Reich Security Main office 帝国保安总局
Research and Analysis（战略情报局）研究分析处
Research and Development（战略情报局）研发处
Reuben James“鲁本 · 詹姆斯”号驱逐舰
Robert E. Lee“罗伯特 · E. 李”号货轮
rodding method 条尺法
Royal Australian Navy 皇家澳大利亚海军
Saratoga“萨拉托加”号航母
Saturn C-1“土星”C-1 推进火箭
Schutzstaffel 警卫队
Secret Combined Fleet Order No. 73 联合舰队第 73 号密令
Secret Intelligence Service（英国）秘密情报局
Secret Intelligence 秘密情报处
Section F 特别行动处 F 分部
Seraph“六翼天使”号潜艇
Shoho“祥凤”号航母
Shokaku“翔鹤”号航母
Sicherheitsdienst 帝国保安部
Signal Intelligence Service 陆军通信情报处
Soldatensender West 西线战士广播电台
Sorbonne University 巴黎索邦大学
Soryu“苍龙”号航母
Spanish Civil War 西班牙内战
Special Operations（战略情报局）特别行动组
Special Operations Executive 特别行动处
Spencer“斯宾塞”号
SS Panzer Division 党卫军第 2“帝国”装甲师
Station Cast 卡斯特站
Station Hypo 海波站
Stuka“斯图卡”俯冲轰炸机
Sturmabteilung 冲锋队
Taiyo Maru“大洋丸”号班轮
Target Committee 目标委员会
Task Force 58 第 58 特遣舰队
Thought Police 思想警察
time pencil 定时笔
Treaty of Versailles《凡尔赛条约》
Trinity“三位一体核试”测试场
Tripartite Pact《德意日三国同盟条约》
Tunny“金枪鱼”密码机
Twenty Committee 双十字委员会
U.S. Third Army 美国第 3 集团军
Ultra 超级机密
victory disease 胜利病
Volksdeutscher Selbstschutz 德裔自卫队
Waffen-SS 武装党卫军
Wahoo“刺鲅”号潜艇
War Cabinet（英国）战时内阁
Warsaw Ghetto 华沙犹太人隔离区
Wehrmacht Supreme Command 国防军最高统帅部
Wehrmacht 德国国防军
West Virginia“西弗吉尼亚”号战列舰
William J. Duane“威廉 · J. 杜安”号巡逻艇
Winter Help 冬赈
wolf pack 狼群战术
Wolf's Lair 狼穴
Women's Auxiliary Air Force 空军妇女辅助队
Women's Royal Naval Service 皇家海军妇女服务队
Yorktown“约克敦”号航母
Zuikaku“瑞鹤”号航母

堡垒图文史：人类防御工事的起源与发展

[英] 杰里米·布莱克/著　李驰/译

本书通过丰富的图片和生动的文字，详细描述了防御工事发展的恢弘历程及其对人类社会的深远影响，包括堡垒起源史、军事应用史、技术创新史、思想演变史、知识发展史等。这是一部人类防御发展史，也是一部军事技术进步史，还是一部战争思想演变史。

武士图文史：影响日本社会的700年

[日] 吴光雄/著　陈烨/译

通过丰富的图片和详细的文字，本书生动讲述了公元12至19世纪日本武士阶层从诞生到消亡的过程，跨越了该国封建时代的最后700年。全书穿插了盔甲、兵器、防御工事、战术、习俗等各种历史知识，并呈现了数百幅彩照、古代图画、示意图、手绘图、组织架构图等等。本书堪称一部日本古代军事史，一部另类的日本冷兵器简史。

太平洋战争图文史：通往东京湾的胜利之路

[澳] 罗伯特·奥尼尔/主编　傅建一/译

本书精选了二战中太平洋战争的10场经典战役，讲述了各自的起因、双方指挥官、攻守对抗、经过、结局等等，生动刻画了盟军从珍珠港到冲绳岛的血战历程。全书由7位世界知名二战史学家共同撰稿，澳大利亚社科院院士、牛津大学战争史教授担纲主编，图片丰富，文字翔实，堪称一部立体全景式太平洋战争史。

纳粹兴亡图文史：希特勒帝国的毁灭

[英] 保罗·罗兰/著　晋艳/译

本书以批判的视角讲述了纳粹运动在德国的发展过程，以及希特勒的人生浮沉轨迹。根据大量史料，作者试图从希特勒的家庭出身、成长经历等分析其心理与性格特点，描述了他及其党羽如何壮大纳粹组织，并最终与第三帝国一起走向灭亡的可悲命运。

潜艇图文史：无声杀手和水下战争

[美] 詹姆斯·德尔加多/著　傅建一/译

本书讲述了从1578年人类首次提出潜艇的想法，到17世纪20年代初世界上第一艘潜水器诞生，再到1776年用于战争意图的潜艇出现，直至现代核潜艇时代的整个发展轨迹。它呈现了一场兼具视觉与思想的盛宴，一段不屈不挠的海洋开拓历程，一部妙趣横生的人类海战史。

狙击图文史：影响人类战争的400年

[英] 帕特·法里　马克·斯派瑟/著　傅建一/译

本书讲述了自17至21世纪的狙击发展史。全书跨越近400年的历程，囊括了战争历史、武器装备、技术水平、战术战略、军事知识、枪手传奇以及趣闻逸事等等。本书堪称一部图文并茂的另类世界战争史，也是一部独具特色的人类武器演进史，还是一部通俗易懂的军事技术进化史。

战舰图文史（第1册）：从古代到1750年

[英] 山姆·威利斯/著　朱鸿飞　泯然/译

本书以独特的视角，用图片和文字描绘了在征服海洋的过程中，人类武装船只的进化史，以及各种海洋强国的发展脉络。它不仅介绍了经典战舰、重要事件、关键战役、技术手段、建造图样和代表人物等细节，还囊括了航海知识、设计思想、武器装备和战术战略的沿革……第1册记录了从古代到公元1750年的海洋争霸历程。

战舰图文史　（第2册）：从1750年到1850年

[英] 山姆·威利斯/著　朱鸿飞　泯然/译

本书以独特的视角，用图片和文字描绘了在征服海洋的过程中，人类武装船只的进化史，以及各种海洋强国的发展脉络。它不仅介绍了经典战舰、重要事件、关键战役、技术手段、建造图样和代表人物等细节，还囊括了航海知识、设计思想、武器装备和战术战略的沿革……第2册记录了从公元1750年到1850年的海洋争霸历程。

战舰图文史（第3册）：从1850年到1950年

[英] 山姆·威利斯/著　朱鸿飞　泯然/译

本书以独特的视角，用图片和文字描绘了在征服海洋的过程中，人类武装船只的进化史，以及各种海洋强国的发展脉络。它不仅介绍了经典战舰、重要事件、关键战役、技术手段、建造图样和代表人物等细节，还囊括了航海知识、设计思想、武器装备和战术战略的沿革……第3册记录了从公元1850年到1950年的海洋争霸历程。

医学图文史：改变人类历史的7000年（精、简装）

[英] 玛丽·道布森/著　苏静静/译

本书运用通俗易懂的文字和丰富的配图，以医学技术的发展为线，穿插了大量医学小百科，着重讲述了重要历史事件和人物的故事，论述了医学怎样改变人类历史的进程。这不是一本科普书，而是一部别样的世界人文史。

疾病图文史：影响世界历史的7000年（精、简装）

[英] 玛丽·道布森/著　苏静静/译

本书运用通俗易懂的文字和丰富的配图，以人类疾病史为线，着重讲述了30类重大疾病背后的故事和发展脉络，论述了疾病怎样影响人类历史的进程。这是一部生动刻画人类7000年的疾病抗争史，也是世界文明的发展史。

间谍图文史：世界情报战5000年

[美] 欧内斯特·弗克曼/著　李智　李世标/译

本书叙述了从古埃及到“互联网+”时代的间谍活动的历史，包括重大谍报事件的经过，间谍机构的演变，间谍技术的发展过程等，文笔生动，详略得当，语言通俗，适合大众阅读。

二战图文史：战争历程完整实录（全2册）

[英] 理查德·奥弗里/著　朱鸿飞/译

本书讲述了从战前各大国的政治角力，到1939年德国对波兰的闪电战，再到1945年日本遭原子弹轰炸后投降，直至战后国际大审判及全球政治格局。全书共分上下两册，展现了一部全景式的二战图文史。

第三帝国图文史：纳粹德国浮沉实录

[英] 理查德·奥弗里/著　朱鸿飞/译

本书用图片和文字还原了纳粹德国真实的命运轨迹。这部编年体史学巨著通过简洁有力的叙述，辅以大量绝密的历史图片，珍贵的私人日记、权威的官方档案等资料，把第三帝国的发展历程（1933—1945）完整立体呈现出来。

世界战役史：还原50个历史大战场

[英] 吉尔斯·麦克多诺/ 著　巩丽娟/译

人类的历史，某种意义上也是一部战争史。本书撷取了人类战争史中著名大战场，通过精练生动的文字，珍贵的图片资料，以及随处可见的战术思维、排兵布阵等智慧火花，细节性地展现了一部波澜壮阔的世界战役史。

希特勒的私人藏书：那些影响他一生的图书

[美] 提摩西·赖贝克/著　孙韬　王砚/译

本书通过潜心研究希特勒在藏书中留下的各类痕迹，批判分析其言行与读书间的内在逻辑，生动描绘了他从年轻下士到疯狂刽子手的思想轨迹。读者可以从中了解他一生收藏了什么书籍，书籍又对他产生了何种影响，甚至怎样改变命运。